GERHARD RADKE
ZUR ENTWICKLUNG DER GOTTESVORSTELLUNG
UND DER GOTTESVEREHRUNG IN ROM

IMPULSE DER FORSCHUNG

Band 50

GERHARD RADKE

ZUR ENTWICKLUNG DER GOTTESVORSTELLUNG UND DER GOTTESVEREHRUNG IN ROM

WISSENSCHAFTLICHE BUCHGESELLSCHAFT
DARMSTADT

CIP-Kurztitelaufnahme der Deutschen Bibliothek

Radke, Gerhard:
Zur Entwicklung der Gottesvorstellung und
der Gottesverehrung in Rom / Gerhard Radke. –
Darmstadt: Wissenschaftliche Buchgesellschaft,
1987.
  (Impulse der Forschung; Bd. 50)
  ISBN 3-534-08342-3
NE: GT

1 2 3 4 5

ⓦⓑ Bestellnummer 08342-3

Das Werk ist in allen seinen Teilen urheberrechtlich geschützt.
Jede Verwertung ist ohne Zustimmung des Verlages unzulässig.
Das gilt insbesondere für Vervielfältigungen,
Übersetzungen, Mikroverfilmungen und die Einspeicherung
und Verarbeitung in elektronische Systeme.

© 1987 by Wissenschaftliche Buchgesellschaft, Darmstadt
Satz: Maschinensetzerei Janß, Pfungstadt
Druck und Einband: Wissenschaftliche Buchgesellschaft, Darmstadt
Printed in Germany
Schrift: Linotype Garamond, 10/11

ISSN 0174-0687
ISBN 3-534-08342-3

INHALT

Vorwort VII

Einführung 1

I. Götter in Rom 15
  1. Art und Wert der Zeugnisse 15
  2. Früheste Götter griechischer Herkunft 31
  3. Überzeugungskraft fremder Kulte 46
  4. Libri Sibyllini und Latinisierung griechischer Formen 57

II. Götter der Nachbarn 73
  1. Beziehungen zu Etrurien 73
  2. Beziehungen zu den Sabinern 96
  3. Beziehungen zu Italien 137
    a) Quirinus 138
    b) Frutis 156
    c) Diana aus Ephesos und *Diana *Virbia* in Aricia 160

III. Aussehen und Ansehen der Götter 173
  1. Wirken der Götter 173
  2. Göttergruppen 218
  3. Triaden 226
  4. Vesta und die Vestalen 263

IV. Sprache als Wegweiser. Eine Schlußbetrachtung . . 287

Bibliographie 299

Register 329
  1. Namen 329
  2. Sachen 333
  3. Worte 336

VORWORT

Das Verhältnis der Forschung gegenüber dem Phänomen des Götterglaubens der Römer hat sich im Laufe der letzten hundert Jahre den seither vollzogenen Veränderungen der geschichtlichen und geistigen Struktur der Generationen, aus deren Blickwinkel und mit deren Fragestellung die Studien betrieben werden, in der Wahl der Gegenstände wie auch in der Wertung der Überlieferung und des Überlieferten angepaßt. Während die verdienstvolle Sammlung der römischen ›Mythologie‹, die L. Preller erarbeitete und schließlich H. Jordan in dritter Auflage ergänzte, vorwiegend den sagengeschichtlichen Stoff erfaßte, hat man sich im 20. Jahrhundert von der Götterwelt in griechischem Kleide abgewandt, Römisches von Griechischem zu unterscheiden unternommen und dabei Maßstäbe gesucht, die Angaben der römischen Gelehrten auf ihre Zuverlässigkeit hin zu überprüfen. Dafür boten neue Textausgaben und neue Funde wertvolle Hilfe.

So entstand etwa gleichzeitig mit A. von Domaszewskis Abhandlungen zur römischen Religion eine im wahren Sinne des Wortes eigentliche römische Religionsgeschichte erst mit G. Wissowas Handbuch ›Religion und Kultus der Römer‹, das schon im Titel der völlig veränderten Anschauung Rechnung trägt. Das Fehlen einer der griechischen Mythologie entsprechenden Sagenbildung im römischen Gottesbewußtsein und die Bedeutung des Kultes innerhalb der staatlichen Ordnung stellten sich als wichtigste Merkmale der römischen Gottesvorstellung dar. Durch die Einbeziehung des zwischen Göttern und Menschen vorgestellten Rechtsverhältnisses entstand eine neue Dimension der Betrachtung und schwand jede Ungewißheit dichterischer Phantasie aus der wissenschaftlichen Untersuchung. Die dem als nüchtern erkannten römischen Volkscharakter entsprechende Systematisierung bot die Grundlage für ein Handbuch, auf dessen sachliche Aussagen jeweils Verlaß war und auch heute noch ist. Diskutabel blieb lediglich die Berechtigung der gewählten Ordnung und die Eingliederung der einzelnen Gottheiten in den Rahmen, den Wissowa erstellte.

Gerade an diesem wurde demnach schon zwei Jahrzehnte später gerüttelt: Die Aufteilung des römischen Pantheons in *di indigetes* und *di novensides* als altrömische und als neuhinzugekommene fremde Gottheiten wurde von St. Weinstock und C. Koch – unabhängig voneinander – als unzutreffend erwiesen und abgelehnt. Bei dieser Ablehnung ist es bis heute geblieben. Nach Aufhebung des zentralen Gefüges hatte das von Wissowa entworfene Bild seinen einheitlichen, verbindlichen Charakter verloren und die Authentizität der religionswissenschaftlichen Aussagen eingebüßt. Daß das Werk auch heute noch unentbehrlich ist, verdankt es seiner Gründlichkeit und Zuverlässigkeit, deren Ausmaß bei der jeweils veränderten Zielsetzung nachfolgender Studien zum gleichen Thema nicht mehr erreicht werden konnte. Es ist kein Zufall, daß der Verleger dankenswerterweise einen Nachdruck von Wissowas ›Religion und Kultus der Römer‹ veranstaltete und so der Nachfrage Rechnung trug.

Mit E. Samter und L. Deubner begann eine neue Art der Sicht römischen Götterglaubens durch Vergleichung mit kultischen Vorstellungen anderer „Religionen" einschließlich des Glaubens der Naturvölker und ihrer diesbezüglichen Maßnahmen. Dieses sehr gefährliche Gebiet unüberprüfbarer Aussagen wurde von ihnen zwar zurückhaltend und gewissenhaft mit Erfolg gehandhabt, gab aber weniger gelehrten Nachfolgern offene Bahn zu jeglichem Mißbrauch, der heute noch mit dieser Methode getrieben wird. Unter Deubners kritischen Augen jedoch wurde das die Grundlage einer in wesentlichen Punkten neuen Auffassung, die vor den Glauben an die Götter das Vertrauen der Menschen in die eigenen magischen Kräfte setzte, mit denen man sich Schutz und Macht, Segen und Gedeihen verschaffen zu können gewähnt haben soll. Diese Anschauung hat ihre sicherste Basis in der Auswertung einer Reihe römischer Feste gewonnen, die um des Ritus willen und nicht im Dienste der einen oder anderen Gottheit in den Kalender aufgenommen wurden. Aufgrund der nach den Motiven jeden kultischen Handelns sorgfältig suchenden Fragestellung verdanke ich meinem verehrten Lehrer L. Deubner viele Anregungen, durch dessen nüchterne Beurteilung mancher in der Überlieferung mannigfach verwirrter Vorgänge ein neuer Stein zuverlässiger Gewißheit in das Gebäude der römischen Religionswissenschaft gesetzt wurde.

F. Altheims ›Römische Religionsgeschichte‹, die in drei Bändchen in den Jahren 1931, 1932 und 1933 erschien und mir zuerst durch die scharfe Abweisung von seiten L. Deubners bekannt wurde, zeigt schon im Titel das Übergewicht historischer Beurteilung des vorliegenden Materials und bietet in der Betonung der Wirkungen griechischen Einflusses eine veränderte Einschätzung der bisher für ursprünglich römisch gehaltenen Vorstellungen. Seine Kombination sprachgeschichtlicher, historischer, religionswissenschaftlicher und archäologischer Aspekte eröffnete wiederum eine neue Form der Forschung auf diesem Gebiete. Zugleich geriet er selbst in den Bann des für die italische Namensforschung so bedeutungsvollen Buches von W. Schulze ›Zur Geschichte lateinischer Eigennamen‹ und der Studien W. F. Ottos, der durch seine Persönlichkeit mehr noch als durch seine zahlreichen Veröffentlichungen Schüler und Gelehrte beeindruckte, was sowohl die Anerkennung etruskischen Einflusses auf Rom wie auch den Glauben an die Entstehung von Gentilgottheiten nach sich zog. F. Altheim, dem ich – oft im offenen und öffentlichen Widerspruch zu seinen Auffassungen, häufiger aber in Bewunderung seiner Vielseitigkeit und seines Einfallsreichtums – mehr als nur Anregungen verdanke, hat seine Auffassung in einem reichen Schrifttum vertreten, das auch bei geteilter Aufnahme stets fruchtbare Diskussion entfachte. Die Bereiche des etruskischen Einflusses und der Gentilgottheiten sind aus seiner Nachwirkung auszuklammern, da sie inzwischen als unzutreffend aufgegeben werden mußten.

Einen historischen Ansatz zeigt auch K. Lattes ›Römische Religionsgeschichte‹, die als Nachfolge von G. Wissowas Werk im ›Handbuch der klassischen Altertumswissenschaft‹ erschien. Der geschichtliche Untergrund wirkt sich insbesondere auf die Darstellung einer Entwicklung innerhalb der römischen Religion aus, so wie der Autor sie sehen zu dürfen glaubte. Hier liegen die Ursachen mancher Differenzen gegenüber anderen Gelehrten begründet. Die Aufgliederung nach Phasen der Gottesvorstellung und des Gottesdienstes brachte es gleichzeitig mit sich, daß die einzelnen Gegenstände der Untersuchung in jedem neuen Stadium der römischen Religionsgeschichte erneut zu behandeln waren, wodurch zum Nutzen der Einzeldeutung der Charakter eines brauchbaren Handbuches verlorenging. Es darf jedoch nicht verkannt werden, daß K. Latte eine Reihe von fruchtbaren Gedanken zur Gottesvorstellung der Römer entwickelte und vortrug, die ein glücklich nachempfindendes Verstehen der Motive zu erkennen geben und dadurch mit einer großen Anzahl eingefleischter Irrtümer aufräumen. Meine erste Enttäuschung ist längst anerkennender Hochachtung gegenüber diesem Standardwerk gewichen. Die historisierende Anordnung freilich hat sich nicht durchsetzen können; das liegt an der Unterschiedlichkeit und Mehrdeutigkeit der Quellen, die jeweils immer nur punktuelle Aussagen gestatten.

In gewissem Sinne gilt das auch für die ›Religion romaine archaïque‹ G. Dumézils, der seine Studien auf die archaische Zeit beschränkt und sich selbst damit Grenzen setzt, die von der Art der Fragestellung her als durchaus angebracht zu gelten haben. Eine Untersuchung über sozusagen „die Götter Altitaliens" – und darin stimme ich mit ihm überein – kann mit den synkretistischen Religionen der Kaiserzeit nichts anfangen, da in ihnen zuviel Glauben und Phantasie, Doktrin und Aberglauben durcheinanderfließen und zuviel Altes verfälscht wird, aber dennoch unter fremdem Etikett erneut wiederauftaucht. Was als Besonderheit der Arbeiten G. Dumézils anzusehen ist, liegt in der Systematik: Er geht von der strukturellen, d. h. geistigen wie sprachlichen, Zusammengehörigkeit und Übereinstimmung der Völker indogermanischer Sprache aus und gewinnt vom Altindischen her die Auffassung, die Götterwelt sei in Träger dreier verschiedener Funktionen aufteilbar, in die der Herrschenden, die der Krieger und die der Bauern. Das Abbild dieser drei Funktionen sind für G. Dumézil im Glauben der Römer die Götter Iuppiter, Mars und Quirinus. Man ist dieser Theorie anfangs mit Begeisterung gefolgt, hat sie dann aber schließlich mehr oder weniger aufgegeben, so daß auch dieses letzte der römischen Religion in ihrer Gesamtheit gewidmete große Werk – zusammenfassende Betrachtungen mit dem Thema „Römische Religion" in Handbüchern sollen hier übergangen werden – nicht mehr den Wirkungsgrad der Studien Wissowas erreichen konnte.

Es ist daher durchaus bezeichnend, daß sowohl C. Bailey (1932) wie auch vier Jahrzehnte später R. E. A. Palmer nicht mehr darangegangen sind, ein Gesamtbild zu entwerfen, sondern sich mit "Phases" und "Essays" begnügten und hier ihre Meisterschaft bewiesen. Das scheint mir gegenüber der Materie auch der ehrlichste Weg zu sein, da man heute offenbar nicht mehr – oder besser: noch nicht – in der Lage ist, das gesamte Material in seiner Vielschichtigkeit so zu ordnen, daß ein gültiges Bild entworfen werden kann. Die Folge dieser Sachlage ist es demnach, daß ein Forscher auf dem Gebiete der römischen Religionsgeschichte entweder den gesamten Bereich in Einzelabschnitte aufteilt, die in ihrer Summe jedoch niemals das Gebiet der römischen Religionsgeschichte abdecken, wie es Altheim, Latte und Dumézil verstanden, oder sich auf eine Monographie beschränkt, in der Art und Wirken einer einzelnen Gottheit untersucht und beschrieben werden. In dieser letztgenannten

Form wurden besonders viele wichtige Aufsätze und Werke von Autoren in französischer Sprache veröffentlicht. Hier sind die Namen J. Bayet, P. Boyancé, A. Bruhl, Jacqueline Champeaux, B. Combet-Farnoux, J. Gagé, H. le Bonniec, Danielle Porte, P. Pouthier, M. Renard und R. Schilling zu nennen neben vielen anderen, deren wertvolle Mitarbeit aus der Bibliographie zu erkennen ist. Mit dieser Aufzählung kann nur ein auffälliges Übergewicht hervorgehoben sein, sollen aber die Namen anderer verdienter Gelehrter nicht vergessen werden, von denen ich wiederum nur einige nenne: Carmine Ampolo, Giulia Piccaluga und U. Pestalozza in italienischer, H. J. Rose, W. Warde Fowler, A. E. Gordon, Lily Ross Taylor und Louise Adams Holland in englischer und A. Brelich, F. Bömer, H. Hommel, K. Kerényi, C. Koch, A. J. Pfiffig und U. Scholz in deutscher Sprache.

Im Rahmen dieser vorstehend geschilderten Entwicklung der Religionswissenschaft sehe ich – den genannten Autoren zu Dank verpflichtet – die Grenzen, die meinem eigenen Unternehmen gesetzt sind. Ich finde keine Möglichkeit zu einer Gesamtdarstellung und glaube auch nicht, daß sich ein Ordnungsprinzip für die Darstellung an bestimmten, deutlich sich abzeichnenden Phasen erkennen läßt, auf dessen Grundlage man eine solche aufbauen könnte. Bei voller Anerkennung der Beobachtung des frühen Beginns griechischer Beeinflussung glaube ich dennoch an das Recht und die Notwendigkeit, weiter nach einheimisch italischem Gut suchen zu sollen, das freilich selbst nie als Einheit, sondern schon in frühester Zeit als reiche Vielfalt erhalten blieb. Ich sehe in meinen nachfolgenden Untersuchungen daher nur Beobachtungen einer Reihe einzelner Vorgänge, Maßnahmen, Wertungen und Vorstellungen im Rahmen einer Entwicklung, die durch das Zusammentreffen immer neuer Bevölkerungsgruppen ausgelöst wurde. Meine Betrachtungen zu dieser Frage erheben keinen Anspruch auf Vollständigkeit – in welchem Abschnitt auch immer –, sondern bieten im Sinne der gewählten Formulierung Bilder aus dem Bereiche der römischen Gottesvorstellung, die mir als charakteristisch und aufschlußreich erscheinen. Ihnen gegenüber soll aber kein Instrument unbenutzt bleiben, um Antwort auf neu sich aufdrängende Fragen zu finden. Ich möchte Rom und die in Rom lebenden Menschen der verschiedenen Jahrhunderte als Glieder der Bevölkerung Latiums bzw. ganz Italiens sehen und suche daher zuerst einen Zugang zu den Vorstellungen der eigenen Frühgeschichte dieser ethnischen Gruppen als Trägern der Gottesvorstellung. Es ist historisch begründet, daß die meisten Nachrichten aus dieser frühen Zeit von griechischen Autoren in griechischer Sprache erhalten sind; das hindert aber nicht an der Annahme, daß einheimisches Gut unverfälscht weitergegeben wurde und daher auch in fremdem Munde als echtes Zeugnis angesehen werden darf. Ferner gibt es ausreichend Hinweise innerhalb der lateinischen Überlieferung selbst, die zur Bestätigung oder Korrektur solcher Berichte Verwendung finden können. Die bedauerlich geringe Zahl originaler lateinischer Überlieferung inschriftlichen Materials ist zwar ein Hindernis zur vollkommenen Erschließung der römischen Vergangenheit; das Erhaltene gibt jedoch genug Anhaltspunkte, die freilich gründlicher Überprüfung und treffender Interpretation bedürfen. So muß aus dem gesamten Material der Überlieferung das ausgesucht werden, was Antwort auf die Fragen der Entwicklung römischer Gottesvorstellung zu geben vermag. Die Betrachtungen müssen sich daher auf verschiedenen Ebenen vollziehen.

Ein größerer zusammenhängender Teil behandelt – nach einem Überblick über die Zeugnisse – die Begegnung mit fremden „Religionen", d. h. mit Gottheiten, die von anderen Völkern in Rom bekannt und nach Rom übernommen wurden. Zuerst wird die besondere Rolle der schon in früher Zeit in Rom verehrten griechischen Gottheiten untersucht, deren Chronologie durch Prüfung ihrer lateinischen Namen erkennbar wird. Unabhängig von den Fakten der Übernahme soll gefragt werden, ob sich Motive für diese finden, erkennen und begründen lassen. Und schließlich wird beobachtet, wie die Römer sich bemühten, Griechisches – zuerst in Namen und Form, dann auch im Inhalt – zu latinisieren, wobei ein Weg gegangen wird, der von der bisherigen Forschung abweicht.

Fremde Gottheiten sind nicht nur aus Griechenland gekommen; auch die Nachbarn haben ihren Einfluß auf Rom und die Römer ausgeübt oder Kulte bewahrt, die in Rom erst wieder eingeführt werden mußten, um den religiösen Bedürfnissen der Zuwanderer Rechnung zu tragen. Auch in diesen Abschnitten steht die Namensfrage jeweils im Vordergrund, da nur von ihr aus eine Klärung der völkischen Herkunft zu gewinnen ist. In diesem Zusammenhang gilt es, nicht nur sabinisches Gut sicherzustellen und auszusondern, sondern auch das Problem der wechselseitigen Beziehungen zwischen Rom und den Etruskern zu erörtern. Schließlich bleibt dennoch ein schwerverständlicher Rest, der offenbar noch andere Zugangsmöglichkeiten zu erkennen gibt. So hält sich dieses Kapitel im Aufbau gewissermaßen an die Hinweise des einleitenden und des schließenden Teiles mit den Vorstellungen mythischer Frühgeschichte Roms.

So wird der Rahmen für Einzeluntersuchungen abgesteckt. Es ist zu fragen, wie die Römer das Wirken ihrer Götter begriffen und auszudrücken versuchten: Der Name einer Gottheit wird durch seine sprachliche Aussage gleichsam zu einem „Mythos" ohne Mythologie, d. h. zur Ankündigung und Bestätigung der göttlichen Funktion, zu einer Art immanenter Geschichte göttlichen Handelns. Bei der ausgeprägten Gegenseitigkeit des Verhältnisses zwischen den Römern und ihren Göttern drücken sich so aber auch die Wünsche und Bitten aus, die der Gläubige der einzelnen Gottheit durch den Zwang des Namens vorträgt.

Kritische Erörterung fordern die bisherigen Untersuchungen über die Kultform der Verehrung in Triaden von Gottheiten heraus; die Gottheiten der kapitolinischen Trias sind in diesem Rahmen einzeln zu besprechen, da sie im Rahmen der Frühgeschichte Roms eine ebenso politische wie glaubensmäßige Bedeutung besaßen. Eine herausgehobene Rolle spielen der Vestakult und die Institution der Vestalen, deren Untersuchung ein weiter Raum zugestanden wird. Gegenüber der beliebten Betonung fremden Einflusses auf die Gottesvorstellungen der Römer soll auch die Frage immer wieder gestellt werden, welches denn die römischen Götter im alten Rom waren und welche Rolle sie im Laufe der römischen Religionsgeschichte spielten.

Die Glaubenswirklichkeit gewinnt ihre Stärke durch die dingliche Begründung jedes ihrer Akte. Keine Maßnahme geschieht ohne sachliche Rechtfertigung, die der im Verkehr mit dem Göttlichen geschulte und geübte Priester zu geben weiß. Er ist der Kundige auf dem Gebiete der Wetterkunde und im Bereiche der Bodennutzung, er versteht sich auf Heilkunde und auf die Beurteilung geeigneter Nahrung. Da er sich selbst den Regeln der ständigen Auseinandersetzung mit den natürlichen Gegebenheiten, den Göttern also, unter Beachtung strengster Verhaltensmaßregeln unterwirft, fehlt ihm nie die spontane Zustimmung seiner Gemeinde. Dabei spielen die kultischen Vorsichtsmaßnahmen eine besondere Rolle; das gilt für das Rechtswesen wie für die Tierzucht. Die Gottesvorstellung der Römer ist auf dieser Grundlage von einer großen Nüchternheit geprägt, die für jeden Akt des menschlichen Lebens und des Zusammenlebens der Menschen untereinander das Wirken einer Gottheit als unerläßlich erachtet, die aber nicht über den Handlungen des Menschen steht, sondern mit ihm zusammen an diesen wirkt.

Für das Verständnis gegenüber meiner Absicht, diese Fragen außerhalb konventioneller Darstellungen zu erörtern, sage ich der Wissenschaftlichen Buchgesellschaft meinen Dank; ein solcher gebührt in besonderem Maße dem zuständigen Lektor, der schnell und mit sicherer Hand die Drucklegung vorbereitete und überwachte.

EINFÜHRUNG

Von Menschen auf die Gottheiten schließen zu wollen, die von ihnen verehrt werden, ist höchst unsicher, auch wenn man die jeweiligen Lebensbedingungen und Lebensgewohnheiten zugrunde legen könnte und als Voraussetzung für die Vorstellung höherer Wesen gelten läßt, denen der Name von Göttern zukäme; kennt man andererseits aber das Bild, das sich Menschen eines Volkes von ihren Göttern machen, lassen sich von da aus Verbindungen zur Geschichte und zu den Ereignissen des täglichen Lebens aufdecken. So wird Religionsgeschichte zu einem bedeutenden Hilfsmittel bei der Beurteilung historischer Abläufe und Zusammenhänge. „Das Verhältnis zu den Göttern ist der wichtigste Faktor für die Erkenntnis der Wesenheit eines Volkes."[1]

Die Götter Roms haben mit dem Ende ihres Kultes noch nicht ihre Wirkung aufgegeben: Wie der römische Pontifex maximus im Rahmen der katholischen Kirche bis auf den heutigen Tag nicht nur im Titel weiterlebt, haben auch Gottheiten wie Kultstätten in vielen Fällen lediglich ihren Namen oder den ihres Besitzers gewechselt und führen die Rolle weiter, die sie vor mehr als zwei Jahrtausenden spielten; hierbei darf nicht übersehen werden, daß auch ihnen schon ältere Vorstellungen vorausgingen, die erst im römischen Bilde verbreitet wurden. Kulte und kultische Einrichtungen sind von außergewöhnlicher Beständigkeit und Dauer; sie sind unter dem Eindruck notwendiger und unausweichlicher Bedingungen menschlichen Daseins von Menschen nicht erfunden, sondern gesehen, geschaut und als lebensnotwendig erachtet worden. Das erschwert die Frage nach ihren Ursprüngen, gibt aber auch unter glücklichen Voraussetzungen Aufschluß über ihre Inhalte, wenn es gelingt, die Richtung dieses Sehens zu erkennen und zu begreifen.

Von den Göttern Roms oder auch nur von denen der Römer zu sprechen, birgt eine meist unbeachtete, dennoch aber nachhaltige Ungenauigkeit: Die Menschen nämlich, die in der schon immer

---

[1] L. Deubner am 19. April 1932 in seiner Vorlesung an der Friedrich-Wilhelms-Universität von Berlin über die Religion der Römer.

oder erst seit einem nicht genau bestimmbaren Zeitpunkt[2] Rom genannten Siedlung wohnten, gehören seit frühester Vorzeit ganz verschiedenen völkischen Gruppen an, die entweder in zeitlicher Abfolge einander ablösend und vertreibend[3] oder auch gleichzeitig bei gegenseitiger Beeinflussung[4] dort lebten und Wesen wie Geschichte dieses „Rom", Treiben und Denken seiner Bürger mit allen ihren Überlieferungen und Besonderheiten prägten. Jedes Volk hat andere Götter; es schuf sich im Laufe seiner Entwicklung eine eigene Vorstellung von den Mächten außerhalb irdischen Bereiches. Wurde die Heiligkeit eines Ortes nicht von dem jeweils dort wohnenden Volke neu bestimmt, sondern aus früherer Zeit übernommen, bildeten sich Schichtungen und Schachtelungen verschiedenster Art. Die Ergebnisse dieses aus dem Bangen und Hoffen menschlicher Herzen entstandenen Glaubens mögen sich in vielen Fällen mehr oder weniger ähneln, so wie sich das Verhalten des Menschen in seiner Umwelt bei entsprechenden Voraussetzungen im Grunde genommen allerorts und immer wieder zu ähneln vermag; die Unterschiedlichkeit aber gerade dieser Voraussetzungen ist das entscheidende Hindernis für die vergleichende Religionswissenschaft. Beschränkt man sich auf einen wenigstens geographisch überschaubaren Raum wie Italien, gibt es schon

[2] Mit Sicherheit ist als Fiktion abzutun, daß ein älterer, angeblich einheimischer Name Valentia von den Begleitern des Euandros in Rhome (= ῥώμη) übersetzt worden sei (Hyperochos FGrH 576 F 3 = Fest. 328, 13 L. Solin. 1, 1). Auch Saturnia (Solin. 2, 5) ist kein echter alter Name. Da selbst bei Deutung des Namens Roma aus venetisch-aboriginischem *r̥mnā (G. Radke, AL 41.167) nur eine vage Datierung auf die Mitte des 8. Jh. v. Chr. gegeben wird und der vorausgehende Name der zweifellos wesentlich älteren Siedlung verborgen bleibt, wird man sich mit der allgemeinen Formulierung begnügen müssen. Auch die Diskussion um den geheimen Namen der Stadt, den zu nennen verboten war (Plin. nat. hist. 3, 65. Macrob. sat. 3, 9, 5. Serv. Aen. 1, 277. Solin 1, 4f.), führt nicht weiter; Lyd. mens. 4, 73. 75 gibt an, Rom habe drei Namen, einen geweihten, einen priesterlichen und einen politischen; der priesterliche sei *Flora* gewesen.

[3] Vgl. Serv. auct. Aen. 11, 317 *(Siculi) qui a Liguribus pulsi sunt, Ligures a Sacranis, Sacrani ab Aboriginibus.*

[4] Die legendäre Frühgeschichte bietet das Beispiel des Zusammenwachsens von Trojanern und Aboriginern zum Volke der Latiner (Cato frg. 5 P. *hos* <scil. *Aborigines*> *postea adventu Aeneae Phrygibus iunctos Latinos uno nomine nuncupatos*). Auch die Vereinigung mit den Sabinern des T. Tatius oder die Wohngemeinschaft mit den Etruskern des Vibenna auf dem *mons Caelius* können als legendäre Beispiele gewertet werden.

genug wesentliche Unterschiede, die sich auf mannigfachen und untereinander ganz verschiedenen Gebieten ausdrücken, am deutlichsten jedoch im Bereich der Sprache erkennen lassen.

Das älteste unmißverständliche Zeugnis, das von einer Gottheit überliefert wird, ist ihr Name. Mitunter ist nur er allein bekannt. Varro vertrat die Auffassung, durch den Namen einer Gottheit würden ihre Funktionen (Serv. georg. 1, 21: *nomina numinibus ex officiis constat imposita*) und Gaben (August. civ. 4, 24: *earum rerum nominibus appellabant deos, quas ab eis sentiebant dari*) verdeutlicht. Welche Vorstellung sich die Menschen vom göttlichen Träger dieses Namens machten, wird gelegentlich durch Berichte über sein angebliches Wirken, gelegentlich durch die Tätigkeit seiner Priester oder auch durch den Ablauf der dieser Gottheit zu Ehren oder zu Diensten gefeierten Feste veranschaulicht. Ziemlich spät erst kommt es in Rom zu bildlicher Darstellung: *antiquos Romanos plus annos centum et septuaginta deos sine simulaero coluisse* (Varro bei August. civ. 4, 31); und gerade diese neigt dazu, nicht das Eigene auszusprechen, sondern sich fremder Vorbilder zu bedienen.

Es ist vorstellbar, daß die Angaben späterer Zeiten keine echten Glaubensinhalte vermitteln, sondern nur auf Deutungen beruhen, die erst durch volksetymologische Mißverständnisse des Namens entstanden oder denen Vertauschung des alten Namens gegen einen fremden Vorschub leistete. Hier treten antike und moderne Sprachwissenschaft miteinander in Konkurrenz, bei der die Entscheidung aber nicht durch die Methode, sondern aus dem geschichtlichen Gesamtbilde gesucht und gefunden werden muß.

Lebendige Sprache ist veränderlich; ihre Träger gehen unterschiedlich mit ihr um. Die so entstehende Vielfalt schafft neue Komplikationen und Hindernisse. Das sei an einem Beispiel vor Augen geführt: Der zuverlässig für eine Gottheit erschlossene italische Namensstamm *$dhaun\breve{o}$-* [5] diente einem Volke, in dessen Sprache sich die dentale Media aspirata im Anlaut zu der stimmlosen Spirans *f-* veränderte, zur Bildung des Namens Faunus, während in anderen Dialekten des gleichen italischen Sprachgutes der gleiche Laut lediglich die Aspiration verlor und dadurch als stimmhaftes *d-* gehört wurde, so daß bei den Menschen mit einer solchen Sprache dieser Name Daunus lautete. Beide Formen sind für Rom und seine

---

[5] Zu *$dhaun\breve{o}$-* vgl. A. v. Blumenthal, Hesychstudien 38. F. Altheim, RRG 2, 1932, 74. RRG 1, 1951, 131 ff.; vgl. LEW I 468.

nächste Umgebung bezeugt.[6] Damit wird die enge Nachbarschaft sprachlich sich in bestimmten Lauterscheinungen unterscheidender, im Großen aber einander verwandter Volksgruppen veranschaulicht. Diese, wie man meinen könnte, so leicht überschaubare Unterscheidung verliert jedoch dadurch an Wert, daß jeder der genannten Lautvorgänge nicht nur jeweils bei einem Volke, sondern bei mehreren Völkern zu beobachten ist.

Mit dieser Darstellung habe ich meinerseits schon eine Entscheidung vollzogen, indem ich die antike Namenserklärung, die Faunus von *favēre* herleitete, aufgab und die durch die vergleichende Sprachwissenschaft seit wenig mehr als einem halben Jahrhundert nachgewiesene Zugehörigkeit zu einem Verbalstamme *dha̯u-* anerkannte. Das damit verbundene methodische Risiko dürfte im vorliegenden Falle gering sein, da die beschriebenen lautlichen Vorgänge nicht leicht geleugnet werden können; dennoch schließt die Möglichkeit einer Auswahl die Gefahr einer Fehlentscheidung ein. Aber ganz abgesehen davon sind neben der sprachlichen Unterscheidung mindestens zwei Schichten auseinanderzuhalten: die „Glaubenswelt" der antiken Erklärer und die – vermutlich mit Recht – erschlossene Vorstellung einer frühen Epoche, für die jedoch keine zeitlichen Grenzen mehr erkennbar sind.

Selbst von außen veranlaßte oder durch neue Entwicklungen bedingte Veränderungen von Kulturinhalten werden durch auftretenden Widerspruch zu der im Namen verankerten Grundbedeutung offenbart. So bietet die Sprache nicht nur ein Gerüst, sondern in derartigen Fällen sogar die Grundlage einer Deutung: Der Name des römischen Gottes Mars hat sich auf eine sprachliche Wurzel zurückführen lassen, die den Vorgang des Zuteilens beschreibt;[7] die Rolle kam dem Gotte in einer bäuerlichen Gemeinschaft zu, in der jedem Mitgliede sein bestimmter Anteil am Boden zugewiesen wurde. Aus dem Besitz am Boden ergab sich dessen Nutzung für die Gemeinschaft oder für den einzelnen. Die Beziehungen des Mars zur Landwirtschaft sind noch erkennbar und oft hervorgehoben worden.[8] Erst als diese Bauern gezwungen waren, sich ihrer

[6] G. Radke, AL 8.
[7] G. Radke, Götter 205.
[8] Meist wird auf Cato agr. 141, 2 hingewiesen: *Mars pater, te precor quaesoque uti sies volens propitius mihi domo familiaeque nostrae, quoius rei ergo agrum terram fundumque meum suovetaurilia circumagi iussi, uti tu morbos visos invisosque, viduertatem vastitudinemque, calamitates intemperiasque prohibessis defendas averruncesque.* Die umfassende Vor-

Feinde zu erwehren und um ihr Land zu kämpfen, als sie – bildlich gesprochen – aus der Sense ein Schwert schmiedeten, übernahm der gleiche Mars die Aufgabe des Kriegsgottes. Es geht aber nicht um diese Abfolge der Vorstellungen, da Kämpfe und Ackerbau auch gleichzeitig sein können, sondern um die Gesamtheit göttlichen Wirkens: Mars darf auch als Führer des *ver sacrum* angesehen werden[9], der jungen Mannschaft, die nicht am Erbe beteiligt ist und auszieht, um neues Land zu erobern. Verteidigung des eigenen Bodens und Erwerb neuer, bisher fremder Erde für die auswandernden Söhne und Töchter bei ständigem Ringen um den eigenen Ertrag wirken sinnverändernd am Vorstellungsbilde des Gottes. Auch innerhalb dieses Rahmens ist Mars die Gottheit, die zuteilt und zuweist, deren Erscheinung aber immer von außen kommt und Gefahr bringt: Ein wilder Gott, den man lieber bei anderen sieht, dem man zuruft: *ali sta berber!*[10]

Vollziehen sich lautliche oder auch sprachliche Erscheinungen wie die beschriebenen in einer geschichtlich zugänglichen Zeit, verhelfen sie zu annähernd genauen Erkenntnissen: Im Keltischen hieß der Wagen **petrŭ-rŏton*[11] „Vierrad"; als die Römer dieses Wort mit dem Gegenstand, den es bezeichnete, kennenlernten und entlehnten, wirkte in den italischen Sprachen unter dem Einfluß der Anfangsbetonung die Synkopierung kurzer nachtoniger Sil-

---

stellung, die man sich von Mars machte, wird im Arvallied deutlich: *Neve lue rue, Marmar, sins incurrere in pleores; satur fu, fere Mar, slimens, ali sta berber; e nos, Marmor, iuvato;* vgl. G. Radke AL 108 ff.

[9] U. Scholz, Studien 52, sagt mit Recht: „Juppiter und Mars sind ... die Hüter des Volkes und des Staates; die Götter der alten Heimat führen den Zug der auswandernden Jungmannschaft und sollen den Aufbau auch des neuen Gemeinwesens sichern." Da von Alfius bei Fest. 150, 13 ff. L. für die Anweisung des *ver sacrum* Apollo benannt ist, wird Mars bzw. Mamers auf eine recht durchsichtige Weise dem Berichte hinzugefügt: Entscheidung durch das Los, nach welchem unter zwölf Göttern das neue Gemeinwesen benannt werden solle (vgl. G. Radke, Kultische Maßnahmen 113). Die Aufzählung der angeblich von einem Tier zu neuen Siedlungsplätzen geführten Völker bei G. Hermansen, Studien über den italischen und römischen Mars 98 ff., führt nicht weiter.

[10] In der dritten Zeile des Arvalliedes ist die Buchstabenfolge FUFEREMARSLIMNESALI zwischen *satur* und *sta berber* bisher irrig abgeteilt worden; es muß gelesen werden: *satur fu, fere Mar, slimens; ali sta berber* „stehe anderswo"! (G. Radke, AL 108 ff.).

[11] LEW II 298.

ben, die das keltische *petrŭrŏton zu *petṛ-rŏton, *pĕtorrŏton veränderten, und ebenso – jedoch nur im Lateinischen – die sogenannte Vokalschwächung, so daß das kurze -ŏ- der offenen vorletzten Silbe zu -ĭ- „geschwächt" wurde: *pĕtorrĭtum*.[12] Da die Vokalschwächung kurzer Mittelsilben in der lateinischen Sprache eine Erscheinung ist, die lediglich im Verlaufe des 4. Jahrhunderts v. Chr. beobachtet wird,[13] darf man sagen, den Römern sei diese Art von Wagen mitsamt seinem Namen innerhalb dieser zeitlichen Grenzen bekannt geworden; das bedeutet: Sie übernahmen während der verschiedenen Galliereinfälle, die seit dem zweiten Jahrzehnt des 4. Jahrhunderts v. Chr. Italien heimsuchten, das keltische Wort für den vierrädrigen Wagen in ihre eigene Sprache, in der es die beschriebenen Veränderungen erfuhr. Die Kenntnis und der Gebrauch des Wortes lehren die Übernahme des damit benannten Gegenstandes von den Kelten: Eine sprachliche Beobachtung, die einen kulturgeschichtlichen Vorgang erschließt: Ein vierrädriger Wagen bei der keltischen Völkerwanderung leiht dem römischen Fuhrverkehr seinen Namen.

Es sind die Menschen, die ihre eigene Vorstellung von den Göttern sehen und bilden; diese Menschen stehen aber unter dem Einfluß des Landes, in dem sie leben, und sind abhängig von den Eigenschaften des Volkstums, dem sie entstammen. Für die Gottheiten, die von den Römern verehrt wurden, gilt dementsprechend vorwiegend als formender Raum die Landschaft, an deren Rand Rom liegt, peripher zu Etrurien und exzentrisch zu Latium, ohne daß man Einflüsse anderer Gegenden ausschließen darf, aus denen Gottesvorstellungen ebenso wie Gebräuche oder auch nur Geräte übernommen wurden. In besonderem Maße gilt die Voraussetzung einer Mannigfaltigkeit von Kultträgern für die Menschen, die in Latium wohnten: Man darf sich nicht damit begnügen, die Latiner als ein schon vor ihrer Einwanderung in sich geschlossenes Volkstum

---

[12] Varro frg. 203 Cardauns = GRF frg. 133 Funaioli bei Gell. 15, 30, 7 *id scriptum est in libro M. Varronis quarto decimo rerum divinarum, quo in loco Varro, cum de petorrito dixisset, esse id verbum Gallicum;* vgl. Isid. or. 20, 12, 4. Quintil. inst. 1, 5, 57 *plurima Gallica valuerunt ut reda et petorritum.* Varro, b. Non. 196 M. *Gallica petorrita.* Fest. 226, 30 ff. L. *petorritum et Gallicum vehiculum esse et nomen eius dictum existimant a numero quattuor rotarum. alii Osce quod i quoque pitora quattuor vocent. alii Graece sed* αἰολικῶς *dictum.* Paul. Fest. 227, 2 ff. L.

[13] Zur Geschichte der Vokalschwächung und deren zeitlicher Begrenzung auf das 4. Jh. v. Chr. vgl. G. Radke, AL 21 ff.

anzusetzen[14] und einen Zeitpunkt für ihr Auftreten in Latium zu errechnen, sondern man muß sich darüber klar sein, daß das Gebiet, dort wo der Anio in den Tiber mündet, seit ältesten Zeiten ein Durchzugsland war und so verschiedenste Gruppen aufnahm und weiterschickte. Man darf nicht übersehen, daß am Fuße der die Ebene Latiums nach Osten begrenzenden Berge eine uralte Völkerstraße[15] verlief, die von den Marken an der Adriaküste und dem Herzen Italiens im Raum von Reate nach Kampanien, Unteritalien und weiter nach Sizilien führte. In historischer Zeit sind die Gallier auf dieser Straße über Clusium-Camars-Camerinum[16] – Rom war zu Beginn des 4. Jahrhunderts v. Chr. schon zu mächtig, um es bei einem Vormarsch nach Süden im Rücken zu lassen, und mußte besetzt werden –, Tibur und Praeneste bis nach Canusium[17] gekommen. Vor ihnen und nach ihnen sind andere Heerscharen über die gleiche Straße unter gleichen Bedingungen gezogen.[18]

Zahlreiche Zugänge aus dem mittelitalischen Raume führen nach Latium und dienten manchen Zuwanderern zum Vordringen an die Küste. Es darf auch nicht außer acht gelassen werden, daß die Küste Latiums in Tarracina, Circei, Antium und an der Tibermündung für die damalige Zeit verhältnismäßig sichere und günstige Landeplätze besaß, an deren Strand man die Schiffe hinaufziehen konnte. Diese ermöglichten einen Zugang nach Latium auch von überseeischen Gebieten aus und ließen Händler und Siedler fremder Völker dorthin gelangen. Jeder Versuch einer Vereinfachung dieser Voraussetzungen verfälscht das Bild, das man sich machen muß; es ist im Gegenteil davon auszugehen, daß gerade die Vielfalt der Grundlagen wie der Einflüsse als kennzeichnend für die gewachsene Eigenart der Menschen gelten muß, die unter dem Namen von Römern zuerst Latium und Italien, schließlich aber die

---

[14] A. Alföldi, ERL 9: "The truth is, I am convinced, that the Latins occupied their homecountry Latium as much as a thousand years later, arriving from beyond the Alps. Their immigration could well have had intermediate stages, but it was one coherent process also in this case. Their new home-country is a clearly defined quadrilateral unity situated between Etruria and Campania, and between the high ridges of the Apennines and the sea."
[15] G. Radke, Zu einem Buch A. Alföldis 535. Res Italae 95. Livius 78: Ricerche su Camerino, città umbra 317.
[16] G. Radke, Livius 79 ff.
[17] G. Radke, AL 171 Anm. 95.
[18] G. Radke a. O. 12.

abendländische Welt zu gestalten wußten. Die Legende von dem Asyl, das der Stadtgründer Romulus für Landflüchtige, woher sie auch kommen mochten, zwischen den beiden Hainen auf der Höhe des Kapitols geschaffen hatte,[19] ist ein Wahrzeichen für diese Offenheit gegenüber allem Neuen, das in Rom nicht fremd bleiben konnte, sondern, aufgenommen in den hier gültigen Vorstellungskreis, seinerseits zur Erweiterung und zur Ausgestaltung einer neuen Einheit beitrug. Neues neben Altem bestehen zu lassen und anzuerkennen, keinem einen besonderen Vorrang zu geben, sondern sich der guten Seiten eines jeden zu bedienen, das ist der wahre *mos maiorum* innerhalb der römischen Geschichte[20] und ebenso innerhalb der römischen Religionsgeschichte. Wenn eine solche Haltung auch rückwirkend zur Geltung kam und dann zur Ausgestaltung romantischer Bilder entweder primitiver und roher oder andererseits auch „humaner" Frühzeit beitrug, war sie nie ohne erzieherischen Wert.

Die Völker, die im Laufe der Jahrhunderte an den Tiber kamen und an den Gewinnen der Salzfurt[21] durch den Fluß teilhaben wollten, stammten aus verschiedensten Gegenden unterschiedlicher landschaftlicher Bedingungen; so brachten sie schon aus solchen natürlichen Gegebenheiten jeweils andersartige Vorstellungen mit. Auch das läßt sich an Beispielen verdeutlichen: Menschen, die gewohnt waren, ihre Siedlungen auf Hügeln und Bergkuppen anzulegen, weil sie dort nicht nur leichtere Verteidigungsmöglichkeiten,[22] sondern vor allen Dingen durch den abendlichen Luftzug in

---

[19] Liv. 1, 8, 5 u. a.; vgl. F. Altheim, RRG 1, 1951, 179ff.
[20] G. Radke, Res Italae 104.
[21] R. Bloch, Tite-Live et les premiers siècles de Rome 1965, 20: «Le site de Rome formait... verrou sur la route de vallée par laquelle le sel était transporté vers les contrées montagneuses de l'Est. On notera encore que la nature du lieu permettait la construction du premier pont sur le Tibre, depuis l'embouchure du fleuve.» Vor dem Bau der Brücke dürfte im gleichen Raum durch Vermittlung der Tiberinsel die Furt gelegen haben, auf der die Salzlieferungen von den Salinen nördlich der Tibermündung auf der späteren *via Campana* den Fluß querten und dann über die *via Salaria* ins Land der Sabiner gebracht wurden.
[22] F. Altheim, RG 1, 1951, 161. G. Radke, Imperium 35, Anm. 93. Res Italae 103. Zu einem Buch K. Lattes 483. Gegenüber der Aufgabe der Verteidigung gegen angreifende Feinde wird die wichtigste Veranlassung, auf Höhen zu siedeln (vgl. Hygin. grom. constit. p. 143 Thulin *antiqui enim propter subita bellorum pericula non solum erant urbes contenti cingere mu-*

der Höhe Schutz vor der „üblen Luft", der Malaria, der Krankheitsübertragung durch die Anophelesmücke, fanden, wären nie auf den Gedanken gekommen, ihre Stadt mit einer vom Pflug gezogenen Furche zu umgeben, da Abhänge, Felsen und Schluchten diesem Unterfangen an vielen Stellen ein Hindernis geboten hätten;[23] der Brauch des von Romulus gezogenen *primigenius sulcus*[24] muß – so darf man wohl schlußfolgern – von Leuten stammen, die im Flachland beheimatet waren.[25] Als Kleidung trugen Hirten Felle oder wollene Röcke, Bauern aber linnene Kleider; war ihnen Kleidung aus gemischten Stoffen durch Kultvorschrift verboten,[26] so hatte das eher ethnische als religiöse Gründe.

Bauern haben andere Götter als Hirten oder Jäger; es wird sich in einigen Fällen ein solcher Zusammenhang nachweisen lassen.[27] Von Kriegern hingegen als besonderer Gruppe mit eigenen Gottheiten zu sprechen, halte ich in diesem Rahmen für unangebracht, da m. E. Bauern wie Hirten zur Waffe greifen und kämpfen, wenn sie ihren Boden oder ihre Herden verteidigen müssen. Einen ausgesprochenen Kriegerstand wird man im alten Italien kaum nachweisen können: Heer – Aufgebot oder *classis* – und *populus Romanus*[28]

ris, verum etiam loca aspera et excelsa saxis eligebant, ubi illis maximum propugnaculum esset et ipsa loci natura), meist übersehen: Der Luftzug, der die abendliche «mal aria» vertreibt. Siedlungen im Tal gibt es in Italien erst seit Gebrauch der Insektenvernichtungsmittel.

[23] H. Nissen, Templum 59, hat richtig erkannt: „... aber begreiflicherweise konnte die Form nur in verhältnismäßig seltenen Fällen zur Anwendung kommen; denn sie erfordert ebenes, flaches Terrain". A. v. Blumenthal, in: RE XXI 1868 f. Das römische Palatium fällt nach allen Seiten steil ab und hat zerklüftete Ränder (K. Ziegler Palatium, in: RE XVIII 2, 22. R. Bloch a. O. 20 «Le Palatin avec ses pentes rapides»).

[24] Fest. 270, 36 L. Paul. Fest. 271, 3 L. Plut. Rom. 11, 3 ff.

[25] Zur Herkunft des Umpflügens einer neugegründeten Stadt aus dem Flachland vgl. G. Radke, Quirinus 290.

[26] Vgl. die Forderung des sog. Schatnes AT Levit. 19, 19. Deuteron. 22, 11.

[27] Um lediglich die Richtung aufzuzeigen, die dafür zu beobachten ist, sei darauf hingewiesen, daß Ceres ebenso zum bäuerlichen Leben gehört wie Pales zu dem der Hirten; eine entsprechende Gottheit für Jäger im soziologischen Sinne hat es in Rom offenbar nicht gegeben oder hat sich nicht erhalten. Für Diana ist die Vorstellung des Jagens als mythologisches Erscheinungsbild erst von Artemis übernommen.

[28] Paul. Fest. 48, 22 L. *classes clipeatas antiqui dixerunt, quos nunc exercitus vocamus.* 251, 19 ff. L. *procincta classis dicebatur, cum exercitus cinctus*

entsprechen einander und sind in ihrer Aussage gleichwertig. Ich sehe daher keine Veranlassung, an die Existenz von Gottheiten zu glauben, die sich nach Gruppen verschiedener Funktion[29] unterscheiden lassen.

Auch Versuche zeitlicher Einordnung lassen sich unternehmen: Werden der Gebrauch eisernen Gerätes[30] oder das Reiten[31] verboten, so waren zwar Eisen und Reitpferd schon bekannt, wurden aber für bestimmte Handlungen und gewisse Personen untersagt, für die allein Gebrauch der Bronze[32] und das Fahren im von Pferden – und vielleicht sogar noch von Rindern – gezogenen Wagen[33] gestattet wurde. Diese Bestimmungen kennzeichnen das Verhalten einer Übergangszeit; noch weiter zurück gehen Vorschriften zur Verwendung steinernen Gerätes.[34] Diese althergebrachten oder eher altertümlichen Formen gelten insbesondere für den Verkehr mit den Göttern, weil diese es so gewohnt waren. Da in früher Zeit ein „König" für das Volk mit der Gottheit verkehrt hatte, mußte es auch nach Vertreibung der politischen Könige einen *rex sacrorum* geben: Ianus, in dessen Dienst dieser Priester steht,[35] darf demnach wohl als ein besonders alter Gott angesehen werden.

Für die vorliegende Untersuchung kommt es darauf an, die Völker, aus denen sich die Bewohnerschaft Latiums und besonders Roms zusammensetzt, in ihrer Vielfalt zu erkennen, ihre Vorstellungen von Gottheiten sowie außermenschlichen Mächten im

erat Gabino cinctu confestim pugnaturus. Vetustius enim fuit multitudinem hominum quam navium classem appellari. Neben bzw. über dem *magister equitum* stand der *magister populi;* vgl. G. Radke, Etrurien 47.

[29] G. Dumézils Gliederung der antiken Gesellschaft in die Funktionen von Herrschern, Kriegern und Bauern ist in seinen Büchern mehrfach zum Ausdruck gebracht; ich verweise hier lediglich auf RRA 166f.

[30] Die Pflugschar zum Ziehen des *primigenius sulcus* mußte aus Erz bestehen (Plut. Rom. 11. Macrob. sat. 5, 19, 13). Bronzene Haarschneidegeräte (Macrob. sat. 5, 19, 3 bei Sabinern und beim *flamen Dialis*. Serv. Aen. 1, 448).

[31] Der den meisten Einschränkungen unterworfene *flamen Dialis* darf beispielsweise nicht reiten (Plut. quaest. Rom. 40. Gell. 10, 15, 3).

[32] Bronzene Gefäße: G. Wissowa, Rel.² 34f.

[33] Benutzung des Wagens innerhalb Roms war nur den Vestalen, den *flamines maiores* und dem *rex sacrorum* gestattet (G. Wissowa Rel. ²508, 1); vgl. ferner Serv. Aen. 11, 134. Liv. 1, 35, 9. J. Wiesner, Fahren und Reiten in Alteuropa und im alten Orient 1971, 52.

[34] G. Wissowa Rel. ²117.

[35] G. Wissowa Rel. ²504f. K. Latte, RRG 395.

Nebeneinander und Gegeneinander wechselnder Beziehungen zu ergründen und so zu beschreiben, daß neben der Fülle ursprünglichen Sehens die schließlich erreichte Einheit der Vorstellung erkannt wird. Das soll nach Möglichkeit auf der Grundlage der erreichbaren Überlieferung geschehen, innerhalb deren die sprachliche Hinterlassenschaft eine besondere Rolle spielt. Erst der Nachweis auch nur eines Namens – ich erinnere an die wenigen in der Val Camonica erhaltenen Inschriften[36] – formt ein geschichtliches Bild; und Namen gehören der überlieferten Sprache an. Aus deren Beobachtung läßt sich unter glücklichen Umständen sogar die Geschichte der mit ihnen bezeichneten Völker verfolgen: Ὀλσοί[37] ist die synkopierte Form des Namensstammes *$ul\breve{u}s\breve{o}$-, *$u\underset{\smile}{l}(\breve{u})s\breve{o}$-, von dem mit dem Völkernamensuffix -$q\breve{o}$- der Name der Volsci[38] gebildet wurde; Teile dieses Volkes nahmen an seiner Südwanderung[39] nicht teil und verblieben in der inzwischen als Heimat liebgewonnenen Gegend „Umbriens", bis ihr Name durch den damals dort eingetretenen Lautvorgang des Rhotazismus aus *$\breve{u}l\breve{u}s\breve{o}$- in Οὐλουροί verändert wurde.[40]

Weitgehende Übereinstimmungen im Wortschatz des Umbrischen wie des Oskischen mit dem Griechischen,[41] wechselseitige sprachliche Beziehungen zwischen dem Etruskischen und den italischen Dialekten,[42] Überreste älteren Sprachgutes,[43] überraschende

[36] Zur Val Camonica und ihren Inschriften vgl. G. Radke, Neue Felsinschriften in der Val Camonica, in: Gymnasium 69, 1962, 497 ff.
[37] Ps. Skylax 9.
[38] Vgl. G. Radke, Volsci 773.
[39] G. Radke, AL 5 ff. nach Dion. Hal. ant. 7, 3.
[40] Ptolem. 3, 1, 54 f.
[41] Vgl. F. Altheim, RG 1, 1951, 153.
[42] Aus dem Etruskischen sollen die Bezeichnungen einer Reihe von Geräten und die Namen der Amtsabzeichen der römischen Beamten stammen (K. O. Müller – W. Deecke – A. J. Pfiffig, Die Etrusker 1, 344 f. F. Schachermeyr in: RE IV A 2376 f.), was nicht unbezweifelt bleiben kann (G. Radke, Etrurien 49), da sie vorwiegend lateinischer Herkunft sind. Aus den italischen Nachbardialekten kommen Wörter wie bos, lupus, popina u. a. Zu griechischen Fremd- und Lehnwörtern im Lateinischen vgl. die gewissenhafte Sammlung von F. O. Weise, Die griechischen Wörter im Latein, Nachdr. d. Ausg. 1882, Leipzig 1964.
[43] Das am häufigsten dafür zitierte Beispiel ist der Name der Stadt Alba longa, wobei dem Worte alba die Bedeutung „Berg, Anhöhe" zugeschrieben wird. Zur Frage historischer Priorität vgl. J. Poucet, Les origines de Rome, Bruxelles 1985, 133 f.

Ähnlichkeiten mit altindischen Wortbildungen[44] sowie das Vorhandensein völkischer Splittergruppen, deren sprachliche Zugehörigkeit noch nicht erkannt werden konnte,[45] erschweren eine sichere Auswertung der zur Verfügung stehenden Mittel. Besonders hinderlich ist das vergleichsweise geringe Alter der erhaltenen schriftlichen Denkmäler.[46]

Hinsichtlich der Gottesvorstellung ist zu erwägen, ob mit einem weiteren Problem auch innerhalb des Glaubens der Römer zu rechnen ist, das man von anderen Völkern kennt: Den Namen einer Gottheit zu nennen ist gefährlich; andererseits gibt die Kenntnis des Namens aber auch eine gewisse Macht. Es gilt freilich nicht nur zu wissen, wie die Gottheit angeredet werden will, sondern man muß auch auf die Folgen dieser Anrede bedacht sein. Vorsicht und Umsicht sind erforderlich: Weiß man nicht, ob man einem Gotte oder einer Göttin gegenübertreten wird, weiht man dieser außermenschlichen Macht ein Geschenk *sei deo sei deivae;*[47] aber auch dieser Ausweg schreibt der Gottheit schon ein menschliches Bild zu, da es die Wahl zwischen Mann oder Frau anbietet: Der Gedanke an ein neutrales *numen* scheint damit schon überwunden zu sein. Es bleibt auch offen, wie die Gottheit reagiert, wenn sie mit einem Namen angesprochen wird, den zwar ein fremdes Volkstum, nicht aber die Menschen, die in ihr zuerst einen Gott oder eine Göttin sahen, formulierten; der Vorgang der *evocatio,*[48] die Möglichkeit, den Schutzgeist eines anderen Volkes hervorzurufen und sich selbst zu verpflichten, erweist das Vorhandensein solcher Span-

---

[44] Vgl. *castus* zu altind. *çiṣṭuḥ* als kultisches Verhalten (nicht zu *carēre*), Caprōtina zu *kápṛt*, Volcanus zu *ulká*, Quirinus zu *kṛṣuḥ*, Aprilis zu *áparaḥ*, *nundinum* zu *dínam*, Maia zu *mahí*, Virbius zu *várdhatē* „macht wachsen".

[45] Das Volk, von dem die sogenannten Novilara-Stelen stammen, ist bisher völlig unbekannt, seine Sprache ungedeutet; vgl. E. Norden, Alt-Germanien 220 ff. 238 ff. 306 f. F. Altheim, LatSpr 180 ff. M. Durante bei A. Prosdocimi, Lingue e Dialetti dell'Italia antica 393 ff. F. Altheim – E. Trautmann, Vom Ursprung der Runen, Frankfurt 1939, 30. A. Morandi, Epigrafia Italica 1982, 61 f. G. Radke, AL 10.

[46] Nur zögernd wird die eine oder andere Inschrift in das 7. Jh. v. Chr. datiert.

[47] A. Degrassi, ILLRP² nrr. 291. 292. 293. ILS 4015. 4016. 4017. 4018. Macrob. sat. 3, 8, 3. 9, 7. Cato agr. 139. Gell. 2, 28, 3. Liv. 7, 26, 4. Arnob. 3, 8. Serv. auct. Aen. 2, 351. Plut. quaest. Rom. 61. G. Wissowa Rel. ²237 f.

[48] Serv. Aen. 2, 351; vgl. V. Basanoff, Evocatio, Paris 1947.

nungen, die durch das Zusammentreffen und Zusammenleben verschiedener Völker auf engem Raume entstehen konnten. Religionsgeschichte muß mit den Voraussetzungen vielfältiger völkischer Struktur rechnen.

Der wichtigste Faktor zur Erforschung der römischen Gottesvorstellung ist jedoch die richtige Bewertung griechischen Einflusses auf Italien und Rom: „Bereits in den ältesten Schichten der Stadt ist das Griechentum gegenwärtig",[49] *influxit enim non tenuis quidam e Graecia rivulus in hanc urbem* (Cic. rep. 2, 34). So könnte man glauben, es gelte „die Feststellung, daß man im Kult auf ein griechenfreies Rom nicht mehr stößt"[50]. Es ist richtig, daß griechische Autoren die Wegweiser zum Kennenlernen italischer Dinge sind, ihr Einfluß muß jedoch behutsam betrachtet und sorgfältig geprüft werden, ehe man darauf verzichtet, auf italische Vorstellungen zurückgreifen zu können.

Es läßt sich nicht übersehen, daß griechische Schriftsteller die ältesten Zeugen für die mehr oder weniger legendäre italische Frühgeschichte sind. Soweit sie sich für die Darstellung angeblich historischer Vorgänge einheimischer Namen bedienen wie Faunus oder Romulus, die aus italischem Sprachgut erklärbar sind, darf man annehmen, daß sie ihr Wissen auf echter Überlieferung gründen; jeder Versuch hingegen der Einordnung in griechische Mythographie erweist fremden Einfluß. Und dennoch scheint es mir notwendig, die Nachrichten über die frühen Zeiten Latiums mit aller gebührenden Zurückhaltung zu untersuchen und zu sichten, da aus ihnen auch die echten Aussagen über das Völkergemisch auf dem Boden Roms herausgefunden werden können: Latinus und Latium, die Gründer Roms, der Flüchtling Sikelos sowie Euander und die Aboriginer sind zwar nicht als historische Personen zu fassen, ihre Namen, ihre Handlungen und Erlebnisse aber spiegeln durch das mythische Gewebe der griechischen Berichte hindurch das früheste überhaupt erreichbare Wissen weniger um Ereignisse als vielmehr um Zustände, auf deren Grundlage sich Geschichte einst abspielte. Selbst wenn es sich nur um Vorstellungen Landfremder handeln sollte, enthalten solche Berichte doch Spuren von Echtem. Auch über die Etrusker berichtet die Legende neben der wahren Darstellung sowohl über ihre Einwirkungen auf Rom wie auch über die Übernahme römischen oder allgemein italischen Gutes. So darf

---

[49] F. Altheim, RRG 1, 1951, 83.
[50] F. Altheim a. O. 87.

dieser Bereich wechselseitiger Beziehungen ebenfalls als Voraussetzung angesehen werden, römische Vorstellungen als Ergebnis komplexer Lebensäußerungen auf engem Raume geschichteter Gruppen zu werten und daraus Erkenntnisse für die Entwicklung der römischen Gottesvorstellung und Gottesverehrung zu ziehen.

I. GÖTTER IN ROM

1. Art und Wert der Zeugnisse

In seinem Kolleg über ›Die Religion der Römer‹ sagte mein verehrter Lehrer Ludwig Deubner am 19. April 1932: „Das Verhältnis zu den Göttern ist der wichtigste Faktor für die Erkenntnis der Wesenheit eines Volkes." Dieses Wort steht in der Nachfolge Georg Wissowas, dem es darauf ankam, die Besonderheiten der römischen Gottesvorstellung und ihrer Erfüllung im Kultus hervorzuheben und von griechischem Glauben abzusetzen. Dieses Wort behält seine Gültigkeit aber auch dann noch, wenn man ergänzend und erweiternd das Urteil des Minucius Felix[1] danebenhält, jedes Volk habe seine Götter und jede Stadt ihre Kulte, die Römer jedoch vollziehen die *sacra* aller Gottheiten; da sie die Götter aller Völker in ihre Verehrung aufgenommen haben – so folgert er –, verdienen sie auch die Herrschaft über diese.[2]

Es führt eine gerade Linie vom Asyl des Romulus[3] und der vorsichtigen Aufgeschlossenheit Roms gegenüber Nachbarn wie den sabinischen Claudiern und ebenso selbst gegenüber Fremden wie den kampanischen Rittern über die Verleihung der *civitas Romana* zuerst stufenweise an die Bewohner Italiens und dann schließlich an alle Menschen, die den *orbis terrarum Romanus* bevölkern, sich also dem *imperium populi Romani* untergeordnet hatten,[4] so daß ihrer aller Land politisch wie geographisch als *imperium Roma-*

---

[1] Min. Fel. Oct. 6,1 *inde adeo per universa imperia, provincias, oppida videmus singulos sacrorum ritus gentiles habere et deos colere municipes, ... universa Romanos.*

[2] Min. Fel. Oct. 6,3 *sic, dum universarum gentium sacra suscipiunt, etiam regna meruerunt.*

[3] Liv. 1,8,5f.

[4] Liv. praef. 7 *datur haec venia antiquitati ut miscendo humana divinis primordia urbium augustiora faciat; et si cui populo licere oportet consecrare origines suas et ad eos referre auctores, ea belli gloria est populo Romano ut cum suum conditorisque sui parentem Martem potissimum ferat, tam et hoc gentes humanae patiantur aequo animo quam imperium patiuntur.*

*num*⁵ bezeichnet werden konnte. Das führte bis zur teilweisen Aufgabe der eigenen, überkommenen Götter, wurde aber dadurch ausgeglichen, daß Rom seinen *pontifex maximus*, den befugten Wahrer römischen Kultes, zum irdischen Vertreter des neuen Christengottes machen konnte.

Offenbar ist das eine Besonderheit des römischen Volkes – wie sie sich noch bei vielen Gelegenheiten zeigen wird –, die Bewahrung des Überlieferten streng zu beachten und zugleich Neues zu Eigenem[6] und dieses ursprünglich Fremde in einem solchen Maße zu Römischem zu machen, daß es sich als *mos maiorum* jeder Neuerung widersetzen konnte und unter römischem Namen zu den andern Völkern ging.[7] Das gilt auch für die römischen Götter dermaßen, daß man die Aufgliederung Wissowas in *indigetes* und *novensides* längst hat aufgeben müssen[8]: Der Aboriginer Quirinus[9] wurde unter die ältesten Götter Roms gerechnet, obwohl sein Kult auf dem „sabinischen"[10] Quirinal seinen Sitz hatte; der Grieche Apollon erhielt seinen wichtigsten Tempel auf dem Palatium, dem Orte der ältesten Stadt. Obwohl die Penaten aus Lavinium stammen, sprechen die Römer von den *di Penates nostri*.[11] Iuppiter und Iuno erscheinen in ihrem kapitolinischen Kulte jung neben Vesta, Vulcanus und Saturnus, denen man römische Eigenart nicht wird absprechen wollen, obwohl ihre Kultstätten zur Zeit ihrer Einrichtung noch außerhalb des romulischen *pomerium*[12] lagen, jener magischen Grenze, die Eigenes und Fremdes, das Innen und das Draußen, voneinander trennt.

Ehe ich in eine Auseinandersetzung mit den Zeugnissen römi-

---

[5] G. Radke, Rechtsbegriffe 30 ff.

[6] G. Radke, Imperium 35 Anm. 93. Res Italae 103. Zu einem Buch K. Lattes 483.

[7] Cic. Verr. 2, 5, 187 *Ceres et Libera ... quarum sacra populus Romanus a Graecis ascita et accepta tanta religione et publice et privatim tuetur, non ut ab illis huc adlata, sed ut ceteris hinc tradita esse videantur.*

[8] G. Wissowa, Rel.² 18 ff. Widerspruch gegen die Einteilung in *indigites* und *novensides* seit F. Altheim, RRG 1, 1931, 32 ff., aber auch bei K. Latte, RRG 44 f.

[9] Vgl. G. Radke, Quirinus 276 ff.

[10] Noch C. Koch, Religio 1960, 23 schließt sich der lange gehegten Auffassung sabinischer Besiedelung des Quirinals an; demgegenüber habe ich in RE XXIV (1963) 1299 zur Vorsicht geraten.

[11] Varr, l. l. 5, 144; vgl. G. Radke, Penates und Vesta 346.

[12] G. Radke, Pomerium, in: KlP 4, 1015 f. Rechtsbegriffe 23 ff.

scher Gottesvorstellung eintrete, sind einige grundsätzliche Fragen zu stellen, die durch die Unsicherheit der Beobachtung seitens zeitgenössischer Berichterstatter und durch die unterschiedliche Darstellung der gleichen Gottheiten zu verschiedenen Zeiten aufgeworfen werden. Das ist eine Frage zugleich nach der Zuverlässigkeit originaler Überlieferung und der Glaubwürdigkeit literarischer Nachrichten. Dabei werden zwangsläufig Themen angeschnitten, die an anderer Stelle unter anderem Gesichtswinkel nochmals zu behandeln sind.

Namentliche Zeugnisse von Gottheiten, an die die Römer glaubten und zu denen sie beteten, gibt es aus etwa zehn Jahrhunderten. Es handelt sich dabei nicht nur um eine ganz und gar uneinheitliche Masse, sondern auch um durchaus unterschiedliche Arten und Formen der Überlieferung. Die aus früher Zeit stammende Zahl auf Denkmälern bezeugter Gottesnamen ist gering, wohingegen sich die Sammellisten in den Schriften der Autoren des 1. Jahrhunderts v. Chr. und in deren Gefolge in denen der Kirchenväter häufen; wenn für diese auch hochgelehrte Autoren wie M. Terentius Varro[13] verantwortlich sind, wird man solchen Angaben dennoch mit strenger Kritik begegnen und sie keinesfalls mit inschriftlichen Dokumenten aus archäologisch bzw. epigraphisch nachweisbar früher Zeit auf ein und dieselbe Stufe stellen wollen.

Deren gibt es zum Leidwesen der Sprachforscher wie der Religionshistoriker nur sehr wenige. Der älteste inschriftlich bezeugte Gottesname dürfte der der Ceres auf der im wissenschaftlichen Sprachgebrauch nach dieser Göttin benannten Ceres-Vase aus Falerii sein.[14] Aber auch schon beim Schwur auf dem sogenannten Dresselschen Gefäß vom Quirinal[15] ruft der Verfasser der Inschrift *deiuos* an, bekennt sich also zum Glauben an die Existenz von Göt-

---

[13] Die Fragmente der ›Antiquitates rerum divinarum‹ Varros hat B. Cardauns 1976 zusammengestellt; eine neue Sammlung der gesamten Antiquitates wird von L. Deschamps erwartet. Über die Fragmente der Schriften ›De gente populi Romani‹ und ›De vita populi Romani‹ werden die Sammlungen von P. Fraccaro (1907) und B. Riposati (1939) benutzt.

[14] E. Vetter, Handb. nr. 241; vgl. G. Radke, Ioufir 132 ff. Echtheit 62. 65. E. Peruzzi, Iscrizioni falische, in: Maia 16, 1964, 149 ff. Der einzige Name, der neben Ceres als Gottesname angesprochen werden kann, ist Euios, was Fragen hinsichtlich der Chronologie aufwirft.

[15] CIL I² 4. ILLRP 2; vgl. G. Radke, AL 79 ff. mit Zusammenstellung der Literatur. Der Text der Inschrift beinhaltet den Schwur des Verfassers, das Zitat des Schwurs in direkter Rede und eine anschließende Anweisung.

tern und deren Gewährleistung des Eides. Welche Götter er anruft, sagt er nicht. Auch die Androhung der Gefahr, *sakros* zu werden, wie sie die Inschrift auf dem Cippus Romanus für eine – inhaltlich nicht mehr erkennbare – Übertretung ausspricht,[16] setzt das Verhältnis der für die Aufstellung der Stele Verantwortlichen zu einer Gottheit voraus. Auf der Fibel von Praeneste steht die Weihung *numasioi*,[17] wie ebenso auf dem Sockel von Tibur ein *donom* einem Gotte zugewiesen wird, dessen Name nicht erhalten ist.[18] Der jüngst erst gefundene Lapis Satricanus[19] nennt den Namen des Mamars im Dat. sing., dem Weihekasus, *mamartei*. Aus Lavinium stammt die Weihung *Castorei Podlouqueique qurois*.[20] Alle diese Inschriften gehören dem 6. oder frühen 5. Jahrhundert v. Chr. an.

Die Namen der *Lases* und *Semunes*, die Vokative *Mar*, *Marmar* und *Marmor* werden aus dem uralten Arvallied auf einer Inschrift des Jahres 218 n. Chr. zitiert.[21] *Ianus Cusiatius, Cerus manus* oder *duonus* und der Beiname *consevius* eines nicht genannten Gottes sind aus den Salierliedern erst literarisch überliefert.[22] Dem 3. Jahrhundert v. Chr. sind Weihungen an Ceres in Lavinium und an einen

---

[16] CIL I² 1. ILLRP 3; vgl. G. Radke, AL 68 ff. Die Deutung von *recei* als Dat. sing. von *rex* ist nicht sicher, da deutlich erkennbares -o- vor *recei* bisher nicht beachtet wurde.

[17] CIL I² 3. ILLRP 1; vgl. G. Radke, AL 94 ff. Frau M. Guarducci, La cosidetta Fibula Prenestina. Antiquari, eruditi e falsari nella Roma dell'ottocento, MAL 1980, hält Fibel wie Text für eine Fälschung; vgl. dazu G. Radke, Echtheit 59 ff.

[18] CIL I² 2658. ILLRP 5. E. Vetter, Handb. nr. 512; vgl. G. Radke, AL 96. Tibur, in: KlP 5, 821.

[19] Lapis Satricanus, Archaeolog., epigraph., linguistic and histor. aspects of the new inscription from Satricum by C. M. Stibbe u. a., Den Haag 1980. Vgl. G. Radke, AL 98 f. Mir scheint diese Inschrift besonders wertvoll durch Erhaltung des -ă- der vorletzten Silbe, das keine Vokalschwächung erfahren hat; der Vollzug dieser Lauterscheinung im Namen des Mamers erweist diesen also – gegen die Überlieferung – als ursprünglich lateinisch.

[20] ILLRP 1271a; vgl. G. Radke, Madonnetta 214 ff. AL 97 f. G. Dury-Moyaers 198 ff.

[21] CIL I² 2. ILLRP 4. ILS 5039; vgl. AL 106 ff. Man lese die dritte Zeile: *satur fu, fere Mar slimens. ali sta berber!*

[22] Varro, l. l. 7, 26 mit der Interpretation in AL 117 ff. Wichtig ist zu beachten, daß Varro einzelne Stellen erwähnt, um an ihnen nachzuweisen, daß noch kein Rhotazismus vollzogen wurde.

Lar, an *Neuna*, *Neuna fata* und *Parca Maurtia*[23] aus Tor Tignosa zuzuschreiben.

Diese Dokumente verdienen Vertrauen, obwohl die Meinungen der Gelehrten über jedes dieser Zeugnisse oft weit auseinandergehen. Beachtenswert ist, daß Ceres, Mars bzw. Mamars, Castor und Pollux sowie die Laren allein mit Sicherheit auf ältesten Inschriften erkannt werden können. Die Zahl der Zeugnisse ist jedoch zu gering, um repräsentativ sein zu können. Hierzu treten die Namen der Gottheiten, denen im Kalender Feste gefeiert werden, soweit sie im sogenannten digestiven Teil erwähnt sind. Unter dieser Voraussetzung sind die Namen bis in die Zeit der Einrichtung der Fasten, d. h. also bis in die Mitte des 6. Jahrhunderts v. Chr. zurückzuverfolgen. Es sind Carmentes, Quirinus, Terminus, Liber und Libera, Ceres, Pales, Robigus, Lemures, Vesta, Neptunus, Furrina, Portunus, Volcanus, Volturnus, Meditrina, Fontes, Saturnus, Ops, Diva Angerona, Indiges und *Larentes (s. u. S. 133 f.). Aus den Monatsnamen sind Ianus, Mars, Maius und Iuno hinzuzufügen. Die kapitolinische Trias fehlt!

Alle anderen Zeugnisse sind diesen nicht gleichwertig. Sie können ohne genaue vorherige Prüfung nicht ausgewertet werden, zumal schon in der Antike bei augenscheinlicher Unkenntnis des jeweiligen Sachverhaltes Versuche zur Deutung unternommen wurden, die einen ungünstigen Einfluß auf Erhaltung und Überlieferung ausübten. Diese unzureichenden Bemühungen entsprachen offenbar nur selten der ursprünglichen Vorstellung, ohne daß in den meisten Fällen heute noch ein zuverlässiges Urteil gewonnen werden kann. Die antiken Autoren ließen sich durch den Wechsel in der Ausdrucksform, wie ihn ein lebendiger Glaube erfahren kann, und durch Auslegungen beeindrucken, die von auswärts und durch Spekulation an die Überlieferung herangetragen wurden. Sie erdachten darüber hinaus meist auf volksetymologischer Grundlage in aitiologischer Absicht eigene Deutungen und vermengten

---

[23] ILLRP nr. 10 *Parca Maurtia dono*. 11 *Neuna dono*. 12 *Neuna fata*. 1271 *Lare Aineia;* vgl. G. Dury-Moyaers 181 ff. 232 ff. 241 ff. Für den ersten Teil der Laren-Inschrift von Tor Tignosa schließe ich mich der Lesung R. E. A. Palmers, RomRel 114 ff. an: *Lare(bus);* im zweiten Teil ist jedoch m. E. keine sichere Lesung möglich: An eine Verbindung mit Aineias sollte nicht gedacht werden, da Lar von den Griechen zwar mit ἥρως übersetzt wurde, in Lavinium aber Lar nicht zur Wiedergabe eines ἥρως diente; es können nur der *Lar* oder – besser – die *Lares* eines Grundstücks gemeint sein.

diese mit den fremden Quellen, denen sie glaubten und folgten. Diese Wirrnis wurde dann unter Einbeziehung philosophischer Lehren, vorwiegend der Stoa und des Neuplatonismus, „geordnet" und dadurch erst recht dem ursprünglichen Vorstellungsrahmen entfremdet. Die christliche Polemik ist einseitig, aber wenigstens sachtreu; daher schimmert auch im Bilde philosophischer Darstellung gelegentlich echter altrömischer Glaube durch, besonders dann, wenn die Autoren auf eigene Beobachtungen zurückgreifen konnten. Dafür sei ein Beispiel genannt, an dem die Unsicherheit gegenüber den Gegebenheiten des Kultes selbst bei Gebildeten schon im letzten Jahrhundert v. Chr. verdeutlicht werden soll:

Unter dem Kultbild in der *aedes deum Penatium* an der Velia las Varro[24] die Inschrift *magnis diis;* vielleicht war sie nur noch teilweise erkennbar: *]magnis diis*. Aus der zweimaligen Formulierung *Penatibus et magnis dis* bei Verg. Aen. 3, 12. 8, 679 kann vermutet werden, daß hierin ein Zitat der Originalfassung der Basisinschrift zu sehen sein dürfte, da die Kopula zwischen den beiden Namensteilen keine Trennung, sondern eine Zusammenfassung bewirkt.[25] Das wird durch die Angabe des Annalisten Cassius Hemina (frg. 6 P.) bestätigt, der darin ein Zeugnis für die Identität der römischen Penaten mit den *di magni* von Samothrake erkennen zu können glaubte, was freilich in dieser Form nicht zutrifft: Varro anerkennt zwar die Gleichsetzung von *Penates* und *magni di (unum esse dicit penates et magnos deos)*[26], betont aber unmißverständlich, daß darunter weder die ithyphallischen Götterbilder vor den Toren der

---

[24] Varro b. Serv. Aen. 3,12 *Varro quidem unum esse dicit penates et magnos deos; nam et in basi scribebatur „magnis diis"*; B. Cardauns, M. Terentius Varro, Antiquitates rerum divinarum 95. Vgl. G. Radke, in: Enciclopedia Virgiliana II 1986, 73 ff. s. Di magni.

[25] G. Radke, Götter 30: *Telluri Cereri* (Cic. nat. 2,62), *Telluri et Cereri* (Varro b. Non. 163 M. Serv. auct. georg. 1, 21), *Tellusque Ceresque* (Ovid. fast. 1,671); *Mutini Tutini* (Fest. 142,20. Paul. Fest. 143,10 L.), *Mutunus et Tutunus* (Tertull. nat. 2,11), *Mutunus atque Tutunus* (Arnob. 4, 7. 11), *Mutunus vel Tutunus* (August. civ. 4,11); *Ann. Perennae* (Fast. Antiat. vet. zum 15. März, A. Degrassi I. I. XIII 2 p. 6), *Anna ac Peranna* (Varro sat. Men. 506 B.); *Aius Locutius* (Liv. 5,50,5. 52,11), Φήμη καὶ Κληδών (Plut. Cam. 14. Fort. Rom. 5); *Dius Fidius* (Fest. 276, 11 L.), Πίστιον ... καὶ Δία (Dion. Hal. ant. 2, 49, 2); *Iuppiter Optimus Maximus* (allgemein), *Iovem optimum et maximum* (Cic. fin. 3,66), *fundus optimus maximusque* (Juristen).

[26] Varro, b. Serv. Aen. 3, 12.

Stadt Samothrake noch Castor und Pollux zu verstehen seien, wie das Volk von Samothrake[27] annehme (s. u. S. 22). Die anders lautende Auskunft bei Serv. auct. Aen. 3,12 beruht darauf, daß der Kommentator die Negation übersah, die im originalen und erhaltenen Varrotext eindeutig zu lesen ist.

Varro führt weiterhin aus, die von ihm gemeinten Gottheiten seien auch in den *augurum libri* erwähnt und dort *divi qui potes* genannt; dargestellt seien sie im Penatentempel als *mas et femina*. Dion. Hal. ant. 1,68 1 sah die Bilder etwa eine Generation später und erkannte in ihnen die „troischen Götter", die durch eine Inschrift als Penaten ausgewiesen seien; man könne zwei sitzende Jünglinge mit Speeren in den Händen erblicken, die er für „Werke alten Stils" (1,68,2) halte. Diese Beschreibung deckt sich mit dem erhaltenen Bild auf dem Aeneas-Relief der Ara Pacis.[28] Aus dem Vergleich mit Varros Darstellung läßt sich schließen, daß die beiden Götterbilder zu seiner Zeit schon derartig verwittert waren, daß er darin einen Mann und eine Frau wiedererkennen zu können wähnte – ähnlich mißdeutet wurde das uralte Bild im Tempel der Fortuna am Forum Boarium[29] –, während Dionysios und der Künstler des Aeneas-Reliefs die Kultbilder nach der Wiederherstellung des Penaten-Tempels durch Augustus[30] zu Gesicht bekamen. Diese Erneuerung bestand jedoch offenbar nur aus einer geringfügigen Aufarbeitung ohne Abänderung der altertümlichen Sitzweise der Gottheiten und in einer Ergänzung der Speere in ihren Händen; sonst wäre der Bericht des Dionysios unverständlich. Selbst die Inschrift scheint mindestens teilweise erhalten geblieben oder zutreffend ergänzt worden zu sein, wenn die Deutung des Vergil-Zitats zutrifft.

Für beachtlich halte ich hingegen, daß Varro für seine Auslegung sich nicht nur auf das Kultbild und die Inschrift an seiner Basis verlassen hat, sondern auch noch die *augurum libri* zu Rate zog. Deren Ausdrucksweise ist nicht nur hinsichtlich der Syntax, sondern

---

[27] Varro, l. l. 5,58 *dei magni, et hi quos dixi multis nominibus, non quas Samothracia ante portas statuit duas virilis species aeneas dei magni, neque ut volgus putat, hi Samothraces dii, qui Castor et Pollux, sed hi mas et femina et hi quos augurum libri scriptos habent sic „divi qui potes".*
[28] Zum Aeneas-Relief vgl. H. Riemann, Pacis Ava Augustae, in: RE XVIII 1, 2091. F. Castagnoli, Lavinium 1, 1972, 115. E. Simon, Ara Pacis Augustae 1967, Taf. 24.
[29] Varro, b. Non. 189 M. (= vita pop. Rom. frg. 17 Riposati).
[30] Monum. Anc. 19.

auch in der Wortwahl hochaltertümlich: Die Form *divi* statt der moderneren Nominative *dei* oder *dii* entspricht dem ursprünglichen *deiuos*, wie es auf dem Dresselschen Gefäß [31] noch vorliegt; auch *potes* als Nom. plur. von *potis* ist sonst nicht bezeugt, aber durch Gleichsetzung mit dem griechischen δυνατοί gesichert. Vermutlich sollen die Speere die *potestas* der beiden Gottheiten zum Ausdruck bringen.

An diesem Beispiel ist zu erkennen, daß selbst ein für Rom verhältnismäßig alter Kult ihrerseits höchst altertümlicher Gottheiten wie der Penaten nur durch Unkenntlichwerden des Götterbildes und durch Mißdeutung der vielleicht nur in ihrem zweiten Teile erhaltenen Inschrift mit einem römischer Gottesvorstellung völlig fremden Kult wie dem der samothrakischen „Großen Götter" verwechselt werden konnte.

Die Auswirkungen eines solchen Gemischs von Einflüssen soll an weiteren Beispielen veranschaulicht werden, deren Inhalte erst in einem späteren Zusammenhange zu behandeln sind: Ohne jetzt schon auf die mutmaßliche Grundauffassung von der Gestalt des Gottes Saeturnus,[32] der später allgemein Sāturnus heißt, eingehen zu wollen und zu können, darf hier erwähnt werden, daß sein mit einem der Namen des kapitolinischen Hügels [33] und ebenso mit der Herrschaft des Königs Tullus Hostilius [34] verbundener, sicherlich altrömischer Kult allmählich griechische Formen annahm [35] und spätestens seit dem Jahre 217 v. Chr.[36] – vermutlich jedoch schon wesentlich früher – bezeugtermaßen *graeco ritu* [37] vollzogen

---

[31] Vgl. G. Radke, AL 79 ff.

[32] Paul. Fest. 433, 1 L. *Sateurnus Saturnus*; vgl. dazu CIL I² 449 (= ILLRP² 255) *Saeturni pocolom*.

[33] Varro, l. l. 5, 42. Fest. 430, 31 f. L. Macrob. sat, 1, 7, 27. Solin. 1, 12. Iustin. 43, 1, 5. Tertull. apol. 10.

[34] Macrob. sat, 1, 8, 1 *Tullum Hostilium ... invenio fanum Saturno ex voto consecravisse et Saturnalia tunc primum Romae instituta*.

[35] Macrob. sat. 1, 8, 2 *illic graeco ritu capite aperto res divina fit*. Fest. 432, 2 L. *supplicant apertis capitibus*. Solin. 1, 12 *aedem ... comites (Herculis) condiderunt in honorem Saturni*.

[36] Liv. 22, 1, 19.

[37] Cato orat. frg. 77 p. 35 Malcovati (= Priscian. GL II 377 K.) *Graeco ritu fiebantur Saturnalia*. G. Rohde, Kultsatzungen 143: „Catos Worte ... klingen eher so, als ob sie von einem alten Brauche gesagt wären, nicht von einem zu seinen Lebzeiten eingeführten. Mancherlei Züge weisen ferner darauf hin, daß der sogenannte *Graecus ritus* älter ist." Ders. ebd. 144:

wurde; er erfuhr eine Deutung im Sinne des griechischen Kronos,[38] ohne daß dessen Name im römischen Gottesdienst erschien oder gehört wurde. Man kann heute nicht mehr feststellen, ob diese Umdeutung durch eine Ähnlichkeit der Gottesvorstellungen[39] und Festvorgänge veranlaßt oder auch nur begünstigt worden sei; man könnte sich denken, daß ein Kult, dessen glaubensmäßige Grundlage im Bauerntum[40] und dessen vom Versprechen erfolgreicher Zukunft[41] geprägtes Wesen im Laufe der Zeit abhanden gekommen und in Vergessenheit geraten war, sich lediglich noch als geeignet zeigte, durch die äußeren Formen eines seinerseits kaum noch lebendigen – man möchte eher sagen: mythologischen – Glaubens, desjenigen an Kronos nämlich, aufgefrischt oder ersetzt zu werden.

Das ließe sich verstehen und hinnehmen als ein religionshistorischer Vorgang, der freilich nicht im Sinne einer Missionierung begriffen werden darf, aber in den allgemeinen Rahmen des kulturellen Gefälles zwischen Rom und der griechischen Welt gehört: Deshalb glaube ich nicht, daß schon die Etrusker den griechischen Kronos als Saturnus verehrten und mit diesem Namen den Römern

„So werden wir also den Kult trotz seines *Graecus ritus* den *pontifices* zuzuweisen haben, schon deshalb, weil der Tempel des Gottes an die Stelle eines alten *fanum* getreten ist und durch die Aufnahme der in seinem Keller untergebrachten Staatskasse eine große Bedeutung im Staatsleben hat."

[38] Liv. Andr. frg. 2 Bü. *pater noster, Saturni filie;* Accius frg. 3f. Bü. *maxima pars Graium Saturno et maxime Athenae | conficiunt sacra, quae Cronia esse iterantur ab illis.*

[39] Macrob. sat. 1, 7, 24 *simulacrum eius indicio est, cui falcem, insigne messis, adiecit.* Das ist ein griechisches Bild. Die Sichel gehört zur Ernte und hat mit der Aussaat nichts zu tun; die Unklarheit des Zusammenhangs läßt sich auch an den unterschiedlichen Deutungen der *falx* bei Serv. georg. 2, 406 erkennen. Die Darstellung bei Plut. quaest. Rom. 42 weist auf den griechischen Kronos. Vgl. J. Albrecht, Saturnus, seine Gestalt in Sage und Kult, Diss. Halle 1943, 12.

[40] Vgl. W. Aly, Über das Wesen römischer Religiosität, in: ARW 33, 1936, 64. M. Nilsson, Saturnalia in: RE II A 202: „Die ursprüngliche Bedeutung der Saturnalia als die eines Festes der beendeten Ackerarbeit läßt sich aus der Bedeutung des Gottes als eines Saatgottes erschließen; charakteristische Riten fehlen, seitdem das Fest unter griechischen Einflüssen umgebildet worden ist." K. Latte, RRG 254 „seine Lage im Dezember einige Tage nach Beendigung der winterlichen Aussaat". Vgl. ferner Colum. 2, 8.

[41] G. Radke, Götter 283f.

vermittelten.⁴² Es dürfte so gewesen sein, daß man eine höhere Wirksamkeit unter den neuen Äußerlichkeiten der Verehrung nach griechischer, d. h. doch dann wohl „moderner", Art erwartete, ohne den alten Namen und den alten Kultplatz aufzugeben. „Dabei braucht das Gefühl, Fremdes übernommen zu haben, gar nicht aufzukommen."⁴³ Entdeckung fördert Besinnung.

Daß dann aber die antike Gelehrsamkeit feststellen zu können glaubte, Saturnus sei von Titus Tatius aus dem Sabinerlande eingeführt worden,⁴⁴ und gleichzeitig den Versuch einer Namensdeutung unternahm, schuf für die moderne Wissenschaft erst die eigentliche Problematik: Da die angenommene unmittelbare Herleitung des Namens *Sāturnus a sătu*⁴⁵ wegen der von den römischen Grammatikern angeblich unbeachteten Prosodie dieses Wortes nicht anerkannt werden konnte,⁴⁶ wurde die Aufmerksamkeit auf den ähnlich klingenden etruskischen Gottesnamen *satres* auf der Bronzeleber von Settima bei Gossolengo nahe Piacenza⁴⁷ und die angeblichen Namen etruskischer Familien wie *sature, sauturine* oder *saviϑurna* – A. J. Pfiffig, Rel Etr 313 lehnt das Namensmaterial als Deutungshilfe ab – gelenkt,⁴⁸ als deren Gentilgott man nun den

⁴² F. Altheim, Der Ursprung der Etrusker 1950, 31.
⁴³ F. Altheim, RRG 1, 1951, 89.
⁴⁴ Varro, l. l. 5, 74; vgl. G. Radke, Varro 290 ff.
⁴⁵ Fest. 202, 17 ff. L. *ipse agrorum cultor habetur, nominatur a satu, tenensque falcem effingitur, quae est insigne agricolae.* 432, 11 ff. L. *is culturae agrorum praesidere videtur, quo etiam falx est ei insigne.* Varro, l. l. 5, 64 *ab satu est dictus Saturnus.* Macrob. sat. 1, 10, 20 *Saturnumque e satu dictum.* August. civ. 6, 8. 7, 13. 19. Arnob. 4, 9. Tertull. nat. 2, 12. Vgl. L. Deubner, Entwicklungsgeschichte 327. G. Wissowa, Rel.² 204 f. M. P. Nilsson, Saturnalia, in: RE II A 202. 206., in: ARW 19, 1916/9, 57.
⁴⁶ Zur Quantität von *săt-* vgl. K. Latte, RRG 137: „nur negativ läßt sich feststellen, daß die Auffassung des Sāturnus als Saatgott *(a sătu)* unzulässig ist"; vorsichtiger urteilt W. Schulze, EN 225 wegen der Kürze in der ersten Silbe des Ortsnamens *Sătricum;* vgl. jedoch auch die Möglichkeit anderer Namensdeutung bei G. Radke, Götter 282 ff.
⁴⁷ M. Pallottino, TLE² 719d *satres;* vgl. C. Thulin, Saturnus, in: RE II A 218. E. Fiesel, satre, ebd. 188.
⁴⁸ G. Herbig, in Philol. 74, 1917/18, 446 ff. W. F. Otto, Sondergötter 449 ff. F. Altheim, RRG 1, 1936, 37. F. Bömer, Fastenkomm. II 31. Ders., Untersuchungen über die Religion des Sklaven in Griechenland und Rom, AAWM, Mainz 1961, III 183: „Die Pseudo-Etymologie Saturnus-*serere* (Saturnus als Saat- [und Ernte]gott) kann zu Kronos geführt haben, die Identifizierung Kronos-Saturnus kann bereits etruskisch sein, sie kann

Saturnus erkennen und als letzten Ausdruck der Hilflosigkeit erklären zu dürfen wähnte; dadurch wurde die Vorstellung von Gentilgöttern[49] in die Diskussion gebracht. Das war der Forschung jedoch keinesfalls förderlich, da nun die Frage nach der sprachlichen Aussage des Namens ihre Bedeutung verloren zu haben schien.

Darüber hinaus stehen die Einbeziehung des Saturnus in den vermuteten Einfluß seitens der Etrusker oder gar seine Herleitung aus Etrurien in krassem Widerspruch zu der glaubhaft vorauszusetzenden römischen Vergangenheit des Gottes, dessen Kult sicherlich schon vor Erscheinen der Etrusker auf römischem Boden bestanden hatte, auch wenn er selbst als Ankömmling auf einem Schiffe[50] angesehen wurde: Daß die *annales pontificum* über ihn und seinen Gastgeber Ianus zu berichten wußten,[51] ist in der Überlieferung nur angedeutet; Inhalte werden nicht berichtet. Eine Erklärung, die nicht nur zu veranschaulichen vermag, was die Menschen von ihrem Gotte erhofften, sondern sein Bild auch mit den beiden auf-

eine besondere Förderung durch den Mythos erhalten haben, daß Kronos seit seinem Sturz fern im Westen residiere." Vorsichtig urteilt G. Dumézil, RRA 270: «Plusieurs auteurs le veulent étrusque, mais qu'en ait-on?» Vgl. ferner F. Altheim, GG 5. 95. 178. RRG 1, 1931, 39. M. Leumann, Lat. Laut- u. Formenlehre⁵ 222 (nicht mehr in der 6. Auflage!). Zurückhaltend und für die Annahme von Geschlechtsgottheiten eigentlich ablehnend W. Schulze EN 466: „Dank der Gunst der Überlieferung ist es bei diesem Namen" (d. h. *Marcus-Marcii*) „ganz offenbar, daß sich nicht die *gentes,* sondern die Individuen nach dem Gotte nennen und daß die *gentes* ihre Bezeichnung erst aus dem theophoren Individualnamen geschaffen haben."
[49] Vgl. die gründliche Abhandlung bei A. J. Pfiffig, RelEtr 357ff.; ferner E. Fiesel, Das gramm. Geschlecht im Etruskischen 1922, 126. G. Radke, Götter 62 u. a.
[50] Hygin. frg. 6 P. bei Macrob. sat. 1, 7, 21 f. *hic igitur Ianus, cum Saturnum classe pervectum excepisset hospitio et ab eo edoctus peritiam ruris ferum illum et rudem ante fruges cognitas victum in melius redegisset, regni cum societate muneravit. Cum primus quoque aera signaret, servavit et in hoc Saturni reverentiam, ut, quoniam ille navi fuerat advectus, ex una quidem parte sui capitis effigies, ex altera vero navis exprimeretur, quo Saturni memoriam in posteros propagaret.* Orig. gent. Rom. 3, 4 *is tum etiam usum signandi aeris ac monetae in formam incutiendae ostendisse traditur, in quam ab una parte caput eius imprimeretur, altera navis, qua vectus illo erat.*
[51] B. W. Fier, Libri annales pontificum maximorum. The Origin of the Annalistic Tradition, PMAA, Rom 1979, 41.

fälligsten Partnerschaften des Gottes, mit Ops und mit Lua, in Einklang zu bringen weiß, wird dadurch nicht geboten; es ist darauf zurückzukommen (s. u. S. 88f. 133).

Hatten sich Menschen ursprünglich unmittelbar an einen Gott gewandt, von dem sie sich eine ganz bestimmte Vorstellung machten und von dem sie eine ganz besondere Leistung erwarteten, die den Namen Sāturnus aufgrund seiner sprachlichen Elemente rechtfertigte, so war dieser Gott unter dem Wirken der Dichter zu einer mythologischen Gestalt verflüchtigt. Das kann man in dieser Form oder ähnlich auch von anderen Göttern wie etwa von Quirinus sagen, der aus dem göttlichen Partner menschlichen Glaubens seit den Tagen der Stadtgründung zum Romulus der politischen Sage wurde: Während diese Mythologisierung aber im Bereiche römischer Vorstellung bleiben durfte, hüllte man den Saturnus in die abgetragenen Kleider des griechischen Mythos. Der Gang der Überlieferung und der inneren Entwicklung läßt noch die Schichten und die durch ihren Wechsel verursachte Verdunkelung erkennen.

Daß eine Göttin Iuventas oder Iuventus der für den Bau des kapitolinischen Iuppitertempels erforderlichen Exanguration älterer Kulte nicht Folge leisten wollte und daß ihr Kultplatz daher an seiner ursprünglichen Stelle in die Cella der Minerva innerhalb des Tempels der Trias einbezogen werden mußte,[52] weist auf einen alteinheimischen Glauben an diese Göttin hin. Man sollte schon im Hinblick auf ein ähnliches Fortleben älterer Kulte in christlichen Gotteshäusern an den Berichten über diesen Vorgang nicht zweifeln, auch wenn die Bildungsform des Namens der Göttin nur wenig altertümlich und noch dazu zwischen *Iuventas, Iuventus* und *Iuventa* schwankend erscheint: Wäre es nicht vorstellbar, daß mit ihrem Namen lediglich ein anderer verdrängt wurde, dessen Trägerin mit der durch die Exanguration eingeleiteten Kultphase einen höheren Rang einzunehmen ausersehen war? Es wird sich zeigen lassen, daß die Verehrung der *Iuventa* in der *cella* Minervas, deren Name als *memoria puerorum*[53] gedeutet wurde, nicht zufällig war.

Der Kult der Iuventas erhielt sich auch darin, daß noch in späterer Zeit eine Abgabe an diese Göttin entrichtet wurde, wenn ein

---

[52] Liv. 5, 54, 7. Flor. 1, 7, 8. Plin. n. h. 35, 108. August. civ. 4, 23. Dion. Hal. ant. 3, 69, 5; vgl. das ähnliche Vorgehen bei der Exanguration des Terminus-Altars: Liv. 1, 55, 3. 5, 54, 7.
[53] Varro frg. 135 Cardauns aus August. civ. 7, 3.

römischer Knabe die *toga virilis* anlegte.[54] Es ist vielleicht bezeichnend, daß sie auch in dieser Rolle von anderen Gottheiten, Iuppiter oder Liber, aus den Gedanken der Menschen verdrängt worden ist.[55] Die Göttin jedoch, der man auf Geheiß der *decemviri s. f.* im Jahre 218 v. Chr. nach griechischem Brauche ein *lectisternium* ausrichtete,[56] hieß zwar auch noch *Iuventus* (so!), war aber schon in den Formen ihres Kultes und in ihrer mythologischen Umgebung der griechischen Hebe angeglichen.[57] Und dennoch lebte auch dann noch bei ihr Altes neben Jüngerem und Fremdem weiter: Die *Iuventas* (so!), der M. Livius Salinator während der Schlacht am Metaurus einen Tempel gelobte,[58] war sicherlich nicht das Ebenbild der griechischen Hebe, sondern dürfte als die altrömische Göttin der Jugendkraft der jungen wehrfähigen Mannschaft angesehen werden können[59]: „*Huc, iuvenes, huc me spectate ruentem in pugnas*", ruft der Feldherr seinen Soldaten zu (Sil. 15, 662). Als spätere Grammatiker begannen, zwischen *iuventas* als Angabe des Lebensalters, *Iuventa* als Name einer Gottheit und *iuventus* in der Bedeutung „Jugend" zu unterscheiden,[60] war offenbar das unmittelbare religiöse Empfinden endgültig verlorengegangen.

[54] Piso frg. 14 P. aus Dion. Hal. ant. 4, 15, 5. August. civ. 4, 11. Tertull. nat. 2, 11 *dea novorum togatorum;* nach K. Latte, RRG 256 ist die Vorstellung jung, während R. M. Ogilvie, Comment. 750, sie für alt hält.

[55] Die Annahme der *toga virilis* erfolgte meist (jedoch sind zahlreiche Ausnahmen bekannt) an den Liberalia; vgl. J. Marquardt, Das Privatleben der Römer I² 124. O. Rossbach, Die römische Ehe 409, glaubt, dies geschehe mit Rücksicht auf die Rolle des Liber als Zeugungsgott. Serv. auct. ecl. 4, 49 *(sane Iovem merito puerorum dicunt incrementa curare, quia cum pueri togam virilem sumpserint, ad Capitolium eunt)* kann aus der Lokalität des *tabularium,* in dem sie in die Censuslisten eingetragen wurden, mißverstanden sein (vgl. J. Marquard a. O. 126).

[56] Liv. 21, 62, 9 *Romae quoque et lectisternium et supplicatio Iuventuti ad aedem Herculis nominatim, deinde universo populo circa omnia pulvinaria indicta.* Cic. Att. 1, 18, 3.

[57] Liv. a. O. Cic. nat. 1, 112. Horat c. 1, 30, 7. Zweifel jedoch bei G. Rohde, Interpretationen 210.

[58] Liv. 36, 36, 5f. G. Rohde, Interpretationen 209, nimmt an, daß sich der alternde Livius Salinator in der Schlacht „seiner eigenen unversehrten Jugendkraft bewußt geworden" sei (Sil. 15, 738/9).

[59] Im Monum. Anc. 19 wird *aedem Iuventatis* mit ναὸν Νεότητος übersetzt (vgl. auch Cass. Dio 54, 19, 7).

[60] *Iuventa:* Sil. Ital. 15, 741. Ps. Acro Horat. c. 1, 30, 7. Tertull. nat. 2, 11.

Das Problem religionswissenschaftlicher Forschung liegt weniger darin, den so unterschiedlichen Gruppen, deren Zusammenströmen auf dem Boden Latiums in der halbmythischen Frühgeschichte Roms erkennbar wird, einzelne Gottheiten zuzuordnen, als eher darin, sich immer der Vielfalt von Kräften bewußt zu bleiben, die zusammenwirkten und deren einzelne Erscheinungsformen in wechselnder Intensität sichtbar wurden. Hätte der – um mit den Formeln der Legende zu sprechen – sikulische, der aboriginische, der latinische, der sabinische oder welcher andere Bevölkerungsteil auch immer seine eigenen Götter in der ihnen ursprünglich gemäßen Form kompromißlos bewahrt, hätte es auch keine politische Integration gegeben. Faunus ließ sich sprachlich den „aboriginischen" Venetern zurechnen, erfüllt in seinem Namen aber auch die Voraussetzungen latinischer Zunge; lediglich die „sikulischen" Rutuler konnten so nichts mit ihm anfangen; aus ihrer sprachlichen Veranlagung nannten sie den gleichen Gott Daunus, falls nicht die Namen Rutuli und Daunus schon von ihren „sikulischen" Nachbarn geprägt wurden. Dieses stufenweise Aufgehen ineinander und das Wachsen aneinander hat unterschiedliche Formen entsprechend den ethnischen Gegebenheiten der betroffenen Volksgruppen hervorgebracht. Da selbst Götter, „deren Altäre nach der Mundart der Sabiner riechen"[61], ihre Wurzeln in beiden Sprachen haben wie Bäume diesseits und jenseits einer Grenze, das heißt, da sich Latiner und Sabiner immer noch näherstanden als Italiker und Griechen oder Römer und Etrusker, löste die Begegnung zwischen den letztgenannten größere Spannungen aus und wurde auch erst unter stärkerem Druck ermöglicht.

Man hat sich bei der Sichtung unterschiedlicher religiöser Vorstellungen und ihrer Wertung von dem Gedanken frei zu machen, daß es sich um eine Art Missionierung handeln könne, die sich da abgespielt hat: Griechische Siedler sind nicht nach Italien gegangen, um den Barbaren den Glauben an griechische Götter zu brin-

---

Iuventas: Varro frg. 142 Cardauns aus August. civ. 4, 11. 6, 1. Cic. Att. 1, 18, 3 *(anniversaria sacra Iuventatis).* Liv. 5, 54, 7. 36, 36, 5 *(Iuventatis).* Mon. Ancyr. 19 *(Iuventatis).* Flor. 1, 7, 8 *(Iuventas).* Plin. n. h. 15, 108 *(Iuventatis).*

Iuventus: Paul. Fest. 92, 24 L. *(Iuventutis sacra pro iuvenibus sunt instituta).* Liv. 21, 62, 9 *(Iuventuti);* vgl. Piso frg. 14 P.

Zum Suffix vgl. M. Leumann[6] 374f.

[61] Varro, l. l. 5, 74.

gen. Sie haben aber ihre Altäre errichtet, ihre Opfer gebracht, ihre Tempel gebaut und die Namen ihrer Götter auf Stelen geschrieben. Ja, sie haben sogar ihrerseits regionale Gottesvorstellungen ernst genommen und sich mit ihnen auseinandergesetzt. Es ist zu fragen, wann Angehörige eines Volkes, welcher Zusammensetzung es auch gewesen sei, das Verlangen hegen, *peregrina sacra* den überkommenen eigenen Riten vorzuziehen. Rom hat im Jahre 428 v. Chr. eine solche Phase durchlebt: Eine ungewöhnliche Trockenheit brachte Viehseuchen, die zuerst auf die Bauern und schließlich auch auf die Stadtbevölkerung übergriffen und zuletzt nicht nur den Körper, sondern auch den Verstand erkranken ließen: *animos quoque multiplex religio et pleraque externa invasit, novos ritus sacrificando vaticinando inferentibus in domos, quibus quaestui sunt capti superstitione animi.*[62] Die Not der Pest verleitete dazu, Hilfe auch bei denen zu suchen, die sich aus ihren Betrügereien gegenüber den Gutgläubigen nur ein Geschäft machten. Daß diese Leute neue Opferformen aufwiesen, braucht nicht als ernsthafte kultische Neuerung angesehen zu werden, sondern dürfte nur dazu gedient haben, die Verängstigten sich noch mehr gefügig zu machen.

Schwerer ist jedoch die Vorstellung der *multiplex religio et pleraque externa* zu verstehen: Daß diese von Roms italischen Nachbarn, Sabinern, Volskern, Hernikern oder Aequern, ausgegangen sei, ist kaum vorstellbar; Etrusker und Griechen wären hingegen sicherlich mit Namen genannt worden. Diese *multiplex religio* dürfte in der eigenen Überlieferung mehr oder weniger unbewußt gesteckt haben und auf im Laufe der Zeit zurückgedrängte Vorstellungen unterdrückter oder aufgesogener Bevölkerungsgruppen hinweisen. Es ist unbekannt, worum es sich gehandelt haben könne, und auch die Erinnerungen politisch verschollener Gemeinden an ihre eigene Frühzeit lassen sich nicht mehr erkennen; so steht hier jede Antwort aus. Es ist aber bezeichnend, daß die *aediles* beauftragt wurden, darauf zu achten, daß nur römische Götter und diese nur nach heimischer Weise verehrt wurden: *animadverterent ne qui nisi Romani di non quo alio more quam patrio colerentur.* Die „Tempelherren" des Heiligtums der Ceres, Liber und Libera am Fuße des Aventin, erschienen am geeignetsten, die beunruhigenden Bewegungen unter Kontrolle zu bringen, da diese plebejischen Beamten den besten Zugang zu den mannigfachen Kräften im völkischen Untergrund der römischen Vorstadt be-

---

[62] Liv. 4, 30, 8f.

saßen⁶³ und am ehesten zwischen deren *religio* und *superstitio* unterscheiden konnten.

Für die römische Religionsgeschichte hat jedoch die Beobachtung griechischen Einflusses immer eine große Rolle gespielt. Man hat ihn zu verschiedenen Zeiten von verschiedenen Standpunkten aus beurteilt, ihm aber stets mit Recht eine große, römische Eigenart überdeckende Bedeutung zugeschrieben. Für die Betroffenen mag es so ausgesehen haben, daß griechischer Kult mit Ausdrücken in der fremden Sprache, mit neuen Formen und Namen schon wegen dieser Unterschiede als „modern" und damit auch gleichzeitig als besser und wirkungsvoller galt. Schon daß man vor der Gottheit nicht mehr sein Haupt zu verhüllen brauchte, sondern *capite aperto*⁶⁴ vor sie hintreten konnte, dürfte als ein Akt geistiger Befreiung – ich hoffe, daß diese Formulierung nicht zu modern-aktuell klingt – verstanden worden sein. Die Vorgänge des Jahres 428 v. Chr. lassen aber erkennen, daß den individuellen Bedürfnissen und Wünschen eine ordnende und lenkende Fürsorge des Staates entgegentreten konnte; was in einer Zeit sich festigender politischer Formen Auswüchse verhinderte, fehlte aber noch in den Zeiten frühester Entwicklung. Der auch damals schon unentbehrliche Ausgleich fand jedoch auf härtere, meist wohl blutige Weise statt.

Es ist ohne zeitgenössische Angaben schwer zu unterscheiden, ob eine Gottheit einheimischen Vorstellungen ihre Verehrung verdankt oder ob fremder Einfluß sie in Rom bekannt gemacht hat, soweit nicht der Name eine entsprechende Auskunft gibt. Es ist zweifellos richtig, daß ein griechenfreies Rom kaum noch zu finden ist

---

⁶³ Der Aventin war zwar schon bald in die Stadtbefestigung einbezogen, lag aber außerhalb des *pomerium* (Gell. 13, 14, 4); erst Kaiser Claudius nahm ihn in das *pomerium* auf (ebd. 7). Durch die *lex Icilia* des Jahres 456 v. Chr. wurde das Land an Plebejer vergeben (Liv. 3, 31, 1), bei denen es sich meist um Zugewanderte handelte (Chr. Hülsen, Aventinus in: RE II 2283). Die ersten *aediles* waren Unterbeamte der *tribuni plebis* (J. W. Kubitschek, Aedilis, in: RE I 449).

⁶⁴ Arnob. 3, 43 *huic* (scil. *deo*) *capite velato, illi sacrificandum nudo*; vgl. H. Freier 109ff. Opferhandlungen *capite aperto* betreffen vor allen Dingen Saturnus (Macrob. sat. 1, 8, 2 *Graeco ritu capite aperto res divina fit*. Fest. 432, 2 L. *apertis capitibus*. Paul. Fest. 106, 19f. L. Dion. Hal. ant. 1, 34, 4. Plut. quaest. Rom. 11), Hercules (Varro bei Macrob. sat. 3, 6, 17. Gavius Bassus ebd. Liv. 1, 7, 3. Serv. Aen. 8, 276), Honos (Plut. quaest. Rom. 13), die Moerae und selbstverständlich Apollo (vgl. J. Gagé, Apollon 164) u. a., nicht aber die Dioskuren.

(F. Altheim, RRG 1, 1951, 87); dennoch aber haben sich älteste Anschauungen neben solchen erhalten, die eindeutig als Einfuhr zu erkennen sind. Als man erstmalig einen Gottesnamen niederschrieb, bediente man sich dazu schon der aus der griechischen Welt übernommenen Schrift. Dabei liegt es nahe, daß auch der Inhalt des Geschriebenen von dem Mittel der Niederschrift beeinflußt und abhängig wurde. Als man in späterer Zeit fragte, wem die Kenntnis des Schreibens geschuldet werde, nannten die einen den Korinther Demaratos,[65] der im etruskischen Tarquinii eine Wahlheimat gefunden hatte, und die anderen Euandros und seine Mutter Carmenta-Nikostrate,[66] ebenfalls Einwanderer aus Griechenland, und zwar aus Arkadien.

Während mit Demaratos ein historischer Anschluß gefunden werden kann und die Aussage sich in geschichtliche Wirklichkeit einfügt, entgleitet Euandros in den Bereich des Mythos, da seine Ankunft auf dem Boden Roms in die Zeit lange vor dem Trojanischen Kriege verlegt wird. Andererseits aber ist sein Name als Übersetzungsversuch des Namens des einheimischen Gottes Faunus zu einer Zeit erkannt worden, die sich mit ziemlicher Sicherheit dem 3. Jahrhundert v. Chr. zuweisen läßt. Dieses Datum gibt zu erkennen, daß die Herleitung nicht mit dem latinischen Faunus, sondern bewußt mit dem fremden Zuwanderer mythischer Zeit unter Verzicht auf allen historischen Anschluß verknüpft wurde. Als Absicht kann man nur erraten, daß einmal die bezeichnenden Unterschiede zwischen der lateinischen Schrift und der der Nachbarn – Etrusker, Sabiner, Umbrer, Samniten – erkannt wurden, zum anderen aber eine bewußte Abwendung von einer die etruskische Herkunft der Schriftkenntnis propagierenden Tradition vorlag.

2. *Früheste Götter griechischer Herkunft*

Einer der verhältnismäßig wenigen griechischen Götter, die ihren heimischen Namen in der lateinischen Sprache bewahrt haben,

---

[65] Tac. ann. 11, 14, 3 *in Italia Etrusci ab Corinthio Demarato, Aborigines Arcade ab Euandro didicerunt* (scil. *litteras*); nach Plin. n. h. 7, 193. Solin. 2, 7 brachten die Pelasger die Schrift nach Italien.
[66] Liv. 1, 7, 8. Hygin. fab. 277, 2. Isid. or. 1, 4, 1. 5, 39, 11. origo g. R. 5, 3. Mar. Victorin. GL V 23, 14 K. Iuba FGrH 275 F 92. Dion. Hal. ant. 1, 33, 4. Vgl. G. Radke, Die italischen Alphabete, in: Stud. Generale 20, 1967, 402.

ist Apollon mit der geringfügigen – sprachwissenschaftlich jedoch bedeutsamen – Änderung zu *Apollo*. Woher die Römer diesen Namen und zugleich den mit ihm benannten Gott kennenlernten, ist von geringerem Belang: Herkunft aus Cumae, wie gern angenommen wird,[67] verblaßt neben der Möglichkeit, daß griechische Seefahrer und Kaufleute ihn bis vor die Tore Roms brachten, wie die Stele von Graviscae[68] lehrt, die der von Herod. 4, 152 der frühesten Zeit der Seefahrt zugeordnete Sostratos von Aigina dem Apollon seiner Heimatinsel errichtete. Dorisches Ἀπέλλων ist nicht nach Latium gekommen; die *antiqui*, die den Gott *Apellinem* nannten,[69] dürften Nichtrömer aus dem oskischen Sprachraum gewesen sein.

In Rom hat man den griechischen Namen des Ἀπόλλων dem Muster der -*n*-Stämme mit kurzem Suffix in den obliquen Kasus angeglichen und der einheimischen Gewohnheit entsprechend im Nom. sg. das auslautende -*n* der dehnstufigen Endung -*ōn* unterdrückt,[70] so daß *Apollō, Apollĭnis* (die älteren Dative *Apolenei* bei ILLRP² nr. 13 und *Apolene* bei ILLRP² nr. 48 ohne Vokalschwächung und ohne Doppelkonsonanz) entstand. Ob die obliquen Kasus nach der Vokalisation des griechischen Vokativs Ἄπολλον ihre kurze Suffixsilbe erhielten, ist kaum entscheidbar. Der etruskische Name des griechischen Ἀπόλλων lautet *apulu* – später synkopiert zu *aplu* – und ist einzig und allein in dieser Form seit dem Beginn des 5. Jahrhunderts v. Chr. bezeugt.[71] Das läßt die Übernahme von Namen und Kult aus Rom erkennen, da nur im Lateinischen der Nom. sg. der -*n*-Stämme sein kennzeichnendes -*n* aufgibt, wäh-

---

[67] Beispielsweise noch G. Wissowa, Rel. ² 294, was J. Gagé, Apollon 38 ff. in Zweifel zieht.
[68] Sostratos von Aigina wird von Herod. 4, 152 erwähnt. Zur Stele von Graviscae vgl. S. Moscati, Italia sconosciuta, Mailand 1971, 138 ff. A. J. Pfiffig, Rel Etr 253.
[69] Paul. Fest. 20, 27 L. *Apellinem antiqui dicebant pro Apollinem*.
[70] F. Sommer³ 359. 366; speziell zu Apollo vgl. M. Leumann⁶ 457. Die Schlußfolgerung hinsichtlich der Herkunft des etruskischen *apulu* aus Rom unter Auswertung der Namensform zuerst bei G. Radke, Götter (1965) 53; danach ebenso A. J. Pfiffig, RelEtr (1975) 251. E. Simon, Apollo in Rom, in: JDAI 93, 1978, 206, 30. H. Rix, Rapporti 126, 79. A. J. Pfiffig hat die Rezension zu „Die Götter Altitaliens" geschrieben, kannte also meine Auffassung (Gnomon 48, 1976, 557).
[71] Vgl. C. De Simone, Entlehnungen 19 ff. Die dort unter nr. 1 und 22 angegebenen Belege für *aplun* dürfen nach I. Krauskopf, in: LIMC II 1984, 335. 352 nicht anerkannt werden. Vgl. ferner H. Rix, Rapporti 126.

rend es in den sabinischen Namen *Anien* und *Nerien*[72] erhalten blieb und im Oskischen – vermutlich auch im Umbrischen (C. Buck – E. Prokosch, 81) – durch Anfügung eines *-s* an das Suffix die Nominativendung *-uf* (< *-on-s-*) entstand. Die Etrusker haben im Falle der Entlehnung eines Namens das auslautende *-n* der griechischen Form bewahrt: *ataiun* für Ἀκταίων, *aχmemrun* oder *aχmenrun*, *tamun* für Δάμων, *easun* für Ἰάσων, *iχsium* für Ἰξίων, *lamtun* für Λαομέδων, *memrun* oder *memnun*, *φaun*, *telmun*, *cerun* für Γηρύων, *tiϑun* oder *tinϑun*, *tritun*, *uprium* für Ὑπερίων, *χarun* neben seltenerem *χaru* und endlich *χirun*.[73] Direkte Übernahme aus dem Griechischen hätte also zu **apulun* führen müssen. Das heißt ganz eindeutig: *Apollo* (so!) kam aus Rom nach Etrurien.

Der Gott besaß ein Apollinar auf den *prata Flaminia*[74] und seit dem Jahre 432 v. Chr. zusammen mit Latona – und nur mit ihr – den ersten Tempel. Zusammen mit Latona wird er auch an den ersten *lectisternia* seit dem Jahre 399 v. Chr. verehrt. Die Bedeutung des für das Jahr 228 v. Chr. beim Kapitol genannten Ἀπολλώνιον ist unbekannt.[75] Apollos Name kommt weder im Kalender noch in den *indigitamenta Pompiliana*[76] vor, wodurch der Terminus post quem für die Übernahme aus der griechischen Welt nach Rom und von dort nach Etrurien zeitlich frühestens ins 6. Jahrhundert v. Chr. fällt.

Zu Apollo gehört die im dorischen Dialekt Λατώ genannte Göt-

---

[72] Neben *Nerio* (diese Nominativform ist lediglich bei Gell. 13, 23, 4. 7. 15 überliefert!) gibt es den Nominativ *Nĕriēn* (Porph. Horat. epist. 2, 2, 209 *Minerva Nerien[e] est appellata;* vermutlich auch Lyd. mens. 4, 60, wo νερικη zu Νερίην wiederhergestellt werden kann) und vielleicht den Vokativ *Nĕriĕn* bei Varro sat. Men. 506 B. (G. Radke, Nerio 195); neben *Anio* häufiger *Aniēn* (Ovid. am. 3, 6, 51. Stat. silv. 1, 3, 7. 1, 5, 25 und in Prosa Cic. Brut. 54. Liv. 7, 9, 6. Sen. cons. bei Frontin. aquaed. 125). Da sowohl der Anio-Anien ein sabinischer Fluß ist wie auch Nerio-Nerien als sabinische Göttin gelten muß, halte ich es für höchst wahrscheinlich, daß die Formen mit einem im Nom. sing. erhaltenen *-n* als sabinisch anzusehen sind. K. Meister, Eigennamen 38 setzt einen Nom. sing. **Aniens* an, was mir nicht richtig scheint.
[73] Vgl. G. Devoto, Scritti minori 2, 1967, 97. C. De Simone, Entlehnungen 1, unter den jeweiligen Namen.
[74] Liv. 3, 63, 7.
[75] Cass. Dio frg. 49, 1 Melber.
[76] Arnob. 2, 73.

tin in ihrer latinisierten Namensform *Lātō-na*.⁷⁷ Dadurch unterscheidet sich auch diese Göttin von dem etruskischen Namen *letun* mit seinem hyperkorrekten *-n* am Ende, woraus man mit Recht geschlossen hat, daß Latona unmittelbar aus der griechischen Vorstellungswelt nach Rom gekommen und nicht erst durch Etrusker eingeführt worden sei. Im Etruskischen ist der Name der Letotochter Artemis⁷⁸ erhalten geblieben; er findet sich in der Darstellung mythologischer Szenen. Diana ist anderen Ursprungs (s. u. S. 160 ff.). Im frühen Rom scheint allein die Verbindung Apollos mit Latona bekannt gewesen zu sein – der Tempel beim Marcellus-Theater war nur diesen beiden Gottheiten geweiht⁷⁹ –, so daß Latona damals in Rom wohl kaum als Mutter des Apollo angesehen worden ist, was der bekannten Scheu der Römer davor, verwandtschaftliche Beziehungen zwischen von ihnen verehrten Göttern anzuerkennen, widersprochen hätte. Seit dem *lectisternium* des Jahres 399 v. Chr. sind Apollo und Latona auf einer Kline miteinander verbunden, während auf den beiden anderen Diana und Hercules, Mercurius und Neptunus lagen.⁸⁰ Diese Ordnung wurde bei

---

⁷⁷ Zu Latōna-Λατώ vgl. M. Leumann⁶ 457 u. a. Belege zu *letun* bei C. De Simone, Entlehnungen 1, 88 f. Etrusk. *letun* ist vielleicht wie sporta-σπυρίδα, *taeda*-δαΐδα u. a. ein irrig als Nominativ angesehener griechischer Akkusativ, wie er bei Herodian. in: Anecd. Graeca Bekker p. 1202 (τὴν Λητών ἡ αἰτιατική) vorliegt, oder – eher – eine nach den etruskisierten Gottes- und Heroennamen auf -ων/-*un* hyperkorrekt verbildete Form.
⁷⁸ Vgl. F. Altheim, TM 170. C. De Simone, Entlehnungen 1, 25 ff. A. J. Pfiffig, Rel Etr 268, der darauf hinweist, daß auf bildlichen mythologischen Darstellungen in Etrurien *aplu* und Artemis miteinander gleichzeitig erscheinen; das hat aber nichts für den italischen Kult zu bedeuten.
⁷⁹ Am Platze des Apollinar auf den *prata Flaminia* (Liv. 3, 63, 7) wurde im Jahre 433 v. Chr. ein Apollo-Tempel gelobt (Liv. 4, 25, 3) und 431 v. Chr. errichtet (ebd. 29, 7); dieser Tempel lag außerhalb der *porta Carmentalis* (Liv. 34, 43, 2. 37, 58, 3), genauer: *extra portam Carmentalem inter forum holitorium et circum Flaminium* (Ascon. Cic. tog. cand. p. 90 Cl. = p. 81 K.-Sch.). Zur Überschätzung der extrapomerialen Lage (vgl. G. Wissowa, Rel.² 294) s. u. S. 54 f. 178. Weihungen dort in den Fast. Arval. zum 23. September CIL I² p. 215 (= I. I. p. 34/5) *Apollini ad theatrum Marcelli*. Fast. Urbin. I. I. p. 63 *Apollini Laton. ad theatr. Marc.*
⁸⁰ Zum ersten *lectisternium* im Jahre 399 v. Chr. vgl. Dion. Hal. ant. 12, 9 f. Liv. 5, 13, 6. Über das zweite *lectisternium* gibt es keine Nachricht; das dritte wird von Liv. 7, 7, 2, das vierte ebd. 7, 27, 1 und das fünfte ebd. 8, 25, 1 erwähnt. Für eine Verbindung Apollos mit Diana schon im Jahre

allen folgenden *lectisternia* beibehalten; erst im Jahre 217 v. Chr., in dem so viele Neuerungen eingeführt wurden, änderte man auch diese gewohnte Paarung und verband Apollo mit Diana. Wie man sich im Rom des 5. Jahrhunderts v. Chr. die Göttin Latona vorstellte und wie man ihr Verhältnis zu Apollo begründete, mit dem sie die Verehrung in dem im Jahre 431 v. Chr. errichteten Tempel teilte, läßt sich nicht mehr mit Sicherheit feststellen. Mir ist es höchst unwahrscheinlich, daß die Auffassung der griechischen Mythologie, sie sei die Mutter des Gottes, sich damals schon außerhalb der griechischen Welt und gar in Rom durchgesetzt habe. Es kommt der beachtliche Umstand hinzu, daß der Name der Latona und demnach doch wohl auch ihr Kult aus dem Dorischen, der des Apollo aber aus dem Jonischen (dorisch heißt der Gott Ἀπέλλων; s. o. S. 32) stammen: Daraus läßt sich allein schließen, daß beide Gottheiten nicht auf dem gleichen Wege, sondern durch Vermittlung verschiedener Zwischenglieder nach Rom kamen. Das für die Griechen selbstverständliche Mutter-Sohn-Verhältnis fehlt damit am neuen Kultplatz.

Dann läßt sich aber die Frage nach ihrer Funktion mit dem Hinweis beantworten, man könne das Nebeneinander der beiden Gottheiten im Rom des 5. Jahrhunderts v. Chr. bei dort vorerst noch fehlender Kenntnis ihrer – mythologischen – Zusammengehörigkeit mit der Aufteilung des Wirkens zwischen Paaren wie Faunus und Fauna, Liber und Libera vergleichen; das führt auf den Gedanken, Latona habe in Rom für die Frauen eine entsprechende Rolle gespielt wie Apollo für die Männer. Darf man K. Kerényi[81] zustimmen, in Italien sei Apollo ein finsterer, tödlicher Gott gewesen, dann wendet sich das Gelübde *pro valetudine* nicht an einen Arzt, nicht an *Apollo medicus*,[82] sondern an einen Gott, der sein unheilvolles Wesen auf kultischen Anspruch hin auch einstellen und

---

399 v. Chr. (so F. Altheim, GG 101) gibt es kein Zeugnis. Das erste Zwölfgötter-Lectisternium fand im Jahre 217 v. Chr. statt (Liv. 22, 10, 9); vgl. G. Wissowa, Rel.² 61.

[81] K. Kerényi, Apollon 44.

[82] Liv. 40, 51, 6. Macrob. sat. 1, 17, 16. Suet. Aug. 70, 2 nennt einen *Apollo Tortor* (*Caesarem esse plane Apollinem, sed Tortorem, quo cognomine is deus quadam in parte urbis colebatur*); ich teile nicht die Auffassung K. Lattes, RRG 222 („aus der Funktion als Heilgott wird sich auch der seltsame Beiname *Tortor* ... erklären"), sondern pflichte aus dem Zusammenhang der Stelle eher J. Gagé, Apollon 487 bei.

ändern kann, weil er nicht nur *exanimat et perimit animantes*,[83] sondern auch die *medendi potestas* besitzt.[84]

Die römischen Annalen kennen ein überzeugendes Beispiel für diese ambivalente Rolle des Gottes; es wird berichtet: Als man in Rom dem Apollo Spiele feierte, mußte bei einem plötzlichen Eintreffen der Feinde die Plebs zu den Waffen gerufen werden und rückte diesem entgegen. Zur gleichen Zeit sah man eine Wolke von Pfeilen den Feinden entgegenfliegen. Man schlug den Gegner in die Flucht, und die siegreichen Römer kehrten zu den zu Ehren des *deus sospitalis* abgehaltenen Schauspielen zurück. Hieraus erkenne man, so heißt es, daß die Spiele *proeliae causa, non pestilentiae* eingerichtet waren, wie manche meinen.[85]

Wie Apollo unterscheidet sich auch die römische Latona von der griechischen Leto, deren Charakter als Muttergöttin sie nicht erkennen läßt. Noch im Jahre 212 v. Chr. schrieben die *decemviri s. f.* kurz vor Einrichtung der *ludi Apollinares* aus den sibyllinischen Büchern ein *sacrum Graeco ritu* vor, das für Apollo aus einem vergoldeten Kalb und zwei weißen Ziegen, für Latona aus einer vergoldeten Kuh bestehen sollte.[86] Diese Opfer fallen in eine Krisensituation des römischen Volkes; der aus Spenden kommende Goldeswert war wichtiger als der *ritus Graecus*. Obwohl Diana bei dem fünf Jahre früheren *lectisternium* des Jahres 217 v. Chr. schon neben Apollo ausgestellt wurde, fehlt sie bei diesem Opfer, das also noch den älteren Vorstellungen folgt.

Erst das *lectisternium*[87] von 217 v. Chr. brachte nicht sechs, sondern zwölf Götter in sechs Paaren, die eine völlig unterschiedliche Aufstellung zeigten: Iuppiter und Iuno wurden erstmalig in diesen Kreis einbezogen, d. h., griechische Vorstellungen erfaßten zentrale römische Gottheiten; Neptunus lag neben Minerva wie in Athen Poseidon zu Athena gehört; Mars und Venus erscheinen erstmalig und entsprechen dem mythologischen Paare Ares und Aphrodite; Apollo wurde unter Beachtung griechischer Vorstellungen statt mit seiner Mutter Latona mit seiner Schwester Diana verbunden; Volcanus und Vesta stammen aus dem griechischen Zwölfgötterkreis, jedoch nicht als Paar; das gilt auch für Mercurius und Ceres. Es

---

[83] Macrob. sat. 1, 17, 9.
[84] Macrob. sat. 1, 17, 14f.
[85] Macrob. sat. 1, 17, 25.
[86] Liv. 25, 12, 13.
[87] Liv. 22, 10, 9.

fällt auf, daß weniger kultische als vielmehr mythologische Gesichtspunkte griechischer Herkunft eine Rolle gespielt zu haben scheinen, wie die Verbindungen von Zeus und Hera, Poseidon und Athena, Ares und Aphrodite, Apollon und Artemis anzunehmen nahelegen.[88] Die Zusammenstellung von Volcanus und Vesta hingegen scheint römisch zu sein, macht deshalb jedoch große Schwierigkeiten für das Verständnis, da ein Volcanus-Tempel erstmalig im Jahre 214 v. Chr. auf dem Marsfeld bezeugt ist[89] und der Kult in der *aedes Vestae* bildlos war.[90] So bleibt es unklar, wie die auf dem *lectus* ausgestellten Gottheiten aussahen. Mercurius und Ceres passen ebenfalls eher für römische als für griechische Verhältnisse zusammen; ihre Tempel in Rom wurden im ersten Jahrzehnt des 5. Jahrhunderts v. Chr. geweiht.

Die Mitglieder dieses unter griechischem Einfluß gebildeten Zwölfgötterkreises hatten sich unter lateinischem Namen griechischen Formen und Vorstellungen erschlossen, blieben in solcher Zusammensetzung erhalten und wurden auch von Ennius, ann. 62f. genannt: *Iuno Vesta Minerva Ceres Diana Venus Mars / Mercurius Iovis Neptunus Volcanus Apollo*. Die veränderte Reihenfolge hat keine kultische Ursache; sie ist rein literarisch-metrisch bedingt. Für Chrysalus in den vermutlich im Jahre 189 v. Chr. aufgeführten ›Bacchides‹ des Plautus gab es noch andere Götter: *Iuppiter, Iuno, Ceres, Minerva, Spes, Latona, Opis, Virtus, Venus, Castor, Pollux, Mars, Mercurius, Hercules, Summanus, Sol, Saturnus* (vv. 892ff.); die „Griechen" sind noch in der Minderheit.

Außer Apollo und Latona bewahrten auch Aesculapius, Proserpina, Castor und Pollux, Hercules und Lucōris ihre griechischen Namen. Vielleicht ist auch der faliskische Euios der Inschrift auf der Ceres-Vase dazuzurechnen. Es ist gleichgültig, ob sie Kult erhielten oder lediglich im Rahmen der fremden Mythologie in den Abbildungen des Kunsthandwerks Zugang in das römische Bewußtsein fanden; man konnte ihrem Namen auch weiterhin stets anhören und ansehen, daß sie nicht aus Rom stammten, sondern aus Griechenland übernommen waren, selbst wenn die griechische Originalform latinisiert war. Der Hauch des Fremden kennzeich-

---

[88] G. Radke, Kultische Maßnahmen 110.
[89] Liv. 24, 10, 9.
[90] Ovid. fast. 6, 295; zur Diskussion um die Glaubwürdigkeit dieser Angabe vgl. G. Wissowa, Vesta, in: MythLex VI 248. 269f. C. Koch, Vesta, in: RE VIII A 1728f.

nete sie und schuf einen gewissen Abstand; Hercules und Castor wie Pollux waren freilich bald sogar als Schwurgötter angesehen, was ein Zeichen persönlichen Vertrauens ist.

Der Name des Aesculapius setzt epidaurisches Αἰσκλαπιός voraus, wie es in dem bedeutenden argolischen Kultorte des Gottes bis zur Mitte des 5. Jahrhunderts v. Chr. – aber nicht länger – bezeugt ist,[91] ehe diese Namensform von ᾿Ασκλαπιός, ᾿Ασκληπιός abgelöst wurde; daraus aber hätte lateinisches *Aesculapius* nicht mehr entstehen können: Demnach müssen die Römer den Namen des Gottes mindestens zwei Jahrhunderte vor der offiziellen Übernahme des Kultes gekannt haben, als man ihn in seiner Heimat noch Αἰσκλαπιός nannte.

Anläßlich einer Pest in Rom im Jahre 293 v. Chr. schrieben die *libri Sibyllini* vor: *Aesculapium ab Epidauro Romam arcessendum.*[92] Das wurde vorerst nicht ausgeführt, *quia bello occupati consules,* sondern lediglich eine *supplicatio* für den Gott veranstaltet; dann reiste eine Gesandtschaft unter Führung des Q. Ogulnius[93] nach Epidauros, an den wichtigsten griechischen Kultort des Gottes, und holte von dort eine – Schlange[94]: *Anguem, qui se in navem eorum contulerat, in quo ipsum numen esse constabat, deportaverunt.*[95] Dem Gotte wurde auf der Tiberinsel, wohin die Schlange vom Schiffe aus entwichen war, ein Tempel gebaut; er lag ausdrücklich *extra urbem.*[96] Über den dortigen Tempeldienst gibt es aus augusteischer Zeit eine aufschlußreiche Beschreibung[97]: Die

---

[91] E. Schmidt, Kultübertragungen, RVV 8, 2, Gießen 1910, 40 mit den inschriftlichen Belegstellen ebd. 40, 2. F. Bömer, Fastenkomm. 2, 36. K. Latte, RRG 225, 3. Befragung und Anweisung der *libri Sibyllini* fand im Jahre 293 v. Chr. statt (Liv. 10, 47, 6f.), die Einweihung des Tempels vermutlich im Jahre 291 v. Chr. Dann müßte die Reise des Ogulnius im Jahre 292 v. Chr. stattgefunden haben, falls der Bau in so kurzer Zeit fertiggestellt werden konnte; unklar die Datierung bei E. Schmidt a. O. 35, 1. Zur Geschichte der Überführung vgl. Ovid. met. 15, 622 ff. Val. Max. 1, 8, 2. auct. vir. ill. 22. Liv. per. 11.

[92] Liv. 10, 47, 7.

[93] Zur Datierung vgl. E. Schmidt a. O. 31 ff. 35, 1. F. Bömer, Fastenkomm. 2, 36.

[94] Val. Max. 1, 8, 2. auct. vir. ill. 22. Oros. 3, 22, 5. Arnob. 7, 41 *ex Epidauro tamen quid est aliud allatum nisi magni augminis coluber?*

[95] Liv. per. 11.

[96] Plin. n. h. 29, 16. Plut. quaest. Rom. 94.

[97] Paul. Fest. 98, 6 ff. L. *in insula Aesculapio facta aedes fuit quod ae-*

Lage auf der Insel begünstigte die Verwendung heilbringenden Wassers.⁹⁸ Hunde hielt man, weil der Gott von einer Hündin ernährt worden war. Das Kultbild trug einen Lorbeerkranz – aus Lorbeerblättern werden Heilmittel verfertigt – auf dem Kopf und einen knotigen Stab in der Hand.⁹⁹ Dem Gotte wurden Hühner geopfert. Als Grund für die Haltung einer Schlange wird angegeben, das sei ein besonders wachsames Tier, was sich deshalb für die Behandlung der Kranken gut eigne.¹⁰⁰ Offenbar war inzwischen der Glaube an die Identität von Gott und Schlange verlorengegangen. Das gibt zu denken, ob dieser überhaupt jemals bestand oder vielleicht erst aus dem Reisebericht des Ogulnius von Livius übernommen wurde.

Der Tempelstiftungstag war der 1. Januar.¹⁰¹ Dort war Aesculapius eng mit Vediovis verbunden.¹⁰² Von einer Kultvereinigung mit Salus entsprechend der griechischen Ὑγίεια ist in republikanischer Zeit nichts bekannt;¹⁰³ die älteste Verehrung einer Salus ist als Sicherung des Wohlergehens des römischen Volkes zu verstehen¹⁰⁴

groti a medicis aqua maxime sustententur. Eiusdem esse tutelae draconem, quod vigilantissimum sit animal; quae res ad tuendam valetudinem aegroti maxime apta est. Canes adhibentur eius templo, quod in uberibus canis sit nutritus. Bacillum habet nodotum, quod difficultatem significat artis. Laurea coronatur, quod arbor plurimorum sit remediorum. Huic gallinae immolabantur.

⁹⁸ Vgl. Vitruv. 1, 2, 7.
⁹⁹ Anders als bei der späten Beschreibung bei Macrob. sat. 1, 20, 1 (*simulacris Aesculapii et Salutis draco subiungitur*) ist bei Verrius Flaccus von einer Schlange am Kultbild nicht die Rede.
¹⁰⁰ Macrob. sat. 1, 20, 3 *aedium, adytorum, aracolorum, thesaurorum custodiam draconibus adsignari.*
¹⁰¹ Ovid. fast. 1, 291. Fast. Praen. CIL I² p. 231 (= I. I. p. 111). Fast. Antiat. vet. I. I. p. 2.
¹⁰² Fast. Praen. a. O. Fast. Antiat. vet. a. O.; vgl. G. Radke, Beobachtungen 316. Der Zusatz in den Fast. Antiat. vet. *Aescula co[.]o Vediove* sollte zu *Aescula(pio) co[s]o(rti) Vediove* ergänzt werden.
¹⁰³ Terent. Hec. 338. Ad. 761 meint mit *Salus* die Ὑγίεια des griechischen Vorbildes.
¹⁰⁴ Der Tempel der Salus wurde von dem Diktator C. Iunius Bibulcus im Jahre 302 v. Chr. im Kriege mit den Samniten gelobt und gebaut; der Kult hat also keine Beziehung zum Heilgotte. Das gilt auch für republikanische Inschriften aus Pisaurum (CIL I² 373), Praeneste (62), Pompei (1626) und auf einem *Salutes pocolom* (450); vgl. G. Wissowa, Rel.² 132. K. Latte, RRG 234.

und hat nichts mit Aesculapius zu tun. Auch von der in griechischen Asklepios-Heiligtümern bekannten Incubation gibt es in Rom keine Beispiele; Ciceros Ablehnung [105] kann sich ebensogut auf den griechischen Kult beziehen. Der griechische Asklepios-Kult hatte seine bedeutende Zeit im ausgehenden 6. und im 5. Jahrhundert v. Chr. Im Laufe des 5. Jahrhunderts schickten die Epidaurier an Orte, in denen Filialkulte bestanden oder eingerichtet werden sollten, Schlangen; das ist für Halieis, [106] Kos bzw. Epidauros Limera, [107] Sikyon [108] und Athen [109] bezeugt. Die Berichte über die Maßnahmen für Kos und Athen lassen erkennen, daß der Gott und die Schlange nicht gleichzeitig überführt wurden, d. h. also doch wohl nicht als identisch galten; auch in den beiden anderen Fällen wird man das Tier kaum für eine Inkarnation des Gottes halten dürfen. [110] Noch August. civ. 10, 16 scheint das im Fall Roms richtig beurteilt zu haben: *Quod Epidaurius serpens Aesculapio naviganti Romam comes adhaesit* (vgl.

[105] Cic. divin. 2, 113 *qui igitur convenit aegros a coniectore somniorum potius quam a medico petere medicinam? An Aesculapius an Sarapis potest nobis praescribere per somnium curationem, Neptunus gubernantibus non potest?*

[106] IG IV² 122 nr. XXXIII. Halieis wurde ca. im Jahre 465 v. Chr. gegründet (E. Meyer, Halieis, in: KlP 2, 922) und ist schon von Herod. 7, 137 erwähnt.

[107] Paus. 3, 23, 6: Ein epidaurisches Schiff sollte eine Schlange nach Kos bringen; bei einer Zwischenlandung an der lakonischen Küste entschlüpfte sie aber und verbarg sich an Land; die Matrosen hielten das für ein göttliches Zeichen, unterließen die weitere Seefahrt und gründeten die Stadt Epidauros Limera, wo später auch Asklepios verehrt wurde (S. Wide, Lakonische Kulte 190). Epidauros Limera muß nach Thukyd. 4, 56, 2. 6, 105, 2 schon während des Peloponnesischen Krieges bestanden haben, so daß die Gründungslegende spätestens in das 5. Jh. v. Chr. gehört.

[108] Nach Sikyon wurde der Gott einer Schlange gleich auf einem mit Maultieren bespannten Wagen aus Epidauros gebracht (Paus. 2, 10, 3). Das Kultbild des Gottes – ohne eine Schlange – mit Szepter und Pinienzapfen war ein Werk des Kalamis, der ins frühe 5. Jh. v. Chr. gehört (G. Lippold, Sikyon, in: RE II A 2546. W. H. Groß, Kalamis, in: KlP 3, 51 f.).

[109] SIG 88 = IG II/III³ 4960: vgl. O. Kern, Religion der Griechen 2, 312. W. Burkert, GriechRel 328. Asklepios kam im Jahre 420 v. Chr. nach Athen; hinsichtlich der Verbindung mit Sophokles vgl. Etym. magn. s. Δεξίων.

[110] Es ist zwischen Schlange als Gott und Schlange als Begleiterin des Gottes zu unterscheiden.

Oros. 3,22,5). Fraglich bleibt dann nur, inwieweit die Anweisung der sibyllinischen Bücher *Aesculapium arcessendum* erfüllt wurde. Da Aesculapius namentlich schon seit dem 5. Jahrhundert v. Chr. in Rom bekannt war (s. o. S. 38), dürfte die Ausschmückung der Schlangen-Geschichte in allen ihren Einzelheiten – freiwilliger Gang zum Schiff, Zusammenrollen in der Kabine des Ogulnius, Besuch des Tempels in Antium[111] und Wahl des Kultplatzes auf der Tiberinsel nach dem Vorbild von Epidauros Limera – eine Erfindung des Ogulnius gewesen sein, der in Rom noch bestehenden altertümlichen Schlangenaberglauben[112] kannte und dementsprechend ausnutzte. Die Brüder Cn. und Q. Ogulnii spielten in Fragen der Religionspolitik damals eine große Rolle,[113] sie hatten den Plebejern den Zugang zum Pontifikat verschafft. Von den durch Livius vermittelten Darstellungen unterscheidet sich durch die inzwischen vollzogene Hellenisierung der Bericht bei Ovid. met. 15,638f.: *nec Apollini vobis,/qui minuat luctus, opus est, sed Apolline nato*. Die Verbindung des Asklepios mit Apollon ist eine Erfindung der Mythologie.

Die beschriebenen Vorgänge lehren, daß im ersten Jahrzehnt des 3. Jahrhunderts v. Chr. weder ein neuer griechischer Gott – Aesculapius war in Rom bekannt – noch dessen speziell griechischer Kult nach Rom übernommen wurden; lediglich die Haltung von Schlangen bekam unter Beachtung einheimischen Aberglaubens ein besonderes Gewicht und diente als Vorwand für die Errichtung des Tempels mit den angeschlossenen Heilstätten. Sowohl die Anweisung der *libri* wie vor allen Dingen die Ausgestaltung der Einholung des „Gottes" dürften ein Werk der Religionspolitik der Ogulnier gewesen sein.

Die etruskischen Namensformen φersipnai[114] und φersipnei[115]

---

[111] Ovid. met. 15, 722 *templa parentis init*. Die Schlange geht in den Aesculapiustempel von Antium (erwähnt bei Liv. 43, 4, 7 zum Jahre 170 v. Chr.) nach Val. Max. 1, 8 2. auct. vir. ill. 22, 3.

[112] Zum Erlebnis des Ti. Gracchus vgl. Cic. divin. 1, 36. Plut. Ti. Gracchus 1, 4f., zum Schlangenkult in Lanuvium Propert. 4, 8, 3. Aelian. nat. an. 11, 16, zur Schlange im Tempel der *Bona dea* Macrob. sat. 1, 12, 26.

[113] Vgl. F. Münzer, in: RE XVII 2064ff.

[114] CIE 5091 aus der Tomba Golini bei Orvieto (nach G. Devoto, L'etrusco come intermediario di parole grecche, in: SE 2, 1928, 315 = Scritti minori II Firenze 1967, 123f. aus dem 4. Jh. v. Chr.).

[115] CIE suppl. 406 aus der Tomba dell'Orco bei Tarquinii (zweite Hälfte des 4. Jh. v. Chr.).

können in dieser Vokalisation nur dann vom Namen der griechischen Περσεφόνα hergeleitet werden, wenn dieser zu Beginn des 4. Jahrhunderts v. Chr. in der lateinischen Sprache über *Persĕpŏna*[116] Vokalschwächung zu **Persĭpĭna* und dann bei inneretruskischer Anfangsbetonung Synkopierung der vorletzten Silbe erfahren hatte. Wenn auch der Kult der Göttin erst seit Einrichtung der *ludi saeculares*[117] für Rom bezeugt ist, muß ihr Name – und sei es in mythologischem Rahmen auf Darstellungen der bildenden Kunst – nach Ausweis des sprachlichen Befundes dort im 5. Jahrhundert v. Chr. bekannt gewesen, gehört und gesprochen worden sein. Erst nach diesem Datum und nach der lautlichen Umgestaltung in römischem Munde lernten die Etrusker ihn kennen. Die lateinische Namensform Prŏserpina mit ursprünglich kurzer erster Silbe,[118] durch „Interversion"[119] und – zeitlich nach der dem 4. Jahrhundert v. Chr. zugewiesenen praenestinischen Form *prosepna*[120] – durch „fernassimilatorischen Zuwachs"[121] entstanden, hat sich erst unter dem Einfluß irriger Volksetymologie oder eines dichterischen Deutungsversuchs zu Prōserpina[122] gewandelt (s. u. S. 72).

Beim alten Lavinium wurde eine inschriftliche Weihung des 6./5. Jahrhunderts v. Chr. mit dem Wortlaut *Castorei Podlouqueique qurois* gefunden.[123] Zur Zeit dieser Inschrift – eine Eigentümlichkeit der Vokalisation weist auf dorisches Vorbild[124] – waren nicht nur die Namen bekannt, sondern genossen beide Götter auch schon Verehrung und Kult; dabei läßt sich die auffällige Besonderheit beobachten, daß sie mit ihren Individualnamen und nicht als Zeus-Söhne angerufen wurden, wie das nach dem Vorbild des griechi-

---

[116] E. Vetter, Handb. nr. 213 aus dem 1. Jh. v. Chr. *Persepona* auf pälignischer Inschrift aus Pentima.
[117] M. Nilsson, Saeculares ludi, in: RE I A 1696ff. (zu Proserpina insbesondere 1704f.).
[118] Horat. c. 2, 13, 21 (epod. 17, 2 ist ungewiß; c. 1, 28, 20. s. 2, 5, 116 mißt Horaz Prōserpina); vgl. G. Radke, AL 38f.
[119] M. Leumann[6] 101.
[120] CIL I[2] 558 *prosepnai*.
[121] M. Leumann[6] 233.
[122] Zu Prōserpina vgl. G. Radke, Proserpina, in RE Suppl. IX 1283. Rechtsbegriff 13f. Götter 263ff.
[123] A. Degrassi, ILLRP[2] 1271a.
[124] G. Radke, Madonnetta 214ff. G. Dury-Moyaers 199ff.

schen Διόσκουροι bei Etruskern,[125] Pälignern[126] und Marsern[127] üblich war. Die Reste der Reiterbilder vor ihrem Tempel am Forum Romanum lassen sich auf die ersten Jahre des 5. Jahrhunderts v. Chr. datieren, so daß die Einführung ihres Kultes nach der Schlacht am See Regillus als bestätigt angesehen werden kann.[128] Aber auch sie erscheinen nicht im römischen Kalender.

Man bewahrte in der lateinischen Sprache[129] die Kürze in der zweiten Silbe der obliquen Kasus des Namens Castor nach griechischem Vorbilde. Der Vokalschwächung hat der Name jedoch nie nachgegeben: Eine Form *Castĕris gibt es nicht.[130] Ob die Kürze im Nom. sg. Castŏr (z. B. Propert. 3, 14, 17) von daher analogisch übertragen wurde oder ob – wie beim Namen Iuppiter – der griechische Vokativ Κάστορ als Grundlage auch für den lateinischen Nom. sg. diente, läßt sich nicht entscheiden. Seit Plaut. Curc. 481

[125] M. Pallottino, TLE² 156 *tinas cliniiaras*.
[126] E. Vetter, Handb. 202 (Sulmo) *iouiois puclois*.
[127] E. Vetter, Handb. 224 (Marruvium) *[i]ouies pucle[s]*.
[128] Der *dictator* Postumius versprach dem Castor vor der Schlacht einen Tempel (Liv. 2, 20, 12 *nihil nec divinae nec humanae opis dictator praetermittens aedem Castori vovisse fertur*); die Schlacht am See Regillus fand im Jahre 499 v. Chr. statt (vgl. R. Werner, Die Auseinandersetzung der frührömischen Republik mit ihren Nachbarn, in: Gymnasium 75, 1968, 52f. 59ff.); der Tempel wurde von dem Sohne des Diktators im Jahre 484 v. Chr. geweiht (Liv. 2, 42, 5). Zur archaischen Figurengruppe (vgl. L. Deubner, Entwicklungsgeschichte 370ff. A. Alföldi, ERL 93. 400 und Tafel 2. Röm. Frühgesch. 198) vom *lacus Iuturnae* stellt K. Schefold fest: „Wir haben keinen Grund zu bezweifeln, daß die Dioskurengruppe des Forums um 470 bald nach der Weihe des Dioskurentempels (484) bei großgriechischen Künstlern in Auftrag gegeben wurde" (in: Provincialia, Festschrift für R. Laur-Belart, 1968, 436).
[129] Plaut. Curc. 481 *póne|aédem Cástoris* hat moderne Autoren (z. B. K. Meister, Latein.-griech. Eigennamen 119. M. Leumann⁶ 283 u. a.) dazu verführt, Quintil. inst. 1, 5, 60 *(inde Castorem media syllaba producta pronuntiarunt)* und Mart. Cap. 3, 298 *(Castoris et Hectoris genitivos veteres produxerunt)* Glauben zu schenken, die zweite Silbe werde als Länge gemessen: Entweder steht hinter *pone* ein Hiat (ohne einen solchen kommt man überhaupt nicht aus), oder man müßte (weniger gut) zu **póne Cástoris aédem* oder **Cástorís pone aédem* umstellen. Varro, l. l. 8, 72 *Hectórem, Nestórem* ist nicht vergleichbar, da es sich um junge Übernahmen handelt. Beweisend sind Horat. epist. 2, 1, 5 *cum Castŏre*. Propert. 1, 2, 15 *Castŏra*.
[130] Eine Restitution von *Castĕris zu Castŏris wie *tempĕris zu tempŏris ist nicht anzunehmen.

wird in der Literatur[131] und selbst in einem inschriftlich erhaltenen Senatsprotokoll[132] der Tempel beider Götter mit der in „usueller Ellipse"[133] verkürzten Bezeichnung *aedes Castoris* genannt, wie das ähnlich auch bei der *aedes Iovis* und der *aedes Cereris* geschah.[134] Im Monum. Ancyr. 20 wird der lateinische Wortlaut *inter aedem Castoris et aedem Saturni* in der griechischen Version durch μεταξὺ τοῦ τε ναοῦ τῶν Διοσκόρων καὶ Κρόνου wiedergegeben. Der Plural des Gottesnamens mit der Form *aedes Castorum* ist in der lateinischen Sprache nicht vor Plin. n. h. 7, 121. 34, 23 und Ammian. 19, 10, 4 belegt (Ausnahme: Plin n. h. 7, 86 *Castoresque Romani*); erst die Kirchenväter und ihre Zeitgenossen sagen „*Castores*".[135]

Aus der in regressiver Fernassimilation vor enklitischem *-que* entstandenen Form *podlouqueique* läßt sich ein Nom. sg. **podlouces* erkennen, der über *Polouces* und *Poloces*,[136] *Polluces*[137] zu *Pollux* führte. Daß der Name des Πολυδεύκης früh nach Italien kam,[138] erweist sich an der Vielzahl von Lautvorgängen meist noch archaischer Zeit, denen er ausgesetzt war: Gemeinitalischer Wandel von *-eu-* zu *-ou-*, Synkopierung der vortonigen kurzen zweiten Silbe noch unter griechischem Akzent,[139] Vertauschung von *-ld-* zu *-dl-* (vgl. italienisch «padule» aus lateinischem *paludem*) und Assimilation von *-dl-* zu *-ll-*.[140] Am Vergleich mit etruskischem *pulu-*

---

[131] Vgl. Cic. Verr. 2, 1, 129. 130. 133. 154. Quinct. 17. Mil. 91 *ad Castoris*. Liv. 2, 20, 12. 9. 43. 22. schol. Iuven. 14, 260 *templum Castoris*. Fest. 36229 L. *pro aede Castoris*. CIL I² 586 *sub aede Kastorus* u. a.

[132] CIL I² 586 *sub aede Kastorus*.

[133] K. Meister, Lateinisch-griechische Eigennamen 120.

[134] Vergleichbar sind die Bezeichnungen *aedes Iovis* (Varro, l. l. 5, 41. Plin. n. h. 36, 185) und *aedes Cereris* (Cic. Verr. 2, 4, 108. Liv. 28, 11, 4. Plin. n. h. 35, 99. 154).

[135] Arnob. 1, 36. Tertull. spect. 8. Firm. Matern. 12, 8 (vgl. aber auch Apul. met. 10, 31).

[136] CIL I² 548 *Polouces*. 549 *Poloces*.

[137] Plaut. Bacch. 894 *Polluces* (vgl. Varro, l. l. 5, 73 *in latinis litteris veteribus*).

[138] Vgl. G. Radke, Götter 54.

[139] Vgl. G. Radke, Rechtsbegriff 12.

[140] Die nach F. Sommer³ 236 (vgl. F. Sommer-R. Pfister a. O⁴ 178) von K. Latte, RRG 175, 1 angenommene Assimilation von *-ld-* zu *-ll-* wurde nur bei ursprünglichem *-ld-* wirksam *(sallare, procellere)*, während durch Synkopierung entstandenes *-ld-* erhalten blieb *(caldus, valde)*, hingegen

tuke, pultuke läßt sich feststellen, daß die Übertragung des Namens aus griechischem Bereich auf getrennten Wegen nach Rom und nach Etrurien vor sich ging, da aus der etruskischen Namensform *pulutuke* lateinisches Pollux nicht hätte entstehen können.[141]

Im Namen des griechischen Herakles wurde nach Ausweis etruskischer Inschriften vom Beginn des 5. Jahrhunderts v. Chr., vermutlich schon geraume Zeit früher, im italischen Sprachraum die kurze zweite Silbe zu *hercles* synkopiert, was zu dieser Zeit, d. h. noch vor Einsetzen der Anfangsbetonung, lediglich als Folge der durch die griechische Betonung Ἡρακλῆς bedingten Vortonigkeit dieser Silbe anzusehen ist; aus „italischem" *hercles* entstand in Anaptyxe die lateinische Namensform *Hercules*.[142] Es ist denkbar, daß dieser Gott einen frühesten Kult noch innerhalb des Pomeriums erhalten konnte, weil er – vielleicht – von einer anderen italischen Gemeinde übernommen wurde; aber daß er ein Grieche war, hat man in Rom nie vergessen.

Nach Calpurnius Piso frg. 4 P. sorgt ein Gott namens Lucōris für das *asylum* des Romulus *inter duos lucos*. Man kann seinen Namen unter Itazismus von griechisch Λυκώρης oder nach oskischem Vorbild von Λυκώριος herleiten. Beides paßt in „apollinischen"[143] Rahmen; sein Wirken aber gehört auf das Kapitol. Man möchte annehmen, man habe ihn in Delphi in ähnlicher Funktion kennengelernt und nach Rom geholt; wenn Piso ihn auch *deus* nennt, so erfährt man doch nichts von einem Kulte für diesen Gott.

-dl- zu -ll- assimiliert wurde *(grallae, rullus, sella)*; das gilt auch für Πολυδεύκης > *Poldouces*, was zwar zu etruskisch *pultuke* führte, nicht aber lateinisch *Pollux* ergeben konnte.

[141] Da aus etruskischem *pulutuke, pultuke* nicht lateinisches Pollux entstehen konnte (G. Devoto, Storia della lingua di Roma² 90. R. Enking, Pultuce, in: RE XXIII 1975), ist Übernahme des Kultes von Etrurien nach Rom ausgeschlossen; vgl. F. Castagnoli, Stud. Rom. 31, 1983, 5.

[142] G. Radke, Rechtsbegriff 12.

[143] Λυκώρεια hieß eine Stadt oberhalb Delphis (Strab. 9, 418. 423), deren Einwohner Λυκώριος (Steph. Byz. s. v.). Λυκωρεύς ist ein Beiname Apollons (Callim. hymn. 2, 19) und der Name eines Apollonsohnes (Schol. Apoll. Rhod. 2, 711); andere Formen des Namens eines Apollonsohnes sind Λύκωρος (Paus. 10, 6, 3) und Λυκώρης (Herodian. cathol. prosod. 3 p. 72, 5 Lentz. Censorin. frg. 12, 4 (die codd. bieten *licorem* und *liquorem*, was F. Hultsch zu *Lycorem* herstellt, während N. Sallmann in seiner Ausgabe *Lycorum* schreibt). Vgl. F. Altheim, RG 2, 1953, 255. G. Radke, Götter 189.

3. Überzeugungskraft fremder Kulte

Es ist heutigem Denken schwer verständlich, daß neben den eigenen, von Eltern und Großeltern überkommenen Gottheiten fremde Götter beim Volke Anerkennung, Aufnahme und Verehrung erfahren konnten, obwohl in archaischer Zeit von einer Art Missionierung, d. h. zielstrebiger Beeinflussung seitens der neu hinzutretenden Kulte, in Rom keine Rede sein kann. Ich spreche nicht von der Einwirkung mehr oder weniger äußerlicher kultischer Formen, wie sie etwa im Cereskult mit Sicherheit vom 3. Jahrhundert v. Chr. an seitens der Demeter,[144] im archaischen Minervabild von Lavinium[145] seitens der Athena oder in der Vorstellung Dianas wohl etwa durch den Besuch der Phokaier[146] seitens der griechischen Artemis zu beobachten ist, sondern von der vollständigen Annahme eines neuen Kultes fremder Sprache, fremden Namens, fremder Vorstellungen. Im frühen Rom läßt sich das – sieht man vorerst von Herakles ab – freilich nur an den Beispielen der Dioskuren und Apollons verdeutlichen, deren Kulte dort im 6. Jahrhundert v. Chr. bekannt waren, gepflegt wurden und bald darauf auch Tempel erhielten, in oder vor denen ihre Bilder standen.

Leichter als im Falle des Apollokultes ist es, ein Motiv für die Aufnahme der Dioskuren in Rom zu finden: Deren Eingreifen in der Schlacht an der Sagra[147] hat nicht nur den Glauben der unmittelbar Betroffenen gestärkt, sondern ist bald in ganz Italien be-

---

[144] Arnob. 2, 73 *sacra Cereris matris . . . adscita paulo ante* (zum Jahre 216 v. Chr.). Paul. Fest. 86, 7 L. *festa Cereris ex Graecia translata*. ebd. 8 *inventio Proserpinae*. Serv. georg. 1, 344 *Orci nuptiae*. Priesterinnen für Ceres wurden aus Neapel und Velia nach Rom geholt (Cic. Balb. 55). An einem *lectisternium* nahm die Göttin erstmalig im Jahre 217 v. Chr. teil (Liv. 22, 10, 5). G. Radke, Götter 90.

[145] Vgl. F. Castagnoli, in: Accad. Naz. Lincei 376, 1979, 3 ff. Vergleichbar ist die Ausstattung der Iuno Sospita von Lanuvium: *cum pelle caprina, cum hasta, cum scutulo, cum calceolis repandis* (Cic. nat. 1, 83).

[146] Zum Bild der Diana als πότνια θηρῶν vgl. F. Altheim, GG 105. 135 f. nach dem Vorbild der Artemis von Massilia (Strab. 4, 180); Zweifel seitens R. Schilling, La Diane latine 655.

[147] Cic. nat. 2, 6. 3, 11. Iustin. 20, 3; vgl. L. Deubner, Juturna 370 ff. U. von Wilamowitz-Moellendorff, Sappho und Simonides 234. Nach Iustin. a. O. fand die Schlacht nach 550, nach Diodor. 8, 32 nach 600 statt; vgl. W. A. Oldfather, Lokroi, in: RE XIII 1327 f. (zwischen 600 und 575 v. Chr.). Wahrscheinlicher ist der Zeitansatz von J. Beloch, Griech. Gesch. I² 1, 382, auf die Zeit nach 530 v. Chr.

kannt geworden. Dieser aufregende Eindruck, mit erlebnishafter Gewißheit göttliche Hilfe haben wahrnehmen zu können, erfolgte in einer Zeit, in der in den latinischen Heeren die *celeres*, die Reiter, noch eine ganz besondere Rolle spielten. Man nannte die reisigen Götter, die an der Sagra geholfen hatten, in Rom mit ihren Individualnamen, da man sich dort damals verwandtschaftliche Beziehungen unter Göttern noch nicht vorzustellen vermochte.[148] Diese Art der Namensgebung, d. h. die Scheu davor, von „Zeus-Söhnen" sprechen zu sollen,[149] ist indirekt ein Beweis für die Richtigkeit der – gelegentlich angezweifelten – römisch-latinischen Eigenart, die Vermenschlichung der Götter noch vorsichtig und zurückhaltend zu üben und ihnen keine sexuellen Verbindungen untereinander zuzuschreiben: Götter wirkten in ihren Bereichen, berührten aber weder die Aufgabengebiete noch gar die Person – soweit von einer solchen schon die Rede sein konnte – einer anderen Gottheit. Der Übergang vom neutralen „Göttlichen", vom *numen*, zum menschlich gedachten Gotte bedurfte vieler Stufen der Entwicklung. Man war noch längst nicht bereit, die Zügellosigkeit der griechischen Mythologie für die heimischen Götter auch nur zu ahnen.

Die Hilfe der Dioskuren Castor und Pollux in der Schlacht am See Regillus ist dem sprichwörtlich gewordenen Eingreifen der gleichen Götter in der Schlacht an der Sagra nachgebildet, ohne daß sich bestimmen ließe, wer als erster den Mut aufbrachte zu sagen: *Castor* und *Pollux* kämpften mit uns und verhalfen uns zum Siege über die Latiner. Daß zwei unbekannte – das Unbekannte wirkt schöpferisch auch in der Geschichte vom Besuch der Sibylle bei Tarquinius (s. u. S. 58 ff.) – Reiter ihre Rosse am Juturnaquell auf dem Forum tränkten, mag den Anstoß gegeben haben, in ihnen Götter zu sehen; es kann aber auch sein, daß diese Szene erst nach Bekanntwerden des Sieges hinzuerfunden wurde: Sie gehört motivgeschichtlich mit der Hilfe zusammen.[150] Sosehr auch menschliche Phantasie den Glauben gefördert haben mag, der Glaube selbst

---

[148] Vgl. K. Meister, Griechisch-lateinische Eigennamen 114. F. Altheim, GG. 28 R. Bloch, in: Gli Etruschi e Roma 136. u. a.
[149] S. o. S. 43 Anm. 125: *tinas cliniiaras* (M. Pallottino, TLE² 156). *iouios puclois* (E. Vetter, Handb. 202). *[i]ouies pucle[s]* (ebd. 224). Die Namen Διόσκορος für Castor (Varro, l. l. 5, 66) und Διοσκόρη für Minerva (Plin. n. h. 7, 210) dürften nur Rückübersetzungen sein (vgl. etrusk. *tinscvil*).
[150] Zur Sagraschlacht s. o. Anm. 147; zur Schlacht bei Pydna vgl. Cic. nat. 2, 6. 3, 11. Val. Max. 1, 8, 1; zum Sieg über die Cimbern vgl. Plin. n. h. 7, 86. Flor. 1, 38, 20; zur Schlacht bei Pharsalos vgl. Cass. Dio 41, 61, 4.

muß schon bestanden haben und läßt sich nicht bezweifeln. Seine handfeste Bestätigung ließ die Römer nicht zögern, einen kostspieligen Tempelbau zu finanzieren und Reiterbilder von Künstlerhand [151] schaffen zu lassen, um ständig der Hilfe dieser Götter zu gedenken und für alle Zeiten – besser: für alle Generationen römischer Bürger – ein Denkmal der Hoffnung, des Vertrauens und des Dankes innerhalb dieses Glaubens zu setzen.

Daß es dazu kommen konnte, bedurfte aber der Erfüllung verschiedener Voraussetzungen, deren wichtigste das Bestehen einer verkehrstechnisch wie sprachlich wirksamen Verbindung zwischen Latium und den unteritalischen Griechen darstellt. Eine uralte Völkerstraße [152] durchzieht die Halbinsel von Rimini über Sena Gallica, Camerino, Foligno, Spoleto, Narni, Tivoli, Palestrina nach Capua und erreicht Unteritalien durch die Valle di Diano. Auf ihr zogen nicht nur erobernde Heere, sondern spielte sich auch der Handel zwischen Nord und Süd ab. Schwieriger ist es nachzuweisen, ob ein Römer zur Zeit der Tarquinier sich mit einem Krotoniaten habe verständigen können, oder gar zu erraten, in welcher Sprache das vor sich gegangen sei. Immerhin lernten Romulus und Remus nach der Überlieferung [153] schon Griechisch in Gabii; mag das Legende sein, so läßt sich doch nicht übersehen, daß Sprachkenntnisse nicht nur gegenüber den unmittelbaren Nachbarn mit ihren unterschiedlichen italischen Dialekten, sondern vor allem Kenntnisse des Griechischen [154] und des Phoinizischen [155] im

---

Insgesamt vgl. Chr. Peyré, Castor et Pollux 458. G. W. Clarke, in: Latomus 27, 1968, 147f.

[151] Vgl. A. Alföldi, ERL 12. Röm. Frühgesch. 198. K. Schefold, in: Provincialia, Festschr. f. R. Laur-Belart, 1968, 436.

[152] Vgl. G. Radke, Res Italae 95. Livius 78. AL 12.

[153] Dion. Hal. ant. 1, 84, 5. Plut. Rom. 6, 1. origo g. R. 21, 3 *cum vero pueri liberalis disciplinae capaces facti essent, Gabiis Graecarum Latinarumque litterarum ediscendarum gratia commoratos, Numitore avo clam omnia subministrante.* Vgl. E. Peruzzi, Origini di Roma 2, 10 ff.

[154] Die Namen für *Achivi* (*ἈχαιϜοί) und *oliva* (*ἐλαίϜα) erfuhr man von Griechen, als man in deren Sprache das Digamma noch hören konnte, d. h. also in sehr früher Zeit (G. Radke, AL 25f. 176). Die Ortsnamen Agrigentum, Massilia und Tarentum, der Name der Numidae und die Bezeichnung der von Enn. ann. 390 *rumpia* genannten Waffe haben in römischem Munde Vokalschwächung erfahren (G. Radke, AL 175), waren also schon vor dem 4. Jh. v. Chr. bekannt.

[155] Der Gruß *ave* steht bei Plaut. Poen. 994. 1141 u. a. und war in Rom

Rom der archaischen Zeit vorhanden gewesen sein müssen. Nur so konnte man die Nachricht von dem Wunder an der Sagra erhalten und – dieses für die eigenen Waffen nachvollziehen.

Auch dann noch gehörte die Bereitschaft zum Glauben dazu, göttliche Hilfe zu erfahren: Es mußte Menschen geben, die von Castor und Pollux schon wußten und die davon überzeugt waren, daß der Sieg allein durch die tätige Hilfe dieser beiden Götter errungen wurde. «Les Romains ont dû connaître les Dioscures avant la bataille du lac Régille.»[156] Daß es Zwillinge und Söhne des Himmelsgottes waren, brauchte man nicht zu wissen, wollte man vermutlich auch gar nicht wissen. Bedeutsam jedoch war die Kenntnis der Namen, da nach uralten Vorstellungen magischen Handelns Gewalt über den Gerufenen besaß, wer ihn beim Namen zu nennen wußte.[157] Ob die gleichen Leute, die das Erlebnis göttlicher Hilfe während der Schlacht gehabt zu haben glaubten, auch schon vorher den Sieg von diesen Göttern erhofft oder gar erwartet hatten, ist eine andere Sache: Immerhin soll A. Postumius ihnen den Tempel in den kritischsten Augenblicken der Schlacht, als beinahe alles verloren schien, gelobt haben.[158] Sein Glaube war freilich – an christ-

---

sicherlich schon länger bekannt (LEW I 80f. G. Radke, AL 25f.). Zur Übernahme des Gewandnamens *tunica* vgl. LEW II 717. G. Radke AL 38: Synkopierung der ersten Silbe des griechischen oder semitischen Vorbildes führt in eine Zeit vor der Anfangsbetonung. Der für Caere durch Verrius in Schol. Veron. Aen. 10, 183 überlieferte Name *Cisra* gehört in die Zeit der Goldtäfelchen von Pyrgoi (G. Radke AL 191).

[156] R. Schilling, Castores 182. Daß es „vorgriechische Dioskuren auf dem Forum" (E. Bickel, Nord. Stammgut in der röm. Rel., in: RhM 89, 1940, 17ff.) gegeben haben sollte, ist nicht anzunehmen.

[157] Vgl. Serv. Aen. 1, 277 *urbis enim illius verum nomen nemo vel in sacris enuntiat.* Serv. auct. Aen. 2, 351 *inde est, quod Romani celatum esse voluerunt, in cuius dei tutela urbs Roma sit. Et iure pontificum cautum est, ne suis nominibus dii Romani appellarentur, ne exaugurari possint.* Solin. 1, 4 *traditur etiam proprium Romae nomen, verum tamen vetitum publicari, quoniam quidem quo minus enuntiaretur caerimoniarum arcana sanxerunt.* Plin. n. h. 3, 65. Macrob. sat. 3, 8, 3 *nam propterea ipsi Romani et deum in cuius tutela urbs Roma est et ipsius urbis Latinum nomen ignotum esse voluerunt.* ebd. 5 *ipsius vero urbis nomen etiam doctissimis ignoratum est, caventibus Romanis ne quod saepe adversus urbes hostium fecisse se noverant, idem ipsi quoque hostili evocatione paterentur, si tutelae suae nomen divulgaretur.* Vgl. A. Brelich, Schutzgottheit 9ff.

[158] Liv. 2, 20, 12 *ibi nihil nec divinae nec humanae opis dictator praetermittens aedem Castori vovisse fertur ac pronuntiasse militi praemia, qui pri-*

lichen Vorstellungen gemessen – recht brüchig: Er wollte vorsichtshalber vermeiden, nicht auch göttliche Hilfe in Anspruch genommen zu haben: *nihil nec divinae nec humanae opis praetermittens.*[159] Ein *votum* stellt ein Abkommen auf Gegenseitigkeit dar: Man ist bereit, die Erfüllung der Bitte gegen eine eigene Leistung einzutauschen; jeder der Partner gibt das Seine nach Maßgabe seines Vermögens. Gerade das bestätigt in der Versachlichung des Handels den Glauben an die Gegenwärtigkeit einer göttlichen Person.

Den Tempel errichtete man an der Stelle, wo man die beiden siegverkündenden fremden Reiter gesehen zu haben sich erinnerte, d. h. an der Iuturna-Quelle. Man hat an einen inneren Zusammenhang zwischen den Dioskuren und dieser Iuturna gedacht, wobei eine Verbindung nur unter Zuhilfenahme der griechischen Mythologie möglich wäre.[160] Ich glaube eher an die Unmittelbarkeit des Glaubens, man müsse die Götter da verehren, wo sie sich auf römischem Boden erstmalig gezeigt hatten. Die genannte mythologische Begründung ist zu umständlich, um glaubhaft zu sein: Die Römer hätten den ganzen Komplex der Tyndaridensage schon kennen und außerdem fähig gewesen sein müssen, den Namen der Dioskurenschwester Helena durch den einer einheimischen Quelle – das älteste Zeugnis, daß Iuturna Kult erhielt, also für göttlich gehalten wurde, ist Jahrhunderte jünger[161] – zu ersetzen, d. h. eigenes mythologisches Denken zu vollziehen. Dementsprechend überzeugt mich auch nicht die Vermutung, Castor sei in Rom als Reiter dem Faustkämpfer Pollux vorgezogen worden;[162] als die Römer ihren Nothelfern einen Tempel bauten, zogen sie kein mythologisches Handbuch zu Rate.

mus, qui secundus castra hostium intrasset (das war die *ops humana*); die Weihung wurde im Jahre 484 v. Chr. vollzogen (Liv. 2, 42, 5).

[159] In einer ähnlichen Lage befand sich L. Furius Camillus im Jahre 345 v. Chr. *deorum quoque opes adhibendas ratus inter ipsam dimicationem aedem Iunoni Monetae vovit.*

[160] F. Altheim, GG 16 ff.

[161] Den Tempelbau durch einen Lutatius Catulus erwähnt Serv. auct. Aen. 12, 139, den F. Münzer mit C. Lutatius, cos. 242 v. Chr. (in: RE XIII 2071), K. Latte, RRG 78, 2, hingegen mit Q. Lutatius, dem cos. 102 v. Chr., identifizieren. Varro frg. 183 Cardauns rechnet Iuturna *inter proprios deos nymphasque* (vgl. l. l. 5, 71 *lympha*). Der Tempelstiftungstag war der 11. Januar (Fast. Antiat. vet. I. I. p. 2. Ovid. fast. 1, 463 f.).

[162] R. Schilling, Les Castores romains 177 ff. G. Dumézil, RRA 401. R. Bloch, La Rome des Tarquins et sa religion, in: Gli Etruschi e Roma 136.

Auffällig ist es, daß der Tempel innerhalb des damaligen Pomeriums erbaut wurde.¹⁶³ Das läßt sich doch nur so verstehen, daß Castor und Pollux trotz ihrer auswärtigen Herkunft und trotz ihrer fremden Namen, die sogar noch Eigentümlichkeiten des griechischen Vorbildes hartnäckig bewahrten (s. o. S. 43), von den Römern in einem überraschend hohen Maße in das eigene Denken und in den eigenen Glauben aufgenommen wurden. Das wird besonders an der Rolle der doch eigentlich fremden Gottheiten als Schwurgötter¹⁶⁴ deutlich – man berief sich auf sie mit dem Ruf *ecastor* oder *mecastor* bzw. *edepol* –, wobei die Frauen angeblich den Schwur bei Castor bevorzugten. Vergleichbar wäre allein Hercules als Gott griechischer Herkunft,¹⁶⁵ sonst aber schwört man bei Iuppiter, Dius Fidius, Iuno, Genius und Ceres.¹⁶⁶ Das setzt einen hohen Grad persönlicher Verbundenheit voraus. Die *decemviri s. f.* haben mit dem Kult in der *aedes Castoris* nichts zu tun.¹⁶⁷

---

¹⁶³ Strab. 5, 232 ἐν τῇ ἀγορᾷ; vgl. G. Wissowa, Rel.² 268. G. Dumézil, RRA 400. A. Alföldi, ERL 270. F. Castagnoli, in: Stud. Roman. 21, 1983, 4. Da F. Altheim (GG 33. RRG 2, 1932, 31) das romulische *pomerium* zugrunde legt, kommt er auf Einrichtung des Iuturnaheiligtums und des Dioskurenkultes in die Zeit vor Einbeziehung der Forumssenke in das Stadtgebiet. Man darf jedoch nicht übersehen, daß *regia* und *aedes Vestae* den gleichen lokalen Bedingungen unterworfen sind wie die *aedes Castoris*.

¹⁶⁴ Gell. 11, 6, 3 ff. *nusquam igitur scriptum invenire est apud idoneos quidem scriptores aut mehercle feminam dicere aut mecastor virum; edepol autem, quod iusiurandum per Pollucem est, et viro et feminae commune est. Sed M. Varro adseverat antiquissimos viros neque per Castorem neque per Pollucem deiurare solitos, sed id iusiurandum fuisse tantum feminarum ex initiis Eleusinis acceptum* ... Charis. GL I 198 K (= p. 258 B.). Donat. Ter. Andr. 486 *per Castorem et Pollucem ornativa sunt iurandi apta feminis.* Daß diese Gewohnheit auf eine spartanische Sitte, bei den Dioskuren zu schwören, zurückgehe (L. Deubner, Juturna 386), wird von G. Wissowa, Rel.² 271, 8 zurückgewiesen.

¹⁶⁵ G. Wissowa Rel.² 280.

¹⁶⁶ Charis a. O. *edio fidio, per Iovem vel fidem filiumque Iovis Herculem. Quae iuratio propria virorum est, ut feminarum edepol ecastor eiuno.* ebd. auch die Formeln *pol edepol, edimedi, edi* und *edius fidius*. Zum Schwur bei *Iuppiter* vgl. Rel.² 118, beim *genius* ebd. 177, 6. Zu der Schwurformel *eccere* (Paul. Fest. 68, 16 L. Plaut. Amph. 554. Mil. 207. Trin. 386) vgl. G. Radke, Götter 90. Vgl. den Schwur bei den *di omnes*, die Plaut. Bacch. 892 ff. einzeln aufführt.

¹⁶⁷ K. Latte, RRG 174.

Es ist eine bekannte römische Eigenart, die im Verlaufe der ganzen römischen Geschichte immer wieder beobachtet werden kann, neben der unumstößlichen Bewahrung althergebrachter und überkommener Einrichtungen und Vorstellungen Neues an sich zu ziehen, dem eigenen Leben und Denken anzupassen und einzufügen, es bei Anerkennung des grundsätzlich anderen so gründlich umzuformen, daß es schließlich nicht mehr als Fremdes galt, vom ursprünglich Römischen nicht mehr zu unterscheiden war und endlich gar als Bestandteil des *mos maiorum* angesehen werden konnte.[168] Fremde, woher auch immer sie kamen, wurden schon von Romulus in sein *asylum*[169] aufgenommen und als Römer angesehen, um die notwendige Vergrößerung der Bevölkerungszahl zu erreichen; *civis Romanus* wurde selbst ein von einem römischen Bürger freigelassener Sklave, der ja schon vorher als *familiaris* eng mit dem Freilasser zusammengelebt hatte;[170] die uralten Geschlechterverbände der *curiae* behielten in den *comitia curiata*[171] ihre Berechtigung und Bedeutung, als längst die nach Heeresordnung und *census* eingerichteten *comitia centuriata* und die regional geordneten *comitia tributa* bestanden; der *minor pontifex* beobachtete weiterhin das Nachtgestirn und rief nach seinem Wiedererscheinen die *nonae* aus,[172] als der in einer großartigen Reform und

---

[168] G. Radke, Imperium 35, Anm. 93. Res Italae 103 f.; vgl. U. von Lübtow, Das röm. Volk 26. R. Heinze, Von den Ursachen der Größe Roms 25: „Und Rom hat wirklich dank seinem festen nationalen Gefüge und starken nationalen Bewußtsein eine erstaunliche Fähigkeit bewiesen, fremdes Blut dem eigenen zu amalgamieren..."

[169] Liv. 1, 8, 5 *deinde, ne vana urbis magnitudo esset, alliciendae multitudinis causa, vetere consilio condentium urbes, qui obscuram atque humilem conciendo ad se multitudinem natam e terra sibi prolem ementiebantur, locum qui nunc saeptus descendentibus inter duos lucos est, asylum aperit.* Tac. hist. 3, 71.

[170] Vgl. U. von Lübtow, Das röm. Volk 125. 333. M. Kaser, Das röm. Privatrecht 1, 101 f. J. Bleicken, Die Verfassung der römischen Republik 17 f.

[171] Gesamtbeschreibung durch Laelius Felix b. Gell. 15, 27, 5. Zum Namen der *curia* vgl. G. Radke, Quirinalis, in: RE XX V 1301 (< *co-urs-iā).

[172] Varro, l. l. 6, 27 *primi dies mensium nominati kalendae, quod his diebus calantur eius mensis nonae a pontificibus.* Macrob. sat. 1, 15, 9 f. *pontifici minori haec provincia delegabatur ut novae lunae primum observaret aspectum visamque regi sacriculo nuntiaret. Itaque sacrificio a rege et minore pontifice celebrato idem pontifex... quot numero dies a kalendis ad nonas superessent pronuntiabat.*

einem bedeutsamen religionspolitischen Ausgleich geschaffene Kalender des Numa längst nicht mehr „nach dem Monde ging"; an der kultischen Riten unterworfenen *confarreatio* hielt man noch fest,[173] als die Eheschließungsformen der *coemptio* und des *usus* längst üblich geworden waren, weil nach *ius pontificium* die obersten Priestertümer nur von Männern ausgeübt werden konnten, die in einer confarreierten Ehe geboren waren und in einer solchen lebten; nach Abschaffung der Monarchie wird wenigstens der Name des *rex* als *rex sacrorum* unter Einschränkung auf rein priesterliche Aufgaben beibehalten, um den Göttern nicht zuzumuten, den altgewohnten Königsnamen gegen einen neuen, ihnen noch fremden Namen einzutauschen. Neben das umständliche *ius civile* trat das prätorische Recht,[174] ohne die Gültigkeit des alten Verfahrens nach den *leges* zu beeinträchtigen. Im Kult trugen die Salier auch weiterhin die im Heeresdienst längst abgeschafften veralteten *ancilia*;[175] unter Beibehaltung aller Pflichten, Aufgaben und Würden des Pontifikalkollegiums trat mit entscheidender kultischer Initiative und größtem politischem Einfluß neben dieses das neue Priesteramt der *Xviri sacris faciundis*.

Zur Aufnahme aller dieser neuen Einrichtungen und Maßnahmen veranlaßte jeweils ein besonderes Ereignis oder eine Veränderung heischende Situation: Krankheit, Hungersnot, Krieg, Um-

---

[173] Die leider immer wiederholte (K. Latte, RRG 96. G. Wissowa, Rel.² 118. M. Kaser, Das röm. Privatrecht 1, 69. F. Raber, in: KlP 1, 1274 u. a.) Behauptung, bei der *confarreatio* sei die Mitwirkung des *pontifex maximus* und des *flamen Dialis* notwendig gewesen, ist irrig; sie stützt sich auf Serv. auct. georg. 1, 31 *farre, cum per pontificem maximum et Dialem flaminem per fruges et molam salsam coniungebantur – unde confarreatio appellabatur –, ex quibus nuptiis patrimi et matrimi nascebantur.* Diese Darstellung erweist ihre Unkenntnis allein durch die falsche Erklärung des Begriffs der *patrimi et matrimi* (vgl. Paul. Fest. 114, 5 f. L. *quibus matres et patres adhuc vivunt.* ebd. 283, 10 L. *patrimi et matrimi pueri tres adhibebantur in nuptiis.* Fest. 282, 22 ff. L.) und wird widerlegt durch Serv. auct. Aen. 4, 103 *quae res ad farreatas nuptias pertinet, quibus flaminem et flaminicam iure pontificio in matrimonium necesse est convenire.* ebd. 374. Gai. inst. 1, 112 *nam flamines maiores, id est Diales, Martiales, Quirinales, item reges sacrorum, nisi ex farreatis nati non leguntur; ac ne ipsi quidem sine confarreatione sacerdotium habere possunt.* Offenbar sind die Angaben des Georgica-Scholions verwirrt. Vgl. G. Radke, Zu einem Buch K. Lattes 465. Res Italae 104. Rechtsbegriff 166.

[174] G. Radke, Res Italae 103.

[175] F. Altheim, RG 2, 1953, 156.

schichtung der Bevölkerung. Es ist nicht zu bezweifeln, daß es im Falle von Castor und Pollux der Sieg am See Regillus[176] war, der den Göttern den Weg ins Herz der Stadt auf dem Forum Romanum und ins Herz der Römer eröffnete. Wollte man allein ihre Rolle innerhalb der Adelsreiterei für den neuen Glauben verantwortlich machen, müßte man die Sperre übersehen, die durch die fremden Namen geboten wurde; wer an eine Art *evocatio* aus Tusculum denkt, übersieht die Einwirkung des für die Hilfe in der Schlacht unerläßlichen Vorbildes der Schlacht an der Sagra. Castor und Pollux sind fremde Götter, auch wenn sie vielleicht in Lavinium schon vor Rom bekannt waren und in Tusculum sowie in Ardea verehrt wurden; daß sie den Römern wie den Lokrern halfen, begründet ihr durch Erfüllung eines *votum* gesichertes Römertum.

Abgesehen von dem in seiner Funktion ungedeuteten Ἀπολλώνιον auf dem Kapitol blieb der Kult Apollos bis zum Bau des augusteischen Tempels an einer einzigen Kultstätte auf den *prata Flaminia* außerhalb des Pomeriums;[177] man verehrte ihn vor den Toren der Serviusmauer, wie das nach den etruskischen Ritualbüchern für Tempel des Mars, des Volcanus und der Venus angeblich vorgeschrieben war.[178] Diese Auffassung stützt sich lediglich auf die Angaben bei Vitruv. 1,7,1, man habe verhindern wollen, daß sich in der Stadt junge Leute und Ehefrauen an Liebeslust gewöhnen; sei die Gewalt des Volcanus durch Kultmaßnahmen und Opfer aus den Mauern herausgerufen, sei man von der Angst um eine Feuersbrunst befreit; erhalte die göttliche Macht des Mars ihren Tempel jenseits der Mauern, werde es unter Bürgern keine bewaffneten Auseinandersetzungen geben und die Stadt in Kriegsgefahr sicher vor den Feinden sein.[179] Das überzeugt nicht; auch die von Plut.

---

[176] R. Schilling, Castores 189. Chr. Peyré, Castor et Pollux 433 ff. N. Masquelier, Pénates et Dioscures 97. F. Chapruthier, Les Dioscures au service d'une déesse, Paris 1935, 150, 1. E. Simon, JDAI 93, 1978, 203.

[177] Cass. Dio frg. 49, 1 Melber.

[178] Die *aedes Apollinis* lag *extra urbem* (Liv. 34, 43, 2. 37, 58, 3), genauer *extra portam Carmentalem inter forum holitorium et circum Flaminium; ea enim sola tum quidem Romae Apollinis aedes* (Ascon. Cic. tog. cand. p. 90 Cl. [= 81 KSch].

[179] Vitruv. 1, 7, 1 *extra murum Veneris, Volcani, Martis fana ideo conlocari, uti non insuescat in urbe adulescentibus seu matribus familiarum veneria libido, Volcanique vi e moenibus religionibus et sacrificiis evocata ab timore incendiorum aedificia videantur liberari. Martis vero divinitas cum sit extra moenia dedicata, non erit inter cives armigera dissensio, sed ab*

quaest. Rom. 47 genannten Motive für den Kult am Volcanal gründen sich lediglich auf mythologische und legendäre Vorgänge sowie eine Selbstverständlichkeit.[180] Nirgends wird Kult erst neu eingeführter Gottheiten innerhalb des Pomeriums untersagt, was auch der Beobachtung realer Zustände widerspräche.

Für Apollo spielen diese Begründungen keine Rolle. Auch mit der Sibylle und ihren *libri*, die im Keller des kapitolinischen Iuppitertempels aufbewahrt wurden,[181] hat er nichts zu tun (s. u. S. 66). Er ist nicht in ihrem Gefolge nach Rom gekommen;[182] die Vorstellung von *operta Apollinis* ist – wenn der Ausdruck auch von Cic. div. 1, 115. 2, 113 formuliert wurde – nicht römisch. Wenn darauf hingewiesen wird, daß Liv. 10, 8, 2 die *decemviri s. f.* sowohl *Sibyllae ac fatorum populi huius interpretes* und gleichzeitig auch *antistites ... Apollinaris sacri caerimoniarumque aliarum* nennt, so heißen sie sonst lediglich *Sibyllae interpretes* (Cic. nat. deor. 3, 5. div. 1, 4. leg. 2, 20) oder *librorum Sibyllinorum antistites* (Serv. auct. Aen. 3, 332): Neben der in der Betreuung der *libri* zu sehenden Hauptaufgabe treten die anderen *caerimoniae* – auch innerhalb des Apollokultes – in den Hintergrund.

Apollo ist in Rom ein Gott, der Verehrung erfuhr, weil man Angst vor ihm hatte. Seine Macht ist entsetzlich und grausam, sein Wirken nicht vorhersehbar. Das Bild des Veiovis auf dem Kapitol trug Pfeile in der Hand, in denen man die Absicht des Schädigens erkennen zu müssen wähnte, weshalb es meist hieß, dieser Gott sei Apollo.[183] Seinen Tempel gelobte man im Jahre 433 v. Chr. *pro va-*

---

hostibus ea defensa a belli periculo conservabit. Plut. quaest. Rom. 47 sieht den Grund für den Ausschluß dieser drei Gottheiten in ihrem gespannten mythologischen Verhältnis. Im Anschluß an die vorgenannte Stelle sagt Vitruv. 1, 7, 2 aber auch *item Cereri extra urbem loco, quo nomine semper homines nisi per sacrificium necesse habeant adire;* was das heißen soll, ist unverständlich. Aber die Einbeziehung auch der Ceres in den Kreis der „ausgeschlossenen" Götter nimmt dem Vorangehenden die Zuverlässigkeit. Zweifel an der Möglichkeit, Gottheiten nach der Lage ihres Kultortes innerhalb oder außerhalb des *pomerium* als „einheimische" oder „fremde" unterscheiden zu können, äußert E. Simon, in: JDAI 93, 1978, 209 Anm. 45.

[180] Dion. Hal. ant. 4, 62, 5f.
[181] F. Altheim, RRG 2, 1932, 39. 3, 1933, 44. 55: L. Malten, Aineias 37.
[182] K. Latte, RRG 221: „Die Aufnahme der sibyllinischen Bücher hatte nicht zu einem Kult des Gottes geführt."
[183] Gell. 5, 12, 11f. *simulacrum igitur dei Vediovis ... sagittas tenet,*

letudine populi und unternahm kultische Schritte, um den Zorn der Götter zu besänftigen und die Pest vom Volke abzuwenden. Man mutmaßte, Apollo vermöge das Leid, welches man von ihm befürchtete, nach seiner Willkür ebenso auch fernzuhalten oder abzuwenden, wenn man ihn eindringlich genug darum anflehte; zu einer solchen Maßnahme schritten die *duumviri* im Jahre 436 v. Chr. zu einer *obsecratio*, einer „Beschwörung"[184]. Apollo gehört zu den Gottheiten, die Kult erhielten, um den Menschen, dem Vieh, den Äckern nicht zu schaden[185]: *Alios deos, ut prosint, alios, ne noceant.*[186] K. Kerényi[187] hat mit Recht erkannt, daß nach Italien ein Apollo kam, der sein finsteres Wesen aus ältester Zeit bewahrt hatte: Der Gott, bei dessen Eintritt in den Saal des Olymps die Götter vor Schreck von ihren Sitzen auffuhren, der mit seinen Pfeilen die Griechen vor Troja, den Python, den Tityos, die Giganten, die Niobiden und die Kyklopen tötete, weshalb er selbst neun Jahre in der Unterwelt Dienst leisten mußte, und der dem Marsyas bei lebendigem Leibe die Haut vom Körper zog.

Es ist schwer zu begreifen, warum die Römer gerade einem solchen Gotte Kult erwiesen. Offenbar fehlte in ihrer eigenen religiösen Überlieferung eine solche Gottheit, an deren Existenz zu glauben jedoch in der Zeit, als man Apollo kennenlernte, ein Bedürfnis war. Die Zwiespältigkeit seines Wesens, die Macht zu töten wie zu heilen, erschloß sich dem Bewußtsein und wurde zu einer unabweisbaren Gewißheit. Der Apollo Tortor[188] konnte als Ergebnis gewissenhafter Verehrung zum Apollo Aperta[189] werden, *ut Apol-*

quae sunt videlicet partae ad nocendum. Quapropter eum deum plerumque Apollinem esse dixerunt.

[184] Liv. 4, 21, 5 *obsecratio itaque a populo duumviris praeeuntibus est facta.*

[185] Val. Max. 2, 5, 6. Gell. 5, 12, 11.

[186] Lactant. inst. 1, 20, 17. Serv. auct. Aen. 4, 58 *sed sicut prosperis diis, ut iuvent, ita adversis, ne obsint, sacrificiendum est.*

[187] K. Kerényi, Apollon² 44.

[188] Suet. Aug. 70, 2; die Erklärung, der Name spiele auf die Anwendung medizinischer Instrumente an, vgl. auch Chr. Ulf, Lupercalienfest 222 *morbis torquere*, überzeugt mich nicht.

[189] Paul. Fest. 21, 1 f. L. *Aperta idem Apollo vocabatur, quia patente cortina responsa ab eo dentur.* Diese Erklärung geht offenbar von einer Herleitung aus *aperire* aus, die jedoch kaum zutrifft. Überzeugend scheint es mir, in *Aperta* die Wiedergabe von griechisch ἀπείρκτης zu sehen (J. Gagé, Apollon Romain 324. G. Radke, Götter 69).

linem apellentem mala intellegas.[190] Daß ihn die Vestalen *Apollo medice* anriefen,[191] wird aus ihrer Stellung außerhalb der Gesellschaft der Lebenden (s. u. S. 278f.) verständlich.

Da dieser Gott seinen griechischen Namen in Rom beibehielt, konnte es nicht ausbleiben, daß die Veränderungen, die das Apollonbild in Griechenland in nachhomerischer Zeit durchgemacht und den Gott in „die strahlendste und lichtumflossenste Gestalt des griechischen Olymp", in den griechischsten aller Götter[192] verwandelt hatten, auch in Rom nicht unbeachtet blieben. Spätestens, als man die *ludi Apollinares* im Jahre 212 v. Chr. *victoriae, non valetudinis ergo*[193] einrichtete, muß sich dieser Wandel bemerkbar gemacht haben. Seinen Höhepunkt erreichte er jedoch durch Augustus.

4. *Libri Sibyllini und Latinisierung griechischer Formen*

G. Pasquali hat den Ausdruck von der «grande Roma dei Tarquinii»[194] geprägt und damit der Stadt vorwiegend des 6. Jahrhunderts eine besondere Bedeutung beigemessen. Dem ist in letzter Zeit – insbesondere von A. Alföldi[195] – widersprochen und der nachfolgenden Epoche eine wichtigere Rolle zuerkannt worden, wie sie überhaupt erst nach der Befreiung von der nach Alföldis Meinung[196] aufeinanderfolgenden Fremdherrschaft etruskischer Nachbarstädte sich habe entwickeln können. Da das unbeweisbar bleibt, kann ich auch die daraus gezogenen Folgerungen nicht teilen.

Die vorstehend erörterten Erkenntnisse aus der sprachlichen Entwicklung griechischer Götternamen anläßlich ihrer Übernahme nach Rom hatten erwiesen, daß einige der besprochenen Vorgänge spätestens ins 5. Jahrhundert v. Chr. gehörten, einer höheren Datierung jedoch nichts im Wege stünde. Wenn sich für die

---

[190] Macrob. sat. 1, 17, 15.
[191] Macrob sat. 1, 17, 15 *eadem opinio sospitalis et medici dei in nostris quoque sacris fovetur. Namque virgines Vestales ita indigitant: Apollo medice, Apollo Paean.*
[192] M. P. Nilsson, Gesch. d. griech. Rel. 1, 498.
[193] Liv. 25, 12, 15.
[194] G. Pasquali, in: La nuova antologia 386, 1936, 405 ff.
[195] A. Alföldi, ERL 318ff. Röm. Frühgeschichte 111 ff.
[196] A. Alföldi, ERL 206ff.

Zeit des 6. und 5. Jahrhunderts etwa fünfzehn Tempelbauten auf dem Boden Roms nachweisen lassen,[197] so stimmt das damit überein. Es ist sicherlich nur die Folge einer einseitig vereinfachenden Überlieferung, daß diese Periode der römischen Geschichte in der Annalistik unter zwei Tarquinier aufgeteilt wird, deren Regierungszeiten die Herrschaft eines Außenstehenden, des Servius Tullius-Macstarna, unterbrach; ihm wurde vor allem die Erbauung mindestens zweier Fortuna-Heiligtümer zugeschrieben.[198] Für den kapitolinischen Iuppiter-Tempel gelten sowohl der ältere wie auch der jüngere Tarquinier als Bauherr; geweiht wurde das Heiligtum *anno post reges exactos*.[199] An die von Alföldi[200] angenommene Wiederherstellung und zugleich Vergrößerung eines originalen Bauwerks durch einen M. Horatius, *tribunus militum* des Jahres 378 v. Chr., vermag ich nicht zu glauben.

Mit beiden Tarquiniern und mit dem kapitolinischen Tempel des 6. Jahrhunderts v. Chr. ist auch die Geschichte eines für die Entwicklung besonderer kultischer Maßnahmen in Rom verantwortlichen Dokuments verbunden, der sogenannten *libri Sibyllini*.[201] Die diesbezügliche Nachricht über den Erwerb der Bücher geht in ihrer gültigen Fassung wohl auf Varro (frg. 56–60 Cardauns) zurück und lautet: Eine fremde alte Frau bot dem König Tarquinius[202] neun[203] Bücher zum Preise von dreihundert Goldphilip-

---

[197] Inez Scott-Rydberg, An Archaeolog. Record 203.
[198] Es handelt sich um den Tempel *trans Tiberim* am ersten Meilenstein der *via Campana* und um den Tempel am *Forum Boarium*; vgl. J. Champeaux, Fortuna 202. 276. 324.
[199] Liv. 7, 3, 8 *anno post reges exactos* (vgl. 2, 8, 9). Polyb. 3, 22, 1f.; vgl. G. Radke, Livius 72 mit Diskussion der Spätdatierungen.
[200] A. Alföldi, ERL 327ff.; vgl. dazu G. Radke, Livius 72 Anm. 1.
[201] Vgl. frühere Darstellungen G. Radke, Cumaeum carmen 217ff. Götter 39ff. Quindecimviri, in: RE XXIV 1114ff. Sibyllen, in: KlP 5, 158ff.
[202] Tarquinius Priscus bei Lact. inst. 1, 6, 11. Isid. or. 8, 8, 5. Lyd. mens. 4, 47; Tarquinius Superbus bei Gell. 1, 19, 2. Plin. n. h. 13, 88. Solin. 2, 17. Die von Solin. 2, 16 genannte 50. Olympiade fällt etwa in das letzte Regierungsjahr des Tarquinius Priscus.
[203] Während alle anderen Quellen von neun Büchern sprechen, heißt es allein bei Solin. 2, 16, es seien drei Bücher gewesen. Cass. Dio frg. 10, 8 Melber bietet eine Alternativlösung; bei Suid. s. Σίβυλλα werden zwar neun Bücher angeboten, aber nur zwei verbrannt. Die Geschichte ist eindeutig darauf angelegt, daß zwei Drittel des Bestandes verbrannt und nur das letzte Drittel erhalten und verkauft wird. Da in der gesamten Überlieferung von *libri* in der Mehrzahl gesprochen wird, muß die ursprüngliche

peioi an; nach anfänglicher Abweisung durch den König, dem der Preis zu hoch erschien, und Verbrennen zuerst der ersten drei und dann nach abermaliger Weigerung des Königs auch weiterer drei Bücher durch die Besucherin entschloß sich der Tarquinier zum Kauf und erwarb die restlichen drei Bücher zum gleichen Preise, den die Alte ursprünglich für neun Bücher gefordert hatte. *Libri tres in sacrarium* [204] *conditi Sibyllini appellati.*[205] In dieser Form kann die Geschichte zwar nicht als historische Wirklichkeit, wohl aber als Grundlage weiterer Untersuchungen dienen.

Die Angabe des geforderten Preises in der seit Philipp II. von Makedonien bestehenden Währung der Goldphilippeioi legt nämlich die Vermutung nahe, daß dieser Teil [206] der Erzählung vom Erwerb der *libri* durch einen Tarquinier, d. h. der Verkauf durch eine Sibylle und der Kaufpreis, den sie forderte und erhielt, erst im Laufe des 2. Jahrhunderts v. Chr. erfunden wurde; denn gerade diese *aurei Philippei* kamen seit den Tributzahlungen der Diadochen an die Römer anläßlich der Triumphe der Jahre 194, 188, 186 und 168 v. Chr. in ungeheuren Mengen nach Rom und galten damals als normale Goldwährung [207]: Plautus erwähnt diese Münze besonders in den ›Bacchides‹, im ›Poenulus‹ und im ›Trinummus‹, d. h. in den Komödien, die etwa in der Zeit der großen Triumphe 188–186 v. Chr. aufgeführt wurden.[208]

Ja, auch die Kenntnis von Sibyllen, von denen man in der griechischen Welt schon lange gehört hatte, kam damals erst nach Rom: Im Jahre 194 v. Chr. prägte ein P. Sula als Münzmeister erstmalig eine Münze mit dem Kopf einer Sibylle.[209] Sieht man von der aus

Zahl in der Legende auf jeden Fall durch drei teilbar, aber größer als drei und nicht geringer als sechs gewesen sein; das bestätigt die Neunzahl.

[204] Dion. Hal. ant. 4, 62, 5 κατὰ γῆς ἐν τῷ ναῷ τοῦ Καπιτωλίνου Διὸς ἐν λιθίνῃ λάρνακι. Cass. Dio frg. 102, 2 Melber. Lact. ira 22, 8. Tac. ann. 6, 12, 2; Serv. Aen. 6, 72 verwechselt den Tempel mit dem des Apollo auf dem Palatium; vgl. K. Latte, RRG 304. J. Gagé, Apollon Romain 26 f.
[205] Gell. 1, 19, 10.
[206] B. Cardauns, M. Terentius Varro, Antiquitates Rerum Divinarum 167 scheint meine Auffassung von der Rolle der *aurei Philippei* in der Überlieferungsgeschichte mißverstanden zu haben.
[207] Ch. Th. Seltman, Philippeioi, in: RE XIX 2197.
[208] Zu den Plautusaufführungen in den Jahren 188/187/186 vgl. Ch. Th. Seltman, in: RE XIX 2197.
[209] Vgl. F. Münzer, Cornelius, in: RE IV 1518.

Ephoros stammenden [210] Erwähnung der *Cimmeria* bei Naev. frg. 11 Büchner ab, begegnet die Sibylle in der lateinischen Literatur nicht vor Plautus und Calpurnius Piso.[211] Sibyllenlisten wurden erst interessant, als nach dem Brande des Kapitols Ersatztexte gesucht werden mußten.[212] Im 2. Jahrhundert v. Chr. entstanden auch die ältesten Verse der jüdisch-christlichen *oracula Sibyllina*[213] im Kampf der Juden gegen die Seleukiden. Selbst das Motiv des Verbrennens der Buchrollen kann sein Vorbild darin haben, daß König Jojaqim die Schriften des Propheten Jeremias nach dem Vorlesen zu drei oder vier Blatt dem Feuer überantwortete;[214] im 2. Jahrhundert v. Chr. war man in Rom durch die Septuaginta darüber informiert.

Wenn auch die Sibyllen-Legende nicht aufrechterhalten werden kann – «cette fable, pour l'essentiel, est tardive»[215] –, ist doch an der Existenz der *libri* seit Ende des 6. Jahrhunderts v. Chr. nicht zu zweifeln. Das bezeugen die durch Befolgung der erteilten Anweisungen gesicherten Befragungen der Jahre 496, 461, 399, 293, 249, 238, 228, 218, 217, 216, 212, 208 und 207 v. Chr.[216] Auch die Einrichtung des Priesteramtes der *IIviri sacris faciundis* und dessen Erweiterung zu *Xviri s. f.* im Rahmen der Umgestaltungen der Jahre

---

[210] Ephoros bei Ps. Skymnos 240; vgl. Ps. Aristot. mir. ausc. 95.

[211] Plaut. Pseud. 25 *has quidem pol credo nisi Sibulla legerit;* Calpurn. Piso frg. 41 P.

[212] Zur Suche nach Ersatz der verbrannten sibyllinischen Bücher vgl. Cic. div. 1, 34. Varro bei Lact. inst. 1, 6, 14 und Serv. Aen. 6, 36. 72. Fenestella frg. 18 P. Tac. ann. 6, 12, 2. Dion. Hal. ant. 4, 62, 6.

[213] Die ältesten Teile der *oracula Sibyllina* stammen aus dem 2. Jh. v. Chr.; vgl. A. Kurfess, Sibyllinische Weissagungen, München 1951, 22.

[214] AT Jerem. 36, 23.

[215] J. Gagé, Apollon Romain 30.

[216] Eine Auswahl von Befragungen der *libri Sibyllini* sind bekannt; vgl. die Zeugnisse zu den Jahren v. Chr.:
  496: Dion. Hal. ant. 6, 17, 2f.
  461: Dion. Hal. ant. 10. 2. 5. Liv. 3, 10, 7.
  399: Dion. Hal. ant. 12, 9. Liv. 5, 13, 5.
  364: Liv. 7, 2, 3.
  293: Liv. 10, 47, 1.
  249: Zosim. 2, 4, 1. Censorin. 17, 8.
  238: Plin. n. h. 18, 286.
  228: Cass. Dio frg. 49, 1 Melber.
  218: Liv. 21, 62, 9.
  217: Liv. 22, 9, 8ff.

vor 367 v. Chr.[217] und schließlich zu *XVviri s. f.* in sullanischer Zeit[218] mit der von Anfang an gestellten Aufgabe der Bewahrung und Befragung der *libri* bestätigt ihr hohes Alter. Mit Nachdruck sagt J. Gagé[219]: «Les livres Sibyllins se sont trouvés être le dernier cadeau de la monarchie étrusque à l'Etat romain.» Sie sind jedoch nicht etruskischen Ursprungs. Ihre Entstehung, Übernahme und Funktion müssen daher aus dem geschichtlichen Rahmen des 6. Jahrhunderts v. Chr. gesucht werden; so ist nicht nur ihr eigenes Verständnis gewährleistet, sondern verhelfen sie ihrerseits zu Erkenntnissen gegenüber Vorgängen der Zeit.

Trotz der strengen Geheimhaltung[220] sind vorwiegend aus dem 4. Buch von Varros ›Antiquitates rerum divinarum‹ im Rahmen seiner Darstellung des Aufgabenbereiches der *XVviri s. f.* wertvolle Angaben über Anlage und Verwendung der *libri* bekannt. Die auf das Jahr 125 v. Chr. gestellten sogenannten Phlegon-Orakel[221] und das augusteische Säkularorakel[222] sind in Hexametern griechischer Sprache abgefaßt;[223] auch wenn diese Texte nicht frei vom Verdacht

---

216: Liv. 22, 57, 4.
212: Liv. 25, 12, 11.
207: Liv. 27, 37, 11.
205: Liv. 29, 10, 4f.

[217] Liv. 6, 37, 12. 42, 2.

[218] Serv. Aen. 6, 73 *sciendum sane primo duos librorum fuisse custodes, inde decem, inde quindecim usque ad tempora Sullana*, was mit Burmann umzustellen ist (vgl. auch Solin. 2, 16 *ad Cornelium usque Sullam*): *inde decem usque ad tempora Sullana, inde quindecim;* vgl. G. Radke, Quindecimviri, in: RE XXIV 1142.

[219] J. Gagé, Apollon Romain 31.

[220] Varro b. Lact. inst. 1, 6, 13 *cuius libri a Romanis occultantur*. Comm. Lucan. 1, 564 *exitiosum est versus Sibyllinos publice dicere*. Cic. div. 2, 112. leg. 2, 30. Gran. Licin. p. 15 Fl. Dion. Hal. ant. 4, 62, 5. Cass. Dio 39, 15, 3. Lact. ira 23, 2 *in arcanis habentur*; vgl. das Schicksal des M. Acilius bei Dion. Hal. ant. 4, 62, 4. Val. Max. 1, 1, 13.

[221] FGrH 257 F 36 X; vgl. H. Diels, Sibyllinische Blätter 111 ff. Die Datierung ist umstritten.

[222] Zosim. 2, 1, 6; vgl. H. Diels, Sib. Bl. 133 ff. Zur Frage der Echtheit vgl. G. Radke, Imperium 39 ff.: „Diese Fälschung – ich scheue mich nicht, diesen schweren Vorwurf erneut zu wiederholen – ist deshalb so besonders raffiniert, da er den rechnerischen Sprung von 17 auf 126 statt, wie man erwarten konnte, auf 127 vornahm."

[223] Die Sprache war griechisch (vgl. J. Gagé, Apollon Romain 29 f.) wie auch in den vorstehend genannten Sprüchen und in den jüdisch-christ-

der Fälschung sind,[224] mußten sie doch, wollten sie glaubhaft sein, die für die echten Sprüche geltenden Formen aufweisen. Allein die mit der Aufsicht über die *libri* eingesetzten Priester – *IIviri* bzw. *Xviri* bzw. *XVviri s. f.* – waren zur Einsichtnahme berechtigt,[225] durften das aber auch nur erst dann tun, wenn ein dahin gehender Senatsbeschluß zustande gekommen war.[226] Dieser hinwiederum konnte lediglich unter bestimmen Voraussetzungen beantragt und gefaßt werden: Es mußten unglückverheißende Prodigien gemeldet worden sein,[227] die es notwendig erscheinen ließen, die *fata et re-*

lichen *oracula Sibyllina*. Das begründet auch die Hinzuziehung von griechischen Sklaven als Dolmetscher nach Dion. Hal. ant. 4, 62, 4.

[224] Cic. div. 2, 112 beschreibt die Akrostichis, die für ihn ein Kennzeichen dafür ist, daß die Sibyllinen nicht Äußerungen einer Rasenden, sondern Produkte überlegter Intelligenz sind. Nach dem Wortlaut bei Dion. Hal. ant. 4, 62, 6 wird es nicht ganz deutlich, ob die akrostichische Abfassung Beweis für die Echtheit ist oder ob man daran Fälschungen erkennen konnte. H. Diels, Sib. Bl., 25 ff. G. Wissowa, Rel.[2] 539 halten die Akrostichis für ein Zeichen der Echtheit; desgl. A. Rzach, in: RE II A 2111 „eine Art Echtheitssiegel". B. Cardauns a. O. 168 „Symbol der Echtheit", während U. v. Wilamowitz-Moellendorff, Glaube d. Hellenen 2[2] 329, 1, und K. Latte, RRG 161, im Vorkommen von Akrostichis ein Zeichen für Unechtheit erkennen (vgl. auch G. Radke, Quindecimviri 1126), da das älteste Beispiel für Akrostichis in der Literatur nicht vor d. J. 193 v. Chr. vorliegt.

[225] Lact. inst. 1, 6, 13 *nec eos ab ullo nisi a XVviris inspicere fas habent.* Cic. leg. 2, 30. Gran. Licin. p. 15 Fl. Gell. 1, 19, 11. Durch Alter unleserliche Sprüche durften nur durch die *XVviri* selbst abgeschrieben werden (Cass. Dio 54, 17, 2 ἵνα μηδεὶς ἕτερος αὐτὰ ἀναλέξηται). Beispiele der Befragung durch *XVviri:* Liv. 21, 22, 6. 22, 9, 8f. 31, 12, 9. 36, 37, 4 u. a. Solin. 2, 16 nennt irrig *pontifices,* was wohl im Sinne von „Priester" zu verstehen ist.

[226] Cic. div. 2, 112 *iniussu senatus ne legantur.* ebd. 1, 97. Dion. Hal. ant. 4, 62, 5. Cass. Dio 39, 15, 3. Beispiele: Liv. 3, 10, 7. 5, 13, 5. 7, 27, 1. 22, 9, 8f. *quod non ferme decernitur, nisi cum taetra prodigia nuntiata sunt, decemviri libros Sibyllinos adire iuberentur; qui inspectis fatalibus libris, retulerunt patribus.* 25, 12, 13. 31, 12, 9. 36, 37, 4 u. a.

[227] Liv. 22, 9, 8f. *quod non ferme decernitur, nisi cum taetra prodigia nuntiata sunt.* 22, 57, 4 *hoc nefas* (Vestaleninzest) *cum inter tot, ut fit clades in prodigium versum esset, decemviri libros adire iussi sunt.* Aus Varro stellt Dion. Hal. ant. 4, 62, 5 die Prodigien zusammen, die Veranlassung für den Senatsbeschluß geben können, die *libri* einzusehen: στάσεως καταλαβούσης τὴν πόλιν ἢ δυστυχίας τινὸς μεγάλης συμπεσούσης κατὰ πόλεμον ἢ τεράτων τινῶν καὶ φαντασμάτων μεγάλων καὶ δυσευρέτων

media Romana[228] der *libri* nach Maßnahmen zur Besänftigung des Götterzornes zu befragen.[229] Die Priester veröffentlichten nicht den Wortlaut der *sententia*,[230] sondern legten ihn aus[231] und gaben über diese Exegese ein schriftliches Gutachten[232] ab, die *decreta Romana*.[233] Die Prokuration erfolgte nach *ritus Graecus*[234] durch *supplicationes, lectisternia*, Prozessionen, Mädchenchöre, Spiele, Einführung von Kulten,[235] das Säkularfest[236] und angeblich sogar Menschenopfer.[237]

Wenn auch eine scheinbare Ähnlichkeit in der äußeren Form mit den jüdisch-christlichen *oracula Sibyllina*[238] beobachtet wird, ha-

αὐτοῖς φανέντων, οἷα πολλάκις συνέβη. Vgl. Dion. Hal. ant. 10, 2, 4f. 12, 9. 14, 11, 1.

[228] Varro frg. 56 c Cardauns (= Serv. Aen. 6, 72) *fata et remedia Romana*. Lyd. mens. 4, 47.

[229] Varro, r. r. 1, 1, 3 *cum desideramus, quid faciendum sit ex aliquo portento*. Liv. 4, 25, 3 *multa duumviri ex libris placandae deum irae avertendaeque a populo pestilentia causa fecere* (vgl. Cic. leg. 2, 30. Cat. 3, 20 *ad placandos deos*).

[230] Cic. div. 2, 112 *in Sibyllinis ex primo versu cuiusque sententiae*.

[231] Vgl. Phlegon FGrH 257 F 36 X ἡ σύγκλητος ἐκέλευσεν τοὺς ἱερομνήμονας ἀναγνῶναι τοὺς Σιβύλλης χρησμούς, καὶ ἐξηγήσαντο τοὺς χρησμούς, Zosim. 4, 2 τὸν θεσμὸν Ἀτηίου Καπίτωνος ἐξηγησαμένου. Liv. 10, 8, 2 *carminum Sibyllae ac fatorum populi huius interpretes*.

[232] Liv. 42, 2, 7 *decemviri scriptum ediderant*. Censorin. 17, 9 *commentarii quindecimvirorum*.

[233] Liv. 27, 37, 4: *decreta*.

[234] Isid. or. 8, 8, 5. Dion. Hal. ant. 12, 9. Varro, l. l. 7, 88. Liv. 25, 12, 13: *supplicationes* (Obsequ. 6 *ex Sibyllinis supplicatum*), *lectisternia* (Liv. 5, 13, 6 (Dion. Hal. ant. 12, 9). 7, 2, 2. 7, 27, 1. 8, 25, 1. 22, 10, 9). Prozessionen (Liv. 27, 37, 11 ff.), Mädchenchöre (Liv. 27, 37, 12) und Spiele (Liv. 25, 12, 11 f. 39, 22, 1. Serv. auct. Aen. 2, 140).

[235] Durch die sibyllinischen Bücher wurden die Kulte des Aesculapius, der Venus Erucina und der Mater magna nach Rom geholt; Tempelbau für Mercurius, Apollo und Neptunus (nach G. Wissowa Rel.² 304. 293. 227) darf man nicht hinzurechnen; der Apollotempel war beispielsweise schon gelobt, ehe man die Anweisungen der *libri* einholte: Liv. 4, 25, 3.

[236] Vgl. M. P. Nilsson, in: RE I A 1696 ff.

[237] Die in der Überlieferung und in der Beurteilung umstrittenen Nachrichten darüber, daß in den Jahren 228, 216 und 114 v. Chr. *Gallus et Galla, Graecus et Graeca* lebendigen Leibes auf dem Forum Boarium verbrannt worden sein sollen, sind zuletzt von A. Fraschetti, in: Le délit religieux 51 ff. erörtert. Vgl. auch G. Radke, Kultische Maßnahmen 117f.

[238] Vgl. A. Kurfess, Sibyllinische Weissagungen 16 ff.

ben der Inhalt der *libri Sibyllini* und das zu ihrer Befragung geübte Verfahren nichts mit ihnen zu tun. Durch Aufzählung von *vaticinia ex eventu* versuchen die *oracula Sibyllina* Vertrauen zu gewinnen und knüpfen daran die Hoffnung auf Erfüllung ihrer politischen Wunschträume, die in Form von Weissagungen verkündet werden. Diese erfordern eine weite Verbreitung und rege Propaganda[239] für die jeweilige Sibylle, auf die sich der einzelne „Aufruf" beruft, während man für die römische Sammlung der *libri* höchsten Wert auf Geheimhaltung legt. Aus den *libri Sibyllini* werden keine Prophezeiungen geboten,[240] sondern Ratschläge für kultische Maßnahmen zur Prokuration unheilvoller Prodigien gegeben. Cic. div. 1, 34 nennt mit Recht die Funktion der *libri* neben der Tätigkeit des kretischen Sühnepriesters Epimenides, der entweder zur Zeit Solons[241] oder zehn Jahre vor dem Peloponnesischen Kriege[242] nach Athen gerufen wurde, um die Stadt zu entsühnen; er ordnete Opfer jeweils τῷ προσήκοντι θεῷ an.[243] Man kannte von ihm Schriften καταλογάδην über Opfer[244] und über καθαρμοί[245]. Das Wort καταλογάδην kann „in Prosa", aber auch „in Katalogform" bedeuten.

Gerade diese Katalogform dürfte für die römischen *libri Sibyllini* charakteristisch gewesen sein. Es war auszugehen von den *prodigia*, d. h. diese gaben die Voraussetzungen; mit ihrer Nennung mußte sozusagen die Stelle bestimmt werden, an der die Befragenden eine Auskunft erhalten konnten. Dementsprechend beginnt die erste *sententia* eines Spruches sowohl in den erhaltenen Beispielen – auch im Falle ihrer Unechtheit können sie Auskunft über die formale Struktur geben – wie auch in den formal ähnlichen *oracula Sibyllina* mit den Worten ἀλλ' ὁπόταν;[246] im lateinischen Referat

[239] Vgl. G. Radke, Quindecimviri 1126.
[240] J. Gagé, Apollon Romain 33: «les *libri Sibyllini* n'ont jamais eu le caractère d'oracles prophétiques». G. Radke, Cumaeum carmen 180. KlP 5, 160 „die *libri Sib.* des röm. Kults" „enthalten keine Weissagungen, sondern Ritualvorschriften".
[241] Diog. Laert. 1, 110. Suid. s. Ἐπιμενίδης. Aristot. Athen. pol. 1.
[242] Plat. leg. 1 p. 642 D.
[243] Diog. Laert. a. O.: vgl. F. Kiechle, in KlP 2, 319f. O. Kern, in: RE VI 173 ff.
[244] Diog. Laert. 1, 112.
[245] Suid. s. Ἐπιμενίδης.
[246] Vgl. Cass. Dio frg. 49, 1 Melber ὅταν κεραυνὸς εἰς τὸ Καπιτώλιον πλησίον Ἀπολλωνίου κατασκήπτῃ.

dieses Anfangs findet sich dafür: *quandoque*.[247] Aus den Bezeichnungen *fata Romana*[248] und *fata et remedia Romana*[249] läßt sich entnehmen, daß sozusagen in der nächsten Rubrik – immer natürlich im Zusammenhang der hexametrischen Dichtung – die *fata* aufgezählt wurden, d. h. die üblen Folgen der Prodigien, falls diese nicht prokuriert wurden,[250] aber auch der Segen, welcher bei Befolgung der den *libri* verdankten Anweisungen zu erwarten war.[251] So konnten die *libri Sibyllini* auch *libri fatales* heißen,[252] ohne mit den gleichnamigen etruskischen Schicksalsbüchern verwechselt werden zu dürfen. An letzter Stelle standen dann die *remedia*, d. h. die Prokurationen, deren Inhalt und Form erst durch die Auslegung der zuständigen Priesterschaft bestimmt wurden *(decreta)*. Die Öffentlichkeit kannte die *prodigia*, erfuhr aber nicht, welche Folgen daraus zu befürchten waren; das wurde aus guten Gründen geheimgehalten, um eine Panik zu vermeiden.[253] Ebensowenig wurde der Wortlaut der *remedia* bekanntgegeben, um Kritik und Einmischungen von vornherein auszuschließen; lediglich die Auslegung diente zur Grundlage der entsprechenden Beschlüsse und Anordnungen. Die angeblichen *Sibyllina*, durch die das politische

---

Phlegon. FGrH 257 F 37 V 4 Ἀλλ' ὁπότ' ἂν μηκίστος ἵκῃ χρόνος.
or. Sibyll. 1, 319 ἀλλ' ὁπόταν ὑδάτων πολλῶν ἀπερείσιον οἶδμα.
or. Sibyll. 1, 336 ἀλλ' ὁπόταν φωνή τις ἐρημαίης διὰ χώρης.
or. Sibyll. 2, 6 ἀλλ' ὁπόταν ἐπὶ γῆς σεισμοὶ μαλεροί τε κεραυνοί.
or. Sibyll. 2, 154 ἀλλ' ὁπόταν τόδε σῆμα φανῇ κατὰ κόσμον ἅπαντα.

[247] Liv. 5, 13, 5. 29, 10, 4.
[248] Serv. Aen. 6, 36.
[249] Serv. Aen. 6, 72 *fata et remedia Romana*. Liv. 10, 47, 7 *quod remedium eius mali*. Plin. n. h. 11, 105 *saepe populo Romano ad Sibyllina coacto remedia confugere*.
[250] Liv. 3, 10, 7 *pericula a conventu alienigenarum praedicta*. Cass. Dio 39, 15, 2 εἰ δὲ μή, καὶ πόνους καὶ κινδύνους. Dion. Hal. ant. 10, 2, 4 πολεμίων ἀλλοεθνῶν παρελθόντων· ἀγὼν ὑπὲρ ἀνδραποδισμοῦ· στάσις ἐμφύλιος.
[251] Gran. Licin. p. 15 Fl. *constabat notari carmine Cinna sexque tribunis patria pulsis tranquillum otium et securitatem futuram*. Dion. Hal. ant. 10, 2, 5 καὶ κρείττους ἔσονται τῶν ἐχθρῶν.
[252] Bei Livius sind die Formulierungen *libri Sibyllini* und *libri fatales* identisch, wie an Liv. 22, 9, 8f. zu erkennen ist; vgl. A. J. Pfiffig, RelEtr 111. J. Gagé Apollon Romain 32.
[253] Cic. div. 2, 112 *libri valeantque ad deponendas potius quam ad suscipiendas religiones*.

Leben Roms im 1. Jahrhundert v. Chr. beunruhigt und aufgeheizt wurde, müssen als Fälschungen angesehen werden.

Wenn die *XVviri s. f.* auch nicht nur als *fatorum populi huius interpretes*, sondern auch als *antistites . . . Apollinaris sacri caerimoniarumque aliarum*[254] galten, wird die Annahme eines Zusammenhanges der *libri Sibyllini* mit dem römischen Apollokult in dem Sinne gegenseitiger Förderung[255] – Einführung der Sibyllinen durch Apollo[256] oder Einführung des Apollokultes durch die Sibyllinen[257] – von K. Latte und J. Gagé mit Recht abgelehnt.[258] So eindrucksvoll auch der Einfluß griechischer Vorstellung auf die Römer des 6. und 5. Jahrhunderts v. Chr. gewesen sein mag, die *libri* dürfen nicht als Instrument angesehen werden, mit dessen Hilfe immer neue griechische Kulte nach Rom gebracht wurden. Ihre Anweisungen galten allein der Form kultischer Maßnahmen.

Da man sich bei den *lectisternia* des 4. Jahrhunderts v. Chr. trotz der von Livius ausdrücklich in zwei Fällen wenigstens erwähnten Anweisung des Aktes durch die sibyllinischen Bücher (Liv. 5, 13, 6. 7, 27, 1) auf die Verehrung von Gottheiten beschränkte, die damals schon in Rom Kult besaßen, seit der Begehung im Jahre 217 v. Chr. aber selbst bei einer so bedeutsamen kultischen Maßnahme gleichsam als Ordnungsprinzip bei Zusammenstellung der Gottheiten der griechischen Mythologie folgte,[259] wird erkennbar, daß der griechische Einfluß ursprünglich noch gering, in der Zwischenzeit aber nicht nur gewachsen war, sondern sich auch in einer anderen, weniger kultischen als vielmehr literarischen Form äußerte. In Tempeln wurden seit dem 5. Jahrhundert v. Chr. Apollo und Latona, Mercurius sowie Diana in Rom verehrt; ein Tempel des Neptunus wird zwar erst für das Jahr 206 v. Chr. erwähnt; den Kult des Gottes bezeugt hingegen schon der Kalender durch das Fest der Neptunalia für älteste Zeit.[260] An der *ara maxima* des Hercules waren zwar *lectisternia* mindestens bis zur Verstaatlichung[261] des Kultes durch App. Claudius im Jahre 312 v. Chr. ausdrücklich

---

[254] Liv. 10, 8, 2.
[255] G. Wissowa, Rel.² 293f. J. Gagé, Apollon Romain 43.
[256] J. Gagé a. O. 26.
[257] J. Gagé a. O. 24.
[258] J. Gagé, Apollon Romain a. O. K. Latte, RRG 221.
[259] G. Radke, Kultmaßnahmen 105 ff.
[260] G. Radke, Götter 227 f.
[261] G. Radke, Götter 141.

ausgeschlossen,[262] könnten aber nach diesem Datum zugelassen worden sein. Mit Sicherheit läßt sich die Identifizierung römischer Gottheiten mit denen der griechischen Mythologie für die lateinisch schreibenden Dichter des ausgehenden 3. Jahrhunderts v. Chr. nachweisen. Diese bedienten sich dabei vorwiegend des Ausdrucksmittels verwandtschaftlicher Beziehungen der Götter untereinander, d. h. einer für römisches Denken völlig neuen Form, sich Gottheiten vorstellen zu dürfen.

Livius Andronicus nennt Iuppiter (frg. 3 Büchner) und Iuno (frg. 12 Büchner) Kinder des Saturnus, Apollo Sohn der Latona (frg. 19 Büchner; freilich ohne ausdrückliche Nennung des Namens Apollo: *filius Latonas*) und die Muse Tochter der Moneta (frg. 21 Büchner). Bei Naevius sind die Musen die Töchter Iuppiters (frg. 1 Büchner), die Giganten Söhne der Erde (frg. 8 Büchner), Neptunus Bruder des obersten Königs der Götter (frg. 9 Büchner), Proserpina Kind der Ceres (frg. 22 Büchner) und *Apollo Iove prognatus* (frg. 24 Büchner); an die Stelle des Hermes tritt Mercurius (frg. 19 Büchner). Die *flamma Volcani* (Naev. frg. 60 Büchner) könnte auch aus italischer Vorstellung stammen, wie das mit Sicherheit für die *Penates* in frg. 25 Büchner gilt. Auch bei Plautus ist *Iuppiter ex Ope natus* (Mil. 1082; vgl. Pers. 252) und bringt der jugendliche Liebhaber Alcesimarchus (Cistell. 513 ff.) die Verwandtschaftsverhältnisse von Iuppiter, Iuno, Ops und Saturnus zum Ergötzen der Zuschauer heillos durcheinander. Im Rahmen dieser Entwicklung können Liber und Libera neben Ceres als deren *liberi* mißverstanden werden (vgl. Cic. nat. 2, 62 *Cerere nati*).

Die Götterverwandtschaften weisen auf die Namen der griechischen Mythologie: Zeus und Hera, Kronos, Apollon und Leto, Poseidon, Persephone und Demeter, die Giganten und Ge, Hermes und die Musen konnten damals also schon mit den vorgenannten römischen Göttern gleichgesetzt werden, um sie den Hörern vorzustellen, wobei ihre mythologischen Beziehungen untereinander offenbar als bekannt vorausgesetzt werden müssen. Dafür gibt es aus dem dritten Jahrhundert v. Chr. den inschriftlichen Beweis durch die bekannte Weihung der Orcevia an *Fortuna Diovo fileia Primiçeneia*.[263] Bei Ennius war dieser Prozeß abgeschlossen: Griechische Götter tragen lateinische Namen.

---

[262] Macrob. sat. 3, 6, 16. Serv. Aen. 8, 176.
[263] CIL I² 60. Cic. leg. 2, 28 *a gignendo*. Vgl. G. Dumézil, Déesses 71 ff. J. Champeaux, Fortuna 24 ff.

Bei Gottheiten, deren Namen man in Rom nicht als bekannt voraussetzen durfte, wählte man Umschreibungen: So nannte Liv. frg. 21 Büchner die Muse *diva filia Monetas* und sprach Naev. frg. 1 Büchner von den *novem Iovis concordes filiae sorores*. Als Livius Andronicus zur Wiedergabe des ersten Verses der homerischen Odyssee den Namen der Muse brauchte, nannte er sie *Cămēna*. Darin folgten ihm die späteren lateinischen Dichter und bedienten sich für diesen Namen der gleichen Prosodie; das älteste Beispiel dafür bietet Enn. ann. 2: *Musas, quas memorant nosce⟨s⟩ nos esse Cămēnas*. Die antiken Erklärungen dieses Namens werden den formalen Bedingungen nicht gerecht: Weder die Herleitung von *canere*[264] – die von Macrob. comm. 2, 3, 4 den Etruskern (!) zugeschriebene, angeblich ältere Namensform *Canena a canendo* hat es nicht gegeben – noch die von *casta mens*,[265] noch die von *cascus*[266] sind sprachlich brauchbar. Der Wortlaut des *carmen Priami*, auf den sich Varro 1. 1. 7, 28 beruft *(veteres Casmenas cascam rem volo profari)* wird auch durch Scaligers Änderung zu *Camenae* (Vokativ) nicht aussagefähiger. Die beiden letztgenannten Deutungsversuche bleiben die Erklärung des jeweiligen Verlusts der Suffixe *-ta* bei *casta* und *-ca* bei *casca* schuldig und vermögen nicht anzugeben, warum das *-a-* der ersten Silbe trotz der folgenden Konsonantenverbindung *-sm-*, die bei Verklingen des *-s-* zu Ersatzdehnung des vorausgehenden Vokals hätte führen müssen,[267] kurz bleiben konnte.

Am verbreitetsten ist die Herleitung des Namens der *Camenae* durch willkürliche Ansetzung einer Namensform *Carmenae* nach dem lateinischen Worte *carmen* „Lied, Gesang": *a carminibus*,[268] wozu Varro 1. 1. 7, 27 eine umständliche Begründung aufbaut: *Quare e Casmena Carmena carmina carmen, R extrito Camena factum*. Diesem Zauberkunststück gehen Beispiele für Vollzug des Rhotazismus wie *foedesum foederum, plusima plurima, meliosem meliorem, asenam arenam* und das unpassende Beispiel *ianitos ianitor* voraus. Varro hat also den Wechsel von *-s-* zu *-r-* beobachtet, nicht aber erkannt, daß die Stellung des *-s-* zwischen Vokalen eine

---

[264] Macrob. sat. 2, 3, 4. Paul. Fest. 38, 12 L. August civ. 4, 11. Serv. eclog. 3, 59 a cantu.
[265] Paul. Fest. 38, 13 L.
[266] Varro, l. l. 7, 28.
[267] F. Sommer³ 231. R. Pfister⁴ 175.
[268] Paul. Fest. 38, 12 L.

Libri Sibyllini und Latinisierung griechischer Formen   69

notwendige Voraussetzung für diesen Vorgang darstellt. So konnte er auch auf den Gedanken kommen, *Casmena* habe sich in *Carmena* wandeln und zur Bildung des Wortes *carmen* beitragen können, was der verrianischen Angabe *a carminibus* geradezu widerspricht. Außerdem fehlt jede Möglichkeit, den Verlust des -r- zu rechtfertigen.

Auf eine hypothetische Zwischenstufe *Casmena*, die freilich nicht *Căměna*, sondern *Cāmēna* hätte ergeben müssen, beruft sich auch Verrius Flaccus[269]: *pesnis pennis, ut Casmenas dicebant pro Camenis et cesnas pro caenis;* an anderer Stelle ist das noch ausführlicher überliefert: *antiqui enim interserebant S litteram et dicebant cosmittere pro committere et Casmenae pro Camenae.* Das stellt nun freilich keine Erklärung des zu begründenden Namens *Camena*, sondern gerade der erst erfundenen Form *Casmena* dar. Die Zusammenstellung mit *pesnis/pennis, cesna/caena, cosmittere/committere* macht mir den Eindruck, als habe Verrius Flaccus nicht *Casmena* aus *Camena*, sondern wie *cēna* aus *cesna* so auch *Camena* aus *Camesna* erklären wollen. Dann hat er offenbar neben drei verfehlten – *a canendo, a carminibus, castae mentis praesides* – Deutungen, für deren eine *(carmina)* auch Varro eingetreten war (ob Verrius die varronische Herleitung von *cascus* kannte oder anerkannte, läßt sich nicht erweisen), einen eigenen Erklärungsweg gefunden, der mit den Quantitäten von *Căměna* vereinbar gewesen wäre; was er unter dem Namensstamme *căměs-* verstand, bleibt unbekannt, ist aber auch weder von Zeitgenossen noch späteren Gelehrten beachtet worden.

Im italischen Sprachschatz ist jedoch ein Stamm *căměs-*, *căměs-* bezeugt, der in den Namen Καμασήνη (= *Cămăsīna*),[270] Καμήση (= *Cămīsa*)[271] und *Cameria* (< *căměsia*, *cămăsia*) in Latium, *Camars, Camertes* und *Camerinum* in Umbrien und schließlich *Camunni* (< *căměsnŏ-*) in der Val Camonica bezeugt ist.[272] Geht meine Vermutung nicht fehl, daß auch das in dem im Jahre

---

[269] Paul. Fest. 59, 4f. L. *antiqui enim interserebant s litteram et dicebant cosmittere pro committere et Casmenae pro Camenae.* Fest. 222, 25f. L. *Casmenas dicebant pro Camenis.*

[270] Demophilos bei Lyd. mens. 4, 2. Serv. auct. Aen. 8, 330.

[271] Drakon von Kerkyra bei Athen. 15, 692 E; vgl. Hygin. bei Macrob. sat. 1, 7, 19 nach Protarchos von Tralles.

[272] Zur Val Camonica, ihren Felsbildern und Felsinschriften vgl. G. Radke, Val Camonica 497 ff.

448 verfaßten Laterculus des Polemius Silvius erwähnte Wort *camox* oder **camusium* „Gemse"[273] – vgl. italien. camoscio, franz. chamois, dtsch. Gams – zu diesem Wortstamme gehört, so ließe sich vom Lebensraum dieses Tieres, von den Felsen des Hochgebirges, als Bedeutung des Stammes **cămăs*, **cămŏs* der Inhalt „Fels" oder „Berg" erschließen. Der Name *Camasina* hat weder Vokalschwächung noch Rhotazismus erfahren und wird einer griechischen Quelle vor Wirksamkeit dieser Lauterscheinungen, vermutlich Antiochos,[274] verdankt; *Camesene* (= Καμησήνη), d. h. **Camīsīna* (< *Camăsīna*), galt als Name Latiums, vermutlich seines gebirgigen Teiles. *Camars-Camerinum* liegt auf steiler Anhöhe, die *Camunni* wohnen in einem engen Alpental. Es ließe sich m. E. gut vorstellen, daß eine auf oder am Felsen gedachte Quellnymphe wie Egeria nach dem Namensstamme **cămĕs-* „die vom Felsen" *Cămēna* < **cămĕs-na* genannt wurde. Ein Zusammenhang mit der modernen Etymologie Μοῦσα < **mont-i̯a* wird sich kaum rechtfertigen lassen.

Caesellius Vindex, ein Autor hadrianischer Zeit, gibt an, es habe *tria nomina Parcarum* gegeben: Nona, Decima, Morta.[275] Dafür zitiert er Livius Andronicus (frg. 23 Büchner): *Quando dies adveniet, quam profata Morta est.* Er glaubt, mit *Morta* sei der Name *Moera*, d. h. griechisch Μοῖρα gemeint. Das seltsame Phänomen, daß *Morta* ⟨ **sm̥-tā́* dem griechischen Μοῖρα < **sm̥-i̯ā́* sprachgeschichtlich bis auf den Unterschied im Suffix – aber -*ta* und -*i̯a* sind austauschbar und gleichbedeutend – entspricht, wirft die Frage auf, ob es vorstellbar sei, daß die Namensbildungen *Mor-ta* und Μοῖρα<**Mor-i̯a* für Livius Andronicus noch so durchsichtig waren, daß er die Übereinstimmung ihrer Aussage zu erkennen vermochte; darf man das annehmen, läge eine echte Übersetzung bzw. Ersetzung vor, zu der ihn vielleicht ein nicht erhaltenes ähnliches Wort seiner Muttersprache – messapisch? – angeregt haben könnte. Vermutlich hat ihn aber nur der Anklang beider Namen veranlaßt, griechisch Μοῖρα durch lateinisch *Morta* wiederzugeben; dann müßte *Morta* im lateinischen Sprachschatz vorhanden und damals besser als griechisches Μοῖρα verständlich gewesen sein. Man hat diesen Namen – sicherlich zu Unrecht – zu *mori*, *Mars* gestellt oder geglaubt, ihn in der Weihung an *Parca Maurtia* von Tor Tignosa

---

[273] Zu *camox* vgl. Thes. ling. Lat. III 1, 207.
[274] G. Radke, Götter 78.
[275] Gell. 3, 1&, 11; vgl. L. Tels-De Jong 76. 83.

wiederfinden zu können,[276] was für Livius dialektmäßiges -ō- < -au- voraussetzt und bei einer sprachlichen Verbindung mit *Mavors* – St. Weinstock [277] dachte an die „zeugende Kraft des Mars" – jede Beziehung zu Μοῖρα vermissen läßt. Es bleibt also doch wohl bei der Annahme einer von dichterischem Ahnungsvermögen geförderten Verwendung eines durch Zufall gleichgebildeten und gleichbedeutenden Namens.

Daß Livius Andronicus (frg. 21 Büchner) den Namen der Mutter der Musen, Mnemosyne, durch lateinisch *Moneta* wiedergibt,[278] läßt sich aus seinem richtigen Verständnis dieses frühestens für die Zeit des Galliereinfalls bezeugten Beinamens der Iuno begreifen: Μνημοσύνη bedeutet „Erinnerung" in intransitivem Sinne. Die Überlieferung berichtet, der jüngere Camillus habe mitten in der Schlacht Iuno Moneta einen Tempel gelobt, weil er glaubte, man müsse sich auch der Hilfe der Götter bedienen *(deorum quoque opes adhibendas ratus)*: Andere Erklärungen gehen von *monere* aus, was sich aber mit dem Namen der Mnemosyne nicht vereinen ließe. In diesem Falle hat Livius Andronicus den griechischen Namen unter m. E. zutreffender Auslegung des seit 345 v. Chr. auf der *arx* bestehenden Kultes der Moneta mit deren Namen wiedergegeben. Dadurch ist freilich Iuno nicht zur Mutter der Musen geworden: Der Dichter fand eine Möglichkeit, den griechischen Namen den römischen Hörern nahezubringen, ohne daß dadurch ein schon altertümlicher und wohl längst nicht mehr von der Masse des Volkes in seiner Grundbedeutung verstandener Kult beeinträchtigt worden wäre. Das Unvermögen, heute die Namensform *Moneta* sprachlich zu erklären, hindert nicht anzunehmen, daß Moneta eine passende Übersetzung für Mnemosyne war.

Noch deutlicher wird die Absicht einer übersetzungsähnlichen Wiedergabe für den griechischen Namen Πλούτων [279] – *Pluto latine Dis pater* (Enn. var. 78) –, eines Gottes, der kaum Kult im Mutterlande erfahren haben dürfte; man vermied es, seinen Namen auszusprechen.[280] Bei Einrichtung der *ludi saeculares* kam er im Jahre 249 v. Chr. zusammen mit Persephone wahrscheinlich aus Tarent

---

[276] E. Vetter, Handb. nr. 364b. ILLRP nr. 10; vgl. F. Altheim, RG 2, 1956, 451.
[277] St. Weinstock, in: Festschrift Rumpf 151 f.
[278] G. Radke, Götter 221.
[279] G. Radke, Götter 108 f.
[280] E. Wüst, Pluton, in: RE XXI 997. O. Kern, Rel. d. Griech. 1, 199.

nach Rom; da das älteste Zeugnis durch den Namen *Ditem*[281] erst bei Naev. frg. 23 Büchner zu lesen ist, kann nicht mit Sicherheit gesagt werden, wie der Gott im Jahre 249 v. Chr. in Rom genannt wurde. Vermutlich hat Livius Andronicus das Kultlied für die beiden neuen Götter gedichtet[282]: Trifft diese – umstrittene – Annahme zu, dann hat dieser hochbegabte und kunstvolle Mittler zwischen griechischer Kultur und römischer Überlieferung den Schritt gewagt, den in seiner Bedeutung durchaus ambivalenten Namen des Pluton auf die Vorstellung des „Reichen" festzulegen und von da aus mit dem lateinischen Worte *dis* „reich" zu „übersetzen".[283] Sicherlich war das erst das Ergebnis eines längeren Prozesses, da der Nom. sg. *dis* sich nicht unmittelbar aus *dives* entwickelt haben kann, sondern erst auf dem Umwege über die obliquen Kasus und eine vielleicht ältere Form *Ditis* entstand. Im Saturnier, den man für das Kultlied vorauszusetzen hat, sind sowohl *Diti patri* wie auch *Diviti patri* metrisch annehmbar.[284]

Im Namen der schon länger in Rom bekannten Proserpina läßt sich weder im Saturnier des Naevius noch in dem bei Enn. var. 59 isoliert überlieferten Namen der Göttin die Quantität der ersten Silbe erkennen; die Herleitung von *prōserpere* wird erst von Varro 1. 1. 5, 68 ausgesprochen, der das Zitat vielleicht deshalb vorlegt. Er beruft sich auf Plautus, der viermal von einer *proserpens bestia* spricht,[285] damit aber in keinem Falle den Namen der Proserpina verbindet. Freilich liegt es nahe, daß die Deutung des Namens der Proserpina, der Partnerin des *Dis pater*, von *proserpere* – so irrig und irreführend sie auch ist – ebenfalls auf Livius Andronicus zurückgeht. Der Dichter erwies sich hiermit als Interpret griechischer Vorstellungen für sein römisches Publikum; obwohl er damit reichlich willkürlich verfuhr, blieb die Wirkung seines Einflusses nicht aus.

---

[281] Naev. frg. 51 Morel.
[282] Liv. Andron. als Dichter des ersten Säkularliedes: F. Altheim, TM 6 ff.
[283] G. Wissowa, Rel.² 310. K. Latte, RRG 247. G. Dumézil RRA 431 f.
[284] Vgl. *dívĭtī* neben *Dítī* bei Unterdrückung einer Senkung.
[285] Plaut. Pers. 299. Poen. 1034. Stich. 724.

II. GÖTTER DER NACHBARN

1. Beziehungen zu Etrurien

An einer engen Berührung zwischen dem frühen Römertum und den Etruskern kann nicht gezweifelt werden und ist auch nie gezweifelt worden. Freilich lassen sich aus dieser Beobachtung nur sehr geringfügige und gleichzeitig unsichere Schlüsse ziehen, da trotz aller Fortschritte der Etruskologie wesentliche Fragen noch ungeklärt sind und dementsprechend jede Beziehung, die sich herstellen ließe, immer wieder mit einer Kette von Problemen belastet wird. Wenn auch der materielle Reichtum der etruskischen Hinterlassenschaft beachtlich ist, gibt es neben der bemerkenswerten Seltenheit etruskischer Lehnwörter im Lateinischen (K. Latte, Röm. Religionsgeschichte 148) dennoch zahlreiche Beispiele, in denen die Etrusker von ihren italischen Nachbarn, Umbrern, Sabinern oder Römern, gelernt und Namen wie Sachen übernommen haben.[1] Es kommt hinzu, daß der Eindruck reger gegenseitiger Beeinflussung durch das Dazwischentreten der Griechen, die dank ihrer kulturellen Überlegenheit beiden Völkern gegenüber immer als die Gebenden auftraten, zwar bereichert, gleichzeitig aber auch in hohem Maße verwirrt wird.

Auf dem Gebiet der Gottesvorstellungen brachte Griechenland nicht nur vom Glauben getragenen Kult einzelner Götter – es ist erstaunlich, wie wenige Götternamen unter Anpassung an etruskische Orthographie[2] direkt aus dem Griechischen übernommen wurden: *aita, aritimi, esplace, iliϑiia, pulutuke* –, sondern auch die

---

[1] Als etruskische Lehnwörter aus italischem Sprachgut sollen aus dem in A. J. Pfiffigs ›Die etruskische Sprache‹ zusammengestellten Vokabular als Beispiele *cela* (= lat. *cella*), *cina* (= lat. *cena*), *cletram, etera, fanu, lautni, lunaśie, macstre, nefts, pacre, putere, seϑume* (=*septimus*), *trepu, uśi* genannt werden; dazu kommt die lange Liste bei A. J. Pfiffig a. O. 186. F. Altheim, LatSpr 205. 214.

[2] Die wichtigsten Merkmale etruskischer Orthographie gegenüber fremden Namen sind Abstoßen des konsonantischen Auslauts, Ersatz des -*o*- durch -*u*-, desgleichen der Mediae durch Tenues, Monophthongisierung, Anaptyxe, Metathese von Verschlußlauten.

bunte, von Dichtern gestaltete Welt der Mythologie nach Italien. Gegenüber diesem hinsichtlich religiöser Anschauungen zweifelhaften Geschenk scheiden sich etruskische und römische Aufnahmebereitschaft: Während man in Rom kein Verständnis für die Einbeziehung der Götter in menschliche Freuden und Nöte hat, genießen die Etrusker den Reichtum der Erfindungsgabe und gestalten ihn gemäß ihrer eigenen Phantasie aus. Dem heutigen Beschauer der Vasenbilder und Darstellungen auf Spiegeln etruskischer Herkunft geben sich die griechischen Götter und Heroen durch Beibehaltung ihrer traditionellen Ikonographie und ihrer Attribute zu erkennen: Herakles trägt Löwenfell und Keule, Athena Aigis, Schild und Lanze, Hermes Petasos, Flügelschuhe und Kerykeion. Die den einzelnen Gestalten beigeschriebenen Namen zeugen von der etruskischen Sprache der Besitzer von Vasen und Spiegeln; das bedeutet aber längst noch keine Einheitlichkeit, sondern eher eine aus der geschichtlichen Entwicklung der Übernahme erklärbare Vielfalt.

Auf einem Bronzespiegel mit der Darstellung der Geburt Athenas aus dem Haupte des Zeus[3] ist die Göttin selbst nur an Helm, Schild und Lanze kenntlich; Zeus wird *tina* genannt, Hephaistos *seϑlans*; Hilfestellung bei der Geburt bieten die Göttinnen *ϑalna* und *ϑanr*. Bei der Darstellung der Geburt des Dionysos aus dem Schenkel des Zeus[4] bleibt ebenfalls der neugeborene Gott namenlos; Zeus heißt hier *tinia*, Apollon *apulu*; Hilfe bei der Geburt leisten *ϑalna* und *mean*. Auffällig und doch wohl eigenständig etruskisch sind die Darstellungen, auf denen Herakles und Athena über die aus der griechischen Mythologie und ihren Bildern bekannte Hilfestellung der Göttin bei den zwölf Taten des Heroen hinaus als Liebespaar oder gar als Eltern eines Knaben verstanden werden müssen: Auf einem dieser Spiegel[5] heißt Athena *menrva*, Herakles *hercle*; das Kind ist namenlos – auf anderen Darstellungen ähnlicher Art wird es *maris* genannt[6] –; der Szene wohnen Aphrodite mit dem etruskischen Namen *turan* und eine weibliche Gestalt na-

[3] Vgl. Abb. 112 bei A. J. Pfiffig, RelEtr. aus Gerhard, Etruskische Spiegel.
[4] Vgl. Abb. 123 bei A. J. Pfiffig a. O.
[5] Vgl. Abb. 138 bei A. J. Pfiffig a. O.
[6] Zu *mariś* vgl. U. Scholz, Studien 141 ff., besonders Abb. 2 (= Gerhard a. O. 257 B) und 3 (= Gerhard a. O. 166). H. Wagenvoort, Studies 212 ff. E. Fiesel, in: RE XIV 1805 ff. A. J. Pfiffig, Rel Etr 249: „Ein wesentlicher Zusammenhang mit dem italisch-römischen Mars ist ausgeschlossen."

mens *munϑu* bei, die aus griechischer Mythologie nicht erklärbar ist. Auf einem anderen Spiegel[7] liebkost ein Jüngling *svutaf* die Göttin *vesuna*,[8] die ihren rechten Arm um die Schulter des Dionysos-*fufluns* legt, während *hercle* daneben sitzt. Auf einem anderen Spiegel herzt *semla* ihren Sohn *fufluns*; *apulu* steht daneben, während ein namenloser Knabe die Flöte bläst.[9] Ein anderes Bild[10] zeigt Atropos-*aϑrpa* beim Einschlagen eines Nagels, flankiert auf der rechten Seite von dem Liebespaar *meliacr* und *atlenta*, auf der linken von *turan* und *atunis*, dessen Name nicht erhalten ist. Eine weitere Darstellung zeigt *neϑuns*, *usil* und *ϑesan* bei der Unterhaltung.[11]

Von den vorgenannten Namen führt der des *hercle* am deutlichsten auf sein griechisches Vorbild Herakles; da die ältesten Belege dieser Namensform aus dem Anfang des 5. Jahrhunderts v. Chr. stammen, einer Zeit also, in der sich die Anfangsbetonung vermutlich noch nicht voll ausgewirkt haben wird,[12] dürfte die Synkopierung der Mittelsilbe auf deren Vortonigkeit im griechischen Ἡρακλῆς (mit dem Ton auf der letzten Silbe) beruhen, wie das auch für das Beispiel des Namens **podloúces* < Πολυδεύκης (s. o. S. 44) belegbar ist. Unter diesen Umständen läßt sich erkennen, daß der Name von Griechen nach Italien gebracht wurde, wo er Synkope erfuhr, ehe er nach Etrurien kam. Entsprechendes hatte sich für etruskisch *apulu* erkennen lassen, da diese Form nicht direkt auf griechisch Ἀπόλλων, sondern auf lateinisch *Apollo* zurückgeht (s. o. S. 32f.). Auf die sprachlich bedingte Notwendigkeit dieser Annahme habe ich erstmals i. J. 1965 hingewiesen;[13] inzwischen wurde sie mehrfach aufgegriffen und bestätigt. Auch etruskisch φersipnai (ebenso wie φersipnei) verdankt das -*i*- der ursprünglich drittletzten – nach der Synkopierung vorletzten – Silbe der lateinischen Vokalschwächung in **persĭpĭna* (s. o. S. 41f.).

Durch seine Attribute und durch den Inhalt der Darstellungen ist *tina* oder *tinia* als Zeus zu identifizieren. Die im einzelnen gleichbedeutende Gruppe der Namen *tin*, *tinś*, *tina* oder *tinia*

[7] Vgl. Abb. 119 bei A. J. Pfiffig a. O.
[8] Vgl. G. Radke, Götter 335.
[9] Vgl. Abb. 98 bei A. J. Pfiffig a. O.
[10] Vgl. Abb. 14 bei A. J. Pfiffig a. O.
[11] Vgl. Abb. 107 bei A. J. Pfiffig a. O.
[12] Zur Anfangsbetonung und ihrem Einsetzen nicht vor der Mitte des 5. Jh. v. Chr. vgl. G. Radke, AL 27f.
[13] G. Radke, Götter 53.

macht einen eigentümlich fremden Eindruck und könnte originär etruskisch sein; sie wird aber in überraschend überzeugender Weise mit lateinisch -*dĭnŏ*- in dem Worte *nundinum* in Verbindung gebracht;[14] die Bedeutung von -*dĭnŏ*- ist offenbar „Tag", so daß *tin* oder *tinia* als Name des etruskischen Himmelsgottes mit dem griechischen Namen Zeus (< *$d\underset{\circ}{i}\breve{e}\underset{\circ}{u}s$*) und dem lateinischen Namen *Iuppiter* (< *$d\underset{\circ}{i}\breve{o}\underset{\circ}{u}$-pater*) in der Aussage „Himmelslicht, Tageslicht, Tag" vergleichbar wäre. Dann müßte man annehmen, daß die Etrusker den Namen *tin* oder *tinia*, der häufiger auf mythologischen Darstellungen für Zeus als im einheimischen Kulte bezeugt ist, erst in Italien selbst von einer älteren Bevölkerung indogermanischer Sprache angenommen haben; die Ersetzung der anlautenden Media durch die Tenuis entspricht etruskischer Orthographie, da diese keine Mediae kennt. Ferner heißt die griechische Athena auf den etruskischen Darstellungen *menrva* oder *menerva*, Hera wird *uni* genannt, Poseidon trägt den Namen *neϑuns*, für Helios liest man *usil* und für Dionysos *fufluns*. Es liegt nahe, in diesen Namen die der italischen Gottheiten Minerva, Iuno, Neptunus wiederzuerkennen, während *usil* auf *$aus\bar{e}l\breve{o}s$ < *$aus\breve{e}s$-$l\breve{o}$- – das ist der Name des sabinischen Gottes, nach dessen Dienst sich die *Aurelii* benennen[15] – und *fufluns* auf einen ebenfalls im italischen Sprachgut nachweisbaren Stamm zurückzuführen sind.[16] Vesuna ist als umbrische, volskische und kamunnische Göttin bekannt.[17]

Die Darstellungen auf Vasen und Spiegeln sagen nichts darüber aus, ob die betreffende Gottheit auch Kult in Etrurien erhielt. Gegenüber den häufigen Abbildungen von *apulu*, *artumes* und *letun* nach griechischem Vorbild bemerkt G. Dumézil, RRA 641, mit Recht: «Cela n'est que de la littérature mise en images et n'implique pas qu'Apollon, Artémis, Latone aient tenu un rôle dans la religion des Étrusques.» Über den Kult geben erst die archaische

---

[14] Vgl. A. J. Pfiffig, RelEtr 231 f.

[15] Vgl. G. Radke, Götter 52. Vgl. den etrusk. Gentilnamen *uselna* (TLE² 934), der lat. Aurelius vollauf entspricht. Den Durchbruch zum Verständnis dieser Stelle (Varro, l. l. 5, 68) hat die Emendation *(sol au⟨s⟩el quod ita Savini)* bei G. Wissowa, Rel.² 315, 3 gebracht.

[16] M. Pallottino, TLE² 379. 794. Vgl. G. Radke, Populonia, in: RE XXII 95.

[17] *Vesuna* (vgl. G. Radke, Götter 335) ist in den iguvinischen Tafeln, im volskischen Antinum (E. Vetter, Handb. 223), in Ortona (ebd. 228 b) und in der Val Camonica (G. Radke, Neue Felsinschriften der Val Camonica, in: Gymnasium 69, 1962, 506) bezeugt.

Tontafel von Capua und aus sehr später Zeit die Agramer Mumienbinde – „ein kalendarisch geordnetes Ritualbuch"[18] –, die Bronzeleber von Settima bei Gossolengo südwestlich von Piacenza[19] und das Blei von Magliano[20] sowie eine verhältnismäßig kleine Zahl von Weihinschriften vom 6. Jahrhundert v. Chr. bis in den Ausgang der republikanischen Zeit Auskunft; dazu treten noch einige wenige Nachrichten griechischer und lateinischer Autoren, die sich freilich nicht der etruskischen, sondern der griechischen bzw. lateinischen Namen bedienen, so daß z. B. weder Hephaistos und Hera in Perugia[21] noch Volcanus in Mutina[22] oder Iuno in Padua[23] hinsichtlich ihrer Zuordnung mit Sicherheit beurteilt werden können.

Von den vorgenannten Gottheiten werden *neϑuns, ϑan, ϑalna, tin* und *uni* auf der Agramer Mumienbinde, *maris, ϑan* und *tins* in Magliano,[24] *fufluns, hercle, maris, tin, uni* und *usils* auf der Bronzeleber, *aritimi, maris, tinia, turan* und *uni* auf Weihinschriften erwähnt, die nicht einzeln aufgeführt zu werden brauchen. Häufiger erscheint unter den epigraphischen Zeugnissen – und gerade unter sehr alten – der Name der *menerva*.[25] Er fehlt aber sowohl auf der

[18] A. J. Pfiffig, RelEtr 103.
[19] M. Pallottino, TLE² 719.
[20] M. Pallottino, TLE² 359.
[21] Appian. civ. 5, 49. Da bei der Zerstörung Perugias im Jahre 40 v. Chr. allein das Hephaisteion vom Feuer verschont geblieben war, nahmen die Perusiner den Hephaistos als θεὸν πάτριον ἀντὶ τῆς Ἥρας, ihrer früheren Stadtgöttin.
[22] Plin. n. h. 2, 240.
[23] Liv. 10, 2, 14.
[24] Auf dem Blei von Magliano (TLE² 359) werden als wichtigste Opferempfänger *marisl menitla, ϑanra* und *tins* genannt.
[25] Zu *menerva*-Minerva vgl. F. Altheim, Minerva, in: RE XV 1774 ff. G. Radke, Götter 217 ff. A. J. Pfiffig, RelEtr 255 ff. E. Fiesel, menrva, in: RE XV 931. C. De Simone, Die griechischen Entlehnungen im Etruskischen 2, 111. Zu den inschriftlichen Bezeugungen in Etrurien aus dem 6./5. Jh. v. Chr. vgl. B. Nogara, in: Not. scav. 1930, 326, 7. 329, 21. 333, 41. M. Torelli, in: SE 33, 1965, 505. Die faliskischen Beispiele der Namensform *menerva* stammen aus der Neustadt (3./2. Jh. v. Chr.) bei E. Vetter, Handb. 320; vgl. auch ebd. 366 o. 367 b aus Praeneste. In Rom wurde Minerva schon im Salierlied erwähnt (Fest. 222, 23 L. Paul. Fest. 3, 15 L.). Über Herkunft und zur Namenserklärung vgl. Varro, l. l. 5, 74. 158. frg. 135 Cardauns. Paul. Fest. 109, 27 f. L. Arnob. 3, 31. Cic. nat. 2, 67. Minerva hatte Gewalt über den Blitz: Serv. auct. Aen. 1, 42. Serv. Aen. 11, 239.

Bronzeleber, obwohl Minerva als Inhaberin der Blitzgewalt galt, wie auch in den Agramer Mumienbinden. Von den genannten Gottheiten sind die Namensformen *neϑuns, uni* und *menerva* mit Sicherheit, *tin* und *fufluns* vermutlich italischer Herkunft, während *aritimi* direkt und *hercle* durch italische Vermittlung aus Griechenland stammen. Kein Gott ist darunter, von dem man ohne Zweifel sagen dürfte, er sei von Etrurien aus nach Rom gebracht worden. Das ist eine ziemlich eindeutige Ausbeute, die nur eine recht unsichere Grundlage für die Beurteilung derjenigen römischen Gottheiten abgibt, von denen immer wieder etruskische Herkunft angenommen oder behauptet wird.

Varro, l. l. 5, 74 zählt eine Reihe von Gottheiten auf, deren Altäre „nach der Sprache der Sabiner riechen" und die nach Auskunft der *annales* von T. Tatius gelobt und geweiht worden sein sollen;[26] zu ihnen gehört Vortumnus, dessen Name jedoch in den – freilich unvollständigen[27] – Wiederholungen dieser Liste bei Dion. Hal. ant. 2, 50, 3 und August. civ. 4, 23 nicht erwähnt wird. Varro sprach erstaunlicherweise kurz vorher noch davon,[28] daß die Etrusker des Caele Vibenna, die dem Romulus gegen T. Tatius helfen wollten, in dem nach ihnen benannten *vicus Tuscus* angesiedelt wurden, wo ein Bild des Vortumnus[29] stehe, *quod is deus Etruriae princeps*. Dieser auffällige Widerspruch wurde längst erkannt.[30] Da an diesem *signum Vortumni*, seiner Existenz und seinem Standort, nicht gezweifelt werden kann, man aber eine derartige Unachtsamkeit dem Varro nicht zutrauen möchte, wird man in der wenige Kapitel später auf die Begründung der Verehrung gerade an dieser Stelle folgenden Aufzählung der sabinischen Gottheiten den Namen des Vortumnus als ungerechtfertigte und unvarronische Einfügung ansehen müssen; es könnte vielleicht sein, daß durch die Nennung des T. Tatius in nächster Nähe zur Erwähnung des Bildes der Name des dargestellten Gottes sozusagen von hier zur nächsten Erwäh-

[26] Vgl. G. Radke, Varro 290–313.
[27] Bei Dion. Hal. ant. 2, 50, 3 fehlen *Flora, Vediovis, Summanus, Larunda, Terminus, Vortumnus, Lares* und „andere für einen Griechen schwer aussprechbare Namen"; vgl. auch die noch kürzere Liste bei August. civ. 4, 23.
[28] Varro, l. l. 5, 46.
[29] Varro, l. l. 5, 46. Cic. Verr. 2, 1, 154 mit Ps. Ascon. z. d. St. Liv. 44, 16, 10. Porph. Horat. epist. 1, 20, 1. Propert. 4, 2, 1f. Ovid. met. 14, 623 ff.
[30] E. Evans, The Cults of the Sabine Territory 225.

nung des T. Tatius verschleppt wurde und so seinen falschen Platz erhielt, von dem antike Benutzer des echten Varro-Textes nichts wußten. Das könnte einleuchten, da an dieser Stelle auch andere Unstimmigkeiten festgestellt werden müssen.[31] Eine *aedes Vertumni*[32] auf dem Aventin mit dem Stiftungsdatum des 13. August[33] war vermutlich in zeitlichem Zusammenhang mit dem Triumph des M. Fulvius Flaccus *ex Volsiniensibus* im Jahre 264 v. Chr.[34] errichtet worden, da im Innern des Tempels dessen Bild in Triumphaltracht zu sehen war[35] und der Gott nach eigener Aussage bei Propert. 4, 2, 4 aus Volsinii stammte. Demnach kann W. Eisenhut ohne Einschränkung sagen: „Etruskische Herkunft ... ist in Altertum und Neuzeit unbestritten."[36] Trotzdem gehen alle antiken[37] und auch ein großer Teil der modernen[38] Erklärungen des Gottesnamens vom Anklang an das lateinische Verbum *vertere* aus, womit vermutlich auch die Legende von der erstaunlichen Wandlungsfähigkeit des Vertumnus zusammenhängt.[39] Die von Ovid. metam. 14, 642 ff. erzählte Liebesgeschichte von Vertumnus und Pomona hat mit dem Kult des Gottes nichts zu tun.

Der durch das Bild des M. Fulvius Flaccus in der *aedes Vertumni* und durch die Anspielung auf Herkunft aus Volsinii in der Elegie des Properz gegebene Hinweis empfiehlt die Identifizierung des

[31] Vgl. *hecralem* statt *Herculem*, *fontem* statt *Fortem*, *Vedio Iovi* statt *Vediovi*, *Lucina* statt *Cloacina*.
[32] Fest. 228, 21 L.
[33] Zum 13. Aug.: Fast. Allif. CIL I² p. 217 *Vortumno in Aventino*. Fast. Vall. ebd. p. 240 *Vortumno in loreto maiore*. Fast. Amitern. ebd., p. 244 *Vortumno in Aventino*. Fast. Antiat. vet. I. I. p. 16 *VORTV*.
[34] Act. triumph. CIL I² p. 46 zum Jahre 264 v. Chr.; vgl. V. Basanoff, Evocatio 56.
[35] Fest. 228, 20 f. L. *pictum in aede Vertumni et Consi, quarum in altera M. Fulvius Flaccus, in altera T. Papirius Cursor triumphantes ita picti sunt*. Vgl. jedoch F. Altheim, TM 159: „Daß der Besieger von Volsinii in einem bereits bestehenden Tempel des Vertumnus sich darstellen ließ, wäre an sich durchaus verständlich."
[36] W. Eisenhut, Vertumnus, in: KlP 5, 1220.
[37] Propert. 4, 2, 10 f. *verso ... ab amne*. 47 *vertebar*. Ovid. fast. 6, 409 *diversis ... figuris*. 410 *averso ... amne*. Horat. s. 2, 7, 14 *Vortumnis ... iniquis*. Porph. Horat. epist. 1, 20, 1 *deus ... vertendarum rerum*. Ps. Ascon. Cic. Verr. 2, 1, 154 *deus invertendarum rerum*.
[38] G. Wissowa, Rel.² 287. F. Bömer, Fastenkomm. 2, 367.
[39] Propert. 4, 2, 21 *opportuna mea est cunctis natura figuris*. Corp. Tib. 3, 8, 14 *mille habet ornatus*. Ovid. met. 14, 765 *forma deus aptus in omnes*.

Vortumnus mit Voltumna, einer etruskischen Gottheit, deren *fanum* als Versammlungsort der etruskischen *populi* galt.[40] Nach einer Inschrift aus der ersten Hälfte des vierten nachchristlichen Jahrhunderts[41] lag dieses *fanum* vermutlich ursprünglich in Volsinii, d. h. in der Heimat des Gottes Vortumnus. Während die Endung -*na* im Namen Voltumna keine Schwierigkeiten bereitet,[42] bedeutet für den Liquidenwechsel in Voltumna-Vortumnus das Beispiel Τυνδάρεως-*tuntle*[43] nur eine sehr schwache Stütze. Für überzeugend kann aber die Schlußfolgerung A. J. Pfiffigs[44] angesehen werden, daß Voltumna-**velϑumna* als adjektivisches Epitheton des Gottes *tin* gelten darf, in dessen ikonographisch als „Zeus" gesicherter Gestalt *velϑune* (sicherlich doch wohl assimiliert aus **velϑumne*) auf einem Bronzespiegel aus Tuscania[45] dargestellt ist; A. J. Pfiffig spricht diesen *(tin) velϑune* als „Bundesgott wegen des Bundessitzes in Volsinii" an: Ohne daß ich an „die Verschmelzung des transformierten Erddämons *velϑa/Volta* (*Olta* bei Plin. n. h. 2, 53) mit dem gemeinetruskischen Gewittergott *Tin*" (A. J. Pfiffig, RelEtr 235) – durch Blitzzauber suchte man in Volsinii ein *monstrum, quod vocavere Oltam*, zu vertreiben (Plin. n. h. 2, 140) – glauben kann, dürfte die varronische Bezeichnung des Vortumnus als *deus Etruriae princeps* durch die genannte bildliche Darstellung ihre Rechtfertigung finden. Auch die kultische Verehrung des Vortumnus an den Iden des August wäre dann im Zusammenhang mit der Auffassung des Gottes als Iuppiter-*tin* verständlich, als dessen Festtag die Iden eines jeden Monats gelten. Die Qualität eines Bundesgottes der Etrusker konnte dem romanisierten Vortumnus freilich weder im *vicus Tuscus* noch in seinem Tempel am Fuße des Aventin zukommen.

Wenn A. J. Pfiffig dem Gotte ein Fest der Vertumnalia zuschreibt, das in Rom im Oktober, zur Zeit der Weinlese, gefeiert worden sei, beruht diese Angabe auf einem Mißverständnis des Textes von Varro, l. l. 6, 21, das durch die Ausgaben O. Müllers

---

[40] Liv. 4, 23, 5. 25, 7. 61, 2. 5, 17, 6. 9, 2, 2.

[41] CIL XI 5265 = ILS 705.

[42] Vgl. A. J. Pfiffig, RelEtr 235.

[43] C. De Simone, Die griechischen Entlehnungen im Etruskischen 1, 120.

[44] A. J. Pfiffig, RelEtr 235 f.; vgl. R. Pettazzoni, La divinità suprema della religione etrusca, in: SMSR 4, 1928, 179 ff. M. Pallottino, Die Etrusker 1965, 131.

[45] Vgl. Abb. 3 bei A. J. Pfiffig a. O.

(1833) und A. Spengels (1885) hervorgerufen worden sein dürfte.[46] Der auf Varro-Überlieferung des cod. Laurentianus vom Mte. Cassino beruhende Satz *Vortunalia a deo Vorturno, cuius feriae tum* ist nach Paul. Fest. 519, 19f. L. *(Volturnalia Volturno suo deo sacra faciebant, cuius sacerdotem Volturnalem vocabant)* zu berichtigen; die Interpunktion ist mit G. Götz–F. Schöll (1910) hinter dem in entsprechender Funktion im Zusammenhang der vorliegenden Stelle zehnmal von Varro gebrauchten Zeitadverb *tum* zu setzen und trennt die Angaben über die *Volturnalia* von dem folgenden *Octobri mense Meditrinalia dies*. Nach Auskunft der Kalender wurde das Fest der Volturnalia am 27. August gefeiert;[47] die Meditrinalia folgten – wie in der Aufzählung Varros – erst am 11. Oktober.[48] Dazwischen gab es keine *feriae publicae*. Von Vertumnalia zu Anfang des Monats Oktober kann nach der Quellenlage also keine Rede sein.

Problematisch bleibt das -r- am Ende der ersten Silbe von *Vortunalia* und *Vorturnus* in der varronischen Überlieferung. Wenn auch aus einer – probeweise einmal zugestandenen – Namensform *Vorturno-* durch „regressive Ferndissimilation"[49] wie etwa bei der Bildung von *pelegrinus* aus *peregrinus* oder Clustumina nach Crustumerium[50] ein dann vermutlich jüngeres *Volturno-* gebildet sein und demnach *Vorturno-* als originaler Gottesname vorausgesetzt werden könnte, wäre es doch recht verwunderlich, daß sich die Form *Volturnus* sowohl in den Kalendern – und danach natürlich bei Verrius Flaccus – wie auch in dem seit Enn. ann. 122 bezeugten Namen des *flamen Volturnalis* so übereinstimmend durchgesetzt und ein hypothetisch älteres *Vorturno-* verdrängt haben sollte. Für eine Assimilation *Volturno-* > *Vorturno-* gibt es kein Beispiel. Beim Fehlen jeder Bestätigung einer solchen Namensform wird man darin eher einen Fehler der Überlieferung sehen müssen, zumal von *Vorturno-* auch keinerlei sprachlicher Anschluß etwa an Vor-

---

[46] So ging es mir in RE VIII A 1669 ff. IX A 863 f. Götter 317 ff. 348.
[47] Zum 27. August: Fast. Arval. CIL I² p. 215. Fast. Allif. ebd. p. 217. Fast. Pinc. ebd. p. 219. Fast. Maff. ebd. p. 225. Fast. Vall. ebd. p. 240. Fast. Pigh. ebd. p. 246. Fast Antiat. vet. I. I. p. 17 VOLTV.
[48] Zum 11. Oktober: Fast. Sabin. CIL I² p. 220. Fast. Maff. ebd. p. 226. Fast. Amitern. ebd. p. 245. Fast. Antiat. vet. I. I. p. 20.
[49] M. Leumann⁶, 231.
[50] Liv. 1, 38, 4. Bei Paul. Fest. 48, 12 L. *Crustumina tribus;* bei Cic. Balb. 57. Planc. 38 *Clustumina*. Vgl. W. Kubitschek, Clustumina, in: RE IV 117 f.

tumnus – wie A. J. Pfiffig, RelEtr 235 meint – zu finden ist. Darüber hinaus trennt der Unterschied im Datum Vortumnus und Volturnus voneinander.

Es kommt hinzu, daß in den Fasti Vallenses zum 27. August vermerkt ist: *Volturno flumini sacrificium*. Da ein Opfer an den kampanischen Fluß dieses Namens in Rom als unwahrscheinlich anzusehen sei, glaubte Th. Mommsen,[51] in Volturnus eine andere Bezeichnung für den Tiber erkennen zu dürfen; daß die Kalender am 8. Dezember ein Opfer an Tiberinus vermerken, bedeutet m. E. kein Hindernis, da auch innerhalb der Auguralnomenklatur die Namen Tiberinus[52] und Coluber[53] für den Tiber nebeneinanderstehen: So könnte der gleiche Fluß *in sacris* neben Serra[54] auch Volturnus genannt worden sein.[55] Varro, l. l. 5, 29 führt aus, der Tiberis und der – kampanische – Volturnus trügen keine lateinischen[56] Namen, da ihre Quellen außerhalb Latiums liegen; daß die Namen etruskischer Herkunft seien, sagt er nicht, obwohl es im Textzusammenhang nahegelegen hätte, vermutet aber für den kampanischen Volturnus, *quod oritur ex Samnio*, doch wohl – entsprechend seiner Auffassung von der Abstammung der Samniten von den Sabinern[57] – einen sabinischen Namen. Bei Polyb. 3, 99, 2 heißt der kampanische Fluß Ἄθυρνος, was unter Annahme einer Verwechslung von Alpha und Lambda innerhalb der Überlieferung zu ⟨Ὀ⟩λθυρνος hergestellt werden kann. Bei Plut. Fab. max. 6, 2 steht ὁ Λοθρόνος; das führt ohne Schwierigkeit und Zweifel zu Ὀλοθρονος. Bei der üblichen digammalosen Schreibweise italischer Namen im Griechischen ergäbe sich ein Nebeneinander von *$\underset{\smile}{u}$ŏlþurnŏ-* und *$\underset{\smile}{u}$ŏlŏþrŏnŏ-*, deren -θ- als -dh- zu verstehen ist. Beide Namensformen gehen mit größter Wahrscheinlichkeit auf ein älteres *$\underset{\smile}{u}$ŏl-dhrŏnŏ-* zurück und wurden nur durch Synkopierung der Suffixsilbe -dhr(ŏ)-nŏ- bzw. Anaptyxe zwischen -l- und -dh- untereinander verändert. Das Etymon *$\underset{\smile}{u}$ŏl-* wird man zu Namen wie *Vĕlia* und *Vĕlinus* zu stellen haben.

---

[51] Th. Mommsen, in: CIL I² p. 327.
[52] Serv. Aen. 3, 500; bei Verg. Aen. 2, 782 heißt der Fluß *Thybris*.
[53] Serv. Aen. 8, 95.
[54] Serv. Aen. 8, 63.
[55] Varro, l. l. 5, 30 nennt den alten Namen *Albula*, Serv. Aen. 6, 63. 90 *Rumon*.
[56] H. Nissen, Italische Landeskunde 1, 309 nimmt sabinische Herkunft an.
[57] Varro, l. l. 7, 29 *ab Sabinis orti Samnites;* vgl. auch ebd. 7, 28: *quae usque radices in oscam linguam egit*.

Zum Suffix *-dhrŏ-* verweise ich auf die Gottesnamen Mulciber[58] und Purcefrus[59] sowie auf sein Vorkommen im Namen der am Volturnus gelegenen Stadt Vĕnāfrum[60] in italischer Lautgebung (inlautendes *-dh-* > *-f-*), während es im Namen der ebenfalls im Volturnustal gelegenen Stadt Cumbulterium[61] (< *com-u̯ŏl-dhrŏ-*) die sikulische (vgl. G. Radke, AL 41) Form *-tĕr-* < *-trŏ-* < *-dhrŏ-* aufweist. Ich schließe daraus, daß Volturnus ein alter sikulischer Flußname ist, der sich für den lateinischen wie den kampanischen Volturnus aus der Zeit sikulischer Besiedelung Mittelitaliens erhalten hat, was im Lateinischen freilich nur noch *in sacris* zu erkennen ist. Damit entfällt die Notwendigkeit einer Herleitung aus etruskischem *velϑurna*, was schon W. Schulze[62] ablehnte. Wenn C. De Simone[63] für die angeblich etruskische[64] Benennung des Volturnus nach dem Gentiliz *velϑurna* als Beispiel auf den Namen der *amnis Petronia*[65] auf dem südlichen Marsfeld neben dem Gentiliz Petronius hinweist, muß freilich eingeräumt werden, daß zwar dieser nur wenige hundert Meter lange Bach nach seinen Anwohnern ebenso wie seine Quelle, der *Cati fons* am Westhang des Quirinals,[66] nach dem Grundstückseigner benannt sein können; das gilt jedoch keinesfalls in dieser Argumentation für den Volturnus-

[58] Zu *Mulciber* vgl. LEW II 120 (**mulcĕ-dhrŏ-*; vgl. ferner ebd. I 286 *creber* < **krē-dhrŏ-*).
[59] CIL I² 1770 (= A. Degrassi ILLRP² 250) *A. Salvius (V(ibi) f. Cledus Purcefro d(onum) d(at) l(ibens) m(erito)*; vgl. G. Radke, Götter 268.
[60] G. Radke, Venafrum, in: RE VIII A 668f.
[61] Liv. 23, 39, 6. 24, 20, 5. Bei Plin. n. h. 3, 63 *Cubulteria*, auf Münzen ΚVPELTERNVM (Head HN² 35).
[62] W. Schulze, EN 571, 6.
[63] C. De Simone, in: SE 43, 1975, 145; ders. Gli Etruschi a Roma: Evidenza linguistica e problemi metodologici, in: Gli Etruschi e Roma 102f.
[64] Die Zustimmung für C. De Simone von F. Coarelli, La doppia tradizione sulla morte di Romolo, in: Gli Etruschi e Roma 200f.
[65] Fest. 296, 24ff. L. Wenn ein Beamter mit *imperium* die *amnis Petronia* am Südrande des Marsfeldes überschreitet, macht das ein *auspicium peremne* nötig; vgl. J. Weiss, Petronia, in RE XIX 1192. O. Richter, Topographie der Stadt Rom² 225. Es macht den Eindruck, als sei durch die *amnis Petronia* die Einmeilenzone außerhalb des Pomeriums begrenzt worden.
[66] Paul. Fest. 39, 27f. L. *Cati fons, ex quo aqua Petronia in Tiberim fluit, dictus, quod in agro fuerit cuiusdam Cati*; vgl. auch Ps. Placid. 97 CGlL IV p. 58 *Catialem collem: ubi nunc lacus funditur; est dictus a Catio cuius ⁺locus erat⁺*.

Tiber, einen Strom von 393 km Länge.⁶⁷ Es wäre immerhin denkbar, daß Etrusker einen Gentilnamen *velϑurna* nach dem Vorbild des Flußnamens bildeten, an dessen Ufern sie wohnten. Was für Vertumnus zugestanden werden kann, entfällt für Volturnus, der kein etruskischer Gott war.⁶⁸

Daß auch Saturnus nicht so einfach als Name eines etruskischen Gentilgottes angesehen werden kann, spricht A. J. Pfiffig⁶⁹ in sachlich überzeugender Deutlichkeit aus: „Das angenommene Gentiliz *saviϑur* und ein davon abgeleitetes *saviϑurna* sind zwar formell mögliche Rekonstruktionen, können aber in keiner Weise aus dem etruskischen Material belegt werden" und „das etruskische Suffix -ϑur/-tur- tritt nie in Synkope auf". Mit W. Schulze a. O. 225f. lehnt er ferner die Zusammenstellung des Ethnikons *sauturine* mit *satre*/Saturnus ab. Überhaupt ist der Glaube an die Existenz sogenannter Gentilgottheiten in dem bislang angenommenen Rahmen stark zurückgegangen.⁷⁰ Damit wurde aber auch der Auffassung, Saturnus sei aus Etrurien nach Rom gekommen, die bisher bevorzugte Grundlage, die Annahme nämlich, es handele sich um einen „Gentilgott", entzogen. Daß die Konsonantengruppe -rn- für die etruskische Sprache typisch sei und deshalb mit ihr gebildete Namen als etruskisch ausweise, hat wohl niemand ernstlich geglaubt.⁷¹ So bleibt der Name *satres* auf der Bronzeleber von Gossolengo: „Das Wort *satres* erscheint nur auf der Bronze. Da aber der Kult des Saturnus für Etrurien bezeugt ist" (dafür wird auf Plin. n. h. 2, 139 verwiesen: *a Saturni ea sidere proficisci subtilius ista consectati putant*), „so scheint die von W. Deecke, Etr. Fo. IV 65 wegen der Lautähnlichkeit angenommene Identität alles für sich zu haben."⁷² Diese Argumentation entbehrt m. E. jeder Beweiskraft, zumal auch angeblich etruskischer Saturnkult nicht durch Erwähnung des *Saturni sidus* bestätigt wird. Ähnlich ist es mit dem Satur-

---

⁶⁷ H. Nissen, Ital. Landeskunde 1, 309.
⁶⁸ Auch der Name des Windes Volturnus, der in der Schlacht bei Cannae eine so unheilvolle Rolle spielte, hat sicherlich keinen etruskischen Namen; vgl. G. Radke, Volturnus, in: KlP 5, 1328.
⁶⁹ A. J. Pfiffig, RelEtr 313.
⁷⁰ Vgl. W. Eisenhut, Volcanus, in: RE S XIV 949. G. Radke, Götter 346. A. J. Pfiffig, RelEtr 357ff. W. Meid, Das Suffix -no in Götternamen in: BN 8, 1957, 72ff.
⁷¹ G. Radke, Zu einem Buch A. Alföldis 527; vgl. F. Altheim, GG 8.
⁷² C. Thulin, Die Götter des Martianus Capella und der Bronzeleber von Piacenza 29.

nus, der bei Martian. Capella 1, 58 neben Iuno Caelestis steht: Niemand wird glauben wollen, daß mit Saturnus als Partner einer Iuno Caelestis der gleiche Gott gemeint ist, dessen *aedes* einen hervorragenden Platz am Forum Romanum einnimmt! Hier dürfte der Gott schon seit ältester Zeit unter diesem in den *carmina Saliaria* erhaltenen (Fest. 432, 18 L.) Namen verehrt worden sein.

Man darf den Namen des Saturnus und seinen Kult in Rom nicht für etruskisch halten. Es ist auffällig, daß trotz der weiten Verbreitung solcher abzulehnenden Auffassung bisher nicht nach der Bedeutung des etruskischen Wortes *satre* gefragt wurde: Man gab sich mit der Existenz dieser Vokabel zufrieden, obwohl weder ihre Quantität noch ihre sprachliche Grundlage bekannt sind. Wer hingegen den Gottesnamen aus italischem Sprachgut herleiten will, muß nicht nur anzugeben wissen, was mit diesem Namen ausgesagt werden sollte, sondern auch die Sprachwurzel bestimmen, ihre Bedeutung erklären und ihre historische Entwicklung darstellen können, wenn sein Diskussionsbeitrag überhaupt zur Kenntnis genommen werden soll. Das ist der methodische Unterschied zwischen der Herleitung eines Gottesnamens aus dem Etruskischen und der Verteidigung italischen Ursprungs. Die antike Deutung des Namens *Sāturnus a sătu*[73] ist in dieser Form mit Recht abgelehnt worden;[74] der Quantitätsunterschied und das dadurch aufgeworfene Hindernis einer unmittelbaren sprachlichen Verbindung werden aber nicht dadurch behoben, daß man Varros Herleitung als Ausdruck stoischer Lehre ansieht, die Saturnus als den „Urzeuger" darstellen wolle.[75]

Nach Lage der Dinge kann ich an meiner Erklärung festhalten, die in der Länge der ersten Silbe des Namens *Sāturnus* eine Folge des inschriftlich[76] bezeugten Diphthongs in *Saeturnus* betrachtet und diesen Diphthong als das Ergebnis eines Infixes -i̯e̯- versteht, das dem Verbalstamme *sə- „säen" die kausative Bedeutung „säen lassen, zum Säen bringen" gibt; als sprachliche Grundlage des

---

[73] Varro, l. l. 5, 64 *ab satu est dictus Saturnus*. Fest. 432, 20 L. *a sationibus*.

[74] K. Latte, RRG 137: „nur negativ läßt sich feststellen, daß die Auffassung des *Sāturnus* als Saatgott (zu *sătu*) unzulässig ist".

[75] J. Albrecht, Saturnus, seine Gestalt in Sage und Kult. Phil. Diss. Halle 1943, 10f.

[76] CIL I² 449 (= ILLRP² 255) *Saeturni pocolom*. Paul. Fest. 433, 1 L. *Sateurnus Saturnus* ist zu *Saeturnus Saturnus* zu korrigieren.

Namens *Sāturnus* ist zwar der Verbalstamm von *sĕrere* anzusehen, jedoch nicht in seiner einfachen Bedeutung, sondern erweitert zu *sə-i̯ĕ-,[77] wodurch zwar die Verbindung mit der Vorstellung des Säens aufrechterhalten bleibt, durch die kausative Sinngebung aber eine andere Bedeutung gewinnt. Gerade diese Bedeutung ist aber für den Gott, der die Aboriginer das Säen lehrte und mit dem Landbau vertraut machte, bezeichnend.

Für die Ablehnung des Saturnus als „Saatgott"[78] war nicht nur der Quantitätsunterschied in der ersten Silbe des Namens, sondern auch das Datum seines Festes maßgebend: Man wies darauf hin, daß nach Colum. 2, 8 eine Aussaat fünfzehn Tage vor und fünfzehn Tage nach der Wintersonnenwende vermieden werden sollte.[79] Demnach schien die Erklärung der Saturnalia als ein Fest nach Beendigung der Winteraussaat, wie sie von verschiedenen Gelehrten angesehen wurden,[80] im Widerspruch zu den jahreszeitlichen Gegebenheiten bäuerlicher Gewohnheiten zu stehen. Das gilt aber nur bei oberflächlicher Betrachtung. Da – so muß man jedenfalls ergänzend argumentieren – ein Fest, das nach Beendigung der Winteraussaat gefeiert wird, ohne Zweifel ein sehr altes Fest ist, wird man nicht von den astronomischen Voraussetzungen der Zeit Columellas, d. h. der zweiten Hälfte des ersten nachchristlichen Jahrhunderts, ausgehen dürfen, um seine chronologische Einordnung zu verstehen. Diese Beachtung ist bedeutsam: Das Datum der Wintersonnenwende wich nämlich im Laufe der Jahrhunderte ungefähr alle 128 Jahre um einen Tag zurück.[81] Daß man die Aussaat fünfzehn Tage vor der Wintersonnenwende abschloß, beruht auf uralter bäuerlicher Erfahrung; diese Frist – fünfzehn Tage vor dem Solstitium – hat daher die rechnerische Grundlage jeder Überlegung zu bilden. Geht man davon aus, daß zur Zeit der Einsetzung der Saturnalia am – späteren – 17. Dezember die Winteraussaat am 16. Dezember beendet war, hätte die Wintersonnenwende am – ju-

---

[77] G. Radke, Götter 282 ff.
[78] K. Latte, RRG 137.
[79] Vgl. J. Albrecht a. O. 8 f. Die von ihm genannten *feriae sementivae* gehören zu den rezeptiven Festen und stehen nicht im Kalender; im Verhältnis zu den Saturnalia sind sie sicherlich jung.
[80] G. Wissowa, Rel.² 204; ders. in: Myth. Lex. V 437. W. Aly, Über das Wesen röm. Religiosität, in: ARW 33, 1936, 64. M. P. Nilsson, Saturnalia, in: RE II A 202. K. Latte, RRG 254.
[81] Vgl. E. Norden, Die Geburt des Kindes 39 mit Hinweis auf F. Ginzel, Handb. d. math. u. techn. Chronologie I 101.

lianischen – 30. Dezember[82] liegen müssen, um – inklusiv gerechnet – die geforderte Mindestfrist von fünfzehn Tagen haben verstreichen lassen zu können. Dieses Datum liegt aber sechs Tage nach dem Datum der Wintersonnenwende zu Columellas Zeit. Nach der errechneten Verschiebung des Solstitiums um einen Tag in 128 Jahren käme man bei Rückrechnung auf ein Datum, das etwa 768 Jahre vor Columellas Niederschrift lag: Das ist das erste Jahrzehnt des 7. Jahrhunderts v. Chr., d. h. nach römischer Königsmythologie die Regierungszeit des Königs Numa Pompilius, dem die Einrichtung des Kalenders zugeschrieben wird. Ich halte das nicht für einen Zufall.

Eine entscheidende Rolle für meine Beurteilung des Saturnus-Kultes in Rom spielt sein durch diese Überlegungen vorausgesetztes hohes Alter. Dieses wird – unabhängig von dem vorstehenden rechnerischen Nachweis – durch zwei weitere Beobachtungen bestätigt: Saturnus-Saeturnus wird in den Salierliedern genannt,[83] deren Entstehung in eine Zeit vor dem bekannten etruskischen Einfluß auf Rom gehört. Ferner läßt sich das von Liv. 2, 21, 2 überlieferte Datum der Einsetzung der Saturnalia als *dies festus* im Jahre 497 v. Chr. nicht mit der Tatsache in Einklang bringen, daß das Fest namentlich im ältesten Kalender genannt ist, der allgemeiner Übereinstimmung nach in der Mitte des 6. Jahrhunderts v. Chr. als „Kodifikation einer zu einem bestimmten historischen Moment geltenden sakralen Übung"[84] zustande kam; der Akt des Diktators Lartius i. J. 497 v. Chr., dessen etruskischer Name nichts mit der Herkunft des Gottes[85] zu tun hat, ist demnach mit einem Neubau des Saturntempels zu verbinden.

Selbst die Ansetzung des Kalenders in die Mitte des 6. Jahrhunderts v. Chr. gilt nur für den erhaltenen Kalender; da dieser jedoch in seiner Vorgeschichte aus Festtafeln mehrerer, mindestens aber zweier völkischer Gruppen zusammengewachsen ist, von denen die „sabinische" für Saturns „Partnerin" Lua (s. u. S. 88f.) und für die *larentes (s. u. S. 133f.) der Larentalia am 23. Dezember verantwortlich ist, stellt sich der Gott der Saturnalia im Gegensatz dazu in den

---

[82] Der julianische Kalender muß gewählt werden, da nur dieser in großen Zügen mit dem astronomischen übereinstimmt.
[83] Fest. 432, 18 ff. L. *qui deus in Saliaribus Sat⟨e⟩urnus nominatur, videlicet a sationibus.* Paul. Fest. 433, 1 L. *Sateurnus Saturnus.*
[84] F. Altheim, GG 203.
[85] R. Bloch, La Rome des Tarquins et sa religion, in: Gli Etruschi e Roma 132.

Rahmen einer nichtsabinischen, vermutlich doch wohl regional „römischen" Schicht. Damit soll nicht gesagt werden, daß allein die römischen Bauern ein Fest bei Beendigung der Winteraussaat feierten, bei dem sie Saturnus verehrten, zumal zwar der Kult des Gottes in Rom sowie seine Entstehung und Entwicklung auf dem Boden Roms, nicht aber die eindeutig lateinische Bildung seines Namens feststehen: Es läßt sich nämlich vorerst nicht ausschließen, daß dieser seine sprachliche Form der Lautgesetzlichkeit eines benachbarten italischen Idioms zu verdanken hat, wofür auch Varro, l. l. 5, 74 spricht. Nach dem Gesagten gewinnt die Nachricht an Gewicht, die angibt, der älteste Tempel sei von Tullus Hostilius erbaut worden.[86] Da ihm ein *fanum* mit Altar an dem Platze vorausging, an dem die Saturnalia gefeiert wurden,[87] paßt deren Einrichtung sowohl in der literarischen Überlieferung wie auch im astronomisch vermuteten Datum (s. o. S. 86f.) in die Zeit des Königs Numa Pompilius, d. h. in eine Zeit, in der die Bewegungen der verschiedenen an der Tibermündung wohnenden Bevölkerungsgruppen noch nicht abgeschlossen waren.

Innerhalb der römischen Kultüberlieferung gehört zu Saturnus eine Lua[88]: *Lua Saturni* wird durch Varro, l. l. 8, 36 sprachlich und durch Gell. 13, 23, 2 inhaltlich bezeugt. Wie längst bekannt ist, werden durch derartige formelhafte Zusammenstellungen keine Götterehen – diese sind römischer Gottesvorstellung unangemessen – bezeichnet und auch keine funktionellen Partnerschaften wie etwa bei Liber und Libera oder Faunus und Fauna angegeben, sondern die ersten Namen benennen eine selbständige – meist – Göttin, die ihre Tätigkeit im Wirkungsbereiche der an zweiter Stelle genannten Gottheit ausübt: So sorgt *Hora Quirini*[89] für die Einhegung, die sich aus dem Ziehen des *primigenius sulcus* ergibt, und bezeichnet *Ianus Quirini*[90] oder *Ianus Quirinus*[91] den Durchgang,

---

[86] Macrob. sat. 1, 8, 1; vgl. ferner Liv. 2, 21, 2. Dion. Hal. ant. 6, 1, 4.

[87] Macrob. sat. 1, 8, 1; vgl. Fest. 430, 36f. L. *ara dicata ei deo ante bellum Troianum.* Dion. Hal. ant. 6, 1, 4 (älterer Altar von Herakles errichtet).

[88] G. Dumézil, Déesses Latines 107 leitet den Namen der Lua von *luere* her und sieht in ihr «la dissolution».

[89] *Hora Quirini* bei Gell. 13, 23, 2. Enn. ann. 117 ⟨teque⟩ *Quirine pater vener*⟨*ab*⟩*or Hōramque Quirini* (nach *Hōramque* bei Ovid. met. 14, 851); vgl. G. Radke, Götter 145. 292.

[90] Horat. c. 4, 15, 9 *Ianus Quirini*. Vgl. auch hierzu G. Radke, Quirinus 292.

[91] Fest. 204, 17 L. *Ianui Quirino.*

der im *primigenius sulcus* frei gelassen wurde; *Heries Iunonis*[92] versteht sich als das Begehren im Leben einer jungen Frau und *Maiesta*[93] oder *Maia Volcani*[94] als die Ausweitung, Ausdehnung des Wirkens des Volcanus. Sprachlich ist *Lua* <*$ghlŏu̯a$* – bei Verhauchung des anlautenden *gh*- vor Konsonant im Sabinischen[95] – völlig gleichbedeutend mit griechisch χλό(*F*)α „Grün der jungen Saat"[96]; nichts paßte besser als Zeichen ersten Erfolges eines Gottes, dessen Wirken in der Veranlassung der Aussaat zu sehen ist!

Wie die Erklärung ihres Namens lehrt, stammt die Göttin aus sabinischem Sprachraum, ist also erst zu einer Zeit nach Rom übernommen worden, als sich der Unterschied in der Behandlung des anlautenden *gh*- zwischen Lateinischem und Sabinischem eingestellt hatte. Das geschah aber nach Ausweis des Festnamens Larentalia[97] schon in einer sehr frühen Epoche, noch vor Einrichtung des ältesten Kalenders. Livius nennt die Göttin zweimal; dort heißt sie jeweils *Lua mater*.[98] Sie erhält von dem siegreichen römischen Feldherrn die von den Feinden erbeuteten Waffen. Die Aussage des Namens der Göttin Lua und ihre Anrede als *mater* schließen eine Beziehung zu kriegerischen Handlungen aus; die Weihung der Waffen des besiegten Feindes muß aus der Befreiung von der Bedrohung durch diese verstanden werden, wodurch der *Lua mater* der Weg zu weiterem Wachsen und Gedeihen eröffnet wird. Es ist nicht anzuschließen, daß unter den Schutzgöttern Roms[99] neben Iuppiter, Ops und Angerona anstelle der überlieferten Luna der Name der Lua zu lesen und erst von dem bekannteren der Mondgöttin verdrängt worden ist. Den hintereinander am 19., 21. und 23. Dezember gefeierten Festen der Opalia, Angeronalia und *feriae Iovis* gingen am 17. Dezember die Saturnalia voraus, das Fest, zu

---

[92] *Heries Iunonis* bei Gell. 13, 23, 2; vgl. G. Radke, Götter 143f.
[93] Piso frg. 42 P. bei Macrob. sat. 1, 12, 18; vgl. G. Radke, Götter 193.
[94] *Maia Volcani* bei Gell. 13, 23, 2; vgl. G. Radke, Götter 192.
[95] Zur Diskussion über sabinisch *ghl*- > *l*- vgl. Radke, Götter 166.
[96] Zu *Lua* vgl. G. Radke, Götter 185f. Mit Recht weist G. Wissowa, in: Myth. Lex. V 433 die Auffassung zurück, daß *Saturnus* ursprünglich mit *Ops* verbunden gewesen sei.
[97] Larentalia am 23. Dezember: Fast. Praen. CIL I² p. 238 (= I. I. p. 138f. *[fer]iae Iovis*). Fast. Maff. CIL I² p. 226. Fast. Antiat. vet. I. I. p. 25.
[98] Liv. 8, 1, 6. 45, 33, 2.
[99] Macrob. 3, 9, 4; vgl. A. Brelich, Schutzgottheit 9ff.

dessen Inhaber Lua gehört. Das ist nur eine Vermutung, die sich auf die Annahme einer Textkorruptel stützen kann; sie vermag aber die Wahrscheinlichkeit des vorgetragenen Deutungsversuches noch zu unterstützen.

Bei aller im vorgetragenen Sinne erreichbaren Eindeutigkeit der Aussage des Namensstammes – Veranlassung bzw. Anweisung zum Säen – bleibt die Erklärung des Doppelsuffixes *-tur-nŏ-* eine besonders schwierige Aufgabe für den Interpreten, zumal gerade dadurch die – wie ich meine: irrige – Auffassung angeblich etruskischer Herkunft erst ausgelöst wurde. Ich glaubte, in *-tur-* ein Desideratsuffix[100] wie in *empturio* bei Varro, r. r. 2 pr. 6 oder *parturio* bei Plaut. Amph. 1039–1061. 1091. Aulul. 693 u. a. und in *-nŏ-* ein Kennzeichen des Vollzugs der so ausgedrückten Absicht sehen zu können;[101] dieser Versuch wird von A. J. Pfiffig RelEtr 313 als „zu konstruiert, um richtig und überzeugend sein zu können", abgelehnt. Wenn auch manche etruskische Suffixkumulation nicht weniger umständlich in ihrer Aussage ist und dennoch Anerkennung findet, kann ich mich diesem Einwand jedoch nicht verschließen und gebe den früheren Weg auf. Dabei betone ich, daß diese Entscheidung lediglich die Deutung des Suffixes betrifft, wohingegen meine Erklärung des Namensstammes aus einem kausativen *$sə-i̯ĕ$-*, „säen lassen, zum Säen bringen", bestehen bleibt.

Neben Volturnus und Saturnus findet sich der gleiche Namensausgang bei dem nur einmal bezeugten Lacturnus[102] und analog bei Iuturna[103] und Manturna.[104] Das zeitgenössisch antike Inhaltsverständnis sieht in Iuturna eine Göttin, die helfen soll[105] oder zu helfen gewohnt ist,[106] und in Manturna eine Göttin, die der beim Eintritt der Neuvermählten in die Ehe benötigten Reihe von Gott-

---

[100] Vgl. M. Leumann⁶ 557. Verba desiderativa sind *esurio, cacaturio* (Martial.), *amaturio, cenaturio, lecturio, dicturio, micturio* (Iuvenal.), *habiturio* (Plaut.), *taciturio, petiturio* (Cic.), *canturio, adulescenturio* (Laber.), *scripturio, empturio, nupturio, parturio* (Plaut. u. Terent. Hec. 392. 413. Ad. 488); vgl. Cic. Att. 9, 10, 6 *sullaturit animus eius et proscripturit*.

[101] Vgl. G. Radke, Götter 22. 284.

[102] August. civ. 4, 8 *praefecerunt... (frumentis) lactescentibus deum Lacturnum.*

[103] F. Altheim, GG 4ff. G. Radke, Götter 160f.; es gibt keinen unanfechtbaren inschriftlichen Beleg für die Schreibung **Diuturna.*

[104] August. civ. 6, 9; vgl. F. Altheim GG 8.

[105] Varro, l. l. 5, 71 *ut iuvaret*. Serv. Aen. 12, 139 *a iuvando*.

[106] Serv. auct. Aen. 12, 139 *iuvare consuevit*.

heiten wie Iugatinus, Domiducus und Domitius hinzugefügt wurde, *ut (quae nubet) maneat cum viro*.[107] Auch bei diesen Namen ist das Bestreben zu erkennen, einen kausativen Sinn zum Ausdruck zu bringen. Wurde im Namen des Volturnus das Suffix -*dhrŏ*- mit Recht isoliert, so findet man dieses auch in den Namen des Mulciber – *omnia mulceat*[108] – und des inschriftlich bezeugten[109] *Purcefrŏ-*, als dessen Aufgabe es doch offensichtlich angesehen wurde, Ackerfurchen zu ziehen, worin er dem römischen Imporcitor[110] in der Sache ähnelt, im Handeln aber nicht gleicht. Auch diese Beispiele gehen inhaltlich davon aus, eine Tätigkeit zu veranlassen. Das läßt sich auf Saturnus besonders gut anwenden, da schon der Namensstamm in diesem Sinne zu verstehen ist. Wie Manturna die *nova nupta* dazu bringen soll, beim Manne zu bleiben, so sorgt Saturnus dafür, daß die Aussaat – und das zu dem aus Erfahrung richtigen Zeitpunkt – vollzogen wird. Wie Purcefrus-Imporcitor nebeneinanderstehen, gehören Sator, Insitor[111] zu Saturnus; während diese lediglich die göttliche Potenz beim Vollzug des Furchenziehens oder des Säens dem pflügenden und säenden Bauern verleihen[112], ist Purcefrus der zur Furche gehörige und Saturnus der die Aussaat veranlassende Gott. Auch in seinem Namen bekundet die Wiedergabe des alten Suffixes -*dhrŏ*- durch -*tur*- sikulischen Einfluß bzw. sikulische Herkunft. Wenn Varro, l. l. 5, 74 Saturnus zu den Göttern des T. Tatius rechnet, so bedeutet das im wesentlichen das hohe Alter seines Kultes in Rom, kann aber auch Auskunft über andere völkische Herkunft beinhalten.

Es ist bekannt, daß dem Saturnus seit seiner Identifizierung mit dem griechischen Gott Kronos sozusagen als Ebenbild der Rhea die Göttin Ops angeschlossen wurde. Wenn auch das Fest der Opalia am 19. Dezember den Saturnalia am 17. Dezember scheinbar

---

[107] August, civ. 6. 9.
[108] Macrob. sat. 6, 5, 2 *omnia mulceat*. Donat. Terent. Hec. 65. Serv. Aen. 8, 724 *permulceat*.
[109] ILLRP² 255; vgl. G. Radke, Götter 268. Zu *porca* vgl. Varro, l. l. 5, 39. Paul. Fest. 96, 3 f. L.
[110] *Inporcitor* wird vom *flamen* beim *sacrum Cereale* (so!) zusammen mit elf anderen *numina* angerufen (Serv. auct. georg. 1, 21); vgl. Paul. Fest. 96, 3 f. L. *inporcitor qui porcas in agro facit arando; porca autem est inter duos sulcos terra eminens*; vgl. G. Radke, Götter 149.
[111] *Sator* bei Serv. georg. 1, 21 (G. Radke, Götter 282); *Insitor* bei Serv. auct. georg. 1, 21 (G. Radke, Götter 151).
[112] Vgl. G. Radke, Wirken 40 ff. 43.

unmittelbar folgt, ist diese Verbindung – unabhängig von dem Fest, dessen eigene Bedeutung dadurch nicht berührt wird – dennoch nicht alt und lediglich durch griechische Mythologie bedingt. Ops gehört zur Ernte, wohingegen Saturnus keinesfalls als Erntegott anzusehen ist; seine Aufgabe ist in der Veranlassung der Winteraussaat zum richtigen dafür erprobten Zeitpunkt zu suchen.

Hinsichtlich der Möglichkeit etruskischer Herkunft [113] des Volcanus gehen die Meinungen auseinander: „Entstehung aus dem Etruskischen bzw. Mittelmeerländisch-Ägäischen ist nicht zu bezweifeln" [114] oder „etruskische Vermittlung ausgeschlossen" [115]. Die Argumente für die Annahme etruskischen Ursprungs des in Rom verehrten Volcanus sind dürftig: Die Grundlage bildet der Name *velχ* auf der Bronzeleber von Gossolengo, [116] dem angeblich Mulciber bei Martian. Capella 1, 48 entsprechen soll; *velχ* wird zu *velχans* ergänzt, woraus – lautgesetzlich immerhin möglich – Volcanus hätte entlehnt sein können. Hephaistos, mit dem die römischen Dichter einhellig Volcanus identifizieren, wird innerhalb der mythologischen Darstellungen auf den etruskischen Spiegeln stets durch den etruskischen Gottesnamen *seθlans* wiedergegeben; [117] der Name *velχans* findet sich dort nirgends und ist auch – abgesehen von der vermuteten Abkürzung *velχ* auf der Bronzeleber – sonst nicht bezeugt. Man deutete deshalb *velχans* als Gentilgott einer Familie *velχe* oder *velχenei*, [118] zu der Volca, der Tonbildner aus Veji, gehört haben müßte, bei dem Tarquinius Priscus das Iuppiter-Bild für den kapitolinischen Tempel in Auftrag gegeben hatte. [119]

[113] Zur Herleitung des Namens von einem indogerm. Stamme vgl. W. Meid, Etruskisch *velχans*, kret. Fελχάνος und die angebliche Herkunft des lat. GN Volcanus aus dem Etruskischen, in: IF 66, 1961, 259 ff. Allgemeine Übersicht: G. Radke, Volcanus, in: KlP 5, 1319.

[114] LEW II 825; vgl. F. Altheim, GG 196 u. a.

[115] K. Latte, RRG 130, 3.

[116] M. Pallottino, TLE² nr. 719. Die seit C. Thulin übliche Identifizierung von *velchans* und *Volcanus* (vgl. F. Altheim, GG 172 ff.) wird von A. J. Pfiffig, RelEtr 295 abgelehnt.

[117] A. J. Pfiffig, RelEtr 296.

[118] W. Schulze, EN 377 f. F. Altheim, GG 172 ff. In Satricum wurde auf einer Kylix der Name *velχainasi* gefunden: G. Colonna, in: Civiltà di Lazio primitivo 374.

[119] Plin. n. h. 35, 157.

Inzwischen ist die Vorstellung, solche „Gentilgötter" seien die Grundlage des etruskischen und danach auch römischen Pantheons gewesen, weitgehend aufgegeben worden.[120] Ob man das innerhalb einer längeren Inschrift auf einer Situla aus Kaslir in der Val di Cembra stehende Wort *velχanu*[121] als Namen oder sogar als Gottesnamen ansehen darf, läßt sich kaum entscheiden, da der gesamte Zusammenhang unklar ist. Noch größer scheint mir die Unsicherheit gegenüber der retrograden Legende Ϝελχανος neben einem im Geäst eines Baumes sitzenden Knaben auf Münzen aus Phaistos;[122] der Vergleich mit der Hesychglosse Γελχάνος·ὁ Ζεὺς παρὰ Κρησίν (Gamma am Anfang des Namens steht wie auch andernorts in der Hesychüberlieferung für Digamma) weist zwar vielleicht auf altmittelmeerischen Zusammenhang, ohne daß sich erkennen ließe, ob die Inschrift auf der Situla aus der Val di Cembra oder *velχ* auf der Bronzeleber dem zugeordnet werden dürfen. Aus diesen verstreuten Anklängen die etruskische Herkunft des römischen Gottes Volcanus erweisen zu wollen, dürfte kaum glaubhaft sein. Am nächsten käme noch der etruskische Monatsname Velcitanus;[123] dieser entspricht aber weder dem Mai, in dem *Maia Volcani* verehrt wird, noch dem August, in dem die Volcanalia liegen, sondern dem lateinischen Martius.

Der Kult des Volcanus in Rom stammt schon aus alter Zeit: Diesem Gotte wurden nach dem „numanischen" Kalender am 23. August die Volcanalia[124] gefeiert; seinen Dienst versah ein *flamen Volcanalis*.[125] Beides Zeugnisse hohen Alters. Der früheste Kultplatz war die *area Volcani* bzw. das Volcanal am Hange des Kapitols oberhalb des Comitiums.[126] Dort stand ein Lotusbaum, der mit der

---

[120] A. J. Pfiffig, RelEtr 358. W. Eisenhut, Volcanus, in: RE S XIV 949.
[121] PID nr. 215.
[122] Head, HN² 473. M. Schmidt im Apparat seiner Hesych-Ausgabe erinnert zum Namen des Ϝελχάνος an hebr. *ēl ḥanon* „deus propitius"; vgl. auch den Monatsnamen Ἐλχάνιος aus Knossos bei H. Bischoff, Kalender, in: RE X 1581.
[123] M. Pallottino, TLE² 856 *Velcitanus Tuscorum lingua Martius mensis dicitur* (C Gl L V 161 ff.); nach C. O. Bröcker, in: Philol. 2, 1847, 248 lautet die Überlieferung *Velitanus*; vgl. Th. Mommsen, Ges. Schr. VII 513.
[124] Zum 23. August vgl. Fast. Maff. CIL I² p. 225 (= I. I. p. 79). Vall. p. 240 (= I. I. p. 148/9). Fast. Antiat. vet. I. I. p. 16/7.
[125] Varro, l. l. 5, 84. Macrob. sat. 1, 12, 18.
[126] Fest. 370, 33 L. *quod est supra comitium*. Plin. n. h. 16, 236. Dion. Hal. ant. 2, 54, 2. Plut. Rom. 27.

Stadt Rom gleichaltrig gewesen sein soll, wie der Sabiner Masurius berichtet.[127] Varro, l. l. 5, 74 rechnet Volcanus zu den von T. Tatius nach Rom eingeführten sabinischen Gottheiten, wozu seine Verehrung im „sabinischen" Teile der Stadt gut passen könnte.

Man warf ihm noch lebende kleine Fische ins Feuer: *id genus pisciculorum vivorum datur ei deo pro animis humanis;*[128] das sagt auch Varro, l. l. 6, 20: *quod eo die* – d. h. am 23. August – *populus pro se in ignem animalia mittit.* Da der Name des Vulcanus metonymisch für „Feuer" gebraucht wird,[129] hat es sich offenbar um kein Opfer in üblichem Sinne und auch um kein ehemaliges Menschenopfer gehandelt, sondern um eine Art Fütterung des Gottes. Die Formulierung *pro se* bzw. *pro animis humanis* muß wörtlich genommen werden und läßt sich mit *pro capitibus* und *pro singulorum f⟨amiliarium⟩ oribus* bei Macrob. sat. 1, 7, 34f. anläßlich eines ähnlichen nicht als Opfer anzusehenden Vorgangs im Larenkult vergleichen, womit die Zahl der beteiligten Personen bezeichnet wird. Es ist ein Ablösungsopfer für das Leben aller Menschen, die durch eine drohende Feuersbrunst umkommen könnten. Man erkaufte durch das Verbrennen dieser *animalia* den Verzicht des Volcanus darauf, daß *animae humanae* mit seinem Feuer verdorben werden könnten.

Im Bereiche des Volcanus wirkte eine *Maia Volcani,*[130] die der im 2. Jahrhundert v. Chr. schreibende L. Calpurnius Piso[131] noch als *Maiesta* kannte. Ihr opferte der *flamen Volcanalis* an den Kalenden des Monats Mai.[132] Es dürfte kein Zufall sein, daß der oskische Name dieses Monats *Maesius*[133] lautete, was sich gegenüber Maius verhält wie Maiesta gegenüber Maia.[134] Der Name des Monats Maius wurde in der Antike *a maioribus*[135] oder von der Göttin

---

[127] Plin. n. h. 16, 236.
[128] Fest. 276, 1f. L. Varro, l. l. 6, 20.
[129] Vgl. W. Eisenhut, Volcanus, in: RE S XIV 956.
[130] Gell. 13, 23, 2.
[131] Calpurnius Piso frg. 42 P. bei Macrob. 1, 12, 18 *Piso uxorem Vulcani Maiestam, non Maiam dicit vocari.*
[132] Macrob. sat. 1, 12, 18.
[133] Paul. fest. 121, 4 L. *Maesius lingua Osca mensis Maius.*
[134] Maius verhält sich zu Maesius (< *$ma\text{-}\bar{\i}\breve{e}s\text{-}\i\breve{o}$) wie Maia zu Maiesta (< *$ma\text{-}\i\breve{e}s\text{-}ta$).
[135] Varro, l. l. 6, 33. Fest. 120, 9 L. Ovid. fast. 1, 41. 5, 1. 73. 78. 427. Macrob. sat. 1, 12, 16.

Maia[136] hergeleitet; diese wie den in Tusculum verehrten Gott *Maius, qui est Iuppiter,*[137] erklärte man *a magnitudine et maiestate.*[138] Die Deutung gilt offenbar noch heute, da man sie entweder als „das hemmungslose Anwachsen der Feuersbrunst"[139] oder – ganz anders, jedoch von der gleichen Grundbedeutung ausgehend – die Göttin „des Wachsens des Getreides" bezeichnet.[140] Lediglich W. Schulze, EN 469, zweifelt an der Brauchbarkeit einer Etymologie, die den Namen der Maia mit *maior, magis* verbindet, d. h. also als „die Große"[141] erklären will.

Die Auffassung des Cornelius Labeo,[142] Maia habe als die Erde zu gelten, erhält zwar durch das Opfer einer *sus praegnans* eine gewisse Bestätigung: Diese Verbindung sagt aber weder etwas über die sprachliche Ableitung des Namens aus noch gestattet sie, in dem „Partner" Volcanus den „Gott der Sonnenwärme oder des Himmelsfeuers, das das Wachsen der Früchte, nach dem aus der Monat Maius seinen Namen hat, hervorruft", zu „fassen"[143]. Die besonders aus Gell. 13, 23, 2 bekannten Götterverbindungen werden in einem anderen, größeren Zusammenhange an späterer Stelle zu erörtern sein; hier genügt der Hinweis, daß allein diese offenbar spezifisch italische Anrufungsform gegen die Annahme etruskischer Herkunft spricht, zumal beide Namen der so in einer Wirkungsgemeinschaft verbundenen Gottheiten als etruskisch angesehen werden müßten; *mae* auf der Bronzeleber[144] gilt jedoch allgemein als junge Entlehnung aus dem Lateinischen. Weder *Lua Saturni* noch *Maia Volcani* können als Zeugnisse etruskischer Vorstellungen angerufen werden.

---

[136] Fest. 120, 9 L. Censorin. 22, 12. Serv. georg. 1, 43. Plut. quaest. Rom. 86. Numa 19.
[137] Macrob. sat. 1, 12, 17.
[138] Macrob. sat. 1, 12, 17.
[139] K. Latte, RRG 130; vgl. G. Wissowa, Rel.² 229.
[140] K. Latte, RRG 130, 4.
[141] Vgl. F. Altheim, GG 181 f.
[142] Macrob. sat. 1, 12, 20 f. Lyd. mens. 4, 80.
[143] A. v. Domaszewski, Abhandlungen 108.
[144] M. Pallottino, TLE² 719.

2. Beziehungen zu den Sabinern

Die oft diskutierte [145] und sicherlich zu Unrecht als „Erfindung Varros" verworfene [146] Darstellung der angeblich sabinischen Gottheiten, die nach Rom übernommen worden sein sollen, bei Varro, l. l. 5, 74 muß nach wie vor als Grundlage aller Studien angesehen werden, die sabinischen Einfluß auf die Gottesvorstellungen des alten Rom überprüfen wollen, da auch eine möglicherweise irrige oder fehlerhafte Zusammenstellung des Zeitgenossen den Wert authentischer Überlieferung besitzt. Obwohl sich die Zurückhaltung Varros gegenüber der eigenen Aussage erweisen ließ,[147] bleibt das auf diese Weise vorgelegte Material der Kontrolle zugänglich und daher vorurteilsfrei verwertbar. Durch den so oft zitierten und verurteilten Sabinismus Varros [148] darf man sich weder täuschen noch abschrecken lassen. Es dürfte zu Beginn einer Beschäftigung mit dieser Frage genügen zu sagen, daß eine Zuweisung Varros an die *Sabini* niemals nachweislich ganz falsch, oft jedoch in gewissem Sinne ungenau ist. Sie kann dennoch als verläßliches Zeugnis für eine entweder archaisch-römische oder eher noch außerrömische Form angesehen werden. Die „Sabiner" des T. Tatius sind mit denen des Attus Clausus sicherlich nicht identisch,[149] gehören aber einer gemeinsamen ethnischen Schicht an, die ihrerseits zeitlich zu differenzieren ist. Mit anderen Worten heißt das, jede Einordnung in den Bereich des Sabinischen durch einen römischen Autor – vorzüglich Varro – ist nach Raum und Zeit zu überprüfen, bietet dann

---

[145] Vgl. E. C. Evans, The Cults 152–237. J. Collart, Varron grammairien Latin, Paris 1954, 238f. O. Terrosi Zanco, Varrone L. L. V 74; divinità sabine o divinità etrusche? in: SCO 10, 1961, 188–208. G. Radke, Varro (1965) 293. Götter, 124ff. G. Dumézil, RRA (1960) 174f. J. Poucet, Recherches (1967) 46ff. 320ff. Les Sabins aux origines de Rome (1972) 102f.

[146] K. Latte, RRG 232, 1.

[147] Varro, l. l. 5, 74 äußert selbst eine Einschränkung: *e quis nonnulla nomina in utraque lingua habent radices, ut arbores quae in confinio natae in utroque agro serpunt: potest enim Saturnus hic de alia causa esse dictus atque in Sabinis, et sic Diana, de quibus supra dictum est;* vgl. 5, 64. 68.

[148] Zum „Sabinismus" Varros vgl. die beiläufigen Äußerungen bei J. Poucet, Les origines mythiques des Sabins ecc., in: Etudes Etrusco-Italiques du Recueil de Travaux d'Hist. et de Philologie 4, 31, Louvain 1963, 175. Les Sabins aux origines de Rome: Légende ou Histoire, in: LEC 39, 1971, 135. 140. Les Sabins aux origines de Rome 103.

[149] Vgl. G. Radke, Varro 312.

aber die Möglichkeit zur Erschließung verschiedener „italischer" Kräfte, die nur in den Augen der römischen Gewährsleute als sabinisch erschienen.

Für echte sabinische Sprachformen gibt es als sicherstes Merkmal das völlige Fehlen des Rhotazismus, d. h. der Wandlung eines intervokalischen -s- über dessen klingende Aussprache zu -r-, wie sie im Lateinischen für die Zeit des Appius Claudius Caecus,[150] im Faliskischen etwa um 300 v. Chr.,[151] im Umbrischen und Volskischen[152] etwa um 400 v. Chr. und im Kamunnischen[153] wie Oskischen in der Anfangsstufe des Lautwandels vorliegt, die mit -z- zu umschreiben ist bzw. in den oskischen Texten in lateinischer Schrift mit -z- umschrieben wird.

Vor einer weiteren Erörterung muß Übereinstimmung in der Gestaltung des überlieferten Textes gefunden werden: Gegenüber *hecralem* in einigen Handschriften,[154] das von Scaliger zu *haec Palem* konjiziert – und damit verfälscht – wurde, geben jüngere Codices[155] *herculem*, was mit Recht aus der Editio Laeti (1471) übernommen ist; durch August. civ. 4, 23 wird Hercules als einer der von Romulus eingesetzten Götter genannt, was die Konjektur des Laetus bestätigt. Ferner wird man statt des in den vorliegenden Handschriften gebotenen *fontem* lieber mit Aldus *fortem* lesen wollen, ohne daß die aufeinanderfolgenden Namen Fortunam und Fortem zu *Fortem Fortunam* zusammenzuziehen sind, wie das un-

---

[150] G. Radke, AL 46 ff. 52.
[151] Die zeitliche Ansetzung hängt von der Datierung des faliskischen Wortes *carefo* (E. Vetter, Handb. nr. 244) ab, das F. Altheim, LatSpr 406 in die Zeit um 300 v. Chr. setzt, während G. Giacomelli, in: A. Prosdocimi, Lingue e dialetti dell'Italia antiqua 515 f. die beiden Kylikes noch aus dem 4. Jh. v. Chr. stammen läßt. Während M. Leumann, Lat. Laut- und Formenlehre[5] 141 *carefo* noch unter die Beispiele für Rhotazismus einreihte, hat er das in der 6. Auflage unterlassen (S. 179) und spricht nur von einer „altfaliskischen Gefäßinschrift" (das umfaßt den Zeitraum bis 241 v. Chr.). Die Annahme G. R. Soltas, Zur Stellung der lateinischen Sprache 46, das Faliskische sei hinsichtlich des Rhotazismus ein Mittelglied zwischen dem Umbrischen und Lateinischen, ist überholt.
[152] Zum volskischen (G. Radke, Volsci 800) und umbrischen (ders. Umbri 1758) Rhotazismus vgl. auch G. Radke, AL 52.
[153] Vgl. G. Radke, Neue Felsinschriften der Val Camonica, in: Gymnasium 69, 1962, 516: *nemazez* (auch mit erster Stufe des Endrhotazismus).
[154] Codd. F, V, b.
[155] Codd. G, H, a.

ter Umstellung der Wortfolge die Vulgata aus B nach dem Zeugnis des Victorius tut; es wäre auch unverständlich, wenn Varro den seit Servius Tullius bestehenden römischen Kult [156] der *Fors Fortuna* als sabinisch hätte bezeichnen wollen. Für selbständigen Gottesnamen *Fortis* stütze ich mich auf Ovid. fast. 3, 850 (vgl. Lyd. mens. 4, 42), der mit *fortis dea* die sabinische *Nerio* meint. Überliefertes *vediodiovi* ist – vermutlich mit Recht – von C. O. Mueller zu *vedio[io]vi* korrigiert worden.[157] In den weiteren Erörterungen gehe ich also von nachfolgendem Texte aus:

> Feronia, Minerva, Novensides a Sabinis.
> Paulo aliter ab eisdem dicimus Herculem, Vestam, Salutem, Fortunam, Fortem, Fidem.
> Et arae Sabinum linguam olent, quae Tati regis voto sunt Romae dedicatae; nam, ut annales dicunt, vovit Opi, Florae, Vediovi Saturnoque, Soli, Lunae Volcano et Summano itemque Larundae, Termino, Quirino, Vortumno, Laribus, Dianae Cloacinaeque.
> E quis nonnulla nomina in utraque lingua habent radices, ut arbores, quae in confinio natae in utroque agro serpunt; potest enim Saturnus hoc de alia causa esse dictus atque in Sabinis et sic Diana, de quibus supra dictum est.

Aus der letztgenannten Reihe nennt August. civ. 4, 23 in Nachfolge Varros *Saturnus, Ops, Sol, Luna, Vulcanus, Lux et quoscumque alios addidit, inter quos etiam deam Cluacinam Felicitate neglecta;* bei Dion. Hal. ant. 2, 50, 3 finden sich Helios, Selene, Kronos, Rhea, Hestia, Hephaistos, Artemis, Enyalios und andere Götter, deren Namen auszusprechen griechischer Zunge schwierig ist. Enyalios steht für Quirinus.

Es ist längst erkannt worden,[158] daß in dieser Aufzählung drei verschiedene Gruppen von Gottheiten vorgeführt werden, deren erste aus Feronia, Minerva und den Novensides besteht und kurz und eindeutig als sabinischer Herkunft *(a Sabinis)* angegeben wird. Wer daran zweifelt, muß den Gegenbeweis antreten. Das gilt für diejenigen Religionshistoriker, die Feronia und Minerva für Göttinnen etruskischen Ursprungs halten,[159] und widerlegt zugleich

---

[156] Vgl. J. Champeaux, Fortuna 199 ff.

[157] Am Ende der Aufzählung bietet die Vulgata *Dianae Cloacinaeque*, wofür August. civ. 4, 23. 6, 10 als Bestätigung angesehen werden könnte. Für *Diana Lucina* spricht Horat. c. s. 15.

[158] Vgl. E. C. Evans, Cults 152 ff. J. Poucet, Recherches 46 ff. Sabius 102. G. Radke, Varro 290 ff.

[159] K. Latte, RRG 189 „Aus Etrurien stammt die Göttin Feronia" u. a.;

die seit G. Wissowa (nach M. Bréal, Les tables Eugubines, 1875, 88) gängige Auffassung, mit *novensides* seien „Neuansässige" entsprechend den *dei adventicii* bei Tertull. ad nat. 2, 9 gemeint. Damit sind Bedeutung und Wert dieses Satzes hervorgehoben. In der zweiten Gruppe nennt Varro Gottheiten, die man in Rom etwas anders als bei den Sabinern benennt *(paulo aliter ab eisdem dicimus)*; er führt sie – und daran läßt die Syntax der Stelle keinen Zweifel – unter ihren lateinischen Namen auf: Hercules, Vesta, Salus, Fortuna, Fortis, Fides. Die sabinischen Namen dieser Gottheiten werden nicht genannt, lassen sich aber mehr oder weniger erschließen. Die dritte Gruppe wird umständlich eingeführt: Altäre dieser Gottheiten, die aufgrund eines Gelübdes des Königs Tatius in Rom geweiht wurden, riechen nach der Sprache der Sabiner *(Sabinum linguam olent)*; für die Angabe hinsichtlich des Gelübdes sowie der Namen der davon betroffenen Gottheiten beruft sich Varro auf Annalen *(ut annales dicunt)*, deren Art und Alter jedoch nicht bekannt sind. Daß die Eigenart dieser Gottheiten der letzten Gruppe durch ihre Sprache bestimmt wird, bietet einen Anhaltspunkt für die Deutung, auch wenn sich herausstellen wird, daß Varro hier sehr allgemein geurteilt hat. Er räumt das selbst ein: Manche Namen haben ihre Wurzeln in beiden Sprachbereichen. Er nennt dafür Saturnus und Diana als Beispiele, für die er eine lateinische Etymologie vorher selbst schon gegeben hatte (5, 64. 68).

Im vorliegenden Zusammenhange wird nicht die Frage nach der Rolle der jeweiligen Gottheit innerhalb der religiösen Vorstellungen des römischen Volkes gestellt, sondern lediglich eine ethnographische Einordnung versucht. Das vollzieht sich im wesentlichen auf sprachlicher Grundlage, so daß die im Namen gegebene Aussage der Bedeutung einer jeden Gottheit erwähnt wird, ohne daß ich daraus schon weiterführende Überlegungen begründen will. Es wird sich zeigen, daß in der Antike angenommene sabinische Herkunft mitunter römischen Ursprung zwar ausschließen, Verehrung in Rom nach Übernahme des Kultes seitens eines anderen italischen Volkes aber als möglich erscheinen lassen oder gar sicherstellen kann.

Unter den nach Varros Auffassung mit Gewißheit sabinischen Gottheiten steht an erster Stelle Feronia. Dieser Einordnung widerspricht K. Latte in einem lapidaren Satz: „Aus Etrurien stammt die

zu Minerva vgl. auch C. De Simone, Die griech. Entlehnungen im Etruskischen 2, 112.

Göttin Feronia, die bei Capena ein altes Heiligtum besaß."[160] Das wird in einer Anmerkung[161] noch unterstrichen: „Die etruskische Herkunft des Kults ist angesichts der ausschließlichen Verbreitung im Bereich der etruskischen Macht nicht zu bezweifeln." Dieser letztgenannten Behauptung widerspricht A. J. Pfiffig[162] mit Recht. Man kann K. Latte freilich in gewissem Sinne verstehen, wenn er von Liv. 5, 8, 5 erfuhr, Capenates und Falisci seien *Etruriae populi*, die im Jahre 397 v. Chr. an den *concilia Etruriae ad fanum Voltumnae habita* teilnahmen (5, 17, 6). Es scheint sich jedoch eher um ein Schutzbedürfnis gegenüber Rom gehandelt zu haben.

Im Vorgelände der Sabina – nur durch das Tibertal von dem sagenumwobenen Cures getrennt – liegt am Fuße des Soracte das berühmte Heiligtum der Feronia im *lucus Capenatis*.[163] J. Heurgons[164] Herleitung aus dem Etruskischen kann ich nicht nachvollziehen. Am Hauptfeste der Göttin fand bei ihrem Heiligtum ein vielbesuchter Markt statt, an dem seit des Tullus Hostilius Zeiten Sabiner und Latiner teilnahmen.[165] Von Etruskern ist in der Überlieferung keine Rede. Bei einem solchen Markttage kam es zu Gewaltmaßnahmen der – offenbar am Orte ansässigen – Sabiner gegen die römischen Besucher; wiederum werden Etrusker nicht erwähnt. Bei der jährlichen Feier pflegte ein Wunder zu geschehen, da „die von der Göttin Ergriffenen" mit bloßen Füßen über glühende Kohlen zu gehen vermochten.[166] Das reiche Heiligtum wurde im Jahre 211 v. Chr. von Hannibal – von der *via Salaria* aus, d. h. über den Tiber hinweg – überfallen und geplündert.[167] Grabungen zu Beginn der fünfziger Jahre haben bei Scorano südöstlich von Capena den Platz der Kultstätte gefunden.

An Lattes Zuweisung ist lediglich verwunderlich, daß er selbst eine umfangreiche Aufzählung von Kultstätten der Feronia in sabinischem Gebiete gibt; und das geschieht zu Recht: In dem sabini-

---

[160] K. Latte, RRG 189. W. Schulze, EN 165 (Gottheit einer etruskischen Familie).

[161] K. Latte, RRG 189, 1.

[162] A. J. Pfiffig, RelEtr 309.

[163] Cato frg. 30 P. *lucus Capenatis*; vgl. Verg. Aen. 7, 697 *lucosque Capenos*.

[164] J. Heurgon, „Ver sacrum" 11 ff.

[165] Liv. 1, 30, 5. Dion. Hal. ant. 3, 32, 1.

[166] Strab. 5, 226; vgl. die *hirpi Sorani* bei Serv. Aen. 11, 787. Plin. n. h. 7, 19.

[167] Liv. 26, 11, 8 f. Sil. Ital. 13, 83 ff.

Beziehungen zu den Sabinern

schen Orte Trebula Mutuesca ist durch mehrere Inschriften der Kult der Feronia bezeugt.[168] Vielleicht gehört auch der sonst unbekannte *picus Feronius*[169] dorthin. Darüber hinaus gab es in der von Cato frg. 50 P. als Heimat der Sabiner angesehenen Umgebung von Amiternun ein *delubrum Feroniai*,[170] aus dem eine Weihinschrift[171] stammt; eine andere wurde in dem benachbarten Aveia gefunden.[172] Unter Berücksichtigung der pikenisch-sabinischen Wandersage[173] wird man auch die Zeugnisse für Verehrung der Feronia, die sich in Septempeda und Tuficum fanden,[174] diesem „sabinischen" Bereiche hinzurechnen dürfen, während der Name der Göttin auf einem Cippus in Pisaurum[175] wohl durch den römischen Kult dorthin gekommen und dementsprechend nur für dessen Datierung von Interesse ist.

Da nach Catos Auffassung[176] die Sabiner in sehr engen Beziehungen zu dem Teil der Spartaner standen, der nach der Gesetzgebung des Lykurgos die Heimat verließ und sich an der tyrrhenischen Küste Italiens in Tarracina angesiedelt haben soll, eröffnet sich auch ein Zusammenhang des dortigen Feronia-Kultes mit dem Sabinertum. Historisch gesehen könnten sabinische Splitter mit der volskischen Südwanderung zu Ende des 6. Jahrhunderts v. Chr. nach Tarracina gelangt sein. Auch dort wird die Göttin in einem heiligen Hain, dem *lucus Feroniae*,[177] verehrt, der drei Meilen nordwestlich der Stadt lag und eine heilige Quelle besaß.[178] Im *fanum* der Feronia fanden Sklavenfreilassungen statt: *bene meriti servi sedeant, surgant liberi*.[179] Der Kultname der Göttin war *Iuno virgo, quae Feronia dicebatur*,[180] was andernorts[181] auch in der

---

[168] CIL I² 1832. 1833. 1834 = ILLRP¹ 90. 91. 92.
[169] Fest. 214, 19 L.
[170] CIL I² 1847 = ILLRP² 486.
[171] CIL I² 1848 = ILLRP² 93; vgl. 93 a. b.
[172] CIL IX 3602.
[173] Paul. Fest. 235; 16f. L. Plin. n. h. 3, 110. Strab. 5, 228, 240.
[174] CIL XI 5711. 5712 (Septempeda). 5686a (Tuficum). ILLRP² 1278 (Bagnacavallo bei Faenza).
[175] CIL I² 377 = ILLRP² 22.
[176] Cato frg. 50 P. Dion. Hal. ant. 2, 49; vgl. frg. 51 P. (Serv. Aen. 8, 638).
[177] Verg. Aen. 7, 800 mit Serv. Horat. serm. 1, 5, 25 mit Ps. Acro 24.
[178] Horat. serm. 1, 5, 24. Serv. Aen. 8, 564.
[179] Serv. auct. Aen. 8, 564. Varro frg. 222 Cardauns.
[180] Serv. Aen. 7, 791.
[181] CIL V 412 in Istrien.

Form *Iuno Feronia* bezeugt ist. Wenn schon die genaue Grundbedeutung des Wortes *virgo* unbekannt ist, wird man im Namen einer *Iuno virgo* doch wohl mit Recht eine Art Binneninterpretation im Sinne von „mutterseelenallein" < franz. «moi tout seul» oder „mausetot" < hebr. מות „tot sein" erkennen dürfen, wie sie auch in den Doppelnamen *Venus Frutis* (s. u. S. 159) und *Numisius Martius* (s. u. S. 102. 159) belegt ist. Die Erklärung des Namens *Feronia* von einem Stamme **bhěr-*, wie sie Dion. Hal. ant. 2, 49, 5 bietet, wird von W. Schulze [182] als „schlechte Etymologie" abgelehnt; Verbindung mit dem Namen ihres angeblichen Sohnes *Hěrulus* [183] und mit etruskisch φersu [184] lassen sich bei der nachfolgenden sprachlichen Analyse ausschließen.

Der Weg zu einer Deutung wird durch eine Anmerkung des Serv. auct. Aen. 8, 564 zum Namen der Feronia gewiesen: *quam Varro Libertatem deam dicit, Feroniam quasi Fidoniam*. Ein Name Fidonia ist sonst nicht bezeugt, Beziehung zu lateinisch *fides* läßt sich nicht erweisen. Zum Verständnis der Stelle muß man annehmen, das der Scholiast den varronischen Text nur sehr kurz exzerpierte; er sagt zum Namen der Feronia: *quam Varro Libertatem deam dicit*. Dann erinnert er sich, daß Varro neben dem Namen Feronia auch noch einen Namen Fidonia genannt habe, der von Feronia nicht verschieden sei; so fügt er hinzu: *Feroniam quasi Fidoniam*, wobei nicht erkennbar ist, ob Varro oder der Scholiast bei Nennung dieses Namens überhaupt an lateinisch *fides* dachte.

Man wird rekonstruieren dürfen, daß Varro im Heiligtum der Feronia nicht nur den Spruch zur Freilassung von *bene meriti servi* als lateinische Inschrift gelesen habe, sondern auch den Namen der Feronia in einer älteren Inschrift, die er – irrtümlich – als Fidonia oder Fidunia verlas, da sie – wie ich anzunehmen allen Grund zu haben glaube – in oskischer Schrift geschrieben war. So müßte für Varro □FIDVNIA (d. h. *hvidunia*) zu lesen gewesen sein. Von den verschiedenen Möglichkeiten, den Laut *-f-* in oskischer Schrift wiederzugeben, [185] setze ich die ältere, auch dem Etruskischen geläufige, [186] Form F□ bzw. □F, d. h. das Digramm Digamma-He *(vh)* bzw.

---

[182] W. Schulze, EN 165, 5.
[183] Verg. Aen. 8, 564; vgl. F. Altheim, LatSpr 156. TM 103.
[184] F. Altheim, TM 102.
[185] Zu den verschiedenen Formen der Wiedergabe des Buchstabens *-f-* in der oskischen Schrift vgl. die Münzlegenden bei E. Vetter, Handb. S. 135f.
[186] Vgl. *hvulvies* für latein. *Fulvius* bei TLE² 41 f.

He-Digamma *(hv)*, voraus, wobei denkbar ist, daß Varro das □ am Anfang übersah oder durch Verwitterung der Inschrift nicht erkannte bzw. nicht mehr vorfand. In der oskischen Schrift des 4. Jahrhunderts v. Chr. hatte einfaches I die Bedeutung des späteren *-i-* mit diakritischem Strich bei einem Lautwert von *-ĭ-* oder *-ē-*; oskisches D gibt den Laut *-r-* wieder,[187] so daß bei einer aus zahlreichen inschriftlichen Beispielen bekannten Beachtung von V als *-ō-* ein der oskischen Schrift Kundiger die von mir angenommene Inschrift □FIDVNIA (d. h. *hvidunia*) als *Fēronia* lesen konnte, ein dieser Schrift Unkundiger jedoch bei Lesung nach der ihm bekannten lateinischen Schreibweise als *Fidonia* mißverstehen mußte. Diese meine Erklärung[188] des bisher unverständlichen Namens Fidonia ist von A. J. Pfiffig a. O. 309 rückhaltlos anerkannt worden.

Der so festgestellte Namensstamm *Fēr-*[189] kann weder aus **fers-* (*-ers-* führt zwar im Oskischen zu *-ēr-*, wird aber dann mit *-e-* oder *-ee-*, niemals mit *-i-* oder *-í-* geschrieben) noch aus **fēs-* (Rhotazismus ist dem Sabinischen unbekannt und im Oskischen nur bis zum Stimmhaftwerden des intervokalischen *-s-* gediehen) entstanden sein, ließe sich aber sowohl auf **bhēr-* wie auf **dhēr-* oder **gu̯hēr-* zurückführen und schließlich auch unter Berücksichtigung des gerade sabinischen Wandels von anlautendem *h-* < *gh-* zu *f-*[190] aus **ghēr-* erklären. Während mit den drei erstgenannten Stämmen kein Anschluß gefunden werden kann,[191] der sich neben den Namen der Feronia stellen ließe, kann **ghēr-* mit altnord. *geire*, althdt. *gērō* „weiblicher Schoß" verbunden werden. Dazu gesellen sich Hesych. s. Ἀχειρώ (das Alphabet fordert Ἀχηρώ) . . Δημήτηρ und Hesych. s. Χειρογονία· Περσεφόνη; ἀχηρώ < **sm̥-ghērō* steht bedeutungsmäßig neben ἀδελφός „aus dem gleichen Mutterleibe geboren". Formal passen Ἀχηρώ-Feronia zu Λατώ-Latona. Inhaltlich stimmen die von Dion. Hal. ant. 3, 32, 1 gegebenen Gleichsetzungen mit Ἀνθοφόρος, Φιλοστέφανος,

---

[187] Zur Verwechslung von osk. *-r-* und latein. *-d-* vgl. R. Bloch, in: Rev. Ph. 26, 1952, 182. Ein gutes Beispiel ist die faliskische Inschrift CIL I² 365 = E. Vetter, Handb. nr. 320 mit *pretod* für *pretor* (= Praetor). Vgl. ferner ILLRP² nr. 238.

[188] Vgl. G. Radke, Varro 292 ff. Götter 124 ff. AL 104.

[189] Vgl. Horat. serm. 1, 5, 24. Verg. Aen. 7, 800. Sil. Ital. 13, 34. Ptolem. 3, 1, 47 Λοῦκος Φηρωνίας.

[190] Vgl. M. G. Bruno, Sabini 41 ff.: *fēdus, fircus, fasēna* u. a.

[191] Hesych. s. φῆρον dürfte kaum verwendbar sein.

Φερσεφόνη eher zu der vegetabilisch-agrarischen [192] Seite der Göttin als zu einer animalischen, finden jedoch über die mögliche Gleichsetzung mit der römischen Libera ihre Einordnung. Bedeutungsmäßig ist *Hĕrentas*, die Göttin des „Begehrens", von dieser sabinischen *Fēronia-*Hēronia* fernzuhalten.

Vor der in Pisaurum erhaltenen Weihung [193] und vor dem im Jahre 217 v. Chr. von freigelassenen Frauen auf Anweisung der *Xviri s. f.* in Rom der Feronia dargebrachten Opfer [194] wurde ihr – vielleicht gleichzeitig mit der Gründung der Kolonie Tarracina im Jahre 329 v. Chr. [195] oder mit der Verleihung des römischen Bürgerrechts an die Trebulani, bei denen sie Kult besaß (s. o. S. 101) – im Jahre 303 v. Chr. [196] auf dem Marsfeld ein Tempel geweiht, dessen Stiftungstag der 13. November war; [197] man identifiziert ihn meist mit dem Tempel C am Largo Argentina, der aus dem Ende des 4. Jahrhunderts v. Chr. stammt. Auch hier ist keinerlei Berührung mit dem Etruskischen zu erkennen, während andererseits die Übernahme des Feronia-Kultes nach Rom zur Zeit der Einbeziehung ihrer bisherigen Verehrer in Tarracina und Trebula Mutuesca [198] in die politische Gemeinschaft Roms für die sabinische Herkunft gerade dieser Götter spricht.

Daß Varro in l. l. 5, 74 Minerva als eine sabinische Göttin ausgibt, findet – um es aufrichtig einzugestehen – die einzige, bis zu einem gewissen Grade sichere Stütze in der Nachricht von ihrem alten Kult im sabinischen Orvinium bei Dion. Hal. ant. 1, 14, 3. Die Herleitung des Namens hat schwere Probleme aufgeworfen, die nach wie vor ungeklärt geblieben sind. Es schien als eine naheliegende Erklärung angesehen werden zu können, für den Namen der von der Forschung im Grunde aber doch als römisch verstandenen Göttin von einem Nominalstamme **mĕnĕs-* (zu griechisch μένος „Geist, Mut, Zorn") auszugehen, dessen nach Anfügung eines Suffixes *-(u)u̯a* zwischen Vokale geratenes *-s-* durch Rhota-

---

[192] Corp. Gloss. Lat. IV 238, 25. 342, 18. V 599, 27 *(dea agrorum)*. V 456, 23. 500, 47 *dea agrorum sive inferorum*. Vgl. die Namen, die ihr Dion. Hal. ant. 3, 32, 1 gibt: Ἀνθοφόρος, Φιλοστέφανος, Φερσεφόνη. G. Radke, Götter 125.

[193] CIL I² 377 = ILLRP² 22.

[194] Liv. 22, 1, 18.

[195] Liv. 8, 21, 12. Vell. Pat. 1, 14, 4.

[196] Liv. 10, 1, 3.

[197] Fast. Arval. CIL I² p. 215 = I. I. p. 43. Fast. Antiat. vet. I. I. p. 22.

[198] Wann Capena gegründet wurde, ist unbekannt.

zismus zu -r- geworden sei; durch Synkopierung habe sich aus viersilbigem *měněsŭa-měněrŭa*[199] dreisilbiges *menerva*-Minerva[200] entwickelt. Schon die Existenz von *versus Minervii*[201] und einer Form *promenervat*[202] in den Salierliedern hätte vor dieser Erklärung warnen sollen, da die Grammatiker gerade vorrhotazistische Formen in alten Kultliedern sammelten[203] und ein vorauszusetzendes **menesua-*menesuva* sich sicherlich nicht hätten entgehen lassen; daß sie *promenervat* und *Minervii* bezeugen, spricht allein schon gegen Entstehung des Namens aus Rhotazismus. Der entscheidende Schock für diese Deutung trat aber ein, als in Veji[204] wie in Sa. Marinella[205] Inschriften des 6. und 5. Jahrhunderts v. Chr. mit der eindeutigen Namensform *menerva* gefunden wurden, bei denen die Punktierung[206] nach -r- zu erkennen gibt, daß -rv- keine zusammenhängende Lautgruppe bildet, der Grundstock des Namens also **měněr-* lautet.

Unter Beibehaltung der bisherigen Erklärung müßte man zugestehen, daß sich schon mindestens zwei Jahrhunderte vor der Wirksamkeit des Rhotazismus in Umbrien wie in Rom dieser Lautvorgang an einem anderen Platze abgespielt habe, um aus **menesua*

---

[199] Bei Annahme der Namensentwicklung aus **měněs-* müßte eine viersilbige Form **měněsuva* vorausgesetzt werden, da nur intervokalisches -s- Rhotazismus erfährt, -s- vor konsonantischem -u̯- hingegen unter Ersatzdehnung der vorausgehenden kurzen Silbe ausgefallen wäre; es „findet sich im Altlatein nur dreisilbige Messung *Mineru̯a*" (LEW 2, 91). Für Entstehung durch Rhotazismus treten dennoch F. Altheim, Minerva, in: RE XV 1786. M. Leumann[6] 179 u. a. ein.

[200] Plaut. Bacch. 893. Enn. ann. 62. Lucil. 125 M. ist der Name Minervas dreisilbig zu lesen.

[201] Paul. Fest. 3, 15 L.

[202] Fest. 222, 23 L. Vgl. H. Rix, Rapporti 121: «derivato invece dall'aggettivo **menesu̯o-* (> *meneru̯o-*), **menervare* (< **menesu̯āsi*) significava 'fare saggio'.»

[203] Vgl. *fesias, fesiis* bei Paul. Fest. 76, 17. Fest. 323, 5f. L. (G. Radke, AL 47), *orieso, Cusiatii* und *es⟨e⟩d* bei Varro, l. l. 7, 26 (G. Radke, AL 117 ff.) und *leucesi* bei Ter. Scaur. GL VII 28 K. (G. Radke, AL 116).

[204] Für Veii vgl. B. Nogara, in: NSA 1930, 326, 7. 329, 21. 333, 44. C. De Simone, Entlehnungen 2, 111. H. Rix, Rapporti, 112.

[205] Für Sa. Marinella vgl. M. Torelli, in: SE 33, 1965, 505. Zu anderen Orten vgl. C. De Simone, Entlehnungen 111. H. Rix, Rapporti 112.

[206] M. Torelli a. O.: *Jner.vas.* mit Binnenpunktierung (diese Bezeichnung ist dem üblichen Ausdruck „Silbenpunktierung" vorzuziehen); dazu vgl. G. Radke, Rez. M. Lejeune, Manuel, in: Gymnasium 84, 1977, 99f.

das sicher und mehrfach bezeugte *menerva* zu bilden. Man verfiel auf den Gedanken, daß der Rhotazismus in Falerii früher wirksam gewesen sei und dort der Ursprung von Namensform und Kult gesucht werden müsse.[207] Das älteste inschriftliche Zeugnis mit dem Namen *Menerva*[208] stammt jedoch aus *Falerii novi*-Sa. Maria di Falleri, wurde also nach Zerstörung der Altstadt im Jahre 241 v. Chr. geschrieben. Auch das älteste Beispiel für Rhotazismus in der faliskischen Sprache,[209] die Verbalform *carefo*,[210] gehört erst der Zeit um 300 v. Chr. an,[211] so daß Falerii nicht als Heimat dieser Lauterscheinung angesprochen werden kann. Vorbilder für die etruskischen Zeugnisse, in denen das -*r*- schon fester Bestandteil des Namens *menerva, menrva* ist, haben sich nicht finden lassen; von einer Bestätigung eines älteren italischen **měněsŭva* kann keine Rede sein. Weist man aber – wie ich glaube: mit Recht – etruskische Herkunft der Namensform – um diese geht es; die Ikonographie der Göttin ist griechisch und richtet sich nach dem Bild der wehrhaften Athena – zurück, muß eine neue Erklärung gefunden werden.

Das hat H. Rix[212] unternommen: Um von der protolatinischen oder protoitalischen Form **menesu̯a* zu der für das 6. Jahrhundert v. Chr. bezeugten Form des Namens *menerva* zu kommen, bleibe nur übrig, einem Übergang von -*su̯*- zu -*ru̯*- zwischen Vokalen zuzustimmen, der sich vor der Entlehnung des Namens seitens der Etrusker vor dem 6. Jahrhundert v. Chr. und – sowohl zeitlich wie auch hinsichtlich der lautlichen Bedingungen – unabhängig von dem geläufigen Rhotazismus des 4. Jahrhunderts v. Chr. abgespielt habe. H. Rix sieht in der Entstehung von Formen wie *mergo* < **mezgo* < **mesgo* und *virga* < **u̯izga* < **u̯isga* eine bestätigende Analogie zu einem «passaggio pre-rotacistico di *su̯* a *ru̯*».

---

[207] Zum frühen Rhotazismus in Falerii als angebliche Zwischenstufe zwischen dem umbrischen und dem lateinischen Rhotazismus vgl. G. R. Solta, Zur Stellung der lateinischen Sprache 46. Der Rhotazismus im Umbrischen setzt nicht vor dem in der lateinischen Sprache ein.

[208] Faliskisch *menerua* (mit konsonantischem *u*) bei E. Vetter, Handb. 320 (= CIL I² 365) stammt aus der Zeit nach der Zerstörung Faleriis, d. h. aus der 2. Hälfte des 3. Jh.

[209] Zum Rhotazismus in Falerii vgl. G. Giacomelli, La lingua Falisca 123 f.

[210] Vgl. E. Vetter, Handb. nr. 244.

[211] Vgl. F. Altheim, LatSpr 406. Nach A. Morandi, Epigrafia Italica 58 „databili nella seconda metà del IV sec. a. C.".

[212] H. Rix, Rapporti 116 ff.

Diesen Vorgang glaubt er auch in den lateinischen Wörtern *acervus, protervus, caterva* und *furvus* vollzogen.

Dagegen lassen sich jedoch Bedenken erheben: Zu *acervus* halte ich es für näherliegend, das Wort nicht von *acus, aceris* „Spreu", sondern von *ocri- „Stein, Fels" abzuleiten; ein Steinhaufen kann m. E. eher die allgemeine Bedeutung „Haufen" annehmen als leichte Spreu. Die Etymologie von *protervus* ist umstritten, und damit auch die Herleitung von *petes- unsicher. Das Wort *caterva* wird von zwar späten, aber zuverlässigen Zeugen [213] als Lehnwort aus dem Gallischen bezeichnet; es wird zuerst bei dem Insubrer Caecilius Statius (com. frg. 38 R.) bezeugt, was diese Herkunft bekräftigen dürfte. So scheint allein neben latein. *fuscus* gleichbedeutendes *furvus* < *fus-u̯ŏ- zu verbleiben; aber auch das steht auf unsicherem Boden: Wie neben *flāvus* < *bhl̥-u̯ŏ- latein. *fulvus* < *bhl̥-u̯ŏ- steht, ließen sich auch „sabinisch" *rāvus* < *ghr̥-u̯ŏ- und *ghr̥-u̯ŏ- miteinander verbinden, woraus dann unter Berücksichtigung des im Sabinischen geläufigen Übergangs von anlautendem *h-* zu *f-* aus *horvŏ-, *hurvŏ- erhaltenes *furvŏ-* hätte entstanden sein können. Ich beabsichtige nicht, damit eine neue Etymologie der Farbnamen [214] aufzustellen, sondern will nur das Ausmaß der Unsicherheit andeuten, mit der die Annahme einer «legge fonetica non-canonica» dieser Art zu rechnen hat.

Es gesellt sich noch ein grundsätzliches Bedenken hinzu: Wie der bekannte Rhotazismus die intervokalische Stellung erfordert, die selbst beim umbrischen – und kamunnischen [215] – Endrhotazismus durch das Nachklingen im Satzganzen [216] ausschlaggebend für das Stimmhaftwerden des ursprünglich stimmlosen *-s-* ist, müßte man bei dem von H. Rix vorgeschlagenen Lautvorgang eine – mindestens vorübergehende – Vokalisation des konsonantischen *-u̯-* nach *-s-* voraussetzen, um die Möglichkeit zum Wechsel der Klangstelle zu bieten. Das wäre eine ad hoc erfundene unverbindliche Vorweg-

---

[213] Isid. or. 9, 3, 46. Corp. Gloss. Lat. V 214, 27.

[214] Es ist auffällig, wie viele Farbnamen im Lateinischen mit dem Suffix *-u̯ŏ-* gebildet sind; dazu rechne ich auch *ghl̥r-u̯ŏ-, woraus dann *larva* entstand. C. De Simone, Entlehnungen 112, 77 geht von *lārŭa* aus; für Plautus ist dieses Wort in der Tat als dreisilbig nachweisbar (Amph. 777. Aul. 642. Capt. 598. Cas. 592. Men. 890. Merc. 981), was meiner Herleitung jedoch nicht widerspricht.

[215] G. Radke, Neue Felsinschriften der Val Camonica, in: Gymnasium 69, 1962, 516.

[216] G. Radke, AL 46.

nahme eines erst zwei Jahrhunderte später erfolgten Lautvorgangs ohne sichtbare Folgen außerhalb der diskutierten Beispiele. Das kann mich nicht überzeugen.

Dieses Ergebnis bestätigt die Berechtigung des von mir unternommenen und keinesfalls als „recht zweifelhaft" angesehenen[217] Versuches,[218] die Deutung des Namens Minerva mit Hilfe eines Etymons zu finden, in dem das -r- nicht erst im Laufe eines sekundären sprachlichen Prozesses entstand, sondern schon ursprünglich vorhanden ist, wie das die Punktierung in etruskisch *[men]er. vas* (M. Torelli, Stud. Etr. 33, 1965, 505) bestätigt. Ich gehe von der Annahme aus, daß $měněru̯a$ entsprechend den vergleichbaren dissimilatorischen Lautvorgängen bei $geněr < {*}geměr$ (vgl. griechisch γαμβρός) und $těněbrae < {*}těměsra$ aus einer Form ${*}měměru̯a$[219] entstanden sei. Diese Form kam durch Reduplikation eines Stammes ${*}měr$- zustande, wobei lautgesetzlich der auslautende Konsonant der ersten unbetonten Silbe durch Dissimilation unterdrückt wurde[220]: ${*}mě\text{-}měr\text{-}u̯a < {*}měr\text{-}měr\text{-}u̯a$. Der Vorgang der Reduplikation scheint mir auch durch Beispiele innerhalb der etruskischen Überlieferung nahegelegt: Als die Etrusker den Namen kennenlernten, hörten sie ihn offenbar sowohl in seiner reduplizierten wie auch in einer einfachen Form. Neben den zahlreichen Zeugnissen für *menerva* und *menrva* sind ebenfalls *merva*[221] und *mera*[222] belegbar; der letztgenannte Name ist einer eindeutig als Athena-*menrva* identifizierbaren Göttin beigeschrieben und sollte nicht zu

---

[217] C. De Simone, Entlehnungen 111, 75 b unterstellt mir ein Zugeständnis, das ich nie gegeben habe; ich schrieb „man wird eher an die Möglichkeit einer offenbar schon sehr alten Dissimlation $m > n$ erinnern dürfen, derzufolge *gener* aus **gemer* (vgl. griech. γαμβρός) und *tenebrae* aus **temesra* zu erklären sind" (Götter 218).

[218] G. Radke, Varro 297f. Götter 218.

[219] A. J. Pfiffig, RelEtr 256 schreibt irrig *mermerua*.

[220] Als Beispiel kann der Name des *Fabaris* (< **bhă[r]-bhr̥r-ĭs*) bei Verg. Aen. 7, 715. Vib. Sequ. p. 148 R. genannt werden, dessen sabinische (vgl. Serv. Aen. a. O. *Fabarim autem quem dicit etiam ipse per Sabinos transit et Farfarus dicitur*) Form *Farfarus* (< **bhăr-bhr̥r-ŏs*) bei Plaut. Poen. 478 (mit Vokalschwächung zu *Farfĕri*). Ovid. metam. 14, 330. Sil. Ital. 4, 182 belegt ist.

[221] Die Form *merva* bei G. Körte, Etrusk. Spiegel V taf. 59. C. Thulin, Die Götter des Martianus Capella und der Bronzeleber von Piacenza 39.

[222] Die Form *mera* in TLE² 207; vgl. A. J. Pfiffig RelEtr 53.

„me(ne)r(v)a"²²³ ergänzt werden, da er offenbar aus einer suffixlosen Form des zugrundeliegenden Stammes besteht. Vergleichbar sind *Strenua* neben *strena* und *Sancus* < **sank-u̯os* neben *sankos* (d. h. σάγκος).²²⁴ Die vermutlich aus Varros ›Antiquitates‹ stammende Formulierung bei Arnob. 3, 31 hört sich wie eine Erinnerung an die angenommene Form **mĕmĕru̯a* an: *Ipsum nomen Minervae quasi quaedam Meminerva;* dazu passen die Herleitungen des Varro von *memoria*²²⁵ und des Verrius Flaccus von *monere.*²²⁶ Inhaltlich beschreibt Cic. dom. 144 die Göttin als *custos urbis*. In der Kultsprache heißt sie *Minerva Memor*.²²⁷ Es ist der passende Name für eine Stadtgöttin – wie Minerva in Orvinium –, die den ihr anvertrauten Menschen Schutz, Hilfe und Fürsorge widmet.

Die varronische Zuweisung Minervas an die Sabiner wird schließlich auch durch ihre enge Verbindung mit Nerio empfohlen. Nerio trägt einen sabinischen Namen,²²⁸ der *virtus et fortitudo* bedeutet.²²⁹ Das ist eine sichere Grundlage, die sich nicht abstreiten läßt. Bestünde diese Verbindung jedoch lediglich aus der von Ovid geschilderten Romanze,²³⁰ könnten noch Zweifel aufkommen. Diese werden jedoch völlig ausgeräumt durch die Vereinigung von Minerva und Nerio in einer vermutlich aus der Gebetspraxis erhaltenen Anrufung bei Varro sat. Men. 506 B.: ⟨*Ad*⟩, *Nĕriēn, es, Minerva* „sei zugegen, Nerien Minerva!". Man muß diese Worte aus der gesamten überlieferten Partie dieser zwei Senare zu verstehen suchen²³¹:

---

²²³ A. J. Pfiffig RelEtr 257.
²²⁴ Lyd. mens. 4, 138; vgl. o. S. 108.
²²⁵ Paul. Fest. 109, 27 *hanc enim pagani pro sapientia ponebant*. Varro frg. 135 Cardauns bei August. civ. 7, 3 *puerorum memoriam;* vgl. auch Arnob. 3, 31 *memoriam nonnulli unde ipsum nomen Minerva quasi quaedam Meminerva formatum est.*
²²⁶ Fest. 222, 23. Paul. Fest. 109, 27 L.
²²⁷ CIL XI 1292 ff. wird *Minerva Memor* genannt.
²²⁸ Zur sabinischen Herkunft von *Nerio* vgl. M. G. Bruno, Sabini 7.
²²⁹ Gell. 13, 23, 7 *sive Nerio sive Nerienes est, Sabinum verbum est eoque significatur virtus et fortitudo;* das läßt erkennen, daß schon Gell. a. O. *Nerienes* irrtümlich als Namensform des Nom. sg. bzw. Vocativ ansah. Vgl. zur Bedeutung auch Suet. Tib. 1, 1.
²³⁰ Ovid. fast. 3, 675 ff.
²³¹ G. Radke, Götter 29. Nerio 195. Vgl. J. Champeaux, Fortuna 226 f., der ich mich nicht verständlich genug machen konnte: Von den vier Namen

Te, Anna ac Peranna, Panda te ⁺calo⁺ Pales,
⟨ad⟩, Nerien, es, Minerva, Fortuna ac Ceres.

Ob die Zusammenstellung der vier Namenspaare jeweils durch eine kopulative Konjunktion oder asyndetisch erfolgt, macht keinen Unterschied und kommt auf das gleiche hinaus; dafür gibt es genug Beispiele.[232] Innerhalb der Paare ist immer einer der beiden Namen attributiv zu verstehen; die Stellung der Glieder hinsichtlich dieser Ordnung wechselt in der Folge AB, BA und AB, BA ab. Zu Anna gehört ergänzend und Vollzug bekundend Peranna, zu Pales bittend und auffordernd Panda. Zu dem Vokativ *Nĕriĕn* tritt Minerva als nähere Bestimmung in adjektivischer Form des Namens;[233] daß Ceres ihre Funktion erfüllt hat, lehrt der attributiv zugehörige Name der „Bringerin" Fortuna. Nerio als Vorderglied findet sich auch in der allein im Akk. sg. bei Gell. 13, 23, 2 bezeugten Anrufung *Nerienemque Martis*; bekanntlich ist es gleichwertig, ob der zweite Name als Genetivattribut oder als Adjektiv gesetzt wird.[234]

Für den Namen der Nerio – neben einmaligem Neria[235] – haben sich folgende Formen analysieren lassen[236]: Neben dem allein bei

verbindet Varro die beiden Glieder des ersten und des letzten durch die Konjunktion *ac*, während sie beim zweiten und dritten asyndetisch nebeneinanderstehen, jedoch jeweils durch das Verbum (*calo* und *es*) getrennt werden; beim ersten und dritten Namen steht der führende Teil voran, Panda ist Attribut zu Pales und Ceres findet ihre Bestätigung in Fortuna.

[232] Zu *Anna Perenna* (Fast. Vat. CIL I² p. 242 *feriae Annae Perennae.* Fast. Antiat. vet. I. I. p. 6 *Ann(ae) Perennae*) vgl. *Anna ac Peranna* (Varro sat. Men. 506 B.), zu *Telluri Cereri* (Cic. nat. deor. 2, 62. Varro, r. r. 3, 1, 5) *Telluri et Cereri* (Serv. auct. georg. 1, 21), zu *Aius Locutius* (Liv. 5, 50, 5 *Aio Locutio*) Φήμη καὶ Κληδών (Plut. Cam. 14. Fort. Rom. 5), zu *Mutunus Tutunus* (Fest. 142, 20. Paul. Fest. 143, 10 L.) *Mutini Titini*) *Mutunus et Tutunus* (Tert. nat. 2, 11. apol. 25, 3), *Mutunus atque Tutunus* (Arnob. 4, 11), *Mutunus vel Tutunus* (August. civ. 4, 11), zu *IOM* (üblich für *Iuppiter Optimus Maximus*) *Iovem optimum et maximum* (Cic. fin. 3, 66). Jedoch sind *Fors Fortuna* (Ter. Phorm. 841) und *fors aut Fortuna* (Acc. trag. frg. 110 R.) nicht miteinander vergleichbar.

[233] Vgl. H. Rix, Rapporti 121.

[234] Zur Austauschbarkeit von genitivischem und adjektivischem Attribut vgl. Cic. rep. 1, 43 *res publica res populi.* Macrob. sat. 1, 15, 18 *Varronis et pontificalis adfirmat auctoritas;* vgl. ferner *Ianui Quirino* (Fest. 204, 17 L.) mit *Ianum Quirini* (Horat. c. 4, 15, 9) und *genius Iovis* (CIL I² 756, 16) mit *genius Iovialis* (Arnob. 3, 40); vgl. Fest. 66, 15 L. (s. u. Anm. 295).

[235] Cn. Gell. frg. 15 P.

[236] G. Radke, Nerio 191 ff.

Gell. 13, 23, 4. 6. 10 bezeugten Nom. sg. *Nerio* wird ein Nom. sg. *nĕriēn* genannt;²³⁷ für den Vokativ steht die vorgenannte Form *nĕriēn* bei Varro a. O.; der Gen. sg. findet sich bei Martian. Cap. 1, 4 und läßt sich metrisch nach dem Beispiel von *Aniĕnis*²³⁸ als *Nĕriēnis* bei Licin. Imbrex com. frg. p. 39 R.³ wiederherstellen;²³⁹ ein Dat. sg. ist nicht belegt; für den Akkus. sg. *Nĕriēnem* neben *Aniēnem* zeugen Plaut. truc. 515 und Enn. ann. 104;²⁴⁰ *primam correptam tertiam produxerunt* (Gell. 13, 23, 3); der Abl. sg. findet sich nur in der Überschrift zu Gell. 13, 23. Nach allem, was sich im Vorausgehenden über lateinische und sabinische Sprachgewohnheiten sagen ließ (s. o. S. 33), heißt die original sabinische Namensform *Neriēn* mit erhaltenem -*n* des Suffixes, während in Nerio (< *Neriōn) die latinisierte Form mit unterdrücktem -*n* erhalten ist.

Daß Minerva als Attribut zu Nerio-Nerien genannt wird, läßt sich mit dem Namen der aus Falerii übernommenen *Capta Minerva* vergleichen.²⁴¹ Was *Capta* bedeutet, hat sich noch nicht deuten lassen, da die von Ovid gebotenen Erklärungen unbrauchbar sind; wertvoll an seiner Erwähnung des Namens ist lediglich die Reihenfolge der beiden Namensteile. Offenbar ist die im adjektivischen *minerva* als Attribut ausgedrückte besondere Eigenart einer sabinischen Göttin Nerien und ebenso einer faliskischen Göttin Capta – vielleicht lautete der Name auch etwas anders und ist nur von Ovid für seine Deutung zurechtgestutzt – in dem Namen Minerva zu erkennen; für die Römer, die die Göttin bei ihren Nachbarn kennenlernten und von ihnen übernahmen, geriet der voranstehende eigentliche Gottesname in Vergessenheit und verselbständigte sich das Attribut *Minerva* zu einem neuen Namen für eine eigene, nun völlig römische Göttin. Eine ähnliche Entwicklung scheint zu dem Namen des Sancus *(Sancu-)* geführt zu haben.

---

²³⁷ *Nĕriēn* ist aus νηριχη bei Lyd. mens. 4, 60 wiederherzustellen. Porphyr. Horat. epist. 2, 2, 209 *Nerien[e] est appellata.*
²³⁸ Prob. GL IV 9, 25 ff. K. *quod in genetivo o in e correptam mutat hic Anio, huius Aniĕnis.* Plot. Sacerdos GL VI 474 K. *quod in genetivo o in e correptam mutat ante novissimam syllabam hic Anio, huius Aniĕnis.*
²³⁹ Gellius fand schon einen Akkusativ *Nĕriēnem* vor, an dessen Quantitäten er mit Recht Kritik übte; ich habe a. O. 193 vorgeschlagen, ⟨*nōmĭnĕ*⟩ / *nōlo ĕgŏ Nĕáĕraē tĕ vŏcént, sēt Nĕriēnís* als Originaltext anzunehmen, der in dieser Form dem Gellius schon nicht mehr vorlag.
²⁴⁰ Enn. ann. 104 *Nerienem Mavortis* muß mit konsonantischem -*i*- gelesen werden: *Nérjēném Māvórtis.*
²⁴¹ Ovid. fast. 3, 835 ff.; vgl. G. Radke, Götter 81.

Das alles muß sich abgespielt haben, ehe *menerua in Rom als Minerva und in Etrurien als *menerva-menrva* das Bild der griechischen Athena annahm, unter dem sich ihre Selbständigkeit herausgebildet haben dürfte. So ist es wohl auch verständlich, daß Minervas Name noch nicht im ältesten Kalender vertreten ist. Nerio war von solchen Einflüssen offenbar nicht betroffen. Bei diesen Vorgängen innerhalb der jeweiligen Göttervorstellung spielte es für die römische Minerva keine Rolle, daß die etruskische *menerva* ein eigenes „mythologisches" Leben zu gestalten begann. Ihr besonderes Verhältnis zu Hercules[242] und ihre Verbindung mit dem *mariś*-Knaben[243] stellt Aussagen einer inneretruskischen Entwicklung dar, die eher dem Bereiche der Dichtung als dem eigentlichen Kulte angehört. Gerade daß es dabei zu so „grenzüberschreitenden" Bildungen kommen konnte, wie sie der gewappnete und namentlich durch Beischrift als Mars bezeichnete Knabe auf einer pränestinischen Ciste darstellt,[244] ist nur aus dichterischer Freizügigkeit zu verstehen und verschließt sich religionshistorischer Deutung.[245] Selbst wenn das mythische Element der Feuertaufe zur Erreichung der Unsterblichkeit eine Rolle spielen sollte, sind die Glaubensvorstellungen der Römer weder über ihren Gott Mars noch ihre Göttin Minerva davon betroffen. Ob die herausfordernd eindrucksvolle Statue der Minerva in Lavinium als *armipotens Tritonia virgo*[246] in die Behauptung einer derartigen Zurückhaltung einbezogen werden darf, bleibe vorerst dahingestellt. In dieser Betrachtung sollte lediglich die sabinische Herkunft des Namens der Minerva und damit die Grundlage der sie betreffenden Glaubensvorstellungen erörtert werden; von Inhalten und Aussagen des Kultes dieser römischen Göttin ist an späterer Stelle zu sprechen.

[242] Vgl. A. J. Pfiffig, RelEtr 347.
[243] Vgl. A. J. Pfiffig, RelEtr 348 ff.
[244] A. J. Pfiffig, RelEtr 348.
[245] U. Scholz, Studien 141 ff. stellt die Szene in den Rahmen vom „Mythos des Roßopfers"; wie dem auch sei, eine Kulthandlung oder eine Glaubensvorstellung wird nicht geboten. Man beachte, daß die Beischriften auf der Praenestiner Ciste abwechselnd rechtsläufig *(Victoria, Mars)* und linksläufig *(menerua, diama* – so! –) sind. Zu der Darstellung auf der Ciste vgl. auch E. Simon, Mars auf pränestinischen Listen, in: LIMC II 510 f. Nr. 11. Stud. Etr. 46, 1978, 138 ff.
[246] Verg. Aen. 11, 483 *armipotens, praeses belli, Tritonia virgo;* F. Castagnoli, Il culto di Minerva a Lavinium, in: Accad. Naz. Lincei 376, 1979, Heft 246.

Als eindeutig sabinisch spricht Varro, l. l. 5, 74 auch die *Novensides* an. Diese Gottheiten sind inschriftlich in Pisaurum als *deiv() no[v]esede()* [247] und bei den Marsern als *esos nouesede* [248] bezeugt. Literarisch lautet ihr Name jedoch – mit einziger Ausnahme von Varro a. O. – in allen Zeugnissen *novensiles;* [249] der Grammatiker Marius Victorinus [250] gibt lediglich zu, daß statt des *-l-* auch *-d-* geschrieben werden könne, und nennt dafür Beispiele. Über die Deutung der ersten beiden Silben gingen die Meinungen schon in der Antike auseinander [251]: Man trat entweder für Zusammensetzung mit der Zahl *novem* ein [252] oder leitete den Namen von *novitate ex ipsa* [253] her, was wiederum jeweils zu verschiedenen Erklärungen führte. Seit mehr als einhundert Jahren [254] stellte man die *novensides* – in dieser Orthographie – als **nŏu̯-ĕn-sĕd-es* „Neuansässige" den *di indigetes*, den „Einheimischen", gegenüber und schuf auf dieser Grundlage eine nicht nur chronologische, sondern auch soziale (G. Wissowa, Rel.² 19: „innerhalb des Kreises der römischen Staatsgötter Patriziat und Plebs") Kultordnung, die einige Jahrzehnte lang als gültig angesehen wurde, bis sie durch die Untersuchungen F. Altheims, [255] C. Kochs [256] und St. Weinstocks [257] widerlegt wurde. Die Forschung hat sich jetzt um die Einzeldeutung der

[247] CIL I² 375. ILLRP² 20 mit Nachtrag.
[248] E. Vetter, Handb. nr. 225.
[249] Liv. 8, 9, 6. Arnob. 3, 38 f. Serv. auct. Aen. 8, 187.
[250] Mar. Victorin. GL VI 26, 1 ff. K. Zum sogenannten sabinischen Übergang von *d* in *l* oder umgekehrt vgl. M. G. Bruno, I Sabini e la loro lingua 16 ff. J. Poucet, commutatio 140 ff.
[251] Vgl. die Zusammenfassung bei St. Weinstock, Novensides, in: RE XVII 1185 ff.
[252] Arnob. 3, 38 *Novensiles Piso deos esse credit novem in Sabinis apud Trebiam constitutos. Hos Granius Musas putat consensum accomodans Aelio. Novenarium numerum tradit Varro. Deos novem Manilius, quibus solis Iuppiter potestatem iaciendi sui permiserit fulminis.* Vgl. Mar. Victorin. GL VI 25 K. συνεννέα.
[253] Arnob. a. O. *Novitatum Cornificius praesides, quod curantibus his omnia novitate integrentur. Cincius numina perigrina novitate ex ipsa appellata pronuntiat.*
[254] M. Bréal, Les tables Eugubines 188. G. Wissowa, Ges. Abh. 175 ff. Rel.² 18 ff.
[255] F. Altheim, RRG 1, 1931, 33 ff.
[256] C. Koch, Gestirnverehrung 86 ff.
[257] St. Weinstock, Novensides, in: RE XVII (1935), 1185 vgl. E. Vetter, in: IF 62, 1955/6, 1 ff.

Namen von *divi Novensiles* (Liv. 9, 8, 6) und *di Indigetes* (Liv. a. O.) zu bemühen, wobei die Verbindung mit *novus* „neu" ins Hintertreffen geriet.

Den Schritt in eine völlig neue Richtung der Erklärung tat H. Wagenvoort[258] durch Verbindung des Namens der *novensiles* mit dem Verbalstamm *nĕu̯-, *nŏu̯-, zu dem *numen* und *nutus* gehören und der im Lateinischen nur in den Komposita *adnuere* und *innuere* erhalten ist.[259] Unter Vergleich von *novensiles* mit dem im Lateinischen seit der Unterwerfungsformel bei Liv. 1, 38, 2 und seit Varro, r. r. 1, 2, 6 bezeugten Adjektiv *utensĭlis* unternimmt er die Rekonstruktion eines Adjektivs *novensĭlis „beweglich, bewegt", welches die den *numina* innewohnende Kraft der Bewegung zum Ausdruck zu bringen geeignet gewesen sein soll. Damit kommt er in die Nähe der Erklärungen des Cincius:

> Nam solere Romanos religiones urbium superatarum partim privatim per familias spargere, partim publice consecrare ac ne aliquis deorum multitudine aut ignorantia praeteriretur, brevitatis et compendii causa uno pariter nomine cunctos novensiles invocari.

Auch Serv. auct. Aen. 8, 187 ließe sich zum Vergleich heranziehen: *Sane quidam veteres deos novensiles dicunt, quibus merita virtutis dederint numinis dignitatem* (vgl. Arnob. 3, 39).

So bestechend dieser Deutungsversuch auch sein mag, so vermag er doch die Schwierigkeit nicht zu überwinden, die sich daraus ergibt, daß Varro unter Hinweis auf die sabinische Herkunft dieser Götter von *novensides* spricht und die beiden inschriftlichen Zeugnisse ebenfalls ein -d- und kein -l- im Namen bezeugen. Daß H. Wagenvoort die Inschrift von Pisaurum in den Bereich der umbrischen Sprache verweist, hilft nicht weiter, zumal die Namen auf den *cippi* von Pisaurum die Wortwahl der römischen Kolonisten von Pisaurum dokumentieren. Dann gilt aber, was die Grammatiker sagen: *Dacrimas pro lacrimas Livius saepe posuit;*[260] *communionem enim habuit l littera cum d apud antiquos, ut dinguam et linguam et dacrimis et lacrimis.*[261] Da also offenbar ein Weg von *novensides* zu *novensiles* sprachlich möglich ist, nicht aber von *no-*

---

[258] H. Wagenvoort, Roman Dynamism 83 f.
[259] Charis. 398, 9 f. Barwick.
[260] Paul. Fest. 60, 5 ff. L. Andererseits zitiert Fest. 182, 21 ff. L. Livius frg. 17 Büchner *simul ac lacrimas de ore noegeo detersit.*
[261] Mar. Victorin. GL VI 26, 5 f. K.; vgl. J. Poucet, commutatio 140 ff.

vensiles zu *novensides,* wird man eine sprachlich-etymologische Herleitung nicht auf der Form *novensiles* aufbauen dürfen, wie das H. Wagenvoort tut. Abgesehen von Liv. 8, 9, 6 wird *novensiles* nur durch spätantike Quellen bezeugt, auch wenn sich diese auf Autoren älterer Zeit berufen. Bei genauer Prüfung ergibt sich dann folgender Sachstand: *Novensides* wird von Varro für sabinisch angesehen; marsisches *novesede* kann hinzugerechnet werden. Piso frg. 45 P. spricht von Kult dieser Gottheiten im sabinischen Ort Trebia; ob er sie *novensiles,* wie Arnobius den Namen bietet, oder *novensides,* wie man es nach Varro annehmen sollte, nannte, läßt sich nicht entscheiden; freilich könnte Livius seine Orthographie des Namens im dritten Buch der Annalen des Calpurnius Piso gefunden haben, den er im historischen Zusammenhang zitiert. Gegenüber einem solchen Maß von Unsicherheit wird man Varros Schreibweise und Herkunftsangabe sowie Pisos Kultlokalisierung vertrauen dürfen, es aber vermuten müssen, daß der Kult unter Latinisierung der Namensform schon verhältnismäßig früh in Rom bekannt wurde.

Hinsichtlich der Bedeutung kann man die Schlußfolgerungen des Marius Victorinus (GL VI 26, 5f. K.) übernehmen: *Novensiles autem, quos Graeci* συνέννεα, *post novendii a considendo, id est eadem sede praediti.* Hierfür spricht auch die auf einem in Ardea gefundenen Gefäße angebrachte Inschrift *neuen deiuo.*[262] Die Verehrung einer Neungöttergruppe stellt freilich nichts besonders Typisches für die eine oder andere religiöse Vorstellungswelt dar. Neuankömmlinge waren sie jedenfalls nicht.

Als erste der in der zweiten Gruppe *paulo aliter ad eisdem* mit lateinischen Namen genannten Gottheiten sehe ich (s. o. S. 97) Hercules an. Wenn dieser Gott auch schon sehr früh in Italien bekannt wurde und dort göttliche Verehrung erfuhr, verwundert es dennoch, ihn bei Varro als römisches Gegenstück zu einem sabinischen Gott an so hervorgehobener Stelle zu finden. Das bedeutet m. E., daß auch der Gott, dessen sabinischen Namen Varro hier nicht nennt, innerhalb der sabinischen Glaubensvorstellungen eine führende Rolle spielte. Sein Name läßt sich mit größter Wahrscheinlichkeit bestimmen: Seit Aelius Stilo (frg. 9 Funaioli) wird von der römischen Gelehrsamkeit Hercules mit einem Gotte namens Sanctus (Varro, l. l. 5, 66) oder Sancus (Verrius Flaccus bei Fest. 254, 13 L.)

---

[262] CIL I² 445 = E. Vetter, Handb. nr. 364. E. Diehl, Altlateinische Inschriften⁵ 754 ergänzt *ne ven(das) deiuo(m).*

gleichgesetzt, dessen Namen Aelius der sabinischen Sprache zuweist. Das bestätigen die Angaben Catos (frg. 50 P.) und die Formulierungen bei Lactant. inst. div. 1, 15, 8 sowie bei August. civ. 18, 19, der neben Sancus auch Sanctus als gleichberechtigt nennt. Hinzu kommt, daß Lyd. mens. 4, 90 p. 138, 1 f. W. „sankos" ein sabinisches Wort mit der Bedeutung „Himmel" erwähnt: τὸ Σάγκος ὄνομα οὐρανὸν σημαίνει τῇ Σαβίνων γλώσσῃ. Mit der Nennung des Hercules meint Varro an dieser Stelle den sabinischen Sancus.

Auffällig ist die Gestaltung des Namens Sancus, als dessen Grundwort doch wohl sabinisches σάγκος „Himmel" bei Lyd. a. O. angesehen werden darf.[263] Ich meine nicht die gelegentliche Schreibung mit *g* statt *c* nach Nasal und halte es in vorliegendem Zusammenhang nicht für entscheidungsbedürftig, ob diese Orthographie „sehr altertümlich" ist und in „tiefe Sprachschichten" führt[264] oder als „falsch modernisiert" zu gelten hat;[265] ich verweise vielmehr auf die Unterschiedlichkeit der Endung bzw. des Wortausganges: Im Nominativ, Dativ und Akkusativ (bei Propert. 4, 9, 71 f. sogar *Sancte* im Vokativ) sind die Formen sowohl *Sancus*,[266] *Sanco*,[267] *Sancum*[268] wie auch *Sanctus*,[269] *Sancto*,[270] *Sanctum*[271] belegt und stehen gelegentlich auch im gleichen Satz neben-

---

[263] Lyd. mens. 4, 90. K. Latte, RRG 128, 2 hält σάγκος für eine „freie Erfindung"; das ist mit Gewißheit falsch.

[264] E. Norden, Priesterbücher 209.

[265] M. Leumann⁶ 10. Es muß ausdrücklich darauf hingewiesen werden, daß eine Namensform *Semo Sancus Dius Fidius* nicht existiert hat (G. Radke, Götter 281. J. Poucet, Semo Sancus Dius Fidius 67).

[266] Ovid. fast. 6, 214 (cod. G) *Sancus*; die Formulierung *nomina terna fero* (v. 216) zwingt dazu, neben *Semo* und *Fidius* die Form *Sancus*, *Sanci* anzusetzen und das in einigen Codd. überlieferte *Sanctus* sowie *Sancus*, *Sancus* abzulehnen. Vgl. E. Norden, Priesterbücher 209, 1 Ovid „mit Hocharchaischem graziös spielend: . . . Hier ist in den meisten Hss. die richtige Namensform *Sancus* zugunsten der verkehrten *Sanctus* verdrängt".

[267] Ovid. fast. 6, 213. Liv. 8, 20, 8. Fest. 254, 13 L. CIL VI 30994. XIV 2458.

[268] Varro, l. l. 5, 66. Sil. Ital. 8, 422. Lactant. inst. 1, 15, 8.

[269] Tertull. nat. 2, 9 *Sanctus propter hospitalitatem . . . fanum consecutus;* zu *Sanctus* bei Ovid. fast. 6, 214 (Codd. DBS) s. o. Anm. 266.

[270] Iustin. Martyr. apolog. mai. 1, 26, 56. Tertull. apol. 13 (*sancti dei*). Euseb. hist. eccles. 2, 13, 3. Die Form ΣΑΓΚΤΩ darf nicht in ΣΑΓΚΩ abgeändert werden; vgl. dazu G. Radke, AL 104.

[271] Propert. 4, 9, 14. Dion. Hal. ant. 4, 58, 4 cod. B bietet Σάγκτον,

einander,[272] so daß fehlerhafte Überlieferung zwar grundsätzlich nicht auszuschließen ist, in den genannten Fällen aber nicht in Frage kommt. Im Genitiv hingegen wird einhellig[273] *Sancus* von einem *u*-Stamme *Sancu-* bezeugt.[274] Man hat das mit der Altertümlichkeit der *u*-Stämme oder mit ihrer größeren Wirksamkeit auf das religiöse Empfinden zu erklären versucht; das halte ich jedoch für nicht stichhaltig, da dann das beide Formen bezeugende Nebeneinander bei Liv. 8, 20, 8 den *u*-Stamm eher gerade beim Gottesnamen erwarten ließe: *Aedes eius, quae essent in Palatio, diruendas, bona Semoni Sango censuerunt consecranda. Quodque aeris ex eis redactum est, ex eo aenei orbes*[275] *facti positi in sacello Sangus adversus aedem Quirini.* Außerdem wird die Entwicklung der Sprache von lautlichen Bedingungen, nicht von Affekten bestimmt.

Nimmt man hinzu, daß umbrisch *saçe* eine Form **sancio-* voraussetzt,[276] lassen sich zu dem angenommenen Grundwort *sanco-* Erweiterungen durch drei verschiedene Suffixe erkennen: *Sancius* und *Sanctus* sind mit den Suffixen -$i̯ŏ$- und -$tŏ$- gebildet; das Suffix -$u̯ŏ$- ist noch deutlich erhalten in der kamunnischen Felsinschrift *tito sanquuos*.[277] Dieses Suffix -$u̯ŏ$- ist in den Formen *Sanqualis*[278] und *Sanquinius*[279] unverkennbar vertreten. Dann ist vermutlich der *u*-Stamm *Sancus* aus **sanc-$u̯ŏs$, Sancu(ŏ)s* zu erklären; das setzt Schwund des Vokals der letzten kurzen Silbe in Samprasāraṇa, d. h.

was durch verschriebenes Σάγητον in cod. A bestätigt wird (G. Radke, Götter 279). Jedoch wird man Σάγκον (Dion. Hal. ant. 2, 49, 2) danach nicht „berichtigen" dürfen, da auch vorausgehendes Σάγκου auf *Sancus, Sanci* hinweist.

[272] August. civ. 18, 19. CIL VI 30994.
[273] Außer Plut. quaest. Rom. 30 ἐν τῷ τοῦ Σάγκτου ἱερῷ.
[274] Fest. 276, 11 L. *in aede Sancus*. Paul. Fest. 465, 6 L. *proxima aedi Sancus*. Liv. 8, 20, 8 *in sacello Sangus*. 32, 1, 10 *Sangus aedes*. Plin. n. h. 8, 194 *in templo Sancus*.
[275] Tab. Iguv. II b 23. Zu den ähnlichen Scheiben in den Felsbildern der Val Camonica vgl. F. Altheim, LatSpr 103.
[276] Tab. Iguv. I a 15 *fiso saçi*.
[277] F. Altheim, LatSpr 101 f. G. Radke, Neue Felsbilder (s. o. Anm. 215) 504.
[278] Fest. 464, 20 L. *Sanqualis porta proxima aedi Sancus*. Paul. Fest. 465, 6 L. Liv. 41, 13, 1 *avem Sanqualem*. Masur. b. Plin. n. h. 10, 20 *Sanqualem avem*. Fest. 420, 16. Paul. Fest. 421, 1 L. *Sanqualis avis*.
[279] W. Schulze, EN 467.

Vokalschwund ohne Silbenverlust, voraus.[280] Dieser Lautvorgang mußte vollzogen sein, ehe im Lateinischen -u̯- vor -ŏ- ausfiel wie bei *deus* < *deiu̯os*, d. h. also vor etwa 200 v. Chr.[281] Da der Name des Tempels dieser Gottheit sowohl in Velitrae (Liv. 32, 10, 1) wie auch auf dem römischen Quirinal (Liv. 8, 20, 8) Zeugnis für den *u*-Stamm *Sancus* ablegt, weist das auf das hohe Alter beider Kultplätze hin. Für die Deutung der Namensform *Sancus* (gen. *Sanci*) gibt es zwei Möglichkeiten: Entweder bewahrt sie die Lautgestalt des Grundwortes σάγκος, oder sie wurde gebildet, als der vorstehend erwähnte Lautvorgang – Ausfall von -u̯- vor -ŏ- – sich schon vollziehen konnte. Kriterien für eine Entscheidung dieser Frage lassen sich bis zu einem gewissen Grade aus den freilich erst kaiserzeitlichen Inschriften gewinnen, die verschiedene Namensformen nebeneinanderstellen, deren gegenseitiges Verhältnis aufklärbar ist. Daß diese auf ältere Vorbilder zurückgehen, läßt Ovid. fast. 6, 213f. erkennen:

> Quaerebam, nonas Sanco Fidione referrem,
> an tibi, Semo pater; tum mihi Sancus[282] ait.

Hier sind Semo, Sancus und Fidius vertreten, wie die Formulierung *nomina terna* erfordert.

Am vollständigsten liest man die Weihung CIL VI 30994: *Semoni Sanco Sancto deo Fidio*. In CIL VI 568 sind die Glieder verstellt: *Sanco Sancto Semon(i) deo Fidio;* in CIL VI 567 fehlt das dritte; CIL VI 569 nennt nur das zweite und dritte, CIL VI 30995 nur das zweite und vierte, CIL XIV 2458 nur das erste und zweite Glied. Die Beschreibung des Iustin. Martyr[283] erlaubt die Wiederherstellung der vorstehend genannten vollständigen Formel: ΣΙΜΩΝΙ [ΣΑΓΚΩ] ΔΕΩ ΣΑΓΚΤΩ [ΦΙΔΙΩ]. Mit dem Schema dieser Weihungen sind aus den Iguvinischen Tafeln bekannte Formeln vergleichbar, die ich der schnelleren Übersichtlichkeit halber in latinisierter Form vorlege, wie das auch sonst üblich ist: *Tursa Cerfia Cerfi Martii*[284] und *Praestāta Cerfia Cerfi Martii*.[285] In diesen vier-

---

[280] M. Leumann⁶ 95: „Vokalschwund ohne Silbenverlust wird mit einem Ausdruck der altindischen Grammatik als Samprasāraṇa bezeichnet."
[281] M. Leumann⁶ 32. 137f. *Gnaivod* (CIL I² 7) statt *Gnaeo* gibt einen Terminus ante quem; vgl. auch *parum* statt *parvom*.
[282] Zu der Überlieferung von *Sanctus* (codd. DBς) bei Ovid. fast. 6, 214 s. o. Anm. 266.
[283] Zu Iustin. Martyr. s. o. Anm. 270.
[284] Tab. Iguv. I b 31. VI b 58. 61.
[285] Tab. Iguv. I b 27. VI b 57. 61.

gliedrigen Namen wird die Zugehörigkeit des zweiten Gliedes zum ersten durch Bildung als adjektivisches Attribut *(Cerfia)*, die des vierten zum zweiten durch Wiederaufnahme des zweiten im dritten Gliede in der Form als genitivisches Attribut *(Cerfi)* und durch Bildung des vierten Gliedes als adjektivisches Attribut *(Martii)* zu der vorausgehenden genitivischen Form des dritten Gliedes zum Ausdruck gebracht. Völlig entsprechend heißt es in Rom *Salus publica populi Romani*,[286] *sacra publica populi Romani* und *sacerdos Cereris publica populi Romani*.[287] Das Verständnis dafür ist durch Cic. rep. 1, 39 *res publica res populi* eröffnet worden.

Da im Namen des ovidischen *Semo pater* das Ausgangswort für die Namensformel zu suchen ist, muß man in viermaligem *Semoni Sanco* der vorgenannten Inschriften in *Sanco* den Dativ eines zu *Semo* gehörigen Attributs erkennen; *Sancus* wird also als Adjektiv gebraucht. Zu dieser Funktion kam es durch Ausfall des -u̯- vor -ŏ- in einer älteren Form **sanc-u̯ŏs* (s. o. S. 118). Diese Entwicklung verschleierte den attributiven Charakter des zweiten Gliedes, so daß man für das dritte nicht die Form des Genitivattributs zu wählen brauchte, sondern statt dessen ein mit einem anderen Suffix gebildetes Adjektiv verwendete. So können selbst *Sanco Sancto* allein nebeneinanderstehen.[288]

Daß es außer einem als *u*-Stamm flektierenden *Sancus* < **sanc-u̯(ŏ)s* auch den Namen *Sancus* < **sanc(u̯)ŏs* als ŏ-Stamm gab, läßt zwei zeitlich voneinander getrennte Vorgänge der Übernahme des gleichen sabinischen Gottes nach Rom vermuten, deren erste mit der Aufnahme der *gens Claudia* zusammengefallen sein dürfte und bei der Weihung des quirinalischen Tempels im Jahre 466 v. Chr.[289] die sprachliche Grundlage für die Formulierung *aedes Sancus* bildete – zur Zeit der Inschrift unter dem *niger lapis* war der von mir angenommene Lautvorgang nach Auskunft der Form *sakros* statt des späteren *sacer* noch nicht abgeschlossen –, während die zweite in die Zeit der Einverleibung der gesamten Sabina in die *civitas Romana* gehört – *Gnaivod* war im dritten Jahrzehnt des 3. Jahrhunderts v. Chr. noch nicht zu *Gnaeo* geworden –, als vermutlich auch

---

[286] CIL VI 2051 = ILS 241, 51. CIL VI 2065 = ILS 5034 bis. CIL VI 2074 = ILS 5035. Vgl. Fest. 284. 18 d. L. *publica sacra quae pro publico sumptu pro populo fiunt.*

[287] CIL VI 2181 f. = ILS 3342 f.

[288] August. civ. 18, 19 *Sabini etiam regem suum primum Sancum sive, ut aliqui appellant, Sanctum rettulerunt in deos.*

[289] Dion. Hal. ant. 9, 60, 8.

ein Fides-Kult unter dem Einfluß des Calatinus nach Rom kam (s. u. S. 127. 182).

Die „Normalformel" der Anrufungsreihe *Semoni Sanco Sancto deo Fidio* beginnt also mit *Semo* – entsprechend den umbrischen Beispielen *Tursa* oder *Praestata* und lateinischem *res* oder *Salus* – mit einem adjektivischen Attribut *Sancus* < *$sanc(u)ŏs$* – entsprechend umbrischem *Cerfia* und lateinischem *publica* –; das dritte Glied nimmt das zweite nicht wie in den zugrundegelegten Beispielen durch ein Genitivattribut, sondern durch ein adjektivisches Attribut auf, das lediglich durch ein anderes Suffix von dem Adjektiv des zweiten Gliedes unterschieden wird: *Sancus* < *$sanc(u)ŏs$*: *Sanctus* < *$sanc-tŏs$*. Das vierte Glied weist die „normale" adjektivische Form *Fidius* auf. Diese Formulierung bringt zum Ausdruck, daß ein *Semo* im Bereiche eines *Sancus* – jetzt als Grundwort im Sinne von σάγκος „Himmel" zu verstehen – wirkt und daß dieser *Sancus* durch die Vorstellung der *Fides* näher bestimmt bzw. durch die Beziehung zu ihr gekennzeichnet wird. Da in der Vierergruppe trotz vierer Namen nur drei Aussagen vorliegen, kann Ovid. fast 6, 216 von *nomina terna* sprechen.

Das in den vorbesprochenen Weihungen dazwischengeschobene Wort *deo* ist nicht als Abschwächung oder Mißverständnis eines ehemaligen *Dio* entstanden, sondern gewährleistet als sprachliche Basis für den adjektivischen Charakter von *Fidio* dessen Anschluß an die vorausgehenden Glieder. Dieses Schlußglied *Fidio* ist in hohem Maße bedeutungsvoll; wie bei Ovid kommt es auch in den meisten Inschriftenformularen vor. Der *deus Dius Fidius*[290] wird mit dem vom *u*-Stamme gebildeten Namen *Sancus* (Fest. 276, 11 L. *in aede Sancus qui deus Dius Fidius vocatur*; vgl. Varro, l. l. 5, 66) und Σάγκτος ebenso wie mit Hercules gleichgesetzt, wobei beider Eigenschaft als Schwurgötter hervorgehoben wird[291]:

---

[290] Varro, l. l. 5, 52 *dei dii Fidi* (*dii* aus mißverstandenem „kursiven" -*e*- mit zwei senkrechten Hasten (||); vgl. G. Radke, Götter 110). Fest. 276, 11 L. *qui deus Dius Fidius vocatur*. Varro b. Non. 494 M. *per deum ⟨Dium⟩ Fidium iurare* (erst Scaliger hat allein erhaltenes *deum* in *Dium* konjeziert).

[291] Tertull. idolatr. 20 *ceterum consuetudinis vitium est Mehercule dicere, me Dius Fidius, accedente ignorantia quorundam, qui ignorant iusiurandum esse per Herculem*. Charis. 258, 13 B. (= GL I 198 K.) *Edio Fidio, per Iovem vel fidem filiumque Iovis Herculem. Quae iuratio propria virorum est, ut feminarum edepol ecastor eiuno. Denique Titinius in Setina, molliculum adulescentulum effeminate loquentem cum reprehendere magister vellet, „an"* inquit *„quia pol edepol fabulare? edimedi". Edi Titinius in*

Dius et divum, unde sub divo, Dius Fidius. Itaque inde eius perforatum tectum, ut ea videatur divum, id est caelum. Quidam negant sub tecto per hunc deierare oportere.[292] Aelius Dium Fidium dicebat Diovis filium,[293] ut Graeci Διόσκορον Castorem, et putabat hunc esse Sancum ab sabina lingua et Herculem a graeca (Varro, l. l. 5, 66). Medius fidius compositum videtur et significare Iovis filius, id est Hercules, quod Iovem Graece Δία et nos [Iovem] ⟨Dium⟩ ac fidium pro filio (Paul. Fest. 133, 1 ff. L.). Fidius id est Διὸς υἱός Iovis filius, id est Hercules (Serv. auct. Aen. 4, 204).

Der römische Gottesname *Dius Fidius* ist komplizierter, als es beim ersten Ansehen scheinen könnte. Die Quantität der ersten Silber von *Fĭdius* ist durch Ovid. fast. 6, 213 als Kürzel gesichert; der ganze Name steht bei Plaut. Asin. 23: *per Dĭum Fĭdĭum quaĕris*. Die Länge des -*i*- von *Dīus* wird auch durch Titin. com. frg. 111 R.³ *ēdī mēdī* bestätigt. So darf man F. Solmsen zustimmen, der *Dīus* aus *dĭu̯ĭos* herleitet.[294] Dadurch wird *Dīus* als adjektivische Ableitung vom Namen Iuppiters gedeutet: Durch Betonung des Ableitungssuffixes -*i̯os* wurde die kurze Silbe des Namensstammes synkopiert, so daß aus *dĭŏu̯-ĭŏs* das vorauszusetzende *dĭu̯-ĭŏs* entstand, was dann zu erhaltenem *Dīus* führte. So hat gewissermaßen Aelius Stilo recht, wenn er – den hier jedoch nicht statthaften Wechsel von -*l*- > -*d*- hingenommen – *Iovis filius* mit *Dius Fidius* gleichsetzt, da genitivisches *Iovis* und adjektivisches *Dīus* gleichbedeutend sind.[295] Natürlich kennt die römische Gottesvorstellung keinen Sohn Iuppiters.

Drücken *dīum* und σάγκος die gleiche Vorstellung „Himmel" aus, ist es verständlich, daß Sancus und *Dius Fidius* gleichgesetzt und im gleichen Tempel auf dem Quirinal – der *aedes Sancus* – ver-

baratto „id necessest"? respondetur „edi"; pro edius Fidius. Varro b. Non. 494 M. *per deum ⟨Dium⟩ Fidium iurare*.

[292] Vgl. die Öffnung im Tempel des I. O. M. über der ehemaligen Kultstätte des Terminus bei Paul. Fest. 505, 22 f. L. *Terminus quo loco colebatur, super eum foramen patebat in tecto*.

[293] Mar. Victorin. GL VI 26, 1 K. *communionem enim habuit l littera cum d apud antiquos*.

[294] Fr. Solmsen, Studien zur lateinischen Lautgeschichte, Straßburg 1894, 110 ff. LEW I 360. Zur Quantität der ersten Silbe vgl. Plaut. Asin. 23 *per Dĭum Fĭdĭum*. Titin. com. frg. 111 R.³ *ēdī mēdī* (s. o. Anm. 291). G. Radke, Götter 110. AL 43. M. Leumann⁶ 290. 357 mißt den Götternamen irrig *Dĭŭs*.

[295] Fest. 66, 15 L. *Dium fulgur appellabant diurnum, quod putabant Iovis; dīum* ist ein adjektivisches, *Iovis* ein genitivisches Attribut zu *fulgur*.

ehrt wurden. Während sich dieser Name in der Sprache des Volkes durchsetzt und zur Benennung der nahe gelegenen *porta Sanqualis* führt, bewahrt der Kalender zum Stiftungstag des Tempels am 5. Juni die alte Bezeichnung *Dius Fidius*.[296] Die ehernen Scheiben, die im Kult eine Rolle spielen, weisen auf die Vorstellung einer Himmelsgottheit, so daß sie die aus den sprachlichen Befunden vorgetragene Deutung bestätigen. Daß mit diesem Gottesbegriff, der mit der Sprache zweier Nachbarvölker den gleichen Glaubensinhalt zum Ausdruck bringt, schließlich auch der ursprünglich fremde Hercules nicht nur in Verbindung gesetzt, sondern mit Sancus (ob Propert. 4, 9, 71. 74 den Hercules als Sancus oder Sanctus benennt, ist nicht mehr zu klären) wie mit *Dius Fidius* identifiziert werden konnte, dürfte neben inhaltlichen Ähnlichkeiten, die sich im italischen Herakles-Kult im Laufe der Zeit entwickelt haben – die *cupenci Herculis sacerdotes* (Serv. auct. Aen. 12, 538) heißen nach einem sabinischen Worte (Serv. a. O.) –, der irrigen, von der Mythologie beeinflußten Erklärung als *Diovis filius* zu verdanken sein. Daß Aelius Stilo die Identität von dem Genitiv-Attribut *Diovis* und dem Adjektivum *Dius* erkannt hat, verdient Anerkennung, daß er Fidius aus *filius* herleiten wollte, zeugt mindestens von Kenntnis sprachlicher Vorgänge; daß er zu einem falschen Ergebnis kam, liegt daran, daß er sich von der mythologischen Überlieferung der Götterverwandtschaften beeindrucken ließ, obwohl sie der römische Glaube nicht kennt.

Auf dem gleichen Felde ist ein anderer Irrtum zu finden, dem Griechen wie oskisch sprechende Italiker verfielen, weil sie den Namen des römischen Dius nicht richtig verstanden: Dion. Hal. ant. 2, 49, 2. 4, 58, 4. 9, 60, 8 übersetzt *Dius Fidius* mit Ζεὺς Πίστιος, d. h., er sieht in Dius nicht ein zu Iuppiter gehöriges Adjektiv, sondern Iuppiter selbst. Dem entspricht die Formulierung einer in Rossano di Vaglio gefundenen Weihung: ΖϢCHI ΠIZHI,[297] die als *di̯o̯u̯ei fid̯i̯ei* zu verstehen ist;[298] für Verwendung des Pi zur Schreibung von -f- gibt es verschiedene Beispiele.[299] Der Verfasser dieser Weihinschrift hat statt Dius den Namen Iuppiters verwendet,

---

[296] Zum 5. Juni steht in kleinerer Schrift in den Fast. Venus. CIL I² p. 221 *Dio·Fidio·in·colle. Fast. Antiat. vet. I. I. p. 12 Di(o) Fidi(o).*
[297] P. Poccetti, NDI p. 125 nr. 169 = RV 19.
[298] V. Pisani, in: Glotta 52, 1974, 128 ff.
[299] Zu V. Pisani a. O. lassen sich Beispiele aus dem Altsabellinischen anschließen (G. Radke, Umbri 1772).

Fidius aber nicht übersetzt, sondern in der entlehnten lateinischen Form unter Angleichung der Endung an die des Hauptwortes und mit im heimischen Dialekt üblicher Assimilation verwendet. Weder Dion. Hal. noch der Lukaner aus Rossano di Vaglio besaß eine zutreffende Vorstellung vom Wesen des römischen Gottes. In Rossano di Vaglio sind auch Zeugnisse für Venus, Caprotina und Mamers erhalten.[300]

In der zweiten von Varro, l. l. 5, 74 genannten Gruppe sabinischer Gottheiten nach Hercules den Namen der Vesta zu lesen, zeigt mit ausreichender Deutlichkeit, daß der Reatiner nicht die sabinischen, sondern die lateinischen Namen hatte vorlegen wollen. Man kann sich nicht vorstellen, daß Varro sabinische Herkunft dieser Göttin behaupte, auch wenn er sicherlich mit Verrius Flaccus darin übereinstimmte, ihr Tempel sei von Numa Pompilius erbaut worden.[301] Name und Kult der Vesta müssen ohne jeden Zweifel schon seit sehr früher Zeit als römisch gelten, auch wenn die Motive, die zu den charakteristischen Formen ihrer Verehrung führten, voller Problematik sind, auf die in diesem Zusammenhang nicht eingegangen werden kann (s. u. S. 263 ff.). Für sabinisch im Sinne Varros kann diese Göttin jedoch nicht angesehen werden. Es mag – und hierin muß man dem Reatiner glauben – bei den Sabinern eine Göttin gegeben haben, die in den entsprechenden Formen verehrt wurde, die er vom römischen Kulte der Vesta seiner Zeit kannte, ohne daß eine weiterreichende Identität bestanden zu haben brauchte. Wie diese Göttin bei den Sabinern hieß, sagt er jedenfalls nicht. Ich halte es demnach auch für verfehlt, Varro als Zeugen für sabinische Herkunft der Vesta auszugeben.[302]

Die auch von mir früher vertretene Auffassung, man könne in der mit Sicherheit sabinischen[303] Göttin Vacuna die Gottheit wiedererkennen,[304] die Varro mit der römischen Vesta vergleichen zu

---

[300] P. Poccetti, NDI nr. 158 (= RV 05). Vetter, Handb. nr. 182). nr. 159 (= RV 06). nr. 177 (= RV 33).
[301] Fest. 320, 12 ff. L. *rutundam aedem Vestae Numa Pompilius rex Romanorum consecrasse videtur*. Aus Verrius Flaccus stammt auch Ovid. fast. 6, 257 f. *dena quater memorant habuisse Parilia Romam, cum flammae custos aede recepta dea est*. Vgl. Varro b. Dion. Hal. ant. 2, 66, 3. Plut. Numa 11, 1.
[302] E. C. Evans, Cults 168 ff. P. Lambrechts, in: AC 15, 1946, 80 ff.
[303] Horat. epist. 1, 10, 49 mit Porph. und Ps. Acro.
[304] G. Radke, Varro 304 f. Vgl. die angegebenen Stellen bei D. Wachsmuth, Varuna, in: KlP 5, 1088.

können glaubte, ist dann als überholt und hinfällig anzusehen, wenn der Namensdeutung A. L. Prosdocimis[305] zugestimmt werden kann, Vacuna sei – unter Berücksichtigung von Lautgesetzen, die aus dem Umbrischen bekannt sind[306] – aus *lăcūna* herzuleiten und als Göttin eines Sees zu verstehen; dabei wäre in erster Linie an die *Aquae Cutiliae* zu denken.[307] Inschriftliche Zeugnisse stammen freilich nur aus Poggio Fidoni westlich Rietis,[308] Laculo und Posta im Velinotale;[309] auch der wenig nördlich von Posta gelegene heutige Ort Bacugno bezeugt den Namen der Vacuna. Ob man aus Ovid. fast. 6, 305 ff. auf Kult dieser Göttin in Rom schließen kann, ist äußerst fraglich. Die gelegentlich geäußerte Annahme etruskischer Herkunft[310] ist abzulehnen.

Die Göttin Salus hatte in Rom seit dem Jahre 302 v. Chr. einen Tempel auf dem nach ihr benannten *collis Salutaris*,[311] der mittleren Partie des „sabinischen" Quirinals. Varro, l. l. 5, 74 nennt also einen für Römer verständlichen lateinischen Namen. Daraus ist zu schlußfolgern: Im sabinischen Kulte gab es eine Göttin, deren Name in sabinischer[312] Sprache die gleiche Bedeutung besaß wie *Salus* in der lateinischen. Der gesuchte Name läßt sich nachweisen: Lyd. mens. 4, 4 p. 68 W. weiß aus dem Buche eines sonst unbekannten Elpidianus ›Über die Feste‹, im Sabinischen habe es ein Wort στρῆνα mit der Bedeutung „Gesundheit" gegeben; damit seien Lorbeerblätter gemeint, mit denen das Volk am ersten Tag des Januar die Konsuln beschenkt habe. Das Grün wurde aufgrund sei-

---

[305] A. L. Prosdocimi, Etimologie di teonimi: Venilia, Summanus, Vacuna, in: Studi linguistici in onore di V. Pisani II 1969, 795.
[306] Vgl. umbr. *vapeŕe* (Tab. Iguv. III 7) = lat. *lapide*; J. W. Poultney, The Bronze Tables of Iguvium 1959, 71.
[307] A. L. Prosdocimi a. O. 798.
[308] CIL IX 4751 f. = ILS 3485 f.
[309] CIL IX 4636 = ILS 3484 (Laculo). ILS 9248 (Posta); vgl. auch die *Vacunae nemora* bei Plin. n. h. 3, 109.
[310] M. G. Bruno, Sabini 39 f.
[311] Liv. 9, 43, 25. 10, 1, 9. Der Stiftungstag war der 5. August (Cic. Att. 4, 1, 4. Sest. 131. Fast. Vall. CIL I² p. 240. Amit. p. 244. Antiat. p. 248. Antiat. vet. I. I. p. 16). Von Rom aus (CIL VI 2065 = ILS 5034 *Saluti publicae populi Romani Quiritium*) Kult auch in Praeneste (*ara Salutus* CIL I² 62), Pompeji (ebd. 1626), Pisaurum (ebd. 373) und Horta (ebd. 450).
[312] C. E. Evans, Cults 171 legt Wert darauf, daß der Name *Salus Semonia* (Macrob. 1, 16, 8) als Kennzeichen sabinischer Herkunft gewertet werden könne; vgl. auch M. G. Bruno, Sabini 8.

ner segenbringenden Absicht in übertragenem Sinne „Gesundheit" genannt. Es ist gegenüber diesem sabinischen Worte sicherlich kein Zufall, daß T. Tatius, der sabinische König von Rom, den Brauch eingeführt haben soll, Zweige einer *arbor felix* aus dem Haine der *Strenua* als gutes Vorzeichen für das neue Jahr entgegenzunehmen.[313] Es hieß auch: *Kalendas anni auspices... inpertiendis strenis dicavit antiquitas.*[314] Vom grünenden Zweige, dessen Segenskraft in analogischer Magie offenbar ist, wurde der Name *strena* seit Plautus und Pomponius zum Zeichen eines guten Omens[315] und in diesem Sinne auch auf andere Neujahrsgeschenke übertragen: *Strenam vocamus, quae datur die religioso ominis boni gratia.*[316] Die *strena kalendaria*[317] wurde unter diesem Namen κατά τινα πατρίαν παράδοσιν[318] überreicht. Später und immer häufiger wurde daraus ein Geldgeschenk.[319]

Der Überlieferung nach gab es seit des T. Tatius Zeit einen *lucus Strenuae* (s. o. Anm. 313); am östlichen Ende der *via sacra* besaß die Göttin unter dem Namen *Strenia* ein *sacellum*.[320] Nach L. Deubners Meinung hat diese Göttin ihren Namen nach den segenbringenden Zweigen, den *strenae*;[321] ich möchte hingegen annehmen, daß nicht die Zweige erst den Namen brachten, sondern der Inhalt dieses Überreichens segenbringender Zweige die damit gewünschte Gesundheit. Weihungen *pro salute Augusti* führten zur

---

[313] Symmach. rel. 15, 1 (= epist. 10, 35): *ab exortu paene urbis Martiae strenarum usus adolevit auctore Tatio rege, qui verbenas felicis arboris ex luco Strenuae anni novi auspices primus accepit.*

[314] Symmach. rel. 7, 1.

[315] Plaut. Stich. 461 *cum strena obscaevavit.* 672 *bona scaeva strenaque obviam occessit mihi;* vgl. Pompon. com. frg. 111 R³.

[316] Fest. 410, 21f. L.

[317] Hieron. epist. in Ephes. 3, 6, 4; Tertull. idolatr. 14 nennt die *Ianuariae* und *strenae* zwar im gleichen Zusammenhange, nicht aber aufeinander bezogen: *Saturnalia et Ianuariae et Brumae et Matronales frequentantur, munera commeant, strenae* (das sind hier die gesprochenen Glückwünsche) *consonant, lusus, convivia constrepunt.*

[318] Athen. 3 p. 97 d.

[319] Vgl. das Edikt des Collegium Eborariorum CIL VI 33885 = ILS 7214 = C. G. Bruns–O. Gradenwitz, Fontes iuris Romani antiqui⁷ I p. 399: *uti k(alendis) Ian(uariis) strenuam* (so!) ✳V (= denarii quinque) *ex arca nostra... darentur.*

[320] Fest. 372, 15f. L. Varro, l. l. 5, 47.

[321] L. Deubner, Strena, in: Glotta 3, 1912, 34ff. (= Kleine Schriften zur klassischen Altertumskunde 128ff.).

Verehrung einer *Salus Augusta*.[322] *Strenia* heißt die Göttin, *quae strenuum faceret* (August. civ. 4, 16; vgl. ebd. 11). Mit anderen Worten: *Strenua*[323] ist der sabinische Name für *Salus* in Rom. Damit ist nicht gesagt, daß die Römer den Kult dieser Göttin erst von den Sabinern übernehmen mußten: Was liegt näher, als in der Gesundheit eine göttliche Gabe zu sehen! Man wird allerdings mit der Erhebung eines solchen abstrakten Begriffes[324] zur Gottheit nicht in die Zeit des T. Tatius zurückgehen dürfen, auch wenn das segenbringende Geschenk einer *strena* viel älter sein dürfte. Die Einbeziehung der Göttin als *Salus publica populi Romani*[325] dürfte römischem Denken entsprechen. Das Monatsdatum, dessen Verschiebung vom März auf den Januar L. Deubner annimmt, spielt eine untergeordnete Rolle, da die Beziehung der *strena* zum Jahresbeginn erst sekundär ist.

Nicht alle Gottheiten, denen Varro, l. l. 5, 74 in der zweiten oder dritten Gruppe angeblich sabinische Herkunft zuschreibt, lassen sich sprachlich oder inhaltlich im Sinne dieser Angabe auswerten. Der Name der Fortuna ist in seiner sprachlichen Aussage so deutlich und deshalb klar und ohne Zweifel aus italischem Sprachgut herleitbar, daß man nicht zu zögern braucht, ihn vor allen anderen der Sprache zuzuweisen, in der er allgemein bekannt geworden ist, dem Lateinischen. Welche Gründe Varro gehabt haben mag, Fortuna für sabinischer Herkunft zu halten, läßt sich nicht erkennen; Spekulationen sind müßig. Ich sehe in Fortuna eine der Göttinnen, an denen sich römische Glaubensvorstellung und römischer Kult erkennen lassen (s. u. S. 110), auch wenn latinische Nachbarn in Praeneste, Tarracina und Antium besondere Formen entwickelten, die sekundär nach Rom übernommen wurden. Ob man bei Varro den Doppelnamen einer *Fors Fortuna* finden kann, wie er für älteste Formen des römischen Kultes gerade kennzeichnend war,[326] oder ob der Reatiner eine *Fortis dea*[327] meinte, die dann mit der sabinischen Nerio zu identifizieren wäre, ist nicht bestimmbar, zumal

---

[322] CIL V 428; vgl. G. Wissowa, Rel.² 133. K. Latte, RRG 322.
[323] Vgl. G. Radke, Götter 294. Varro 305.
[324] L. Deubner, Personifikationen, in: Myth. Lex. III 2161.
[325] Vgl. L. Deubner a. O. 2079.
[326] Vgl. G. Radke, Götter 132 ff. J. Champeaux, Fortuna 199 ff. Varro, l. l. 6, 17 *dies et fanum Fortis Fortunae*.
[327] Ovid. fast. 3, 850 *forti sacrificare deae;* vgl. Plut. Fort. Rom. 5 τὴν δὲ πρὸς τῷ ποταμῷ τύχην φόρτιν καλοῦσιν (ὅπερ ἐστὶν ἰσχυρὰν ἢ ἀριστευτικὴν ἢ ἀνδρείαν). CGlL III 391, 14 Goetz ἐσχυρὰ τύχη *Fortis Fortuna*.

dieser Name nur auf einer Konjektur für überliefertes *Fontem* beruht (s. o. S. 97); aber auch *Fons* gäbe zu keinerlei Schlüssen über sabinische Herkunft Veranlassung.

Der Name der Ops ist so einfach, daß man ihn kaum seinem Inhalt nach zu begreifen vermag; Fragen nach seiner Herkunft daran zu knüpfen, wäre aussichtslos, zumal der Kult der Göttin zu den ältesten auf römischem Boden gehört und durch Verehrung innerhalb der *regia* ausgezeichnet ist. Ops gehört zu den ältesten Gottheiten Roms. Über Saturnus, Volcanus und Vortumnus ist schon gesprochen worden, als die Möglichkeit etruskischer Herkunft untersucht werden sollte, die lediglich für den letztgenannten als verhältnismäßig sicher angesehen werden darf. Terminus und Quirinus werden jeder für sich unter anderen Gesichtspunkten zu untersuchen sein; Beziehungen des Namens Quirinus zu sabinischen Worten [328] sind m. E. irreführend (s. u. S. 144). Der Name der Göttin Fides ist lateinisch und entspricht dem altbezeugten Worte *fides*. Wie der Inhalt dieser Aussage im Sabinischen ausgedrückt wurde, ist unbekannt; es besteht jedoch kein Anlaß zur Annahme sabinischer Herkunft. Man könnte lediglich annehmen, daß der Diktator Atilius Calatinus während seiner Eroberung und Besetzung der Sabina ein besonderes Verhältnis zu einer entsprechenden sabinischen Göttin gewonnen und dieser als Fides in Rom Kult verschafft habe. Ihr Name war jedoch dort schon längst bekannt. Die Sage schreibt ihr einen uralten Tempel auf dem Palatium zu.[329]

Wenn es in Rom auch einen *flamen Floralis* [330] als Zeichen hohen Alters des Kultes gab und für den Bauern die Getreideblüte [331] eine hohe Bedeutung besaß, läßt sich das Fehlen eines Festes der Flora im ältesten Kalender doch nur durch Annahme konzeptiven Charakters erklären; das *florifertum* [332] wird man kaum dafür halten

---

[328] Herleitung des Namens Quirinus von dem sabinischen Orte *Cures* (Ovid. fast. 2, 480. Fest. 200, 1. Paul. Fest. 43, 2 L. Serv. Aen. 7, 710) oder dem sabinischen Worte *curis* „Lanze" (Ovid. fast. 2, 477. Fest. 302, 30. Paul. Fest. 43, 1f. L. Serv. Aen. 1, 292. Macrob. sat. 1, 9, 16. Isid. or. 9, 2, 84. Plut Romul. 29, 1. quaest. Rom. 87).

[329] Agathokl. FGrH 472 F 5 = 840 F 18 b. Fest. 32 (; 18ff. L. *Ascani filiam nomine Rhomen... primam omnium consecrasse in Palatio Fidei templum*. Zum Ritual dieses Kultes vgl. Liv. 1, 22, 4.

[330] Varro, l. l. 7, 45. CIL IX 705.

[331] Fast. Praen. CIL I² p. 236 *quae rebus florescendis praeest*. Varro b. August. civ. 4, 8. Lactant. inst. 1, 20, 7.

[332] Paul. Fest. 81, 5 L. *spicae feruntur ad sacrarium*.

dürfen. Ein altes Heiligtum der Göttin stand vermutlich auf dem „sabinischen" Quirinal,[333] was Varro, l. l. 5, 74 zu seiner Annahme sabinischer Herkunft der Flora veranlaßt haben könnte. Nach seiner Auffassung gehört sie zu den Gottheiten, deren *arae Sabinum linguam olent.* Andererseits gab es bei den Sabinern[334] und den ihnen benachbarten Vestinern[335] einen Monat, dessen Name *Flusaris* nach dem einer Göttin **flūsa*, d. h. also Flora, gebildet war. Auf den dem Sangro im Südwesten folgenden steilen Höhen in Capracotta westlich von Agnone in Samnium gab es ein Fest *fuusasias*[336] und Kult einer *fluusa kerriía*;[337] aus Pompeji stammt eine Weihung *fluusaí*.[338] Auf dem Piano della città zwischen Tricarico und Albano di Lucania im oberen Basentotale wurde eine Inschrift mit der Weihung *[d]iovioi ... flousoi* gefunden.[339] Wie im sabinisch-vestinischen ist also auch im gesamten oskischsprachigen Bereich ein Gottesname **flōsŏ-*, **flōsa* (*u* steht für -ō-) bezeugt, der dem – allein durch den lateinischen Rhotazismus veränderten – Namen der römischen Flōra entspricht. Grundsätzlich ist damit die Möglichkeit einer gesamtitalischen Entwicklung dieser Gottesvorstellung keinesfalls ausgeschlossen.

In Rom scheint sich freilich neben dem – vermutlich – alten quirinalischen Kult seit der Mitte des 3. Jahrhunderts v. Chr. eine neue Form von Verehrung der Göttin Flora angebahnt zu haben: Durch ein Sibyllinum wurden Floralia eingerichtet,[340] die seit dem Jahre

---

[333] Varro, l. l. 5, 158: Vitruv. 7, 9, 4. Martial. 5, 22, 4. 6, 27, 1.

[334] Inschrift aus Scoppito bei L'Aquila (Vetter, Handb. nr. 227: *mesene flusare poimunien atrno aunom hiretum.*

[335] Inschrift aus dem vestinischen Orte Furfo (CIL I² 756 = ILLRP² Nr. 508).

[336] E. Vetter, Handb. nr. 147 A 20 (Agnone).

[337] E. Vetter, Handb. nr. 147 A 24 (Agnone).

[338] E. Vetter, Handb. nr. 21 (Pompei); vgl. *flus[* auf einer Inschrift aus Banzi bei P. Poccetti NDI nr. 184.

[339] E. Vetter, Handb. nr. 183 (Tricarico in Lukanien).

[340] Innerhalb der cäsarischen Kalenderreform erklärt sich die Anrechnung des Zusatztages im April auf *a. d. VI k. Maias* (Macrob. sat. 1, 14, 9. Fast. Praen. CIL I² 236 *hunc diem divus Caesar addidit*) „durch die *Floralia*, die von Ende April bis zum 3. Mai dauerten, also über die Monatsgrenze hinausreichten; der alte Tempelstiftungstag war zwar der 28. April, doch verzeichnet Polem. Silv. CIL I² p. 263 zum 27. April *Floria*. Dadurch wird verständlich, daß Caesar den Tag *a. d. V k. Maias* neuer Rechnung nicht antastete" (G. Radke, AL 158).

173 v. Chr. ständig wurden.³⁴¹ Auch ein Tempel soll von dem Brüderpaar L. und M. Publicius Malleolus während ihrer Aedilität nahe dem *Circus maximus* errichtet worden sein.³⁴² Als Stiftungstag wird der 28. April angesehen,³⁴³ was etwa dem Monat *Flusaris* in Furfo entspricht.³⁴⁴ Ich sehe weder in der gelegentlichen Anrede der Flora als *mater*³⁴⁵ noch in ihrer Ausdeutung als ehemalige *meretrix*³⁴⁶ bedeutsame Kennzeichen religionswissenschaftlicher Erklärung ihres Kultes; ich halte es auch nicht für gegeben, daß die Tatsache, die Floralia seien durch ein Sibyllinum eingeführt worden, es erforderlich macht, eine griechische Göttin als Vorbild für diese „sibyllinische" Flora zu suchen.³⁴⁷ Wie bei anderen Kulten, in denen ein Sibyllinum Regie führte, sind lediglich die Formen der Verehrung, niemals jedoch die Inhalte der Gottesvorstellung verändert worden.

Daß Sonne und Mond bei den meisten Völkern kultisch verehrt wurden, liegt aus emotionalen wie aus spekulativen Gründen nahe. In Sol – den klimatischen Bedingungen des Mittelmeerbereiches entsprechend – eine männliche und in Luna eine weibliche Gottheit zu sehen, ist psychologisch erklärt worden, obwohl gerade dabei eine erst verhältnismäßig späte Schicht religiöser Vorstellungswelt getroffen wird, in der nämlich schon eine Differenzierung nach Geschlechtern vollzogen war. In der Tat fehlen Feste gerade dieser beiden Gottheiten im ältesten römischen Kalender; der *Sol Indiges* spielt eine besondere Rolle, die nicht in den vorliegenden Zusammenhang gehört.

In die republikanische Zeit reichen wahrscheinlich nur die Sol-Tempel auf dem Quirinal und der der Luna auf dem Aventin, in der

---

³⁴¹ Ovid. fast. 5, 329f.
³⁴² Ovid. fast. 5, 288. 294. Tac. 2, 49, 1. Nach Vell. 1, 14, 8 gehört die Tempelstiftung in das Jahr 241 v. Chr.; danach ist bei Plin. n. h. 18, 286 die Jahresangabe *DXVI a. u. c.* in *DXIII a. u. c.* zu berichtigen.
³⁴³ Fast. Praen. CIL I² p. 236 *eodem die aedis Florae quae rebus florescendis praeest, dedicata est propter sterilitatem frugum*.
³⁴⁴ Vgl. G. Radke, Beobachtungen 313 f., wo gezeigt wird, daß die scheinbare Übereinstimmung des lateinischen Quinctilis mit dem Flusaris durch die Antecession des bürgerlichen römischen Kalenders gegenüber dem astronomisch-jahreszeitlichen bedingt ist.
³⁴⁵ Cic. Verr. 2, 5, 36. Lucret. 5, 739.
³⁴⁶ Lactant. inst. 1, 20, 6. Schol. Iuven. 6, 250.
³⁴⁷ Plin n. h. 18, 286 *ex oraculis Sibyllae, ut omnia bene deflorescerent*.

Nähe der dort gelegenen Haupttempel der Iuno und Diana, hinauf. Dazu tritt der von Varro erwähnte Lunatempel auf dem Palatium. Republikanische Weihungen an einen der beiden Götter gibt es nicht.[348] Man mag diese nüchterne Feststellung vielleicht dann besser verstehen, wenn man sich vorstellt, daß das Licht des Tageshimmels durch die überragende Gestalt des Iuppiter und daß die Funktionen der Luna durch Iuno und Diana zum Ausdruck gebracht und im Kult verehrt werden konnten.

Das bietet der varronischen Annahme, Sol und Luna gehören zu den Gottheiten, denen T. Tatius Altäre geweiht habe, einen bis zu einem gewissen Grade einleuchtenden Grund. Sabinische Herkunft wurde der plebejischen Familie der Aurelii zugeschrieben und diese wiederum mit dem Kult des Sol auf dem Quirinal in Rom verbunden:

Aureliam familiam ex Sabinis oriundam a Sole dictam putant, quod ei publice a populo Romano datus sit locus, in quo sacra faceret Soli, qui ex hoc Auseli dicebantur, ut Valesii, Papisii pro eo, quod est Valerii, Papirii (Paul. Fest. 22, 5 ff. L.).

Der älteste mit Namen erkennbare Aurelier ist C. Aurelius Cotta, der Konsul des Jahres 252 v. Chr.[349] C. Koch schließt mit Recht aus der hohen politischen Stellung dieses ersten erkennbaren Aureliers, daß die Familie mindestens seit dem frühen 4. Jahrhundert v. Chr. in Rom ansässig war und wie die der Mamilier etwa in der vierten Generation zu den höchsten Würden aufstieg.[350] Aber auch von sprachlicher Seite kommt man etwa auf das gleiche Datum: Da der Name der Aurelier noch als *Auselii* bekannt war, müssen sie vor der Wirksamkeit des Rhotazismus nach Rom gekommen und dessen Lautentwicklung am eigenen Namen erfahren haben. Der von Verrius Flaccus geschilderte Akt der Kulteinsetzung und nachfolgenden Namengebung der Familie hat sich also im Laufe des 4. oder eher am Ende des 5. Jahrhunderts v. Chr. abgespielt. Zum Verständnis des Namens der Aurelii-Auselii verhilft Varro, l. l. 5, 68: ⁺*Solauel*⁺ *quod ita Sabini, vel solus ita lucet, ut ex eo deo dies sit, Luna vel quod sola lucet noctu.* Der offenbar verderbte Anfang dieser Partie ist von G. Wissowa überzeugend zu *Sol, au⟨s⟩el, quod ita Sabini* wiederhergestellt worden.[351] Das so gewonnene Wort

---

[348] K. Latte, RRG 233.
[349] Vgl. E. Klebs, Aurelius, in: RE II 2431. 2481 f.
[350] C. Koch, Gestirnverehrung 39 f.
[351] G. Wissowa, Rel.¹ (1902) 161, 2. Rel.² (1912) 315, 3, nach Hinweisen

ausel diente dem seit dem 6./5. Jahrhundert v. Chr. für den Sonnengott auf etruskischen Spiegelinschriften bezeugten Namen *usil*[352] als Vorbild. Die Etrusker übernahmen nicht nur den Gottesnamen *ausel*, sondern auch den danach gebildeten Familiennamen *auselios* in der Form *uselna* (TLE² 934). Das sabinische Wort *ausel* ist wie umbrisch *katel* „catulus", oskisch *famel* „famulus" und oskisch *aídil* „aidilis" durch Verlust des auslautenden -s nach Liquida aus *ausels und durch Ausstoßung des kurzen Vokals der letzten Silbe aus *auselos entstanden.

Da *auselos von *ausĕs-, der Normalstufe des italischen Wortstammes, der in der Dehnstufe *ausōs- durch *ausōsa-Aurōra und in der Schwundstufe *aus-s- durch *auster* belegt ist, nicht getrennt werden kann, entsteht die Frage, ob *auselos < *ausĕs-los von den Sabinern aus dem Lateinischen übernommen wurde oder ob im Sabinischen – anders als im Umbrischen und Oskischen[353] – die Lautgruppe -*sl*- wie im Lateinischen unter Verlust des -*s*- zu Ersatzdehnung des vorangehenden kurzen Vokals führte.[354] Im Lateinischen läßt sich keine Spur von *auselos finden; auch der zeitliche Ablauf für die fragliche Übertragung bereitet Schwierigkeiten. Für die zweite Möglichkeit, die Übereinstimmung des Sabinischen in der Behandlung der inlautenden Lautgruppe -*sl*- mit dem Lateinischen, läßt sich der durch Horat. epist. 1, 18, 105 gesicherte Name

bei R. von Planta, Osk.-umbrische Dialekte II 591. P. Kretschmer, Einleitung in die Geschichte der griechischen Sprache 83. Zustimmung bei W. Schulze, EN 468. Fr. Richter, in: Myth. Lex. IV 1138 u. a.; vgl. G. Radke, Götter 52. AL 48f. Es ist verlockend, Hesych. s. αὐχήλως. ἕως ὑπὸ Τυρρηνῶν als *auselos zu lesen und den Hinweis auf die Tyrrhener so zu verstehen, daß – wie so oft – Italiker damit gemeint sind; das setzt jedoch die Anerkennung einer Vertauschung von Kappa und Sigma voraus.

[352] R. Enking, usil, in: RE IX A 1085. A. J. Pfiffig, RelEtr 246. Nach C. Koch a. O. 59 stammen die ältesten Zeugnisse aus dem 6. Jh. v. Chr., nach G. Körte, in: Röm. Mitt. 20, 1905, 370 aus dem 5. Jh. v. Chr., sind jedenfalls früh genug, um sabinisches *ausels-ausel noch als *usil* haben wiedergeben zu können.

[353] Vgl. C. D. Buck, A Grammar of Oscan and Umbrian 1928, 75, R. von Planta, Oskisch-umbrische Dialekte I 480.

[354] Nach R. von Planta a. O. 481 bildet oskisch *maimas* < *maismas die einzige erkennbare Ausnahme. F. Muller, Altit. Wb 124f. leitet sabinisches *hasena* aus *ghasesna her; man könnte schließlich auch die nach Varro, l. l. 5, 74 „sabinische" Luna neben die in Praeneste bezeugte Form *losna* (E. Vetter, Handb. nr. 366 b) stellen.

der auf steiler Höhe gelegenen sabinischen Ortschaft *Mandēla* anführen; wäre im Sabinischen wie im Umbrischen[355] die stimmlose Muta nach Nasal stimmhaft geworden, ließe sich auf Entstehung des Namens *Mandēla* mit illyrischer Vokalisation ŏ > ă aus *mn̥tĕs-la* schließen, was etwa „Bergdorf" bedeuten könnte. Demnach hätte Varro recht: Der lateinische Sol hieß bei den Sabinern *ausel*, was die Etrusker entlehnten und zu *usil* umformten.

Eindeutig sprachlich nachweisbar scheint mir die sabinische Herkunft der von Varro, l. l. 5, 74 in der dritten Gruppe genannten Göttin Lārunda, deren Namensprosodie durch Auson. technop. 8, 9 p. 161 Peiper bekannt ist. Diese Stelle bietet zugleich aber auch eine inhaltliche Angabe, die höchst überraschend ist: *Lārunda progenitus Lar*. Das eröffnet zwei Probleme, von denen das religionshistorische der *mater Larum* erst nach dem sprachgeschichtlichen erörtert werden soll, das sich aus der Länge der ersten Silbe im Namen der Lārunda ergibt und diesen eindeutig von dem der *Lăres* scheidet.[356] Lārunda ist mit Lārentia, Lārentalia[357] und Lārentina[358] zu verbinden; der Grundsatz der Austauschbarkeit von adjektivischem und genitivischem Attribut[359] wird freilich mißbraucht, wenn man *mater Lărum* nicht mit einer dann zu erwartenden, aber nicht belegten *Acca Lăria*, sondern irreführend mit *Acca Lārentia* identifiziert.[360] Mit den Namen der Lārunda und der Lā-

---

[355] C. D. Buck a. O. 96.

[356] Zur Unterscheidung von *Lārunda* und *Lăres* vgl. Th. Mommsen, Röm. Forschungen 2, 22; vgl. ferner G. Wissowa, Rel.² 234. ders. in: Myth. Lex. II 1901. G. Radke, Beobachtungen 324 Anm. 38. Varro 307 Anm. 93. Götter 171 f. A. Alföldi, ERL 255, 4 verbindet unter irrtümlicher Berufung auf W. Schulze, EN 84 f. die *Lăres* mit den etruskischen Namen *lars, Lārtius* usw. (noch schärfer in „Das frühe Rom und die Latiner" 488 „eine Trennung scheint mir unmöglich"). Das ist mit W. Schulze a. O. abzulehnen.

[357] Ovid. fast. 3, 55 *Lārentia*, 3, 57 *Lārentalia*. K. Latte a. O. 93, 1 setzt für *Lārentalia* eine metrische Zwangslage voraus, durch die dann auch *Lārentia* bestimmt wurde; das scheint mir für den sprachgewandten Ovid unannehmbar. Er hätte jede Art von Umschreibung finden können.

[358] Prudent. c. Symm. 2, 652 *Flóra Matúta Cerés et Lărentína subégit* ist freilich durch die dann geforderte Kürze in der ersten Silbe von *Matuta* verdächtig, läßt sich aber durch Umstellung zu *Flóra Cerés Mātúta et Lărentína subégit* korrigieren.

[359] G. Wackernagel, Vorlesungen über Syntax 2, 52 f.; s. o. Anm. 295 u. a.

[360] E. Tabeling 45.

rentia³⁶¹ ist auch – mit Recht – der der *lārvae* in Zusammenhang gebracht worden,³⁶² die jedoch ebenfalls nichts mit den *Lăres* zu tun haben.³⁶³

Sowohl die Jahreszeit der Lārentalia, in der die Wintersaat zu grünen beginnt, wie auch das bleichgrüne Aussehen der *lārvae*³⁶⁴ führen auf ein beiden Namen zugrundeliegendes Farbwort, das dem griechischen χλωρός < *$ghl̄$-rŏ̆*- entspricht. Im Italischen führte das mit einem für Farbbezeichnungen charakteristischen Suffix -u̯ŏ̆- zu *$ghl̄$-r-u̯ŏ̆-* > *ghlāru̯ŏ̆-*, was Plautus noch dreisilbig als *lāru̯ŏ̆-* mißt. Während im Lateinischen die aspirierte gutturale Media -gh- vor Konsonanten ihre Aspiration verlor, vollzog sich in anderen Dialekten – offenbar auch im Sabinischen – ein Lautvorgang, der dem des freistehenden -gh- entsprach. So wurden aus *ghloibŏ̆-*, *ghlŏ̆u̯-*, *ghlŏ̆u̯ĕrŏ̆-* über -hl-Formen wie *lībum*, *lūtum* und *lūridus*,³⁶⁵ aus *ghī̆-u̯ŏ̆-*, *ghreud-ĕs-* über -hr-Formen wie *rāvus* und *rūdus*.³⁶⁶ Dazu gehören auch *lārvae* < *hlārua* < *ghl̄r-u̯a* und ebenso *Lua* < *hlua* < *ghlŏ̆u̯a* (vgl. bedeutungsgleiches griechisches χλόη). Nach dem Vorbild von denominalen Bildungen *clarus – clarēre*, *claudus – claudēre* u. ä. entstand zu dem Stamm *lār-* in der Bedeutung „grün" ein Verbum *lārēre* „grün sein", neben dem sich entsprechend *iacēre – iacĕre*, *pendēre – pendĕre*³⁶⁷ u. ä. transitives *lārĕre* „grün sein lassen, grün machen" entwickelte. Wie zu *indulgēre* und *valēre* die Substantiva *indulgentia* und *valentia* gehören, steht neben *lārēre* die Göttin *Lārentia* in der Bedeutung „Grünen". Von dem kausativ-transitiven *lārĕre* wurde

---

³⁶¹ Eine *Larenta ist von G. Wissowa nach dem scheinbaren Vorbild Carmentalia-Carmenta (es gehören Carmentalia und Carmentes zusammen) erst erfunden worden.

³⁶² Vgl. G. Wissowa, Larvae, in: Myth. Lex. II 1902 „mit den *Lares* haben die *laru-ae* nichts zu tun, wohl aber ist Zusammenhang mit *Laru-nda* wahrscheinlich".

³⁶³ Varro bei Arnob. 3, 41 (*antiquorum sententias sequens larvas esse dicit Lares, quasi quosdam genios fefunctorum animas mortuorum*) beruht offenbar auf einem Irrtum des Arnobius.

³⁶⁴ LEW I 766 erklärt *larvae* als Ablaut zu *lares*; das ist sicherlich falsch. Die *larvae* haben nicht „das Gesicht eines Lar" (ebd.). Zum Farbsuffix -u̯ŏ̆- vgl. G. Radke, AL 43.

³⁶⁵ Zu *lens, laena* vgl. G. Radke, Varro 308 Anm. 97. Acca Larentia 422 Anm. 16; zu *libum, lutum, luridus* vgl. M. Leumann⁶ 166. 172. G. Radke AL 43. Vgl. *luror* bei Lucret. 4, 332 neben *luridus* bei Plautus.

³⁶⁶ Zur *ravus* und *rudus* vgl. M. Leumann⁶ 166. G. Radke AL 43.

³⁶⁷ Vgl. M. Leumann⁶ 553.

der Name *Lārunda* gebildet, der im Sinne der Funktion von Namen wie *Deferunda* und *Commolanda* (s. u. S. 198 ff.) die Bedeutung „Sie soll grünen lassen" oder besser als Bitte „Laß es grünen" besitzt.[368] Das Fest der Lārentalia hat seinen Namen nicht von dem der Larentia, sondern – wie die Carmentalia von den *Carmentes* und die Parentalia von den *parentes* – von den guten Geistern, die es grünen lassen und die man deshalb **larentes* nennen darf.[369]

Als Ursprung der römischem Denken fremden genealogischen Behauptung, Lārunda sei die Mutter der Laren, kann man Ovid. fast. 2, 571 ff. erkennen, wo der Dichter von der unglücklichen Liebe Iuppiters zu Iuturna und vom Verrat dieser Liebe durch deren Schwester Lala berichtet, der Iuppiter zur Strafe die Zunge herausriß, weshalb sie zur Tacita oder *dea Muta* wurde; ja, selbst ihr alter Name Lala wurde zu Lara verstümmelt. Auf dem Wege zur Unterwelt, wo sie von nun an sich aufhalten sollte, vergewaltigte Hermes die Nymphe und machte sie zur Mutter der beiden Lares. Verkürzt liest man das bei Lactant. inst. div. 1, 20, 35: *Quis, cum audiat deam Mutam, tenere risum queat? Hanc esse dicunt, ex qua sint nati Lares et ipsam Laram nominant vel Larundam.* An dieser Stelle wird in der überschaubaren Überlieferung erstmalig die vom Dichter erfundene Lara mit der für den Kult bezeugten Larunda gleichgesetzt. Dem entspricht eine Notiz in den Philoxenos-Glossen: *Larunda* δαιμόνων μήτηρ.[370] Problematisch ist der Wortlaut in der Placidus-Überlieferung[371]: *Larunda, quam quidam ⁺uiam⁺ dicunt.* Unter dem Einfluß von Fest. 114, 21 L. (*Mania est eorum*, d. h. *Manium, avia materve*) könnte man glauben, *Larunda, quam quidam ⟨a⟩viam ⟨Manium⟩ dicunt* lesen zu dürfen, doch widerspricht der Inhalt (s. u. S. 135). Andere hatten ebensowenig überzeugend *Lamiam* oder *Maniam* wiederhergestellt.[372]

---

[368] Vgl. G. Radke, Götter 172. Varro 308. Die formale Beziehung zu Namen wie *Commolanda, Deferunda, fata scribunda* schon bei R. Preller – H. Jordan, Röm. Myth. II³ 70, 3.

[369] Plut. qu. Rom. 51 nennt die Laren Λάρητες, was möglicherweise als Verwechslung mit **larentes* verstanden werden kann. Daß die Larentinalia als *feriae Iovi* galten, stellt dann keinen Widerspruch dar, wenn man in Larentia-Larentina keine mit der Welt der Toten verbundene Gottheit sieht, sondern sie mit dem Wachsen und Gedeihen der neuen Saat verbindet, an der auch der Himmelsgott Iuppiter interessiert ist.

[370] Philoxen. CGlL II 121, 17. 265. 62.

[371] Placid. CGlL V 30, 5 = 80. 5 = 111, 42 (= 60, 25 Deuerling).

[372] R. Preller – H. Jordan a. O. wollten *Lamiam* lesen, wie das der

Aelius Stilo lehrt,[373] daß *maniae* die Schreckmasken hießen, mit denen die Ammen den kleinen Kindern Angst einflößen wollten; ihr Name komme von den *Mānes* oder, *quod aut ab inferis ad superos emanant aut Mania est eorum avia materve*. Danach galt Mania – als *Mānia* zu verstehen – nicht im Kult, sondern in der Märchenwelt der Kinderstube als *mater* oder *avia* der Mānes, durch deren unberechtigte[374] Gleichsetzung mit den *larvae*, den bleichen Totenseelen,[375] Mania erst sekundär und irrig *larvarum mater aviaque*[376] genannt werden konnte. Varro, l. l. 9, 61 ist das älteste Zeugnis dafür, daß *Mania mater Larum* heißt: *Lărēs* und *lārvae* haben aber weder sprachlich noch inhaltlich etwas miteinander zu tun. Es ist ferner fraglich, ob diese varronische Mania zu den vorstehend genannten *māniae* gehört, aus Teig gebackenen Fratzen oder häßlichen Menschen, für die man jeweils ebenso die Bezeichnung *larvae* gebrauchen konnte. Es hat sich zeigen lassen, daß bei Varro, sat. Men. 463 B. des Meursius Konjektur *Maniae* überliefertes *marinas* nicht verdrängen kann und damit eine *Mānia* metrisch nicht nachweisbar ist.[377] Während *māniae* sicherlich zu Recht von *mānes*, gleichsam als *effigies māniae* (*māniae* adjektivisch) „Toten-

mittelalterliche Lexikograph Papias tat; ihnen folgte auch E. Tabeling 35. W.-M. Lindsay ergänzte in seiner Ausgabe des Ps. Placidus Gloss. Lat. IV 66 ⟨*Ma*⟩*niam*. Früher hatte ich unter Annahme von Haplographie *quidam* ⟨*Dam*⟩*iam* ergänzt und das sonst unbeachtete -*u*- als Hinweis des Abschreibers auf eine Lücke im Text gedeutet (G. Radke, Beobachtungen 324 Anm. 38. Varro 309. Götter 171); eine *Damia* wird aber sonst in diesem Zusammenhange nicht erwähnt.

[373] Ael. Stilo frg. 14 Funaioli bei Fest. 114, 17 ff. L.
[374] Gegenüber der zögernden Gleichsetzung von *Lares* und *Manes* durch Varro frg. 209 Cardauns bei Arnob. 3, 41 schreibt August. civ. 9, 11 dem Apuleius (de deo Sokr. 15) zu: *ex hominibus fieri lares, si boni meriti sunt; lemures, si mali, seu larvas; manes autem deos esse, si incertum est bonorum eos seu malorum esse meritorum*. Es dürfte außerhalb jeden Zweifels sein, daß mit dieser Differenzierung keine auf echtem Volksglauben beruhende Gottesvorstellung zum Ausdruck kommt; vgl. G. Radke, Götter 197.
[375] Der Name der *larvae* kann sprachlich nicht mit *lares* gleichgesetzt werden, wie das LEW I 766 tun, sondern gründet sich auf ein Farbwort, das dem griechischen χλωρός entspricht; die *laru̯ae* sind die grünlichbleichen Totenseelen (G. Radke, Götter 173).
[376] Paul. Fest. 115, 15 ff. L.
[377] G. Radke, Compitalia 173 ff.

bilder", hergeleitet wurde, weist die antike Etymologie von Mania auf das Verbum *manare* „fließen, bewässern", wozu *fons manalis*[378] und *lapis manalis*[379] zu stellen sind, aber auch *aquĭmĭnale* „Waschbecken"[380] gehört, dessen Vokalisation eine kurze erste Silbe für *mănālis* erforderlich macht.

Das bot für mich die Veranlassung, den Namen der Mania als *mănia* < *mən-ia (*mən- als Tiefstufe zu *mān- in *mānare* wegen Vortonigkeit der Stammsilbe durch das tontragende Suffix -i̯ā́) „Potenz des *manare*, des Fließens und Bewässerns" zu deuten,[381] was formal der Erklärung von Namen wie Maia, Seia, Aius und Genius entspräche.

Nimmt man in der Placidus-Stelle Ausfall einer Normalzeile von etwa dreißig Buchstaben an und ergänzt sie zu

> Larunda quam quidam
> ⟨Maniam deam id est matrem ... vel a-⟩
> viam dicunt,

so wäre paläographisch gesehen der Wortrest *Jviam* untergebracht und träten die Namen Lārunda und Mănia nebeneinander. In der Tat wäre ein prädikativer Gottesname *Mănia Lārunda* „Potenz des Bewässerns, du sollst es grünen lassen" recht gut vorstellbar. Es bleibt bisher nur offen, ob die *Mănia Lārunda* als Mutter – die Großmutter wird man m. E. vergessen dürfen; ihre Existenz trägt einen märchenhaften Zug – der Mānes (Fest. 114, 17 ff. L.), der Lārvae (Paul. Fest. 115, 15 ff. L.) oder der Lăres (Varro, l. l. 9, 61) anzusprechen ist. Die vorstehend angenommene Herleitung des Namens der Mănia trennt sie von den Mānes, den Totenseelen, und, da die nach diesen benannten Schreckfratzen *māniae* als *lārvae* verstanden werden, auch von ihnen; so empfiehlt sich die varronischer Auffassung entsprechende Ergänzung *matrem Lărum*.

Der naheliegende Irrtum des Verrius Flaccus, *Mănia*, die er ja für *Mānia* hielt, als *mater Mānium* anzusehen, stellt die Voraussetzung dafür dar, *Tacita* oder *dea Muta*, die ihrem Wesen nach Toten- oder Todesgöttin ist, mit *Mănia*, für die Varro die Bedeutung *mater Larum* bezeugt, soweit gleichzusetzen, daß man *Tacita* bzw. *dea*

---

[378] Fest. 146, 17 ff. L.
[379] Paul. Fest. 115, 4 ff. L. Non. 547, 9 f. M.
[380] Dig. 33, 10, 3 pr. 33, 10, 3, 3 (vgl. ebd. 34, 2, 19, 12. 21, 2).
[381] G. Radke, Acca Larentia 435. Sinnentsprechend hatte ich in „Götter" 172 einen Namen *Terra Larunda* zugrunde gelegt.

muta ebenfalls als Mutter der Laren ansehen konnte. Diesen Stand einer von kultischen Voraussetzungen längst unabhängigen Vorstellung präsentiert Ovid, der darüber hinaus einen aus Lăla entwickelten Namen Lăra erfindet; unter Mißachtung der Vokalquantität konnte man diesen nachträglich mit Lārunda verbinden bzw. gleichsetzen. Durch eine solche Entwicklung wurde das Verständnis verbaut: Braucht aber Mănia nicht als Totengöttin angesehen zu werden, sondern darf sie als Potenz gelten, die die Quelle für die Fruchtbarkeit der von den Lăres versorgten Äcker bildet, gewinnt auch ihr Verhältnis zu diesen eine andere Bedeutung. Sie ist in keinem in römischer Gottesvorstellung unbekannten genealogischen Sinne, sondern unter übergeordneter Wertung der Zusammenhänge „Mutter der Laren", wie *Venus mater cupidinum* (Horat. c. 1, 19, 1) heißt. Besonders der mutmaßliche Kultname *Mănia Lārunda* wird dazu beigetragen haben, die – eigentlich irrige – Vorstellung der *Mănia* als *mater Lărum* zu bekräftigen. Zu dem Wirken der gütigen Lārunda mit ihrem sabinischen Namen paßt das heiterfreundliche Wesen der Lăres, die ihrerseits nach Varros Meinung (l. l. 5, 74) sabinischer Herkunft sein sollen. Daß sie wie die *mater Lărum*[382] im Arvalenkult eine Rolle spielen, liegt aufgrund ihres angenommenen Wirkens wahrlich nahe.

3. Beziehungen zu Italien

Die Diskussion über den Einfluß etruskischer Vorstellungen und sabinischer Überlieferungen auf Rom ist in vollem Gange; man hat aber dabei offenbar außer acht gelassen, daß durch Wanderungen und Völkerbewegungen welcher Art auch immer auch seitens anderer ethnischer Gruppen deren Glaubensgut nach Latium und Rom gekommen sein kann. Schon mehrmals wurde darauf hingewiesen, daß den Venetern während des 8. Jahrhunderts v. Chr. eine zwar noch nicht klar bestimmbare, aber unzweifelhafte und wichtige Rolle in der Geschichte Roms zugefallen sein muß. Selbst gegen-

---

[382] Zum Kult der *mater Larum* bei den Arvalen vgl. ILS 5047f. 9522; auf Einzelheiten soll hier nicht eingegangen werden. Vgl. G. Dumézil, RRA 335, 5. L. Ross Taylor, The Mother of the Lares, in: Am. Journ. Arch. 29, 1925, 299ff. E. Tabeling 4ff. U. Pestalozza, Mater Larum e Acca Larentia, in: R. Inst. Lomb. di Scienze e lettere, 46, 1933, 905ff. H. Wagenvoort, Studies 113f.

über der Frage „Stadtwerdung oder Stadtgründung" könnte ihr Erscheinen als bedeutungsvoll angesehen werden, da ihre Anwesenheit vermutlich nur von kurzer Dauer und die Menge der Zuwanderer aus dem Norden von nur geringer Zahl gewesen sein können, so daß von ihnen keine „Stadtwerdung" ausgehen konnte; wenn die Stadt den Namen des Gründers trägt, bestätigt das die persönliche und kurzfristige Tat eines Mannes, dessen Name vielleicht allein die Funktion des Führers dieser Gruppe zu bezeichnen vermag. Über Romulus als Gründer Roms ist schon an anderer Stelle (s. auch u. S. 150f.) gesprochen worden; auch dem mit ihm identifizierten Quirinus kommt diese Rolle ebenfalls zu.

Neben diesem Gott gab es aber noch andere Gottheiten in Latium und Rom, deren völkische Herkunft entweder in die gleiche Richtung weist oder unsicher, offenbar aber nicht „latinisch" ist. Ich spreche daher hier von Beziehungen zu Italien, wenn auch der Name „Italia" erst viel später von einem begrenzten Landstrich im heutigen Kalabrien Schritt um Schritt auf die ganze Halbinsel ausgedehnt wurde (vgl. G. Radke, Italia 35 ff.). Es wäre demnach auch nicht passend, von „italischen" Gottheiten zu sprechen; im vorliegenden Zusammenhange soll Italien als eine geographische Bezeichnung verstanden werden.

a) Quirinus

Quirinus gehört zu den Gottheiten, deren von T. Tatius gestiftete *arae* nach Varro, l. l. 5, 74 *linguam Sabinum olent*. Er ist einer jener Götter, deren Wesen in den Schatten[383] des Vergessens zurückgefallen ist; nur vereinzelt lassen sich bruchstückhafte[384] Spuren mehr erraten als erkennen. Sie sind durch willkürliche Änderungen der Kultinhalte[385] schon im Altertum verfremdet und durch moderne Fehlinterpretationen[386] mehr oder weniger ver-

---

[383] W. Burkert, Caesar und Romulus-Quirinus 359: „Quirinus eine der schattenhaftesten Gestalten unter den Göttern Roms"; vgl. F. Bömer, Fastenkomm. II S. 116.

[384] C. Koch, Religio 18: „Was wir an Überlieferung über den Quirinus-Kult besitzen, gleicht Mauerstücken einer vielgestaltigen, ungemein verfallenen Ruine."

[385] C. Koch, Religio 17: „... vordem eine Gestalt, die die Überlieferung als Patron des sabinischen Bevölkerungsteiles der Stadt betrachtet, später der vergöttlichte *conditor urbis*, Romulus."

[386] Vgl. beispielsweise P. Kretschmer, Quirites 151: „der zur Gesamt-

fälscht worden. Mit dem Anwachsen des Schrifttums verfestigten sich bedauerlicherweise gerade diese.

Eine Bestandsaufnahme ergibt: Nach dem Gotte Quirinus[387] sind sein Priester, der *flamen Quirinalis*,[388] und sein Fest, die Quirinalia[389] am 17. Februar,[390] benannt. Ein *sacellum* des Quirinus gab der nahe gelegenen *Quirinalis porta*,[391] der Tempel des Gottes zuerst dem eigentlichen *collis Quirinalis*[392] und später dem ganzen

männerschaft gehörige Gott, der Gott der Bürgerschaft". F. Muller, Altit. Wb. 108: „Männergenossenschaftsgott". M. G. Bruno, Sabini 508: «dio della curia, dell'assemblea». G. Dumézil, RRA 246: «le patron des hommes considérés dans leur totalité organique». Weil griech. πρῖνος vermutlich vorgriechischer Herkunft ist (J. B. Hofmann, Etym. Wb. d. Griech. 284), entfällt die Deutung als „Eichengott" (A. B. Cook, in: CR 18, 1904, 368f.). Auch die verbreitete Herleitung von einem fiktiven Ortsnamen **Quirium* (G. Wissowa, Rel.² 154. ML IV 11. L. Deubner, Zur röm. Religionsgeschichte, in: MDAI(R) 36/7, 1921/1, 14ff. = Kl. Schriften 254ff. C. Koch, Religio 26f. K. Latte, RRG 113: „Gottheit vom Quirinal") oder **Currium* (W. F. Otto, Iuno 201) wird von J. Poucet, Recherches 45 mit Recht abgelehnt. Zu hethit. *kuirwanas* vgl. LEW I 169.

[387] Quirinus führt häufig das Epitheton *pater*: Enn. ann. 117. Lucil. 22 M. Liv. 5, 52, 7. Verg. Aen. 6, 859. Sil. 8, 696.

[388] Fest. 198, 31 L. Cic. Phil. 2, 110. Liv. 1, 20, 2. Gai. 1, 112. Plut. Numa 7.

[389] Varro, l. l. 6, 13. Fest. 304, 5f. L. *Quirinalia mense Februario dies quo Quirini fiunt sacra.* Paul. Fest. 305, 1 L. Fest. 418, 33ff. L. Paul. Fest. 419, 5ff. L. – Wenn D. Porte, Quirinus 320 die Quirinalia als Fest der *curiae* anspricht, kann ich dem aus sprachlichen Gründen nicht folgen (s. u. Anm. 454); zum Inhalt sagt D. Porte a. O. selbst, daß der *curio maximus* vor den Quirinalia tätig war, sein Wirken für die *curiae* also nicht mit den Quirinalia zu verbinden ist.

[390] Ovid. fast. 2, 511. Fast. Caer. CIL I² p. 212 (= I. I. p. 65). Maff. p. 223 (= I. I. p. 73). Farn. p. 250 (= I. I. p. 224). Fast. Antiat. vet. I. I. p. 4/5. Vgl. auch Philocal. und Polem. Silv. CIL I² p. 258f. *quo die Romulus occisus a suis.*

[391] Paul. Fest. 303, 5f. L. *Quirinalis porta dicta, sive quod ea in collem Quirinalem itur seu quod proxima eam est Quirini sacellum;* vgl. die Namen der *portae Salutaris, Sanqualis* und *Lavernalis* nach den jeweils den Toren nahe gelegenen Heiligtümern.

[392] Varro, l. l. 5, 51. Fest. 304, 11ff. L. *quod in eo factum sit templum Quirini, est dictum.* Paul. Fest. 305, 6f. L. Ovid. met. 14, 838f. mit einer etymologischen Anspielung auf den Namen des Quirinal *(qui viret).* J. Paoli, Quirinus 527ff. lehnt die Annahme ab, der Hügel sei nach dem

Höhenzug den Namen. Wird dieser demnach dem Gotte verdankt, erübrigen sich die Versuche, aus der Siedlungsgeschichte den Kult erklären zu wollen.[393] Die Aufnahme des Festes in den ältesten römischen Kalender sichert dessen Bestehen schon für das 6. Jahrhundert v. Chr.[394], während der Name des Tores zum Bau der vermutlich nach dem Galliereinfall errichteten Mauer des frühen 4. Jahrhunderts v. Chr. gehört und für das Heiligtum ein entsprechend höheres Alter voraussetzt. Der *flamen Quirinalis* konnte seine Stellung zusammen mit den beiden anderen *flamines maiores* zwischen dem *rex sacrorum* und dem *pontifex maximus*[395] erst nach der Vertreibung des politischen Königs und Übertragung von dessen priesterlichen Aufgaben auf den Opferkönig einnehmen, d. h. also um die Wende vom 6. zum 5. Jahrhundert v. Chr.; seine Obliegenheiten als Priester des Quirinus dürfte er freilich unabhängig davon schon früher erfüllt haben.

Seit wann und warum Quirinus mit Mars[396] – immerhin mit

Gotte benannt worden; ihm pflichtet J. Gagé, in: Mélanges Piganiol III 1966, 1591 f. bei. Aus Varro ergibt sich jedoch, daß ursprünglich nur der nördlich des *vicus Salutaris* gelegene Teilhügel *collis Quirinalis* hieß; der Name wurde später (vgl. Cic. rep. 2, 20 *in eo colle ... qui nunc Quirinalis vocatur*) ausgedehnt.

[393] Der Name Quirinalis ist nicht von fiktivem **Quirium*, sondern erst von dem des Quirinus abgeleitet; vgl. F. Altheim, RRG 1, 1931, 67. G. Radke, Quirinalis, in RE XXIV 1299 f.

[394] Vgl. G. Wissowa, Rel.² 31. F. Altheim, RRG 1, 1931, 28. C. Koch, Religio 28 f. K. Latte, RRG 2. E. J. Bickerman, Chronologie 2, 25. Chronology 44 f. A. Kirsopp Michels, Calendar 207 ff.

[395] Fest. 198, 29 ff. L.

[396] Serv. Aen. 6, 859 *Quirinus autem et Mars*. Macrob. sat. 1, 9, 16. Serv. auct. Aen. 7, 610. Schol. Turon. Serv. Aen. 7, 612. Lyd. mens. 4, 1. Ovid. met. 14, 828. Fast., 375. 796; vgl. L. Preller – H. Jordan, RM I 334. 369. Weder Serv. Aen. 1, 292. 6, 859 noch Martian. Cap. 1, 46. 50 erweisen einen Doppelnamen *Mars Quirinus*. Vor D. Porte, Quirinus 323, hat schon U. Scholz, Studien 19, auf ein Gegenüber *Mars Gradivus* – *Mars Quirinus* bei Serv. Aen. 1, 292 hingewiesen. Der Doppelname *Mars Gradivus* kommt nur auf späten außerrömischen Inschriften (G. Wissowa, Rel.² 146, 1), bei Liv. 1, 20, 4. 5, 52, 7 und Auson. LXVII 4 p. 337 Peiper vor, während in den übrigen Beispielen bei Verg., Ovid., Sen., Germanicus, Lucan., Val. Flaccus, Stat., Iuven. Sil., Avien., Manil., Auson., Claudian. und Martian. Cap. nur *Gradivus* allein – meist als Vokativ *Gradive* – genannt wird (vgl. auch Paul. Fest. 86, 15 L. *Gradivus Mars appellatur*);

Beziehungen zu Italien

deutlicher Unterscheidung des besonderen Wirkungsfeldes[397] – identifiziert wurde und seit wann und warum man glaubte, Romulus[398] sei unter dem Namen des Quirinus zu verehren, wird nur mit unsicheren Hypothesen beantwortet. Die Glaubwürdigkeit der sabinischen Herkunft des Gottes[399] wächst, wenn er mit Mars, und sinkt, wenn er mit Romulus gleichgesetzt wird. Ob schließlich die *tribus Quirina* ihren Namen nach Quirinus[400] hat, ist höchst ungewiß, da man nicht begreift, daß unter 35 römischen *tribus* nur diese eine nach einem Gotte heißen sollte.

Die *aedes*[401] Quirini auf dem Quirinal, nach Plin. n. h. 15, 120 eines der *antiquissima delubra* Roms, wurde – umstritten[402], ob

besonders kennzeichnend sind Sil. 4, 222. 9, 290. Und dennoch ist nicht auszuschließen, daß *Mars Quirinus*, der Mars der Umfriedung, von den Griechen als Ares Enyalios mißdeutet wurde und so eine Identifikation von Quirinus und Enyalios entstand. Seit Polyb. 3, 25, 6 wird Quirinus in griechischer Sprache meist Enyalios (vgl. Monum. Anc. 13) genannt; demnach muß schon im 2. Jh. v. Chr. Quirinus als Kriegsgott vorstellbar gewesen sein: Er hat offenbar eine Bedeutungsentwicklung durchgemacht, die der des Mars entspricht.

[397] Serv. Aen. 1, 292 *cum tranquillus est, Quirinus*. 6, 859 *qui praeest paci*. Claudian. IV. cons. Hon. 8 *positisque parumper bellorum signis sequitur vexilla Quirini*. Varro bei Dion. Hal. ant. 2, 48, 2, woraus A. Brelich, Quirinus 74 auf die Absicht einer bewußten Unterscheidung von Mars schließt.

[398] Cic. rep. 2, 20. leg. 1, 3. 2, 19. nat. 2, 62. off. 3, 41. Horat. ep. 16, 13. c. 3, 3, 15. Elog. CIL I² p. 189; Zweifel an der Identität bei Tertull. spect. 9.

[399] L. Preller – H. Jordan, RM I 278. 334. 369. K. J. Beloch, Röm. Gesch. 264. A. v. Blumenthal, Röm. Rel., Fortsetzung 310 ff. H. Wagenvoort, Studies 181 (sabinischer Kriegsgott der vorkapitolinischen Trias, aber auch Fruchtbarkeitsgott). F. Bömer, Fastenkomm. 2, 115. Ablehnung bei J. Poucet, Recherches 70 f.

[400] Fest. 304, 16 f. L. *a Curensibus Sabinis*. Cic. Quint. 24. CIL I² 546 (= ILLRP 1249). 1259 (= ILLRP 802). 1855 (= ILLRP 531); vgl. jedoch C. Koch, Religio 23 „von *Quirina* kann man *Quirinus* und *Quirites* nicht trennen"; L. Ross Taylor, Voting Districts 63 f. leitet den Namen des Tribus von dem des M'. Curius Dentatus ab.

[401] Varro, l. l. 5, 52. Liv. 4, 21, 9. 10, 46, 7. Monum. Anc. 19. Vitruv. 3, 2, 7. Plin. n. h. 7, 123. 15, 120. Bei Fest. 304, 16 L. Paul. Fest. 305, 4 L. Ovid. fast. 2, 511. 6, 796 heißt es *templum* oder *templa*.

[402] O. Richter, Topographie der Stadt Rom² 1901, 286, 1 gegen G. Wissowa, Abh. 146.

am Platze der *ara*,[403] des *fanum*[404] und des *sacellum*[405] oder an einer weiter südlich gelegenen Stelle – im Jahre 293 v. Chr. geweiht,[406] im Jahre 206 v. Chr. vom Blitz getroffen,[407] im Jahre 49 v. Chr. durch Feuer zerstört,[408] konnte jedoch im Jahre 46 v. Chr. schon wieder eine Statue Caesars aufnehmen, deren Sockelinschrift in griechischer Überlieferung als θεῷ ἀνικήτῳ erhalten ist;[409] der Neubau des Augustus im Jahre 16 v. Chr.[410] zeigte im Giebelfeld Romulus und Remus beim *augurium augustum*.[411]

Am 29. Juni[412] wurden dem Quirinus, an den Volcanalia des 23. August dem *Quirinus in colle*[413] und der *Hora Quirini*[414] Opfer gebracht; in einem Kalender des 4. Jahrhunderts n. Chr.[415] gilt der 3. April als *natalis dei Quirini*. Im Bereich des Quirinus wirken Ianus,[416] Hora[417] und die Virites[418] sowie nach den unsicheren Zeugnissen je einer Weihung[419] Iuppiter und Hercules.

[403] Varro, l. l. 5, 74 (der Begriff einer *ara* kann an dieser Stelle symbolisch für „Kult" gemeint sein).
[404] Varro, l. l. 5, 51.
[405] Paul. Fest. 303, 6 L.
[406] Liv. 10, 46, 7.
[407] Liv. 28, 11, 4.
[408] Cass. Dio 41, 14, 3.
[409] Cass. Dio 43, 45, 2. Cic. Att. 12, 45, 3. 13, 28, 3.
[410] Cass. Dio 54, 19, 4. Monum. Anc. 19. Vitruv. 3, 2, 7. Ovid. fast. 6, 796.
[411] MDAI(R) 19. 1904, Taf. 4; vgl. W. Burkert a. O. 358. Die Zwillinge als *Quirini* bei Iuven. 11, 105.
[412] Fast. Venus. CIL I² p. 221 (= I. I. p. 58/9). Ovid. fast. 6, 706. Dieser Tag ist erst von Caesar dem Kalender hinzugefügt worden; die kultische Maßnahme ist also erst jüngeren Datums.
[413] Fast. Arval. CIL I² p. 215 (= I. I. p. 30/1) QVIR.IN COLLE.
[414] Fast. Antiat. vet. I. I. p. 17 [H]ORAE QV[(so!).
[415] Philocal. CIL I² p. 262 *n. dei Quirini*.
[416] Liv. 1, 32, 9 *tu, Iane Quirine* (codd. bieten *Iuno*!). Monum. Anc. 13. Suet. Aug. 22. Macrob. sat. 1, 9, 16. Lyd. mens. 4, 1 (bei Lyd. mens. 4, 2 wird nur *Ianus*, nicht *Ianus Quirinus* genannt); vgl. R. Schilling, in: MEFR 72, 1960, 166f.
[417] Enn. ann. 117. Fast. Antiat. vet. I. I. p. 16/7 zum 23. August. Ovid. met. 14, 851. Gell. 13, 23, 2. Plut. quaest. Rom. 46 p. 725 F.
[418] Gell. 13, 23, 2.
[419] CIL IX 3303 aus Superaequum/Castel d'Ieri: [IO]VI QVIRINO und IOVI CYRIN[O]; zu Hercules vgl. St. Weinstock, in: JRSt 51, 1961, 212. J. Poucet, Recherches 68, 249.

Die *arma Quirini*[420] wurden vom *flamen Portunalis* an einem nicht bekannten Tage[421] unter Verwendung eines *persillum*[422] eingeschmiert; wie und womit das geschah, was *persillum* bedeutet und was unter den *arma* zu verstehen ist, läßt sich bisher nicht eindeutig bestimmen. Der *flamen Quirinalis* wurde bei Kultakten für *Acca Larentia* im April,[423] für Robigo (so!) an den Robigalia[424] des 25. April und zusammen mit den *virgines* an den *Consualia* des 21. August[425] tätig,[426] woraus einleuchtend auf agrarische Funktionen des Gottes geschlossen wurde.[427] Eine Beziehung zu den

---

[420] Verg. georg. 3, 27 *victorisque arma Quirini* wird immer wieder als Beispiel des *armiferi Quirini* (Sil. 16, 76 kaum zitiert) genannt; einer beruft sich auf den anderen: So zitiert W. Burkert, Caesar und Romulus-Quirinus 360, 26 Wissowa, Koch und Latte für die Vorstellung von den *arma Quirini*, ohne daß an den genannten Stellen reichere Auskunft zu finden wäre. Berufung auf die Schilde (Liv. 5, 52, 7. Stat. silv. 5, 2, 125 ff.) ist ganz unzuverlässig; man könnte nur daran erinnern, daß Quirinus bei Arnob. 4, 3 seine Lanze vom Aventin zum Palatium hinüberwarf, was sonst dem Romulus zugeschrieben wird (Serv. Aen. 3, 46. Plut. Rom. 20, 6); ein „Lanzenfetisch" (L. Deubner, Die Devotion der Decier, in: ARW 8, 1905 75 =Kl. Schriften 57. Römer 440) ist er deshalb noch nicht.

[421] A. Brelich, Quirinus 67; C. Koch, Religio 21, weisen auf die Frist von sechs Monaten zwischen Quirinalia und Portunalia hin, ohne daß ich außer der erwähnten kultischen Maßnahme eine Verbindung erkennen könnte; das letztgenannte Datum liegt zu früh im Jahre, um irgendeiner Wintervorbereitung für ein Gerät dienen zu können.

[422] Fest. 238, 7 ff. L. *persillum vocant sacerdotes rudiculum picatum, quo unguine flamen Portunalis arma Quirini unguet*. Paul. Fest. 239, 2 f. L. *persillum dicebant vas quoddam picatum in quo unguentum, unde arma Quirini unguebantur*. Der Hinweis von D. Porte, Quirinus 310 auf die Verwendbarkeit von Pech für Holz wie für Leder ist sehr bedeutsam.

[423] Gell. 7, 7, 7. Plut. Rom. 4, 5. quaest. Rom. 35 p. 272 F; vgl. G. Radke, Acca Larentia 424 (Datierungen auf den Dezember widersprechen den Angaben Plutarchs, finden sich aber bei vielen Forschern, mitunter sogar mit der abwegigen Ansetzung auf den 25. Dezember).

[424] Ovid. fast. 4, 910.

[425] Tertull. spect. 5, 8 (Angaben stimmen nicht mit denen bei Varro, l. l. 6, 21 überein) *sacrificant apud eam nonis Iuliis sacerdotes publici, XII kalend. Septembres flamen Quirinalis et virgines;* für den *flamen Quirinalis* gilt also eindeutig nur das Augustdatum, was oft übersehen wird.

[426] K. Latte, RRG 114, 1 bezweifelt die Nachricht m. E. zu Unrecht.

[427] A. Piganiol, Essai sur les origines de Rome, 1917, 114. G. Dumézil, Héritage 92. J. Paoli, Quirinus 530, 2. E. C. Evans, Cults 224. A. Brelich, Quirinus 80 ff. W. Burkert, Caesar und Romulus-Quirinus 360.

virgines Vestales läßt sich darüber hinaus auch bei Gelegenheit der Bergung der *sacra* beim Galliereinfall beobachten.[428]

Man kann bei Quirinus schwören.[429] Quirinus soll mit einem aboriginischen Mädchen, das in seinem Heiligtum tanzen wollte, den Modius Fabidius, späteren Gründer der Stadt Cures, gezeugt haben.[430]

Das älteste inschriftliche Zeugnis[431] ist auf dem Quirinal gefunden: Eine Weihung des Praetors *L. Aemilius L. f.* aus der Wende vom 3. zum 2. Jahrhundert v. Chr.[432]

Über die angebliche Rolle des Quirinus innerhalb einer alten römischen Göttertrias ist an späterer Stelle zu sprechen (s. u. S. 229 ff.).

Schon im Altertum hat man versucht, aus dem Namen des Quirinus Rückschlüsse zu ziehen, und diesen entweder mit dem der sabinischen Stadt Cures[433] oder mit dem sabinischen Worte *curis*[434] „Lanze" oder mit griechisch κοίρανος[435] bzw. κύριος[436] oder mit dem Namen der Quirites[437] oder mit *quiritare*[438] verbunden; da Cures[439] und *curis*[440] auch zur Erklärung des Namens der *Iuno Curitis*[441] herangezogen wurden, wozu noch die Herleitungen von *curia*[442] und *currus*[443] kommen, wird dieser Komplex zwar nicht

---

[428] Liv. 5, 40, 7. Val. Max. 1, 1, 10. Plut. Cam. 21, 2. Strab. 5, 220.

[429] Paul. Fest. 71, 17 L. *equirine*. Cass. Dio frg. 4, 7 Melber πρὸς τοῦ Κυρίνου.

[430] Dion. Hal. ant. 2, 48, 2 ff.; vgl. J. Poucet, Recherches 56.

[431] Angebliche Erwähnung in einer *lex Numae* (Fest. 204, 12 L. Serv. Aen. 6, 859) ohne chronologischen Wert; zu zwei Münzen vgl. J. Poucet a. O. 42 f.

[432] CIL I² 803 (= ILLRP 251).

[433] Fest. 200, 2 L. Paul. Fest. 43, 3 L. Varro, l. l. 5, 51. Ovid. fast. 2, 480. Lyd. mag. 1, 5.

[434] Paul. Fest. 43, 1 f. L. Macrob. sat. 1, 9, 16. Serv. Aen. 1, 292. Ovid. fast. 2, 477. CGlL V 140, 49. 238, 18. GLSuppl. 241, 3 ff. K. Fast. Praen. I. I. p. 119. Schol. Turon. Serv. Aen. 7, 612. Plut. quaest. Rom. 87 p. 285 C.

[435] Serv. Aen. 1, 292.

[436] Lyd. mag. 1, 5.

[437] Varro, l. l. 5, 51. 73. Ovid. fast. 2, 479.

[438] Varro frg. 174 Funaioli bei Tertull. nat. 2, 9.

[439] Schol. Pers. 4, 26.

[440] Paul. Fest. 43, 5. 55, 6 f. L. Serv. Aen. 1, 8. Martian. Cap. 2, 149. Plut. quaest. Rom. 87 p. 285 C.

[441] Die Quantität der ersten Silbe von *Curitis* ist unbekannt.

[442] Paul. Fest. 56, 21 L. Serv. Aen. 1, 17. Dion. Hal. ant. 2, 50, 3.

[443] Serv. Aen. 1, 8. Serv. auct. Aen. 1, 17.

inhaltlich, wohl aber sprachlich unter einheitlichen Gesichtspunkten betrachtet werden müssen. Von modernen Deutungen – soweit sie nicht antike wiederaufgreifen [444] – hat sich die Herleitung aus einem hypothetischen Ortsnamen *Quirium für die Siedlung auf dem Quirinal [445] nicht durchzusetzen vermocht, [446] während die Rückführung auf ein ebenfalls hypothetisches Wort *co-u̯ir-ium „die vereinigte Männerschaft", [447] die „Männergemeinschaft", nicht nur für den Gottesnamen, sondern auch für den der Quiriten und sogar für den der curia erstaunlicherweise fast [448] uneingeschränkt Zustimmung gefunden hat. [449]

Soweit diese Herleitung allein den Namen des Quirinus betrifft, schien sie unter der Annahme möglich, die Namensbildung sei vor Einsetzen der Anfangsbetonung, d. h. vor dem Ende des 5. Jahrhunderts v. Chr. aus *co-u̯ir-íno- erfolgt; dabei mußte jedoch eine analoge Erklärung für das Wort curia oder gar eine solche von Quirinus aus curia [450] ausgeschlossen werden. [451] Das Wort curia nämlich ließe sich aus *co-u̯(i)r-iā gerade nur unter Anfangsbetonung [452] erklären; diese wirkte während des 4. Jahrhunderts v. Chr., was für die Benennung dieser Institution der ältesten Gesellschaftsordnung Roms jedoch zu spät sein dürfte. Auch inhalt-

---

[444] Vgl. L. Preller – H. Jordan, RM I 278. 369 (Herleitung von curis).
[445] Vgl. o. Anm. 4.
[446] Vgl. J. Poucet, Recherches 45.
[447] P. Kretschmer, Quirites 147 ff. folgt in dieser Herleitung A. Pott, Etym. Forschungen I 1836, 123. A. Schwegler, Röm. Gesch. 1, Tübingen–Berlin 1853, 498. L. Lange. Röm. Altertümer I³ Berlin 1876, 91. R. von Planta, Anzeiger f. indogerman. Sprach- u. Altertumskunde 10, 1899, 57.
[448] Ablehnung bei C. Koch, Religio 26 f.
[449] Vgl. E. Benveniste, in: RHR 129, 1945, 6 ff. M. G. Bruno, Sabini 508. W. Meid, Das Suffix -no- in Götternamen 80. 101. F. Muller, Altit. Wb. 108. V. Pisani, Lingue e culture 283 f. H. Rix, Sabini 135 f. H. J. Rose, ARR 68. J. Poucet, Recherches 83 f. A. Brelich, Quirinus 113 (mit Einschränkungen). G. Dumézil, RRA 246. G. Radke, Quirinalis, in: RE XXIV 1301 (von dieser Auffassung bin ich inzwischen abgekommen; s. u. Anm. 454).
[450] M. G. Bruno a. O.; vgl. auch F. Coarelli, Rom (übersetzt von A. Allroggen-Bedel, Freiburg 1975) 220: „der einigende Gott der Kurien".
[451] G. Radke, Quirinalis, in: RE XXIV 1301.
[452] F. Muller, Altit. Wb. 108: „nur durch den Akzent bedingter anders gerichteter lautl. Entwicklung"; vgl. W. Burkert, Caesar und Romulus-Quirinus 361, 30.

lich hat die *curia* nicht mit den *viri* allein zu tun, sondern setzt sich aus Sippen zusammen.[453]

Die aus lautlichen Gründen trotz vorgebrachter Bedenken[454] immerhin annehmbare Herleitung des Gottesnamens Quirinus aus einem Worte *cŏu̯ĭrium muß aufgrund von dessen inhaltlicher Aussage hingegen entschieden abgelehnt werden: Eine deverbative Bildung wie bei den Wörtern *concilium* von *concălare, *concubium* von *concumbere*, *confugium* von *confugere*, *colloquium* von *colloqui* u. ä. liegt nicht vor, da die angenommene Zurückführung auf *vir* eine denominative Herleitung voraussetzt. Für eine solche bieten sich die Beispiele *confinium, coniugium, collegium, commercium, consortium, contubernium* an und gestatten eine Analyse ihrer Aussage; sie bedeuten den Zustand, daß jemand mit einem anderen eine gemeinsame Grenze, ein gemeinsames Joch, eine gemeinsame Satzung, eine gemeinsame Handelsware bzw. einen gemeinsamen Handel, ein gemeinsames Los oder eine gemeinsame Hütte besitzt: Folgerichtig müßte *cŏu̯ĭrium demnach den gemeinsamen Besitz eines Mannes, d. h. eine Art Vielweiberei, bedeuten! Das ist ebenso unsinnig für den Namen des Gottes wie für den der Quirites[455]. So verlockend und so anscheinend romgemäß diese Herleitung auch zu sein schien, sie hat sich als unannehmbar erweisen lassen und darf nicht mehr als Grundlage sprachgeschichtlicher oder religionswissenschaftlicher Deutungen dienen.

Der sprachliche Befund gestattet folgende Feststellungen:
1. Der Name Quirinus ist adjektivisch gebildet,[456] was eine

---

[453] G. Radke, Quirinalis, in: RE XXIV 1301. K.-D. Fabian 95f.

[454] G. Radke, Quirinalis, in: RE XXIV 1301. Götter 269. Gegenüber der verbreiteten Herleitung des Namens Quirinus aus *cou̯irium habe ich – vermutlich wegen des sprachlich formal scheinbar so bequemen Weges – die schwer zu beantwortenden Fragen „Was bedeutet Gott der Gesamtmännerschaft? Ist diese Vorstellung sonst irgendwo belegt?", wie sie K. Olzscha mir brieflich stellte, leider vor dem eigenen Gewissen unterdrückt; das war unvorsichtig.

[455] Fest. 304, 2 L. Ein Singular *Quiris* ließe sich nach der Kretschmerschen Herleitung nicht verständlich machen.

[456] Wie im Namen der *dei Penates* gibt es auch die Formulierung *deus Quirinus* bei Philocal. CIL I² p. 262 und in der konstantinischen Stadtbeschreibung bei O. Richter, Topographie der Stadt Rom² 372 *(templum dei Quirini)*; vgl. ferner *Ianus Quirinus* neben *Ianus Quirini* (Horat. c. 4, 15, 9) und ἐν τῷ λόφῳ Κυρίνᾳ (Plut. Rom. 29, 2) neben Κυρίνου λόφος (Plut. Numa 14, 2); vgl. K. Latte, RRG 113. A. Brelich, Quirinus 115.

sprachliche Aufschlüsselung als möglich erscheinen läßt; da das Ableitungssuffix -īnŏ- jedoch nur allgemein sowohl denominativ wie auch deverbativ die Zugehörigkeit[457] wiedergibt, kann daraus noch kein Rückschluß auf den Charakter des Grundwortes oder gar seine Bedeutung gezogen werden.

2. Zwischen Quirinus und *curia* besteht weder sprachlich noch inhaltlich bzw. sachlich irgendeine Verbindung. Quirites sind nicht die Mitglieder der *curia*.

3. Sprachliche Zusammengehörigkeit von Quirinus und Quirites kann angenommen werden.

Es ist auffällig, daß sowohl der Name der *Iuno Curitis* wie der Ortsname Cures und das sabinische Wort *curis* in recht unterschiedlicher Orthographie bezeugt sind, deren jeweilige Besonderheiten jedoch nicht nur bei jedem dieser drei Wörter, sondern auch bei einer Reihe anderer auftreten, die ebenfalls Anspruch auf ein hohes Alter erheben können:

– Neben *Curitis*,[458] *Curis*[459] – vgl. den Namen des faliskischen *pater Curris*[460] – *Curritis*,[461] *Curretis*[462] und *Quiritis*,[463]
– neben *Cures*[464] *Curres*[465] und *Quirres*,[466]
– neben *curis*[467] *curris*[468] und *quiris*,[469]

---

[457] Denominativ *Latinus, Reatinus* von *Latium* und *Reate, Săbinus* und *libertinus* von *Săbus* und *libertus, sobrinus* zu *soror, bovinus, equinus* zu *bos* und *equus;* deverbativ *cortina* zu **qert-* „flechten" und *Furrina* zu **ghers-* „starren".

[458] Paul. Fest. 43, 5 L. Serv. Aen. 1, 8. 4, 59. 8, 84. Serv. auct. Aen. 1, 17. 2, 614. Myth. Vat. 3, 4, 3. Martian. Cap. 2, 149.

[459] Paul. Fest. 56, 21 L.

[460] Tertull. apol. 24.

[461] CIL XI 3100 IVN.CV[.3126 (= ILS 5374). Serv. Aen. 8, 84 (cod. L). Serv. auct. Aen. 1, 17 (cod. D). Fast. Arv. CIL I² p. 214 (= I. I. p. 30f.).

[462] Serv. Aen. 1, 9 (codd. BL).

[463] CIL I² 396 (= ILLRP 169). XI 3125 (= ILS 3111). Fast. Antiat. vet. I. I. p. 20/1 zum 7. Oktober: IVNON.QVIR. *Quiritis* dürfte eine volksetymologische Umformung von *Curritis* sein.

[464] Ovid. fast. 2, 480. Varro, l. l. 5, 51. Verg. Aen. 6, 811. 8, 638. 10, 345. Dion. Hal. ant. 2, 48, 4. Strab. 5, 228.

[465] Fest. 302, 33 L.

[466] Varro, l. l. 5, 1 (cod. G).

[467] Ovid. fast. 2, 477. ILS 8744a. Paul. Fest. 43, 1. 55, 8 L. Serv. Aen. 1, 292. Macrob. sat. 1, 9, 16. Polem. Silv. CIL I² p. 259. Plut. Rom. 29, 1. quaest. Rom. 87. Strab. 5, 228.

[468] Serv. Aen. 1, 8 (cod. K).

- neben älterem *Ecurria*[470] *Equirria*[471] und *Equiria*,[472]
- neben *clivus Urbius*[473] in Rom *clivus Virbius*[474] in Aricia,
- neben *Ortona*[475] (= *Urtona) in Latium Βιρτῶνα[476] (= *Virtona*)
- und vermutlich aus *curcur über *quircur[477] *quirquir* in der Auguralformel.[478]

Bei allen diesen vorgenannten Formen fällt auf, daß jeweils -ŭr- vor Konsonant als -u̯ĭr- ausgesprochen und demnach auch geschrieben werden konnte,[479] wobei eine aus -rs- herzuleitende Doppelschreibung -rr- wie in anderen Beispielen gerade innerhalb des religionsgeschichtlichen Rahmens unbeachtet blieb.[480] Man muß sich jedoch davor hüten zu übersehen, daß im Bereiche der Volksetymologie willkürliche Angleichungen an ähnlich klingende, aber keinesfalls zugehörige Wörter zustande gekommen sein können. So läßt sich etwa für *curis* „Lanze" trotz der Schreibweise *curris* keine sprachgeschichtliche Herleitung[481] finden, bei der -*ur*- vor Konsonant steht: Da aber gerade diese Voraussetzung erst den angenommenen Lautvorgang zu veranlassen vermag, wird man aus dem Nebeneinander von *curis* und *quiris* keine weiteren Schlußfolgerungen zu ziehen haben; das macht auch die antike Herleitung des Gottesnamens von dem sabinischen Wort für Lanze und damit sowohl die

---

[469] GL Suppl. 241, 3 ff. K. Serv. Aen. 1, 292 (cod. L). Macrob. sat. 1, 9, 16 (codd. TVA).

[470] Varro, l. l. 6, 13 (cod. H *Ecuria*). Tertull. spect. 5 *ecuriaquis* (lies: *Ecuria* ⟨*ab e*⟩*quis*).

[471] Paul. Fest. 71, 15. 117, 26 L. Ovid. fast. 2, 859. 3, 519. Fast. Vatic. CIL I² p. 24 (= I. I. p. 172/3) [E]QVIRR. Fast. Verul. I. I. p. 166 zum 14. März: E[Q]VIRR.

[472] Paul. Fest. 71, 15 L. (codd. IT). Fast. Antiat. vet. I. I. p. 5. Verul. p. 164 zum 27. Februar: EQVIR.

[473] Liv. 1, 48, 6. Solin. 1, 25; *clivus Orbius:* Fest. 196, 1 ff. L. Dion. Hal. ant. 4, 39, 3.

[474] Pers. 6, 56 mit Schol.

[475] Liv. 2, 43, 2. 3, 30, 8.

[476] Dion. Hal. ant. 10, 26, 2 (cod. A) Βιρτῶνα.

[477] G. Radke, Überlieferung, 208, 136.

[478] Varro, l. l. 7, 8.

[479] Vgl. auch *urvat* (Fest. 514, 11 L.) neben *vervat* (Paul. Fest. 515, 10 L.). Dazu *Vervactor* (G. Radke, Götter 320).

[480] Zur Schreibung von Cerus < *cerso- vgl. LEW I 207 (Zweifel bei G. Radke, Götter 92), von Cerialia < *cersialia (M. Leumann⁶ 180), die ich ebenfalls bezweifle. Vgl. auch *curia* < **co-u̯r̥sia*.

[481] LEW I 315.

Vorstellung eines Lanzenfetischs[482] wie die sprachlich zu begründende sabinische Herkunft[483] des Gottes unwahrscheinlich. Selbst bei Vergleichbarkeit lautlicher Vorgänge läge keine Aussage über Zusammenhang und Inhalt der jeweiligen Wörter vor.

Für Quirinus gibt es zwar keine Schreibung *Quirrinus, doch läßt sich die Annahme,[484] griechisch Κυρῖνος stehe für lateinisch Curinus,[485] nicht von der Hand weisen, so daß unter dem Eindruck des Nebeneinanders von Ecurria und Equirria-Equiria eine Herleitung aus *cursīno-, *korsīno- möglich scheint. Sie setzt als Grundlage die Formen *qr̥s-íno- oder *kr̥s-íno- voraus. Von diesen beiden Möglichkeiten läßt sich allein die erstgenannte in eine inhaltliche Beziehung zu dem setzen, was man von Quirinus weiß: Auf *qr̥s- gehen nämlich altindisch kr̥ṣáti „er pflügt", kr̥ṣíḥ „das Pflügen" und kr̥ṣuḥ „die Furche" zurück.[486] Da der mit Quirinus identifizierte Romulus den primigenius sulcus bei der Gründung Roms gezogen hat,[487] also der erste Furchenzieher oder Pflüger ist, eröffnet sich ein neues Verständnis für die Aussage des Gottesnamens wie für die Gleichsetzung des Gottes mit dem Stadtgründer: Was Romulus tat, ist die Funktion des Quirinus. Die Römer «ne choisirent pas au hasard le dieu destiné à récupérer le personnage

---

[482] G. Wissowa, Quirinus, ML IV 12. L. Preller – H. Jordan, RM I 339. II 227. G. Rohde, Kultsatzungen 121. L. Deubner, Römer 440. Der „Mars" genannte Speer in der Regia (Plut. Rom. 29, 1) wird davon nicht betroffen.

[483] Vgl. L. Deubner, Die Devotion der Decier, ARW 8, 1905, 75 = Kl. Schriften 57. W. Burkert, Caesar und Romulus-Quirinus 361, 28.

[484] Vgl. O. Terrosi-Zanco, Varro 205, die Curinus, Curinalis, Curites für die „grafia originale" hält. Häufiges griechisches Κυρῖνος kann latein. Curinus entsprechen.

[485] Griechisch ου in Κουρῖται u. ä. entspricht latein. -u-.

[486] Vgl. W. D. Whitney, The Roots. Verb-Forms and Primary Derivates of the Sanskrit Language, Bibl. indogerm. Grammatiken II 2, Leipzig 1885 (Nachdr. American Oriental ser. 30, New Haven, Conn. 1945), 23. C. C. Uhlenbeck, Kurzgefaßtes etymologisches Wörterbuch der altindischen Sprache, Amsterdam 1898/99 (Nachdr. Osnabrück 1973), 47. 64. M. Mayrhofer, Kurzgefaßtes etymologisches Wörterbuch des Altindischen I, Indogerm. Bibl. II 4, Heidelberg 1956, 176f. 263. E. Leumann, Indica, Leipzig 1907, 58. W. Neisser, Zum Wörterbuch des Rgveda, Abhandlungen für die Kunde des Morgenlandes 16, 4 Leipzig 1930 (Nachdr. Nendeln 1966), 64.

[487] Plut. Rom. 11, 3 ff. Fest. 270, 36 L. Paul. Fest. 271, 3 L.

humain de Romulus »[488]. Die mythographische Nachricht, Numa Pompilius habe den *flamen Quirinalis* für den Kult des Romulus eingesetzt,[489] wäre demnach inhaltlich annehmbar.

Zum Namen des Romulus vermag ich mich auf frühere Studien[490] zu stützen: Die lange propagierte Herleitung aus dem Etruskischen hat sich widerlegen lassen.[491] *Rōmulus* < **r̥m-lŏ-* stellt unter einer im Griechischen wie auch im Venetischen – ich möchte formulieren: im Aboriginischen[492] – zu beobachtenden Lautgebung -*rō*- für -*r̥*- eine suffixbetonte Ableitung zum Namen des *Rĕmus* dar: *Rōmulus* heißt der „zu *Rĕmus* Gehörige". Unter dem gleichen Lautgesetz ist *Rōma* < **r̥m-ná* als die „Stadt des *Rĕmus*" anzusehen,[493] während die „Leute des *Rĕmus*" mit einer einheimischer italischer Lautgesetzlichkeit folgenden Namen, in dem -*rā*- für -*r̥*- steht, *Rāmnenses* < **r̥m-n-enses* heißen. Daraus konnte ein Zusammentreffen von „Aboriginern" und Italikern auf dem Boden Roms während des 8. Jahrhunderts v. Chr. geschlossen werden,[494] was mit früheisenzeitlichen Spuren vereinbar ist.

Die trotz der erst verhältnismäßig späten[495] Bezeugung primäre Stellung des Namens *Rĕmus* wird durch eine Reihe alter Ortsnamen in Rom und seiner Umgebung bestätigt: *Rĕmens*,[496] *Rĕ*-

---

[488] D. Porte, Quirinus 302.

[489] Plut. Numa 7, 9.

[490] G. Radke, Götter 273 f. gegen W. Schulze, EN 579 f.; vgl. noch C. J. Classen, Romulus und Remus 457, 49.

[491] Es läßt sich nicht nachweisen, daß *Romilius* erst nach etrusk. *rumlna* gebildet wurde; der umgekehrte Weg ist mindestens ebenso wahrscheinlich. Vgl. die scharfe Ablehnung einer Ableitung aus dem Etruskischen schon durch W. Fröhner, Rom und die Ramnes, in: Philologus 10, 1855, 552 ff.: „Kein Mensch läugnet heutzutag mehr, daß alles, was man von einer tuskischen Herkunft des Namens, von *rumis = mamma* und ähnlichem gefabelt hat, unbrauchbarer Plunder sei."

[492] Vgl. G. Radke, Res Italae 82 ff.

[493] Statt Remus sprechen die griechischen Autoren meist von Ῥῶμος. Das kann eine willkürliche Verkürzung von Romulus sein, aber auch einem **r̥m-nŏ́s* seine Entstehung verdanken. Zum Wandel -*mn*- zu -*m*- nach langem Vokal vgl. F. Sommer[3] 232 (= Pfister[4] 175).

[494] Vgl. G. Radke, AL 41 f.

[495] G. Radke, Romulus, in: KlP 4, 1455. Ῥέμος wird erstmalig Mitte des 3. Jh. v. Chr. inschriftlich auf Chios genannt (Kontoleon, in: Prakt. Arch. Hel. 1953, 271 Z. 24 ff.); vgl. C. J. Classen, Romulus und Remus 452.

[496] Liv. 42, 2, 4 *in Veienti apud Rementem lapidatum*.

mona,⁴⁹⁷ Ρεμώνιον,⁴⁹⁸ *Rĕmoria*,⁴⁹⁹ *Rĕmuria*,⁵⁰⁰ *ager Rĕmurinus*,⁵⁰¹ zu denen auch der auf dem Palatium inschriftlich bezeugte Name einer Göttin *Remureina*⁵⁰² gehört. Man kann mit großer Sicherheit sagen, *Rĕmus* sei am Tiberufer beheimatet. Italisches Remona beruht auf den gleichen sprachlichen Elementen – Wortstamm *rĕm*- bzw. *r̄m*- und Erweiterung durch *n*-Suffix – wie unlateinisches *Rōma* < *$r̄m$-$n\bar{a}$*⁵⁰³ oder venetisch *ruma.n.*-⁵⁰⁴ < *$r\underline{m}$-$\underline{n}$*-. Hat sich der Name des Romulus als eine „aboriginische" Ableitung zu dem italischen Namen Remus erkennen lassen – seit E. Norden⁵⁰⁵ wird man nicht mehr so ängstlich die Geschichtlichkeit der Aboriginer abstreiten wollen –, ist es auffällig, daß der mit Romulus gleichgesetzte Quirinus in der Zeugungsgeschichte des Modius Fabidius – trotz mancher Zweifel⁵⁰⁶ – als ein Gott der Aboriginer angesehen wird. Unter diesen Voraussetzungen läßt sich sein Kult schon für das 8. Jahrhundert v. Chr. anneh-

---

⁴⁹⁷ Paul. Fest. 345, 11 L. *Remona habitatio Remi*. Enn. ann. 82 *certabant, urbem Romam Rĕm⟨ŏn⟩amve vocarent*. Diese schon ältere Ergänzung der Lücke wurde freilich von Th. Mommsen, Die Remuslegende, in: Hermes 16, 1881, 16 f. = Gesammelte Schriften IV Berlin 1906, 15 mit der Begründung abgelehnt, man müsse dann *Remīna erwarten; bei seinem Vorschlag *Rĕm⟨ŏr⟩amve* müßte es dann freilich entsprechend auch *Remĕra lauten.

⁴⁹⁸ Plut. Rom. 9, 4; K. Ziegler schreibt in seiner Ausgabe Ρεμωρία.

⁴⁹⁹ Remoria ist der Platz, an dem Remus bestattet wurde Plut. Rom. 11, 1. Ῥεμωρία. Dion. Hal. ant. 1, 87 Ῥεμορία), oder auch ein Ort 30 Stadien von Rom (Dion. Hal. ant. 1, 85) oder ein anderer Name für den Aventin (Dion. Hal. ant. 1, 86).

⁵⁰⁰ Steph. Byz. s. Ῥεμουρία· πόλις πλησίον Ῥώμης; vgl. Ovid. fast. 5, 479 mit dem Festnamen *Remūria* zu Ehren des Remus.

⁵⁰¹ Paul. Fest. 345, 10 L. *Remurinus ager dictus quia possessus est a Remo*.

⁵⁰² ILLRP 252.

⁵⁰³ Eine Verbindung mit dem Tibernamen *Rūmōn* (< *srou-mon*) ist abzulehnen; vgl. jedoch die *porta Romanula* (Varro, l. l. 5, 164) oder *Romana* (Fest. 318, 25 ff. L.), die nach O. Richter, Topographie der Stadt Rom² 34 f. als „Flußtor" verstanden werden könne.

⁵⁰⁴ Der venetische Frauenname *ruma.n.na* (M. Lejeune, Manuel nr. 30. 31 = PID nr. 21. 22) ist von einem Stamme *$r\bar{u}m\underline{n}$- mit Gamonym -na „Frau des *rūmno*-" gebildet. Vgl. auch *Ramĕnia* (W. Schulze, EN 218) *$r̄m$-$\underline{n}$-$i\bar{a}$.

⁵⁰⁵ E. Norden, Alt-Germanien 111, 1. 288.

⁵⁰⁶ J. Poucet, Recherches 57.

men, als – wie ich glaube – die Veneter-Aboriginer im Besitze des Eisens vermutlich zuerst bis zu den von Varro bei Dion. Hal. ant. 1, 14 genannten Plätzen und dann kurzfristig bis in den Raum von Rom vordrangen.

Unter den *arma Quirini* wären bei Herleitung des Gottesnamens von *qr̥s-* „pflügen" weder Schild[507] noch Lanze zu verstehen, sondern man könnte in ihnen den Pflug wiedererkennen, der freilich primär nicht nur zum Vollzug des *primigenius sulcus*, sondern überhaupt zur Bearbeitung des Ackers benutzt wird. Das bestätigt die auch sonst beobachteten Beziehungen des Quirinus zum agrarischen Bereich, ohne daß man in ihm einen Repräsentanten der „dritten Funktion"[508] sehen müßte, da der besondere Akt seines Wirkens die Gründung einer Stadt mit allen ihren Bürgern beinhaltet. Wie der alte Bauerngott Mars das Ackerlos „zuteilt",[509] umpflügt Quirinus diesen Acker und schafft eine kultisch umfriedete[510] Siedlung. Da im Altindischen durch Verbindung des Stammes *qr̥s-* „pflügen" mit dem Suffix *-ti-* das Wort *kr̥ṣtíḥ* „Volk, Stamm" aus der ursprünglichen Bedeutung „umpflügtes Land"[511] gebildet werden konnte, dürfte die Ableitung mit Suffix *-i̯o-* als *qr̥s-iom* in der Sprache, die den Namen des Quirinus schuf, eine mit kultisch gezogener Furche umgebene Siedlung bedeuten, deren Bewohner Quirites heißen können. Ich komme damit auf den hypothetischen Namen *Quirium* zurück, ohne ihn jedoch einer prähistorischen Quirinalstadt zuschreiben zu wollen; ich halte das

---

[507] Bei Liv. 5, 52, 7 spricht Camillus von den *ancilia* des *Mars Gradivus* und des *Quirinus pater*, bekundet also die Auffassung, daß die *Salii Palatini* und die *Salii Collini* (inschriftliche Zitate bei K. Latte, RRG 115, 1) den beiden Göttern zuzuordnen seien; da bei Stat. silv. 5, 2, 129 ff. gerade wegen der vorausgehenden Nennung des Mavors mit Quirinus stellvertretend Mars gemeint sein kann, böte Liv. a. O. das einzige Zeugnis für Salier des Quirinus, während die Einsetzung von Saliern für Mars bei Liv. 1, 20, 4. Ovid. fast. 3, 259 f. Lukian. salt. 20. Porph. Horat. c. 1, 36, 12. vir. ill. 3, 1 erwähnt wird.

[508] G. Dumézil, RRA 161 ff. und passim; vgl. auch E. Benveniste, Symbolisme social dans les cultes Gréco-Italiques, in: RHR 129, 1945, 7.

[509] G. Radke, Götter 199 ff. Mars, in: KlP 3, 1046 ff.

[510] Cato frg. 18 P. Varro, l. l. 5, 143. r. r. 2, 1, 10. Ovid. fast. 4, 825 f. Isid. or. 15, 2, 3. Serv. Aen. 1, 12. Serv. auct. Aen. 4, 212. Plut. Rom. 11, 3. quaest. Rom. 27 p. 271 A.

[511] C. C. Uhlenbeck a. O. 64. W. Neisser a. O. 64. M. Mayrhofer a. O. 263 (Zitate s. o. Anm. 486).

Wort *quirium* vielmehr für die Bezeichnung einer durch die Umpflügung charakterisierten Siedlungsform.[512] Varro, l. l. 5, 143 sieht darin einen angeblich etruskischen Ritus; das ist hinsichtlich der ethnologischen Aussage nicht bindend, spricht aber für Übernahme des Brauchs aus der Fremde. Da man sich den Vollzug des Furchenziehens mit Stier und Kuh vor dem Pfluge rings um den Abhang des zerklüfteten Palatiums[513] kaum vorstellen kann, darf angenommen werden, daß der Vorgang und damit auch der Name des Umpflügens aus anderen geographischen Verhältnissen stammen; dem entspräche am ehesten Herkunft aus den Ebenen des „aboriginischen" Venetien. Der *ritus Gabinus*, den der Pflüger hinsichtlich seiner eigenen Kleidung beachten muß,[514] hat sich als aboriginisch erweisen lassen.[515] Spuren des altindischen Vokabulars im Venetischen wurden noch nicht gesucht.

Die Bezeichnung einer Siedlungsform als *quirium* läßt sich mit dem Begriff der *urbs* vergleichen, ohne daß man dabei der – sehr an die vorgetragene Deutung erinnernden – varronischen Etymologie *oppida . . . circumducta aratro ab orbe et urvo urbes*[516] zu folgen braucht. Das Umpflügen des Areals einer künftigen Siedlung unter Beachtung kultischer Maßnahmen hat nicht nur den praktischen Wert einer Umgrenzung, sondern verfolgt auch eine apotropäische Absicht.[517] Da Romulus jedoch den Pflug immer dann angehoben, die Furche also nicht durchgezogen haben soll, wenn er die Lage eines Tores markieren wollte,[518] hätte er den magischen Schutz an diesen Stellen jeweils unterbrochen; diese Lücken im *primigenius sulcus* mußten daher unter die Obhut eines besonderen Gottes

---

[512] Damit komme ich der Auffassung von D. Porte, Quirinus 325, sehr nahe, der im Begriff der Bürgergemeinde (= «cité») das Verbindende zwischen Romulus und Quirinus sieht.
[513] R. Bloch, Tite Live 20.
[514] Cato frg. 18 P.
[515] Vgl. G. Radke, Zu einem Buch A. Alföldis 526f. Res Italae 84f. Abbildungen bei PID I Tafel VIIa. R. Bianchi – A. Giuliano, Etrusker und Italiker vor der römischen Herrschaft, Universum der Kunst, München 1974, Abb. 47, mit Hinweis von G. Radke in Rez. des genannten Werkes in: Gnomon 51, 1979, 54.
[516] Varro, l. l. 5, 143.
[517] L. Deubner, Lustrum, in: ARW 16, 1913, 128 = Kl. Schriften 162.
[518] Plut. Rom. 11, 3. quaest. Rom. 27 p. 271 A. Cato frg. 18 P. Im Monum. Anc. wird sorgfältig zwischen πύλη Ἐνυάλιος (13) und ναός Κυρείνου (19) unterschieden.

gestellt werden, der seinen Namen vom „Durchgang der Umpflügung" erhielt: *Ianus Quirinus*.

Eine *Hora Quirini*[519] wird von Enn. ann. 117, von den vorcaesarischen Fasti Antiates veteres zum 23. August,[520] von Ovid. met. 14, 851 *(quae nunc dea iuncta Quirino est)* und in alten Priesterbüchern bei Gell. 13, 23, 2 erwähnt; ob die Göttin Horta, deren Tempel nach Auskunft des M. Antistius Labeo[521] ständig offenstand, mit Hora identisch ist, läßt sich nicht mehr entscheiden.[522] Beide Namen dürften auf den gleichen Stamm **ghĕr-* zurückzuführen sein, der sowohl „Gefallen finden, begehren, zum Wollen veranlassen, Lust machen" (vgl. latein. *horior*, oskisch *herest*, umbrisch *heri*, altindisch *háryati*)[523] wie auch „umfassen, einfassen, umheben" (vgl. latein. *hortus, cohors*, osk. *húrz*, griech. χόρτος, altindisch *hárati*)[524] bedeutet. Ich hatte mich früher[525] unter dem Eindruck älterer Deutungen[526] für die erstgenannte Möglichkeit entschieden, ohne damit eine sinnvolle Klärung herbeiführen zu

---

[519] Plut. quaest. Rom. 46 p. 272 F sagt ausdrücklich, Hora werde „jetzt" mit verlängerter erster Silbe Ὥρα genannt – unter analogischer Anlehnung an die Orthographie der griechischen Horen –, woraus eine ursprünglich kurze Quantität der ersten Silbe entnommen werden darf, wie sie bei Ovid. met. 14, 851 und nach der notwendigen Wiederherstellung in *vener ⟨ āb ⟩ ŏr Hŏram* auch bei Enn. ann. 117 vorliegt (überliefertes *veneror Horam* läßt sich nicht halten). K. Latte, RRG 55, 3 hält zu Unrecht für Enn. ann. 117 an *Hōram* ebenso fest wie ann. 104 an *Hērem* (überliefert: *Herclem*). Warum Non. 120, 1 M. *Hora* inig als *dea iuventutis* anspricht, läßt sich leicht erkennen. Mit den Gottheiten, die nach den Fast. Arv. CIL I² p. 215 (= I. I. p. 30/1) am 23. August (Fast. Antitat. vet. I. I. p. 17 [H]ORAE QV[) ein Opfer erhalten, ist *Hora* nicht zu verbinden.

[520] Während in den Fast. Antiat. vet. a. O. *Volkanus, Hora Quirini* und eine Gottheit *supra comitium* als Empfänger von Opfern genannt werden, geben die Fast. Arv. a. O. *Volcanus (in circo Flaminio), (Iuturna) nymphae in campo, Ops Opifera, Quirinus in colle* und *Volkanus in comitio* an. Das berechtigt nicht zur Annahme funktioneller Verwandtschaft (D. Porte, Quirinus 316) zwischen den genannten Gottheiten.

[521] Antist. Labeo frg. 20 Huschke bei Plut. quaest. Rom. 46 p. 276 A.

[522] G. Wissowa, Hora Quirini, in: ML I 2712 lehnt eine Identifikation von Hora und Horta als „Phantasie" ab; zurückhaltender ist W. Deecke, Horta, ebd. 2749.

[523] LEW I 657f.

[524] LEW I 242f. 660.

[525] G. Radke, Götter 145.

[526] Vgl. K. Latte, RRG 113.

Beziehungen zu Italien 155

können; deshalb habe ich dann[527] im Zusammenhang mit meiner neuen Auslegung des Quirinus-Namens der letzteren den Vorzug gegeben und glaube jetzt, daß *Hora* (wie *toga* zu *tegere*) *Quirini* die „Einhegung beim Umpflügen, durch das Umpflügen" zum Ausdruck bringt. *Horta* < *$ghr̥-tā́$* (vgl. *Morta, -u̯orta*) hält die Tür ihres Tempels offen, um anzuzeigen, daß sie fähig ist, aufzunehmen, zu umschließen und zu hegen.[528] Die Virites sind sicherlich nicht die „Männergenossen";[529] ihre Bedeutung bleibt dunkel, da sonst nichts über diese mit Quirinus verbundenen *numina* bekannt ist.[530]

Die späte Identifikation des *praediatus*[531] *Quirinus* mit *Romulus, aptus aratris,*[532] hat demnach ein anderes Gewicht erhalten. Beide sind ursprünglich einander gleich; beide Namen bezeichnen nur jeweils eine andere Seite der gleichen göttlichen Potenz und entsprechen einer religiösen Vorstellung, die charakteristisch ist für eine primitive Bauerngesellschaft[533] zum Zeitpunkt des Übergangs zu städtischer Siedlungsform und bürgerlicher Lebensweise.[534] Beide kommen – wie ihre Namen es bekunden – aus einem außerlatinischen Bereiche nach Latium; sie brauchen aber deshalb nicht dem Volkstum anzugehören, in dessen Sprache man ihnen den Namen gegeben hat. Sie waren aber deren Nachbarn. Wenn Varro Sabiner in ihnen mutmaßte, ist das sicherlich eine unmaßgebliche Annahme; er kann damit aber auch grundsätzlich das Außenstehende, Nichtrömische, Fremde gemeint haben, das im 8. Jahrhundert v. Chr. – einen Zeithinweis gibt Varro nur durch den Namen des

---

[527] G. Radke, Quirinus 292.
[528] Vgl. L. Preller – H. Jordan, RM I 174: „Horta, weil man sie sich immer segnend und tätig dachte", stehen die Türen ihres Tempels offen. Das bedarf aber auch einer sprachlichen Begründung.
[529] F. Muller, Altit. Wb. 108.
[530] Ohne daß dafür ein Beweis geboten werden könnte, ließe sich Virites oder Urites, das durch *[i]urites* des cod. γ empfohlen wird, formal wie Ancites (G. Radke, Götter 64) aus *$u̯r̥s-ītes$* zum Stamme *$u̯ers-$*, *$u̯r̥s-$* „benetzen, befruchten, zeugen" herleiten, so daß als *Virites Quirini* die guten Geister angerufen würden, die für die „Befruchtung" des umpflügten Ackers sorgen sollen.
[531] Martian. Cap. 1, 46. Vgl. das besondere Verhältnis des *Quirinus* zum *rusticus* (Iuven. 3, 67).
[532] Propert. 4, 10, 19.
[533] A. Brelich, Quirinus 11.
[534] Vgl. D. Porte, Quirinus 324 f.

T. Tatius – so starken Einfluß auf die Bewohner Latiums ausübte. So reicht die römische Geschichte dieses Gottes aus der Fremde zurück bis in die Tage der Gründung Roms.

Versuche zu einer politischen Propaganda mit dem Namen des Quirinus sind aus den frühen Jahren des späteren Augustus bekannt; es gibt darüber auseinanderklaffende Nachrichten: Unter Berufung auf Sueton wird behauptet, man habe dem Herrscher die Namen Quirinus, Caesar oder Augustus (Serv. Aen. 1, 292) bzw. Quirinus, Augustus oder Caesar (Serv. georg. 3, 27) angeboten, worauf er, um niemanden zu kränken, sich zuerst Quirinus, dann Caesar und schließlich Augustus genannt habe, wobei es geblieben sei. Übersichtlicher wird diese Angabe durch die Auskunft, die einen haben ihn Quirinus bzw. Romulus (Κυρῖνον οἱονεὶ ῾Ρωμύλον), die anderen Caesar genannt, worauf er bei gemeinsamer Beratung mit Priesterschaft und Senat den Namen Augustus erhalten habe.[535] Zweifelhaft ist dabei das Angebot, sich Caesar zu nennen, da das ja sein durch Adoption ererbter Name war. Dem trägt Suet. Aug. 7, 2 Rechnung: *postea Gai Caesaris et deinde Augusti cognomen assumpsit, alterum testamento maioris avunculi, alterum Munati Planci sententia;* er fährt fort, man habe diesen Namen vorgezogen, obwohl es Leute gab, die ihn Romulus zu nennen für nötig hielten: *quasi et ipsum conditorem urbis;* zu diesen gehört Augustus wohl selbst, wie aus Cass. Dio 53, 16, 7 zu erfahren ist. Das authentische Sueton-Zitat straft die angebliche Nachricht bei Servius Lügen und verweist die Gleichsetzung des Kaisers mit Quirinus in den Bereich der Dichtung: Mit einer nicht zu übersehenden Anspielung spricht allerdings Verg. georg. 3, 27 von *victorisque arma Quirini;* das bleibt aber auch der einzige Hinweis – und das bezeichnenderweise in der Zeit der Diskussion um einen neuen Namen –, aus dem die pseudosuetonischen Zitate herausgesponnen worden sein können.

b) Frutis

Noch bevor man in Latium einen Gott kennengelernt hatte, der den *primigenius sulcus* zog, opferte Aeneas an der Küste Latiums und weihte seiner Mutter Venus, die – doch wohl: dort, d. h. *in agro Laurenti*[536] – Frutis hieß, ein *simulacrum*, das er aus Sizilien

---

[535] Lyd. mens. 4, 111. Flor. 2, 34; vgl. Suet. Aug. 7, 2.
[536] G. Radke, Götter 313.

mitgebracht hatte.⁵³⁷ Verrius Flaccus wußte noch von einem *frutinal templum Veneris Fruti⟨s⟩* (Paul. Fest. 80, 18 L.). In den meisten und besten Solin-Handschriften steht Frutis, wozu sich Th. Mommsen in seiner Ausgabe (1895) ohne zu zögern entschieden hat, da er den Lesarten *fructus* (cod. M) und *Ericis* (codd. R und C aus dem gleichen Archetypus) kein Vertrauen schenken zu dürfen glaubte. Da man in dem gelehrten Scholion bei Serv. auct. Aen. 1, 720 jedoch liest, Aeneas habe die Venus Erycina mit sich gebracht *(quam Aeneas secum advexit)*, glaubt J. Perret,⁵³⁸ mit diesem Weiheakt an der laurentischen Küste sei schon eine Verbindung zu der sizilischen *Venus Erycina* geschaffen worden. J. Scaliger hatte in seinen notae ad Festum 155 (1575) im Namen der Frutis griechisches Ἀφροδίτη wiedererkennen zu können gewähnt; andere nehmen etruskische Vermittlung an. Messapisches *aprodita*⁵³⁹ spricht gegen die Verballhornung des Namens der Ἀφροδίτη in Latium zu *Frutis*; es wäre dann schon eher denkbar, daß Cassius Hemina dem Aeneas eine Tat zugeschrieben habe, die erst in der Not des Hannibalischen Krieges verwirklicht wurde:

In der Anweisung der im Jahre 217 v. Chr. befragten *Xviri s. f.* waren drei Maßnahmen enthalten,⁵⁴⁰ die auffällige Neuerungen brachten und beachtliche Folgerungen nach sich zogen: Der Kult der *Venus Erucina*, Die Neugestaltung des *lectisternium* (s. o. S. 35) und das Gelöbnis eines *ver sacrum*. Gegen den stillschweigend – wie ich meine: zu Unrecht – anerkannten Lehrsatz „Gesandte fremder Staaten werden ebensowenig wie fremde Götter innerhalb des Pomeriums aufgenommen"⁵⁴¹ wurde der phönizischen Göttin vom Eryx in griechischem Gewande, aber mit italischem⁵⁴² Na-

---

⁵³⁷ Cass. Hemina frg. 7 P. aus Solin. 2, 14 *ubi* (scil. *in agro Laurenti*) *dum simulacrum, quod secum ex Sicilia advexerat, dedicat Veneri Matri, quae Frutis dicitur;* vgl. Serv. auct. Aen. 1, 720.

⁵³⁸ J. Perret, Origines 547. R. Schilling, Vénus 75 ff. C. Koch, Religio 79 f. D. Wachsmuth, Venus, in: KlP 5, 1175.

⁵³⁹ Für messapisch *aprodita* (in unterschiedlichem Erhaltungszustand) gibt es von archaischer Zeit ab elf Beispiele bei C. De Simone, Die messap. Inschr. nrr. 19. 55. 85. 91. 97. 123. 124. 176. 193. 194. 269.

⁵⁴⁰ Liv. 22, 1, 19 f.

⁵⁴¹ L. Deubner, Römer 428.

⁵⁴² Daß Ἐρυκίνην χώρην bei Herod. 5, 45 ebenso wie oskisch *herukinaí* (E. Vetter, Handb. nr. 107; vgl. CIL I² 2297 *Venerus Heruc*) mit einem typisch italischen Suffix gebildet sind, bemerkt F. Bömer, Rom und Troia 32. Der naheliegende Gedanke, es könne sich bei der Übernahme der

men ein Tempel nicht nur innerhalb des *pomerium* gelobt, sondern sogar auf dem Kapitol errichtet und geweiht.[543] Gäbe es nicht eine Angabe des Livius, welche die so verhältnismäßig unbedeutende, aber gerade deshalb nicht einfach aus der Luft zu greifende Einzelheit berichtet, die kapitolinischen Tempel der Mens und der Venus seien nur durch einen Wasserabzugsgraben voneinander getrennt – *utraque in Capitolio est, canali uno discretae*[544] –, dann zöge man sicherlich diesen Tempel in Zweifel, zumal der *Venus Erucina* nochmals im Jahre 184 v. Chr. ein solcher gelobt und im Jahre 181 v. Chr. *extra portam Collinam* gebaut wurde.[545] Verwirrend kommt hinzu, daß Livius selbst zum Jahre 202 v. Chr. berichtet, wegen einer Tiberüberschwemmung hätten die *ludi Apollinares* nicht im Circus abgehalten werden können und sollten deshalb beim Tempel der *Venus Erucina extra portam Collinam* stattfinden,[546] der erst einundzwanzig Jahre später erbaut wurde, „als ob die Römer die Übertragung der fremden Gottheit innerhalb des Pomeriums bereut" hätten.[547]

Man wird nicht glauben wollen, daß sich Cassius Hemina in diese

---

Venus Erucina um eine Art *evocatio* gehandelt haben, entfällt, da der Eryx damals in römischer Hand war und ferner das Bild nicht nach Rom gebracht wurde, wie das im Falle der allein bekannten *evocatio* der *Iuno Regina* von Veji geschah; vgl. dazu K. Latte, RRG 125. Die noch von G. Rohde, Tempelgründungen 204, vertretene Auffassung, die Herbeiholung der *Erucina* habe „die Römer an ihren göttlichen Ursprung erinnern sollen", wird von C. Koch, Religio 84f., abgelehnt. Der für den Eryx durch Strab. 6, 272 bezeugte Dienst von Hierodulen wurde nicht nach Rom übernommen (K. Latte, RRG 185, 4), ebensowenig die Bräuche im Zusammenhang mit den Tauben der Göttin.

[543] Liv. 23, 31, 9; vgl. Fast. Venus. CIL I² p. 221 (= I. I. p. 58/9). Maff. p. 224 (= I. I. p. 77). *Venus Erucina* wird jedoch nicht genannt, nur *Mens* (Fast. Tusc. p. 216 = I. I. p. 103). Es gab auch noch eine *Venus Victrix in Capitolio* (Fast. Arv. CIL I² p. 214 = I. I. p. 37. Fast. Amitern. CIL I² p. 245 = I. I. p. 194/5) und eine *Venus Capitolina* (Suet. Calig. 7. Galba 18, 2), die kaum mit der *Erucina* identisch sein dürften.

[544] Liv. 23, 31, 9.

[545] Liv. 40, 34, 4 (vgl. Ovid. fast. 4, 871). Der Stiftungstag war am 23. Oktober nach Fast. Esquil. CIL I² p. 210 (= I. I. p. 86). Caeret. p. 213 (= I. I. p. 66). Arval. p. 215 (= I. I. p. 39). Fast. Antiat. vet. I. I. p. p. 9 am 23. April. Fast. Praen. I. I. p. 135f. am 24. Oktober.

[546] Liv. 30, 38, 10.

[547] F. Bömer, Fastenkomm. 2, 285; vgl. G. Dury-Moyaers 231, 261.

kultpolitische und historische Problematik habe einmischen wollen. Ich nehme daher an, der Satz *dum simulacrum, quod secum ex Sicilia advexerat, dedicat Veneri Matri, quae Frutis dicitur* spreche von einem aus Sizilien mitgebrachten *simulacrum*, das Aeneas der *Venus Mater* weiht, die in Latium Frutis genannt wird; seine eigene Mutter, wie bei Verg. Aen. 8, 370, kann nicht gemeint sein, da diese nicht Frutis heißt. Das fragliche *simulacrum* könnte als Bild der *Venus Erucina* gedacht sein, muß diese Voraussetzung aber nicht erfüllen; dazu ist die Nachricht bei Solin. 2, 14 zu sehr abgekürzt. In Verbindung mit dem Namen *frutinal* für den Kultplatz ergibt sich jedoch aus dieser Erörterung, daß es sich bei der laurentischen Frutis um eine der später *Venus Mater* genannten Göttin ähnliche einheimische Gottheit gehandelt haben dürfte.

Das legt die Frage nach der Bedeutung des Namens nahe. Die schon vor zwei Jahrzehnten von mir vorgetragene Erklärung ist die einzige, die ohne Veränderung des überlieferten Namens auskommt[548]: Ich halte Frutis für formal identisch und inhaltlich gleichbedeutend mit venetischem *hvrota*,[549] d. h. *Frōta*, worin ich ebenfalls einen Gottesnamen sehen zu dürfen glaube, da von ihm ein theophorer Frauenname *vhrutana*[550] gebildet werden konnte. Zum gleichbedeutenden Nebeneinander der Suffixe *-tis* und *-ta* kann man vergleichend auf die ebenfalls aus venetischem Sprachgut stammenden Namen Carmentis neben Carmenta hinweisen. Die sprachliche Analyse führt auf eine Form $*ghr̥\text{-}tis$ bzw. $*ghr̥\text{-}t\acute{a}$, die von griechisch χαίρω < $*ghr̥\text{-}i̯ō$ nicht getrennt werden kann. Bezeichnet der Name Frutis die Göttin aber als χάρις „Anmut, Liebreiz", so liegt in der Verbindung *Venus Frutis* eine Binneninterpretation des ersten durch das zweite Glied vor; als Appellativum ist *venus* ebenfalls mit „Liebreiz" zu übersetzen. Binneninterpretationen in Gottesnamen werden beim Zusammentreffen zweier sprachlich unterschiedener Verehrergruppen herausgefordert, wie das etwa an *Iuno virgo* in Tarracina zu beobachten ist.[551] Die venetische Herkunft des Namens paßt in die im Gebiete Laviniums auch sonst beobachteten sprachlichen Erscheinungen.

---

[548] G. Radke, Götter 134f. 313. 350.
[549] PID nr. 164. M. Lejeune, Manuel nr. 252. 253 *la.i. .v.na hvrota.i.* mit unsicherer Lesung und Worttrennung (ꟼ für *-i-* und *h*).
[550] PID nr. 136b. M. Lejeune, Manuel nr. 87 *vhrutana.i.* .
[551] *Iuno virgo* (Serv. Aen. 7, 799); *Numisius Martius* (CIL I² 32. 33 = ILLRP² Nr. 247. 248).

c) Diana aus Ephesos und *Diana* *Virbia in Aricia

Die *aedes Dianae* auf der Höhe des Aventin war Schauplatz einer in hohem Maße politischen Legende, die in ihrer äußeren Form jedoch offenbar dadurch motiviert wurde, daß sich im *vestibulum* des Tempels ein besonders großes und eindrucksvolles Rindergehörn befand, das als eine Art *miraculum* bestaunt wurde.[552] Am ausführlichsten wird die Geschichte von Iuba FGrH 275 F 91 bei Plut. quaest. Rom. 4 berichtet: Ein sabinischer Bauer[553] namens Antron[554] Coratius[555] habe eine Kuh besessen, die sich von den anderen durch Größe und Schönheit auszeichnete. Als ihm ein Seher sagte, die Stadt, deren Bürger diese Kuh der Diana auf dem Aventin opfere, werde nach Bestimmung des Schicksals die Herrschaft über Italien gewinnen, habe sich der Bauer alsbald mit seiner Kuh auf den Weg gemacht, um sie am angegebenen Platze der Göttin zu opfern. Vor ihm sei aber sein ungetreuer Sklave nach Rom gekommen und habe heimlich dem Könige Servius Tullius die Wahrsagung hinterbracht, der sofort den Priester[556] Cornelius davon verständigte. Als Antron gekommen sei, habe ihn dieser geheißen, sich vor dem Opfer erst im Tiber zu baden, wie das für den günstigen Erfolg des Opfers vorgeschrieben werde. Nachdem Antron fortgegangen war, um die Anweisung auszuführen, habe Servius die Kuh genommen und vor ihm der Diana geopfert, womit er das Orakel erfüllte und seinen Ausgang zugunsten Roms entschied; er habe dann das Gehörn an die Wand des Tempels genagelt.

Da Plutarch am Ende seines Berichtes erklärt, Varro erzähle die gleiche Begebenheit, lasse aber die Namen des Antron und des ἱερεύς Cornelius aus, an dessen Stelle er einen νεωκόρος[557] erwähne

---

[552] Liv. 1, 45, 4.

[553] Bei Liv. a. O. und Val. Max. 7, 3, 1 wird der Sabiner *pater familiae* genannt; warum das gerade hervorgehoben wird, ist noch nie gefragt worden.

[554] In dem sabinischen Namen Antron dürfte das auslautende -n wie etwa bei *Nerien, Anien* (s. o. S. 33) erhalten geblieben sein.

[555] Es ist nicht nötig, für *Coratius* etwa *Curiatius* einzusetzen, wie das R. M. Ogilvie, A Commentary on Livy, Books 1–5, Repr. Oxford 1970, 183 erwägt, da inschriftlich ein *Coratius Sabinus* (CIL III 633; vgl. W. Schulze, EN 78) bekannt ist.

[556] Plut. a. O. spricht von einem ἱερεύς (auct. vir. ill. 7, 11 dem entsprechend *sacerdos*), Liv. a. O. und Val. Max. a. O. nennen ihn *antistes*.

[557] Das entspricht dem *antistes* bei Liv. a. O. Val. Max. a. O.

– ich glaube, auch der Name des Servius als handelnder Person innerhalb der Vorgänge sowie die Gestalt des verräterischen Sklaven sind erst von Iuba hinzugefügt worden –, gewinnt man einen Eindruck von der varronischen Fassung, die sich im wesentlichen mit der bei Liv. 1, 45, 4ff., Val. Max. 7, 3, 1 und Cass. Dio frg. 9 *Melber* bei Zonar. 7, 9 erhaltenen Überlieferung deckt, bei denen sich die Ereignisse während der Regierungszeit des Königs Servius Tullius abspielen. Lediglich der auct. de vir. ill. 7, 9ff. nennt statt des Sabiners – offenbar hielt er diese „Korrektur" aus dem Zusammenhange für berechtigt – irrigerweise einen Latiner und ersetzt die Vorhersage des Sehers durch einen Traum. Wenn R. M. Ogilvie[558] annimmt, die varronische Darstellung sei "too full of etymological cleverness *(cornua > Cornelius; servus > Servius)*", beruht das auf ungenauer Lektüre des Plutarchtextes, in dem gerade der Name des Cornelius und damit die auffälligste angebliche Etymologisierung dem Varro abgesprochen wird. Der Kern der Legende vom Opfer der Kuh befaßt sich mit der Berechtigung des aventinischen Diana-Tempels, als *commune Latinorum Dianae templum* zu gelten und dadurch mit dem Herrschaftsanspruch Roms.

Der Zusammenhang, in dem Liv. 1, 45, 2f. diese Geschichte einführt – der Rahmen findet sich auch bei Cass. Dio a. O., nicht aber bei Val. Max. a. O. –, ist auffällig: Er berichtet von dem erfolgreichen Bemühen des Servius Tullius, die Latiner zum Bau eines für Römer und Latiner gemeinsamen Tempels der Diana auf dem Aventin zu überreden. Obwohl zwar alle Latiner – fährt Livius ohne rechten logischen Anschluß fort – wegen der wiederholten vergeblichen Versuche, ihre Stellung mit den Waffen zu behaupten, es aufgegeben hatten, an Wiedergewinnung einer Vormachtstellung überhaupt zu denken, sei andererseits sogar einem einzelnen Sabiner bei privatem Handeln beinahe das Schicksal zuteil geworden, Rom die Macht abzunehmen, wenn es ihm gelungen wäre, die ominöse Kuh der Diana zu opfern. Dieses bedeutungsvolle Opfer fand – folgt man der livianischen Disposition – gerade vor dem Tempel statt, um dessen Stiftung zuvor erst zwischen Römern und Latinern verhandelt wurde, während die schicksalhafte Möglichkeit der politischen Umwälzung der Herrschaftsverhältnisse in Latium einem – scheinbar doch – Außenstehenden, einem Sabiner, in die Hand gegeben war. Offenbar sind hier zwei unterschiedliche Gedankengänge ineinander verschmolzen.

---

[558] R. M. Ogilvie a. O. 183.

Die Auseinandersetzung mit den Latinern um die Hegemonie war durch deren Nachgeben schon entschieden: *Ea erat confessio caput rerum Romam esse* (Liv. a. O. 3). Wenn Cass. Dio a. O. hinzufügt, man sei über die νεωκορία noch uneins gewesen, so sollte das vermutlich auch der Überbrückung der beiden Handlungsabläufe dienen. Das Auftreten des Sabiners eröffnet einen zweiten, bisher noch nicht erwähnten Hegemonialstreit, der aber nicht durch die Macht, sondern mit einem durch schicksalhafte Zufälle willkürlich beeinflußten Verhalten gegenüber der Gottheit, die ihrerseits erstaunlicherweise keine Partei ergreift, sein für Rom günstiges Ende findet. Einen anderen Ausgang bietet die Angabe des Anonymos in den Marginalscholien des cod. Turonensis Serv. auct. Aen. 7, 657: (Die Erklärung des Namens Aventinus geben) *alii ab advenientibus Sabinis, qui templum ibi condiderunt.*[559] Das ließe sich für die varronische Behauptung sabinischer Herkunft des römischen Diana-Kultes ins Feld führen, ist aber als Argument zu unsicher; ich kann jedoch G. Wissowas Auffassung nicht beipflichten,[560] daß auf der Voraussetzung, der aventinische Kult sei eine Filialgründung des Diana-Heiligtums in Aricia, „auch die bekannte Erzählung von dem für die Hegemonie in Latium entscheidenden Kuhopfer im Dianentempel" beruhe, da es bei diesem in letzter Instanz doch um die römisch-sabinische Frage, nicht aber um Latium ging.

Es darf nicht übersehen werden, daß zwei verschiedene Vorgänge nebeneinanderlaufen: Gegenüber der Entscheidung, ob Diana als römische oder sabinische Göttin zu gelten hat, besitzt die zweite Frage, das Problem der Priorität zwischen den beiden Diana-Heiligtümern, dem einen auf dem *mons Aventinus* außerhalb des römischen *pomerium* und dem anderen in dem nach der Göttin benannten *nemus* bei Aricia, eine in hohem Maße religionshistorische Bedeutung, der nachzugehen ist. Man teilt heute meist die Auffassung G. Wissowas,[561] das Diana-Heiligtum auf dem Aventin sei eine Filialgründung des Kultes im *lucus Dianius in nemore Aricino*, oder man differenziert die Zusammenhänge, indem man mit A. Alföldi[562] den Vorgang der Übertragung erst mit der Vormachtstellung Roms und der damit verbundenen Auflösung des bisherigen

---

[559] Varro, l. l. 5, 43.
[560] G. Wissowa, Rel.² 250, 7.
[561] G. Wissowa, Rel.² 250.
[562] A. Alföldi, ERL 88.

Latinerbundes begründet, dessen Mittelpunkt der aricinische Kult darstellte und dessen Nachfolge dann die aventinische Diana antrat. F. Altheim[563] hingegen billigt der Gründung des Servius Tullius ein hohes Alter zu und sieht in der Weihung des *lucus Dianius* durch den Tusculaner Egerius, einen Verwandten der Tarquinier, die Reaktion der Latiner gegen Roms Herrschaftsanspruch.
Da Priscian GL II 129. VII 337 K. die durch Cato frg. 58 P. erhaltene Stiftungsinschrift des *lucus Dianius* offenbar ungenau (*Laurens* neben *Tiburtis* und *Ardeatis*) und mit willkürlicher Verkürzung wiedergibt, sehe ich darin keine Möglichkeit einer Datierung und historischen Einordnung, so daß Spekulationen über das Verhältnis zu Rom daraus nicht genährt werden dürfen, zumal der erhaltene Text Catos nichts darüber aussagt. Er beschränkt sich auf die Angabe: Egerius aus Tusculum weihte als *dicator Latinus* (oder mit anderer Überlieferung: *dictator Latinus*) *lucum Dianium in nemore Aricino*; und das geschah *communiter* mit anderen Völkern, die – dem Augenschein nach unvollständig – genannt werden. Daß diese gemeinsame Kultstiftung die Gründung eines politischen Bundes – insbesondere eines Bundes gegen Rom – bezweckte, ist eine aus dem Material nicht beweisbare moderne Annahme. Auch über das gegenseitige Verhältnis der beiden Heiligtümer zueinander sagt die antike Überlieferung kein Wort. K. Latte[564] hat richtig beobachtet, daß über eine Zusammenkunft der Bundesmitglieder beim aventinischen Diana-Heiligtum ebensowenig wie in Nemi-Aricia berichtet wird. Dieser Mangel an Bestätigung allgemeiner Auffassung mahnt zur Vorsicht.

A. Alföldi[565] glaubt, das Kultbild von Aricia auf einer Münze des P. Accoleius Lariscolus wiedererkennen zu können; E. Simon[566] stimmt ihm darin zu. Es handelt sich um drei stehende, durch einen gemeinsam auf dem Nacken getragenen Balken verbundene Göttinnen, in der Mitte – nach der Deutung A. Alföldis – Hekate, vom Beschauer aus gesehen links mit einem Bogen in der Hand Diana und rechts mit einer Mohnblüte Luna. Sicher ist durch das Attribut des Bogens allein die Zuweisung an Diana. Die Bäume im Hintergrund stellen das *nemus Aricinum* dar. Ein Wandgemälde aus dem Hause der Livia auf dem Palatium scheint die gleiche Drei-

---

[563] F. Altheim, GG 132. 137.
[564] K. Latte, RRG 173.
[565] A. Alföldi, ERL 47 ff.
[566] E. Simon, Götter der Griechen 153. 158.

heit wiedergeben zu sollen, die durch einen danebenstehenden Pfeiler mit den Symbolen der Artemis verdeutlicht wird.[567] Fraglich ist vorerst die Datierung des Motivs auf dem Münzbilde ins 6. Jahrhundert v. Chr.: Solange man mit Pausan. 2, 30, 2 den Pheidiasschüler Alkamenes[568] für den ersten Schöpfer von ἀγάλματα Ἑκάτης τρία ... προσεχόμενα ἀλλήλοις hielt, war das bedenklich; seit aber im Heraion II von Samos ein dreigestaltiges Hekatebild aus der Mitte des 7. Jahrhunderts v. Chr. gefunden wurde,[569] ist kein Zweifel gegenüber Aussehen und Alter des Kultbildes von Aricia mehr am Platze. Ein solches Denkmal war offenbar auch Horaz (c. 3, 22, 4 *diva triformis*) und Vergil (Aen. 4, 511 *tria virginis ora Dianae*) bekannt.

Auch ohne daß man den Namen jeder der drei Göttinnen auf den Münzen des Acculeius anzugeben vermöchte,[570] halte ich die Existenz eines solchen dreigestaltigen Bildes in früher Zeit für durchaus vorstellbar und schließe mich der Auffassung A. Alföldis und E. Simons an. Trotz der Dreigestaltigkeit wird nur eine einzige Diana verehrt (J. Champeaux, Fortuna 173). Bei Anerkennung dieser Voraussetzung wird aber der Diana-Kult im *nemus Aricinum* durch die andere Ausgestaltung und Ausdrucksweise des Kultbildes mit Bestimmtheit von dem aventinischen Diana-Kult geschieden und damit auch die Frage nach der gegenseitigen Abhängigkeit zwischen diesen beiden Kulten als gegenstandslos aufgehoben; wenn sie sich nicht in der Schaustellung ihrer Gottheit gleichen, sind sie auch nicht voneinander abhängig; eine Entscheidung hinsichtlich der chronologischen Priorität wird dadurch nicht getroffen. Das Bild der *Diana Aventinensis* ist bekannt: Es ist das der ephesischen

---

[567] E. Simon, Götter der Griechen 167.
[568] C. Robert, Alkamenes, in: RE I 1507; seine Hauptwerke, darunter die Hekate auf der Nike-Bastion der Akropolis, stammen aus der Zeit zwischen 440 und 430 v. Chr.
[569] E. Simon, Götter der Griechen 158f.
[570] Zum Namen der Hecate im Lateinischen vgl. Verg. Aen. 6, 118; als alter Kultname in Aricia erscheint er mir jedoch nicht geeignet. Daß die Mohnblüte nach A. Alföldi auf Luna weist, ist unsicher; vgl. Verg. georg. 1, 212 *Cereale papaver*. Den Namen einer *Trivia* benutzt schon Enn. scen. 121. Ich halte es nicht für notwendig, den drei Gottheiten eigene Namen zu suchen, da auch das Werk des Alkamenes einfach als „Hekate" galt; so dürfe das dreigestaltige Bild in Aricia nur Diana geheißen haben, wie auch die zweifache Fortuna nur mit diesem einen Namen angerufen wurde (vgl. J. Champeaux, Fortuna 173).

Artemis, das die Phokaier auf ihrer Westfahrt angeblich in Rom bekannt machten und dann nach Massalia mitnahmen.⁵⁷¹ Diese ephesische Artemis ist dargestellt als πότνια θηρῶν, als „Herrin der Tiere",⁵⁷² zwischen denen sie geflügelt in heraldischer Gruppierung steht. Dieser Bildtypus paßt nicht in eine Dreiergruppe und entspricht auch nicht der Vorstellung, das βρέτας der Göttin sei in *fasces* geborgen von Orestes entführt und als *Facelitis*⁵⁷³ nach Italien gebracht worden.

Diese wird gelegentlich mit der lakonischen Artemis Ὀρθία identifiziert.⁵⁷⁴ Das an deren Altar vollzogene rituelle Schlagen von Knaben wird als Abmilderung des ursprünglichen Sklavenopfers in Aricia gedeutet.⁵⁷⁵ So ist eine – möglicherweise erst spekulative⁵⁷⁶ – Verbindung zum *rex Nemorensis*⁵⁷⁷ hergestellt worden: Das war – bis in die Zeit des Pausanias⁵⁷⁸ – der Priester der aricini-

---

⁵⁷¹ Nach Strab. 4, 179 brachten die Phokaier das Bild der Artemis von Ephesos nach Massalia; nach Strab. 4, 180 hat das Diana-Bild des aventinischen Tempels die gleiche Beschaffenheit wie das in Massalia. Zur Geschichte der Beziehungen zwischen Rom und den Phokaiern von Massalia vgl. Iustin. 43, 3, 4. Die Bilder in Rom und Massalia haben nichts mit der *Ephesia mammis multis et uberibus exstructa* (Minuc. Fel. Oct. 22, 5) zu tun.

⁵⁷² F. Altheim, GG 103 ff.; vgl. die Abbildungen von Darstellungen der Herrin der Tiere bei E. Simon, Götter der Griechen 151. 170 f. Vgl. auch Fest. 460, 33 ff. L. *quod eo die Ser. Tullius ... aedem Dianae dedicaverit in Aventino, cuius tutelae sint cervi* (unter dem Eindruck des Kultbildes).

⁵⁷³ Prob. eclog. prooem. p. 325 Hagen. Philargyr. eclog. prooem. p. 11 Hagen. Serv. eclog. prooem. p. 1 Thilo. Serv. Aen. 2, 116 = Hygin. fab. 261) *simulacrum sustulit absconditum fasce lignorum: unde et Facelitis dicitur et Ariciam detulit* (vgl. G. Radke, Götter 116). Ihren sizilischen Tempel erwähnt schon Lucil. frg. 104 M. *Facelinae templa Dianae*.

⁵⁷⁴ Pausan. 3, 16, 7. Serv. auct. Aen. 2, 116 *ut quidam volunt Orthiae Dianae*.

⁵⁷⁵ Serv. Aen. 2, 116 *sed cum postea Romanis sacrorum crudelitas displiceret, quamquam servi immolarentur, ad Laconas est Diana translata, ubi sacrificii consuetudo adulescentum verberibus servatur*.

⁵⁷⁶ K. Latte, RRG 172.

⁵⁷⁷ Suet. Calig. 35, 3 *nullus denique tam abiectae condicionis tamque extremae sortis fuit, cuius non commodis obtrectaret. Nemorensi regi, quod multos iam annos poteretur sacerdotio, validiorem adversarium subornavit*. Bezeichnend sind die Geringschätzung der Stellung des *rex* und das Bestehen des Priestertums noch in der Zeit Caligulas; vgl. aber auch noch Pausan. 2, 27, 4.

⁵⁷⁸ Pausan. 2, 27, 4.

schen Göttin, der ein entlaufener Sklave sein mußte und die Stellung durch den Tod seines Vorgängers im Zweikampf zu gewinnen hatte.⁵⁷⁹ Ob dieser rätselhafte „Hainkönig" überhaupt etwas mit dem Diana-Kult zu tun hat, ist ungewiß.⁵⁸⁰ Das im heiligen Hain gefundene archaische Relief mit der Darstellung der Tötung des Aigisthos durch Orestes⁵⁸¹ stellt m. E. nur einen sehr losen Zusammenhang her.

Orestes freilich wird in der Vorgeschichte des Heiligtums mit Gewißheit erwähnt: Ähnlich wie die Spartaner seine Gebeine aus Tegea nach Sparta geholt haben sollen,⁵⁸² wußte man in Rom von der Überführung der *Orestis ossa* von Aricia nach Rom, wo sie *ante templum Saturni* bestattet wurden;⁵⁸³ die *cineres Orestis* wurden als eines der sieben *pignora, quae imperium Romanum tenent*,⁵⁸⁴ angesehen. Historisch denkbar wäre ein solcher Akt zu einer Zeit, in der man noch die Gräber des Romulus, des Faustulus und des Hostus Hostilius sehen zu können glaubte,⁵⁸⁵ d. h. doch wohl nicht nach dem Ende des 6. Jahrhunderts v. Chr. Während Orestes aus dem Bereiche der Mythologie in einen kultischen Vorgang einbezogen wurde, muß man in dem aricinischen Virbius einen im Diana-Kulte von Aricia verehrten Gott erkennen, auch wenn sich seiner die Mythologie ebenfalls bemächtigt und ihn als fortlebenden Hippolytos gedeutet hat.⁵⁸⁶ Der Name des Virbius ist sprachlich⁵⁸⁷ als *$u\mathring{r}dh$-$i\breve{o}s$ zu erklären, was als deverbale Ableitung von

---

⁵⁷⁹ Strab. 5, 239. Ovid. fast. 3, 271 f. ars am. 1, 298. Val. Flacc. 2, 304 f. Stat. silv. 3, 1, 55 ff. Serv. Aen. 6, 136. Pausan. 2, 27, 4. L. Deubner, Römer 452. F. Altheim, GG 144. F. Bömer, Fastenkomm. 2, 164.

⁵⁸⁰ K. Latte, RRG 127.

⁵⁸¹ F. Altheim, GG 106 f.

⁵⁸² Nach Pausan. 8, 54, 4 wurde Orestes in Tegea begraben; die Spartaner holten seine Gebeine jedoch nach Sparta: Herod. 1, 67 f. Pausan. 3, 3, 6. 11, 10. Solin. 1, 90.

⁵⁸³ Serv. Aen. 2, 116 (= Hygin. fab. 261) *Orestis vero ossa Aricia Romam translata sunt et condita ante templum Saturni, quod est ante clivum Capitolinum iuxta Concordiae templum.*

⁵⁸⁴ Serv. auct. Aen. 7, 188 *septem pignora, quae imperium Romanum tenent: lapis Matris Deum, quadriga fictilis Veientanorum, cineres Orestis, sceptrum Priami, velum Ilionae, palladium, ancilia.*

⁵⁸⁵ Fest. 184, 19 ff. L. Dion. Hal. ant. 1, 87, 2.

⁵⁸⁶ Vgl. besonders Ovid. metam. 15, 492 ff.

⁵⁸⁷ G. Radke, Götter 338 ff. Die von F. Altheim, GG 123 ff. gebotene Deutung überzeugt mich nicht.

einem Stamme *u̯erdh- „aufrichten"[588] mit Synkopierung der durch das tontragende Suffix -i̯ŏ- vortonigen kurzen Stammsilbe zu verstehen ist; von dem gleichen Stamme wurde unter gleichen Bedingungen der Name der Ὀρθία (< *[u̯]r̥dhiā) gebildet, den man aus der Hilfe der Göttin bei der Niederkunft gegeben wähnte.[589] Damit stimmt auch der Kult der Frauen in Aricia überein, der sich in Gelübden, Weihungen und Prozessionen äußert.[590]

Es darf nicht außer acht gelassen werden, daß die Trägerinnen beider Kulte, des aventinischen wie des aricinischen, den Namen Diana führen, und gleichermaßen, daß beide schon sehr früh – mindestens hinsichtlich ihrer äußeren Form – unter dem Einfluß des griechischen Artemis-Bildes standen, das freilich seinerseits keineswegs einheitlich war. Obwohl eine direkte Beziehung zwischen der mehr unter der Vorstellung einer πότνια θηρῶν verehrten Göttin des aventinischen Heiligtums und der innerhalb einer Dreiergruppe als Ὀρθία gedachten Herrin des Haines von Aricia abgelehnt werden mußte, lassen sich gegenseitige Beeinflussungen nicht ausschließen und auch nicht übersehen. Nicht nur die Überführung der Gebeine des Orestes nach Rom eröffnet einen Zugang aricinischer Glaubensvorstellung, sondern auch der Name des Virbius ist in Rom nicht unbekannt: Der Weg nach Aricia und zum *nemus Dianae* hieß *Virbii clivus*;[591] aber auch in Rom gab es in der Nähe eines Dianium genannten Heiligtums einen *Urbius clivus*,[592]

[588] Vgl. altind. *várdhatē* „macht wachsen" (LEW 1, 64). Die von Th. Schreiber, Artemis, in: Myth. Lex. I 586 geäußerte Vermutung, es handele sich bei Orthia um einen „phallischen Dienst" unter Hinweis auf die ὀρθία ὕβρις der Esel bei Pind. Pyth. 10, 56 scheint mir kaum treffend. Ebensowenig kann ich der Herleitung von einem arkadischen ὄρος Ὄρθιον (Schol. Pind. Ol. 3, 54) zustimmen.
[589] Etym. m. 631, 2 s. Ὀρθωσία· Ἄρτεμις παρὰ τὸ ὀρθοῦν τοὺς βίους τῶν ἀνθρώπων. Schol. Pind. Ol. 3, 54 ὅτι ὀρθοῖ εἰς σωτηρίαν ἢ ὀρθοῖ τοὺς γεννωμένους. ebd. ἤτοι τῇ ὀρθούσῃ τὰς γυναῖκας καὶ εἰς σωτηρίαν ἐκ τῶν τοκετῶν ἀγούσῃ. Schol. Lykophr. 1331; vgl. Asklepios Orthios in Epidauros, S. Wide, Lakon. Kulte 113ff.
[590] Vgl. K. Latte, RRG 170. Zum Namen der *Diana Opifera Nemorensis* (CIL I² 1480) vgl. *Facelitis . . . et Lucifera dicitur* (Serv. Aen. 2, 116). Vgl. CIL I² 42. 45.
[591] Schol. Pers. 6, 56 ⁺*quattuor*⁺ *millibus ab urbe* (man verstehe: *quattuor millibus a via Appia*) *est Virbii clivus, qua iter est ad Ariciam et ad nemus Dianae, ubi Virbius colitur, id est Hippolytus, quod bis in vitam prolatus sit.*
[592] Liv. 1, 48, 6f. *Urbium clivum*. Fest. 196, 1 ff. *Orbius clivus*. Solin. 1,

der später *vicus sceleratus* hieß, weil dort Tullia ihren schwerverletzten Vater Servius Tullius mit ihrem Gespann überfahren und getötet hatte.[593] Diese Todesart erinnert unverwechselbar an die des Hippolytos.

Der Name der Diana ist nach Varro, l. l. 5, 68 lateinisch; daran hat auch noch niemand gezweifelt. Befragt man ihn nach seiner sprachgeschichtlichen Aussage, so ist zu beachten, daß die älteste prosodisch meßbare Bezeugung bei Enn. ann. 62 *Dīāna* mit langer erster Silbe nur einmal auch bei Plaut. Bacch. 312 vorliegt und einmal von Verg. Aen. 1, 499, zweimal von Horat. c. 1, 21, 1. 4, 7, 25 und einmal von Ovid. metam. 8, 352 nachgeahmt wird, während die lateinischen Dichter – schon Lucil. 104 M. *templa Dĭānae* – im allgemeinen *Dĭāna* mit kurzer erster Silbe gebrauchen. Die Kürze des -ĭ- kann jedoch nicht alt sein, da sie sonst über *diāna zu *iāna* geführt hätte;[594] ist sie aber erst durch ihre Stellung vor Vokal[595] aus langem -ī- entstanden, steht der Annahme einer Herleitung des Namens aus *Diviana* (wegen Varro, l. l. 5, 68 ohne *!) nichts im Wege: Von dieser Form ging Varro a. O. aus, deutete sie aber irrig als *Deviana*, wie Prob. eclog. 6, 31 aus Varros Logistoricus wörtlich bezeugt, was nicht annehmbar ist. Es geht m. E. auch nicht, den Namen der „Diana von Ortsbezeichnung *sub diu* ‚im Freien'" (M. Leumann[6] 325. 358) herzuleiten, da *dĭŭ* und *dĭŭs* in allen Zeugnissen (s. u. S. 239) jambisch gemessen werden;[596] bei Lucret. 4, 211, was als Beispiel für *sub dĭū* beigebracht wird, gibt der cod. Quadratus correctus die sonst (vgl. Varro, l. l. 5, 66) übliche Fassung *sub divo* im Sinne von *sub Iove* (Horat. c. 1, 1, 25. Afran. com. frg. 105 R.), was ich für richtig halte.

So bleibt es bei der von F. Altheim vorgeschlagenen Ableitung des Namens *Dīāna* < **diu̯iana*, was ich jedoch nicht als Weiterent-

---

25 *clivum Urbium*. Zum sprachlichen Verhältnis zwischen *Urbius-Orbius* und *Virbius* s. o. S. 148.

[593] Dion. Halt. ant. 4, 39, 5.

[594] M. Leumann[6] 126. Nigid. Fig. frg. 73 Swoboda bei Macrob. sat. 1, 9, 8 *Apollinem Ianum Dianamque Ianam*.

[595] M. Leumann[6] 105 f.

[596] Paul. Fest. 62, 14 ff. L. *unde adhuc sub diu fieri dicimus, quod non sit sub tecto, et interdiu, cui contrarium est noctu*. Entweder ist *sub dĭŭ* zu messen oder man müßte *sub dio* (wie bei Cato agr. 95, 2) erwarten, was inhaltlich *sub divo* (Varro, l. l. 5, 66) nachgebildet ist; auch *interdĭŭ* wird überall mit kurzem -ĭ- gemessen; s. o. S. 239.

wicklung zu einem Stamme *di̯u̯- ansehen, sondern nur als *di(ŏ)u̯i̯ána unter Synkopierung der vortonigen kurzen Silbe im Nominalstamm *di̯ou̯- verstehen kann. F. Altheim nennt *diu̯iana Resultat einer „unechten Motion"⁵⁹⁷ und setzt Diana inhaltlich mit der Göttin Dia gleich. Das läßt sich jedoch m. E. nicht anerkennen, da einmal Dia nur in der Verbindung dea Dia im Arvalenkult begegnet, die Bezeichnung dea aber schon sprachlich nur jungen Datums sein kann⁵⁹⁸ und da ferner dea Dia als „der Beiname einer Gottheit, deren individuelle Bezeichnung hinter diesem verschwunden ist", angesehen werden muß.⁵⁹⁹ Man hätte dann also Diana als in „unechter Motion" gebildetes Femininum neben Dīus (G. Radke, AL 43) gelten zu lassen. Varro hat seine Erklärung für die Namen des Diespater⁶⁰⁰ und der Lucina⁶⁰¹ – producere ad diem bzw. producere ad lucem – einmal auch auf den der Diana angewendet: eandem esse, quae diem nascentibus daret;⁶⁰² Dīus jedoch wird nie in diesen Zusammenhang einbezogen: Varro, l. l. 5, 66 stellt ihn neben divum, id est caelum. Dīus ist der Gott, der, weil er zu *di̯ŏu̯- gehört, die Fähigkeit zum Leuchten besitzt.

Da die Erklärung, eine Gottheit heiße deshalb Diespiter oder Lucina, weil sie die Kinder an den Tag bzw. an das Licht bringt, nicht als Aussage einer Glaubensvorstellung angesehen werden kann, sondern eher nach unglücklicher Volksetymologie anmutet, glaube ich, der Name der Diana müsse wie der des Dīus⁶⁰³ von *di̯ŏu̯- hergeleitet werden und wie dieser zum Ausdruck des Himmelslichtes dienen. Dabei dürfte ursprünglich kaum ein Unterschied zwischen Tageslicht und Nachtgestirn bestanden haben: Ebensowenig wie

---

[597] F. Altheim, GG 97f.; vgl. W. Schulze, EN 540, 6, „da hat man aber nur zu lernen, daß das Femininum eigentlich ein Adjektivum ist".
[598] Vgl. G. Radke, AL 200. Aus dei̯u̯os wurde durch Ausfall des konsonantischen -u̯- vor -o- *deios > *dēos, woraus schließlich historisches dĕus entstand. Nach Gnaivod auf der Scipioneninschrift CIL I² 7, die in das 3. Jahrhundert v. Chr. gehört, bildet sich deus frühestens zu Beginn des 2. Jh. v. Chr. Da in dem Worte deiva keine Veranlassung zum Verlust des -u̯- vorlag, blieben dĕus und dīva nebeneinander bestehen; erst viel später paßte sich dea dem älteren – aber nicht: alten – deus an.
[599] G. Wissowa, Rel.² 195.
[600] Varro frg. 99 Cardauns Diespater, qui paucum perducat ad diem.
[601] Varro frg. 100 Cardauns Lucina, quae producat in lucem; vgl. Varro, l. l. 5, 69 selbst zu Luna.
[602] Prob. eclog. 6, 31.
[603] F. Altheim, GG 98.

Dius die Sonne bezeichnet, kann mit dem Namen der Diana in seiner Grundbedeutung der Mond selbst gemeint worden sein. Das Licht des Himmels aber suchen und verehren die Gläubigen auf den Höhen der Berge, wie das für Iuppiter nie bezweifelt worden ist; das trifft auch für Diana zu: Auf den Höhen der Tifata bei Capua, dem *mons Dianae Tifatinae*,[604] auf dem Felsgipfel Corne bei Tusculum,[605] auf der Akropolis von Massalia,[606] auf der Höhe des Esquilinus[607] und ebenso auf dem Gipfel des Aventin.[608] Ganz anders, ganz verschieden davon dient als Platz für die Verehrung der Artemis Orthia in Sparta das Limnaion, das an einem See gelegen ist wie ebenso das Heiligtum der *Diana Aricina* am *lacus Dianae*. So ist also nicht nur das Bild, das man sich von der Göttin auf dem Aventin machte, von dem im Hain von Aricia verschieden, sondern lassen sich auch die Plätze ihrer Verehrung nicht vergleichen: Die Göttin des Lichts auf einem Berge, die Geburtshelferin an einem See im Talkessel eines ehemaligen Vulkankraters.

Aus dieser Gegenüberstellung ergibt sich m. E. mit aller Deutlichkeit, daß der Name Diana von einem Kulte ausging, der auf der Höhe eine Göttin des Lichts zum Gegenstand der Verehrung hatte. Das heißt mit anderen Worten, wenn die Göttin im Hain von Aricia auch Diana heißt, so ist das nicht ihr eigentlicher Name, sondern sie hat ihn erst von ihrer Konkurrentin auf dem Aventin übernommen. Es hatte sich beobachten lassen, daß der in Aricia beheimatete Virbius in Rom bekannt wurde und die Überreste des aus Aricia geholten Orestes – *ossa* wie *cineres* – eine besondere Verehrung erfuhren; die schon angedeutete gegenseitige Beeinflussung ist darin zu suchen, daß der Name der Diana von Rom nach Aricia gebracht wurde. Die Ursache für diesen erstaunlichen Vorgang liegt in der Gleichsetzung sowohl der Diana vom Aventin wie auch der Partnerin des Virbius in Aricia mit der griechischen Artemis. Wie die Herrin der Tiere von Ephesos und die Artemis Orthia von Sparta gleichermaßen als Artemis gelten konnten, schuf die Gleichsetzung der Göttinnen in Rom und Aricia mit der griechischen Göttin die Voraussetzung, ihrerseits jeweils den Namen Diana zu tragen. Während sich die römische Diana auf der Grundlage heimischer

---

[604] H. Nissen, Ital. Landeskunde 2, 710.
[605] Plin. n. h. 16, 242.
[606] A. G. Wackernagel, Massalia, in: RE XIV 2138. 2141.
[607] Liv. 1, 48, 6 *ad summum Cyprium vicum, ubi Dianium nuper fuit*.
[608] Martial. 6, 64, 12. 7, 73, 1.

Vorstellung am äußeren Bild der Artemis Φωσφόρος orientierte, glaube ich, daß in Aricia ursprünglich ein Götterpaar – im gleichen Sinne wie Liber und Libera ein „Paar" waren – Virbius und *Virbia für den glücklichen Ausgang der Niederkunft sorgten, dem Namen nach der Artemis Ὀρθία, der Funktion nach der Artemis Λοχεία entsprechend. Der Name *Virbia ging verloren; Virbius erlebte in Rom in der Gestalt des Servius Tullius das Schicksal des Hippolytos.

Virbius-*Virbia in Aricia sind nicht das Ergebnis einer spartanischen Mission mit dem Vorstellungsbild der Artemis Orthia; die sprachliche Analyse beider Namen weist auf eine inhaltliche Identität hin, die aus gleicher Wurzel stammend an verschiedenen Orten ihren Ausdruck fand: Ich vermute, daß die Gottheit, deren Funktion im Aufrichten, Wiederherstellen zu sehen ist, aus illyrischem Bereich sowohl in das hylleische Sparta wie nach Italien kam, wo illyrischer Einfluß gerade im Laufe des 6. Jahrhunderts v. Chr. vorausgesetzt werden darf.[609] Aber auch im Namen der Diana schimmert illyrischer Einfluß durch: Daß für die „unechte Motion" gerade das Suffix -āna benutzt wurde, könnte mit dessen besonderer Beliebtheit im illyrischen Sprachgebiet zusammenhängen.[610] Gibt es einen derartigen Einfluß, stammt er von den nach Italien eingewanderten Illyriern. Das könnte auch erklären, warum trotz der sprachgeschichtlich erwiesenen engen Zusammengehörigkeit von Dius und Diana keine religionsgeschichtlich wahrnehmbaren oder auswertbaren Berührungen erkannt werden können. Das war aber der Grund für mich, Diana in diesem Rahmen zu behandeln.

Man wird F. Altheim, GG 134 zustimmen dürfen, daß der Kult der Diana auf dem Aventin älter als der aricinische ist. Auf dem Aventin wurde die Göttin lange schon verehrt, ehe die Menschen, die ihr Kult erwiesen, die griechische Artemis kennenlernten; als ihnen eine Gottheit bekannt wurde, die ihren Vorstellungen entsprach, übernahmen sie deren Bild. Das war, als ihnen die Phokaier die Herrin der Tiere zeigten. Erst dann baute Servius Tullius den Tempel. Aus dieser Nachricht lassen sich keine präzisen historischen Daten ablesen, sie umschreibt aber mit ausreichender Deutlichkeit den Vorgang, der sich um die Wende vom 7. zum 6. Jahrhundert v. Chr. in Rom abspielte. Die Gottheiten im heiligen Hain von Ari-

---

[609] G. Radke, AL 9.
[610] H. Krahe, Die alten balkanillyrischen geographischen Namen 42. Die balkanillyrischen Personennamen 145.

cia erhielten ihre Namen wohl erst später; da diese noch im 6. Jahrhundert durch den der Diana verdrängt werden konnten, wird man annehmen können, daß ein einheimischer Kult nur erst kurze Zeit gedauert hatte. So konnte Fremdes leichter eindringen. Ein Fest zu Dianas Ehren hat sich nicht entwickelt; so fehlt sie im Kalender.

III. AUSSEHEN UND ANSEHEN DER GÖTTER

1. Wirken der Götter

Sind die Götter Erfindungen der Menschen, so stammen ihr Aussehen und der Glaube an ihr Wirken aus menschlichen Gedanken; Menschen schufen sich die Götter. Das ist eine alte Erkenntnis, die schon von dem Eleaten Xenophanes vorgetragen wurde: Wenn die Rinder und Rosse und Löwen Hände hätten oder malen könnten mit ihren Händen und Werke bilden wie Menschen, so würden die Rosse roßähnliche, die Rinder rinderähnliche Göttergestalten malen und solche Körper bilden, wie jede Art gerade selbst das Aussehen hätte.[1] Die Aithiopier behaupten, ihre Götter seien schwarz und stumpfnasig, die Thraker, sie seien blauäugig und rothaarig.[2] Ganz anders liest man es im Alten Testament Gen. 1,27: Und es schuf Gott den Menschen nach seinem Bilde; nach dem Bilde Gottes schuf er ihn; männlich und weiblich schuf er sie.[3] Es geht dabei um die Frage des Urhebers, wohingegen Art und Inhalt der Gottheit absolut gesehen wird. Sie findet in der grundsätzlichen Einsetzung keine Beachtung.

Es gibt aber auch einen anderen Weg. Das ist die Beschreibung der Gottheit nach ihrem Wirken. Wenn der Mensch sich einen Gott nach dem Bilde des Menschen schafft, kann er ihm alle Schwächen und Gedanken der menschlichen Seele und des menschlichen Körpers andichten; wenn Gott den Menschen nach göttlichem Bilde gestaltet, setzt das für den Menschen die Aufgabe voraus, sich nach dem Willen des Gottes, der ihn geschaffen hat, zu verhalten und zu handeln. Entsteht die Vorstellung von einer Gottheit aber erst als Ergebnis ihres angenommenen Wirkens, wird der Weg des Monotheismus verlassen und richtet sich das Bild eines jeden Gottes nach den Akten, die er vollbringt, und nach dem Erscheinen, der Einstellung, die er dem Menschen gegenüber zeigt bzw. gezeigt hat. Ja,

---

[1] Xenophan. frg. 15 Diels bei Clem. Strom. V 110 (= II 400, 1 St.).
[2] Xenophan. frg. 16 Diels bei Clem. Strom. VII 22 (= III 16, 6 St.).
[3] Vgl. LXX Gen. 1, 27 καὶ ἐποίησεν ὁ θεὸς τὸν ἄνθρωπον, καὶ εἰκόνα θεοῦ ἐποίησεν αὐτόν, ἄρσεν καὶ θῆλυ ἐποίησεν αὐτούς.

selbst der Zeitbegriff ist dann wandelbar: Ich kann den Gott nach dem Wirken benennen, das ich von ihm erfahren habe, oder auch nach dem Verhalten, das ich von ihm erwarte oder erbitte.

Es ist das Verdienst Georg Wissowas, das Phänomen von „Religion und Kultus der Römer" in seiner Eigenart erkannt und aus den der Dichtung verpflichteten Bindungen griechischer Mythologie befreit zu haben. Die Beobachtung des Kausaldenkens der Römer ermöglichte eine exakte Beschreibung spezifischer Vorgänge in ihrer jeweils römischen Erscheinungsform und bahnte so den Weg für weitere Forschungen. Diese bewegten sich in verschiedenen Richtungen: Ernst Samter bediente sich der Ethnologie zur Deutung, mein Lehrer Ludwig Deubner versuchte, in den Bereich prädeistischer, magischer Vorstellungen vorzustoßen.[4] Walter F. Otto glaubte, Reste römischer Mythologie haben entdecken zu können,[5] während Franz Altheim zuerst bemüht war, „Griechische Götter im alten Rom" zu bestimmen und damit auszuklammern, und dann „Altitalische und altrömische Gottesvorstellung" in einer lebhaften Auseinandersetzung mit Kurt Latte[6] untersuchte. F. Altheim wie Georg Rohde erkannten die Zuordnung des Kultes zum historischen Ereignis als Besonderheit römischer Gottesvorstellung.[7] Und damit ist der Zugang zu der Frage nach dem Wirken der römischen Götter für die Religionswissenschaft eröffnet.

Das Licht des Tages und das Dunkel der Nacht, jeder Blitzschlag und jedes Erdbeben, aber auch das Blühen und Wachsen der Frucht, das Gedeihen von Mensch und Vieh, der Sieg über die Feinde oder eine Niederlage sind Äußerungen von Gottheiten, lassen deren Wirken erkennen. Freilich interessiert nicht jeder Blitz; nur meidet man ein Blitzmal.[8] Trifft er aber ein Götterbild oder einen Altar, muß man annehmen, daß ein solches Handeln den beobachtenden Menschen unmittelbar anspricht, daß der Gott, der den Blitz schleudert, etwas sagen will: warnen, bestätigen, drohen. Man erfuhr aber noch nicht, wer der Gott war, auf den man darauf-

[4] L. Deubner, Römer 421 ff.
[5] W. F. Otto, Römische Sagen, in: WS 34, 1912, 318 ff. 35, 1913, 62 ff. 40, 1918, 325 ff. Mania u. Lares, in: ALL 15, 1898, 115 ff.; vgl. auch schon H. Usener, Kl. Schriften IV 93 ff.
[6] K. Latte, Über eine Eigentümlichkeit der römischen Gottesvorstellung, in: ARW 24, 1926, 244 ff. F. Altheim, RRG 1, 1951, 99 ff.
[7] F. Altheim, a. O. 108 ff. G. Rohde, Studien und Interpretationen, 202 f.
[8] G. Wissowa, Rel.² 478.

hin zu hören hatte. Man mühte sich um die Deutung. Mißgeburten in Haus[9] und Stall[10], Steinregen[11] oder Blutregen[12], das Erscheinen von Kometen,[13] von Mond- oder Sonnenfinsternissen[14] und selbst in einer erdbebenreichen Gegend eine Erschütterung, die größeren Schaden anrichtet[15] oder auch nur verschlossene Türen öffnet[16] und ein Götterbild sich zur Wand drehen läßt,[17] als wolle es die Menschen nicht mehr sehen, sind aus dem Wirken von Göttern verständliche Vorzeichen, denen man Beachtung schenkt. Sie sind wichtig wegen ihrer sekundären Ausdeutbarkeit.

Die römische Überlieferung ist voll von derartigen Prodigien, zu deren Versorgung man nicht nur den Rat fachkundiger Priester einholte, sondern auch die sibyllinischen Bücher befragen ließ,[18] die nach Maßgabe dessen, was man erkennen kann, einen Katalog möglicher Erscheinungen und ihres jeweiligen Ausdeutungswertes mit einer Liste von Ritualhandlungen, Opfern und Begehungen vereinten,[19] durch die die gestörte *pax deum*[20] wiederhergestellt werden konnte; nach Varro enthielten die *libri* die *fata et remedia Romana*.[21] Ein häufig beachtetes und leicht deutbares Vorzeichen war es, wenn sich die *hastae Martiae*[22] im *sacrarium* in der Regia oder auch die heiligen Schilde, die *ancilia*,[23] bewegten und das *sua sponte* geschehen war; ein Rückfall in magische Vorstellungen und Handlungen scheint es mir zu sein, wenn der Feldherr vor Kriegsbeginn das *sacrarium* des Mars betritt, zuerst die Schilde bewegt, dann die Lanze des Gottes selbst ergreift und schüttelt und dabei

---

[9] Vgl. Obsequ. 14 *pueri quadrupedes et quadrumanes nati;* ebd. *puella sine manu nata.* 17a. 22. 32. 34. 36. 50 *androgynus.*
[10] Vgl. Obsequ. 5. 15 *mulus tripes.* 31. 32 *mulus biceps.* 50 *agnus biceps.*
[11] Vgl. Obsequ. 2. 4. 18.
[12] Vgl. Obsequ. 6. 43.
[13] Vgl. Obsequ. 11. 12.
[14] Vgl. F. Boll, Finsternisse, in: RE VI 2329 ff.
[15] Vgl. Obsequ. 29. 35.
[16] Vgl. Obsequ. 13. 67. Cass. Dio 60, 35, 1.
[17] Vgl. Obsequ. 7. 65a.
[18] Dion. Hal. ant. 6, 17, 2f. (Gell. 1, 1); 11. G. Radke, Vergils Cumaeum carmen 219 ff. Götter 39 ff.
[19] G. Radke, Götter 39 ff.
[20] K. Latte, RRG 40; vgl. Liv. 4, 25, 3.
[21] Serv. Aen. 6, 72.
[22] Obsequ. 6. 36. 47. 50.
[23] Obsequ. 44.

die Worte spricht: *Mars vigila!*[24] Man hilft dabei dem Wirken der Götter nach. Die Tänze der Salier mit den *ancilia* sollen Ähnliches erreichen.

Als des Aeneas Sohn Ascanius nach der Gründung von Alba Longa die Penaten aus Lavinium nach dort überführen wollte, kehrten sie von selbst an ihren ursprünglichen Standort in Lavinium zurück; dieses Wunder wiederholte sich bei einem zweiten Versuche.[25] Das göttliche Eingreifen war – läßt man einmal Vorstellung und Wirklichkeit einander entsprechen – deutlich erkennbar: Die Penaten hatten durch ihr – menschlichem Verstande unbegreifliches – Wirken ihre Bilder an den alten Ort zurückgebracht. Franz Bömer hat den Widerspruch gewürdigt und untersucht,[26] daß Lavinium archäologisch gesehen jünger als Alba sein müsse, bestätigt aber das relativ hohe Alter des laviniatischen Penatenkultes. Dieser Vorgang schildert nur die Macht der Gottheit, entzieht sich aber historischer Auswertung.

Auch dem Augur Attus Navius verhalf eine Gottheit – vermutlich Iuppiter selbst, da die *augures* seine Interpreten sind – zu einem Wunder vor dem ungläubigen König Tarquinius: Dessen Frage, ob sich nach Beobachtung des Vogelfluges sagen lasse, daß eintreffen werde, was er, der König, vorhabe, beantwortete der Augur mit „Ja", worauf der König einen Schleifstein und ein Rasiermesser hervorzog und den Stein mit dem Messer zu zerschneiden befahl: „Führe aus, was deine Vögel verkünden, es könne geschehen", *perage, quod aves tuae fieri posse portendunt*. Attus Navius zerschnitt, so heißt es,[27] ohne Zögern den Schleifstein mit dem Rasiermesser. An dieses Beispiel könnte man Dutzende von Küstererzählungen[28] anschließen; jede Votivgabe legt ein Zeugnis solchen Glaubens ab. Schon ein so altes Denkmal wie der archaische Altar von Tibur trägt seine Weihinschrift *pro fileod*, d. h., weil ein Gott dem Weihenden zu einem Sohne verhalf.[29]

[24] Serv. Aen. 7, 603. 8, 3; vgl. L. Deubner, Römer 432f.
[25] Serv. auct. Aen. 1, 270. Dion. Hal. ant. 1, 67, 1f. Val. Max. 1, 8, 7. Or. gent. Rom. 17, 2f.; auch von Rom kamen sie selbständig nach Lavinium zurück (Serv. auct. Aen. 1, 270. 3, 12).
[26] F. Bömer, Rom und Troia, 58. J. Perret, Origines 40f. St. Weinstock, Penates, in: RE XIX 428ff.
[27] Liv. 1, 36, 2ff.
[28] Man vgl. die Geschichte der Acca Larentia bei Macrob. sat. 1, 10, 12ff. u. a.
[29] CIL I² 2658 (= E. Vetter, Hdb. nr. 512); vgl. G. Radke, Alphabete

Wahrnehmbares Wirken der Götter und der Glaube der Menschen an dieses Wirken sind ausreichende Begründung für einen Kult. Erst durch diesen bestätigt der Mensch nämlich, was der Gott geleistet, und bringt zum Ausdruck, was er von dieser Gottheit erwartet und erhofft hat. Gibt es auch Fälle, in denen der Betende offenläßt, welches *numen* er anfleht, weil er nicht weiß, wie die Gottheit benannt sein will,[30] und Fälle, in denen *sive deus sive diva*[31] angesprochen wird, so gilt doch gerade die namentliche Anrufung als besonders wirkungsvoll und zwingend. Das kann andererseits auch bedrohliche Zwischenfälle hervorrufen, da man ebensowenig den Teufel an die Wand malen wie mißbräuchlich den Namen Gottes nennen darf; auch den wahren Namen Roms spricht man nicht aus.[32] „Wer den Namen einer Gottheit kennt, vermag damit bereits einen ‚verbindlichen' Kontakt herzustellen..."[33] Kommt dem Namen aber eine solche hohe Bedeutung zu, steht das Wirken eines Gottes mit dem Namen in einer dermaßen engen Verbindung, so wird eine Untersuchung der Kultnamen zu manchen für Wesen und Wirken der Gottheit wichtigen Aussagen führen.[34] Es liegt doch nahe, daß eine Göttin deshalb *Bona Dia* „Gute Göttin" oder *Cupra Mater* „Gute Mutter" genannt wird, weil sie sich entweder so, wie man sie nennt, gezeigt oder erwiesen hat oder weil man erreichen will, daß sie ihrem Namen entsprechend wirkt. In dem Ausruf „Ach, du lieber Gott" klingt die Angst vor dem strengen Gotte des Alten Bundes ebenso hindurch wie die Bitte um nachsichtige Liebe und Güte. Das alles gründet sich auf eine tatsächliche oder vorgestellte Erfahrung vom wahrnehmbaren Wirken der Götter. In dem ältesten in lateinischer Sprache erhaltenen Gebete wird dieses erfleht: *enos, Lases, iuvate.*
Als die Römer am See Regillus gegen die Latiner kämpften und sich das Schlachtenglück gegen sie zu wenden schien, halfen ihnen zwei kräftige junge Männer auf weißen Rossen, so daß die schon wankende Front nicht nur zum Stehen kam, sondern den Sieg über den Feind errang. Die beiden Schimmelreiter wurden wenig später

---

403. Vgl. einen entsprechenden Dankesausdruck CIL I² 42 *Poublilia Turpilia Cn. uxor hoce seignum pro Cn. filiod Dianai donum dedit.*

[30] Horat. c. 1, 2, 33 *sive tu mavis* usw.
[31] G. Wissowa, Rel.² 38.
[32] G. Wissowa, Rel.² 241.
[33] J. Laager, in: RAC 5, 1897, 578.
[34] Varro b. Serv. georg. 1, 21 *nomina numinibus ex officiis constat imposita;* vgl. August. civ. 4, 24.

auf dem Forum Romanum beobachtet, wo sie ihre Pferde tränkten und der staunenden Menge vom Siege der Römer berichteten.[35] Keiner hatte die beiden je vorher gesehen und keiner wußte, wohin sie plötzlich entschwanden. Da der römische Diktator Postumius vor der Schlacht den Dioskuren – mit welchem Namen er sie angerufen hatte, wird nicht überliefert – einen Tempel gelobt hatte, gab es jedoch keinen Zweifel an der Identität der beiden Nothelfer. Die Dioskuren freilich sind griechische Götter; und darüber hinaus sind der Glaube an ihr Eingreifen in den Kampf und die Erzählung von der wunderbaren Meldung des Sieges weitab von der Walstatt keineswegs neu und ebensowenig für die Schlacht am See Regillus in den ersten Jahren des 5. Jahrhunderts v. Chr. erstmalig berichtet, sondern schon für die mehr als ein halbes Jahrhundert frühere Schlacht an der Sagra bezeugt;[36] und drei Jahrhunderte später taucht die gleiche Geschichte im Zusammenhange mit der Schlacht bei Pydna nochmals auf,[37] und es war nicht das letzte Mal.[38] Es handelt sich also um ein zur Dioskurenvorstellung gehöriges Motiv, das – wie der Bau der *aedes Castoris* am Forum Romanum beweist – zu Beginn des 5. Jahrhunderts v. Chr. in die römische Kultlegende eindrang, das aber nichts oder doch nur sehr wenig darüber wissen läßt, wie sich die Römer gegenüber dem sichtbaren Wirken ihrer eigenen römischen Götter verhielten. Freilich griff auch Iuppiter entscheidend in die Schlacht zwischen Römern und Sabinern auf dem späteren Forum Romanum ein; niemand aber sah den Gott.

Man hat den durch das Gelübde geforderten Tempel dort erbaut, wo die beiden Götter in Rom erschienen waren. Dieser Platz lag an der Iuturnaquelle innerhalb des damaligen *pomerium*[39], in dessen Bereich fremde Gottheiten – angeblich[40] – keinen Einlaß fanden.

[35] Liv. 2, 20, 12. 42, 5. Dion. Hal. ant. 6, 13. Cic. nat. 2, 6. 3, 11.
[36] Ed. Meyer, Gesch. d. Altertums II § 420; vgl. Iustin. 20, 3. Cic. a. O.
[37] Cic. a. O. Val. Max. 1, 8, 1, 1 u. a.
[38] Entsprechende Berichte anläßlich der Niederlage der Cimbern (Plin. n. h. 7, 86. Flor. 1, 38, 20) und von der Schlacht bei Pharsalos (Cass. Dio 41, 61, 4); vgl. L. Deubner, Entwicklungsgeschichte 370 ff.
[39] Strab. 5, 282. J. Champeaux, Fortuna 268.
[40] Es gibt lediglich die Beobachtung, daß Apollo und Aesculapius ihre Tempel außerhalb des *pomerium* erhielten (L. Preller – H. Jordan, Röm. Myth. II 373, 1), es besteht aber keine schriftliche Überlieferung, die diesen Befund als kultische Regelung bezeichnet; lediglich Maßnahmen des Augustus (Cass. Dio 53, 2, 4) und Agrippa (ebd. 54, 6, 6) gegen ägyptische

Das wäre für die Beurteilung wichtig. In der Bezeichnung des Tempels als *aedes Kastorus*[41] bzw. *aedes Castoris*[42] oder seit der zweiten Hälfte des 1. Jahrhunderts n. Chr. auch als *aedes Castorum*[43] ist ein deutlicher Unterschied gegenüber den pälignischen und marsischen *ioviōs puklōs*[44] und den etruskischen *tinas cliniiaras*[45] zu beobachten, Namen, die griechisches Διὸς κοῦροι, „Söhne des Zeus", mehr oder weniger wörtlich übersetzen: Wenn nämlich auch schon auf der archaischen Inschrift von Madonnella[46] die Beziehung zu Zeus fehlt – es wird nur von *quroi* gesprochen[47] – und die Individualnamen *Castor* und *Podlouces*[48] anstelle des Sammelnamens der Dioskuren erscheinen, wurde doch offenbar erst in Rom der letzte Schritt zur Einbeziehung der Gottesvorstellung in den heimischen Kult getan. Das wird dadurch bestätigt, daß die für alle Kulte des *ritus Graecus* zuständigen *duumviri sacris faciundis* nichts mit diesen beiden Göttern zu tun haben.[49]

Eine römische Neuerung ist es, den Namen Castors für beide Zwillinge entweder singularisch als Castor – damit wird die römischer Anschauung fremde, ein Verwandtschaftsverhältnis begründende Vorstellung von Zwillingen unterdrückt – oder später auch als Castores zu nehmen und den Pollux gleichsam zu vernachlässigen, was doch wohl nur heißen kann, daß Castor als Wort, als Namensbildung den Römern weniger fremd klang als der Name seines „Bruders", ja, vielleicht sogar, daß sie sich unter ihm in ihrer eige-

---

Gottheiten sind bekannt. Weder A. v. Blumenthal, Pomerium, in: RE XXI 1871, noch Wissowa, Rel.² 62 wissen mehr darüber zu sagen. Die Lokalisierung auf dem Aventin spielt eine eigene Rolle.

[41] August. civ. 4, 11.
[42] Cic. Verr. 2, 1, 129. Liv. 2, 42, 5.
[43] Plin. n. h. 10, 121. 34, 23 sind die ältesten Stellen, die den Namen im Plural bezeugen.
[44] E. Vetter, Handb. nrr. 202. 224. G. Radke, Götter 268.
[45] M. Hammerström, in: SE 5, 1931, 363. TLE² nr. 156 (streng rotfig. attisch mit Punktierung der Schrift).
[46] ILLRP² nr. 1271a.
[47] G. Radke, Madonnetta 214 ff. Die Kapelle nahe dem Fundplatz heißt Madonnella.
[48] Im Namen des *Podlouces* (auf der Inschrift steht der Dativ *podlouqueique*) sind gegenüber griechischem Polydeukes schon die Synkopierung einer vortonigen kurzen Silbe, die Metathesis -*ld*- zu -*dl*- und der Ablaut -*eu*- zu -*ou*- vollzogen; vgl. G. Radke, AL 97 f.
[49] F. Altheim, GG 26.

nen Sprache etwas vorzustellen vermochten und einen volksetymologischen Vorgang vollzogen, dessen Grundlage nicht mehr ersichtlich ist. Es ist jedoch müßig, dieser Vermutung nachzugehen, wenn auch latein. *castrare* und altindisch *śastrám* „Messer", *śásati* „schneidet" Ansatzmöglichkeiten böten. Die Existenz von Nomina agentis mit dem Suffix *-tor* ist für die Zeit der Schlacht am See Regillus seit der Nennung eines *kalator* auf dem Forums-Cippus bezeugt[50] und könnte dem griechischen Namen trotz der unterschiedlichen Quantität der Suffix-Silbe zu einer lateinischen Deutung verholfen haben.

Auffällig bleibt jedoch, daß man die Kürze der vorletzten Silbe in den obliquen Kasus beim Namen Castors nach griechischem Vorbild beachtet und sogar auf den Vollzug der dann eigentlich notwendigen Vokalschwächung verzichtet hat: Man sagt also weder *Castōris*[51] wie *oratōris* noch *Castĕris* wie *opĕris*, sondern nach griechischem Κάστορος *Castŏris*, wofür *Castorei* auf der erwähnten Inschrift von Madonnella das älteste Zeugnis ist, da dort langes -ō- mit dem Buchstaben -*u*- wie in *qurois* wiedergegeben wird, der Buchstabe -o- aber kurzes -ŏ- bezeichnet (vgl. *pŏdlŏuqueique*). Das bestätigt, daß Castor trotz aller Bereitwilligkeit der Römer,[52] ihn heimisch zu machen, ein griechischer Gott in Rom geblieben ist. Nach der offenbaren Hilfe der Castores in der Schlacht am See Regillus griff nur einmal noch eine griechische Gottheit unmittelbar wirkend in das Leben des römischen Staates ein: Apollo. Das geschah freilich erst in der Schlacht bei Aktium am 2. September 31 v. Chr.[53] Es ist nur ein sekundäres Zeugnis früheren Glaubens; der junge Caesar hat damit eine alte römische Vorstellung neu belebt: das Wirken der römischen Götter.

Was damit gemeint ist, läßt sich deutlich an einem anderen, nun freilich ausgesprochen römischen Kulte erkennen, zu dem man folgende Begründung berichtet: Als die Gallier Rom nahten, hörte ein Mann namens M. Caedicius eine Stimme, die eine bevorstehende Gefahr ankündigte und die Wiederherstellung der Mauern for-

[50] CIL I² 1; vgl. G. Radke, AL 68 ff.
[51] Die Angabe bei Quintil. inst. 1, 5, 60 (*Castorem media syllaba producta pronuntiarunt*) beruht auf irriger Grammatikertheorie und ist auf Plaut. Curc. 481 *pōne* | *aēdem Cǎstŏris* nicht anzuwenden; vgl. Horat. epist. 2, 1, 5 *ét cum Cástore Póllux*.
[52] Vgl. den Schwur der Frauen bei Castor: Gell. 11, 6, 36.
[53] Propert. 4, 6, 19 ff. Verg. Aen. 8, 704; vgl. die Neugründung der Stadt Nikopolis.

derte. Man achtete in Rom nicht auf diese Warnung. Um so eifriger entsann man sich ihrer aber nach der Katastrophe: Obwohl es nun längst zu spät war, den Rat der – so meinte man mit Sicherheit sagen zu dürfen – göttlichen Stimme zu befolgen, errichtete man jetzt einen Altar und brachte an diesem dem *Aius Locutius* von da an Opfer.[54] Die Religionswissenschaft hat diesen Doppelnamen aus der Aussage *Aius locutus est* „Aius hat gesprochen" gedeutet[55] und in der Form *Locutius* statt *locutus* die Nachahmung eines menschlichen Gentilnamens gesehen,[56] so daß dieses *numen* in der Priestersprache einen zweigliedrigen Namen wie C. Marius oder M. Caedicius erhielt. Das wird richtig sein. Man wird auch *Aius* von einem aus *aio* „ich spreche, sage" bekannten Stamme *ag- „sprechen, sagen" ableiten dürfen. Nach Quintil. inst. 1, 4, 11 schrieb Cicero *aiio* statt *aio* – ebenso wie *Maiiam* statt *Maiam* –, was für die Kürze der ersten Silbe spricht, wie das auch aus der Quantität der Stammsilbe in *prōdĭgium* (< *prōd-ăgium*)[57] erkennbar ist.

Als *Aius* < *aiios* < *agios* tritt der Name unter diesen Umständen in eine Reihe mit mehreren anderen römischen Gottesnamen, die mit dem – in diesen Fällen tontragenden – Suffix -i̯ŏ-, -i̯a gelegentlich denominativ – dann wird eine sekundäre Zugehörigkeit ausgedrückt wie bei *Dīus* < *di̯ŏu̯i̯ŏs* „zu Iuppiter gehörig", *Cerfius* < *cĕrĕs-i̯ŏs* „zu Ceres gehörig" u. a.[58] –, häufiger deverbativ bei unmittelbarer Beziehung zum Inhalt des Verbalstammes gebildet sind: *Fīdius* zu *fīdĕre*, *Gĕnius* zu *gĕnĕre*, *Lŭbia* zu *loudh-*, *Lŭcia* zu *lūcēre*, *Maia* zu *mag-*, *Mănia* zu *mānare*, *Sesia* zu *sĕrĕre* desgl. *Seia*), *Sororia* zu *su̯ĕl-* „schwellen", *Virbius* zu *u̯erdh-* „aufrichten". Daß die Suffixbetonung für die Bildung dieser Namen als Voraussetzung angesehen werden muß, läßt sich am besten bei

---

[54] Liv. 5, 32, 6f. 50, 6. 52, 11.
[55] U. v. Wilamowitz-Moellendorff, Der Glaube der Hellenen 1, 12.
[56] W. F. Otto, Römische Sondergötter, in: RhM 64, 1909, 459.
[57] Neben *prodigium* werden die Worte *adagio* (Varro, l. l. 7, 31. Donat. Ter. Eun. 428) und *adagium* (Gell. 1 praef. 19. Paul. Fest. 11, 22 L.) genannt, die in den Zeugnissen jedoch von *agere* abgeleitet werden.
[58] Auch *dămium, Dămia* (Paul. Fest. 60, 1 ff. L.) könnten als *dhəm-i̯ŏ- verstanden und zu Hesych. s. θαιμός· ⟨ὀχεία⟩ (vgl. ebd. s. θαρνεύει) gestellt werden; vgl. G. Radke, Acca Larentia 435 Anm. 108. Dazu gehört auch *subrĭmus* (Fest. 332, 12. Paul. Fest. 333, 6 L.) aus *subrŭmius* (Varro, r. r. 2, 1, 20. 2, 11, 5), das von *rūma, rūmis* (< *sroum-*) als *subr(o)um-i̯ŏs* nicht zu trennen ist.

Fīdius erkennen: Die allgemeine Verbindung mit *fides*[59] stößt auf Ableitungsschwierigkeiten; geht man aber von dem sowohl *fides* wie *fīdere* zugrundeliegenden Stamme **bheidh-* aus, erweitert ihn durch betontes Suffix *-iŏs* unter Verkürzung der Stammsilbe zu **bhĭdhios*, führt das lautgesetzlich[60] zu *Fīdius*.

Die in Rossano di Vaglio inschriftlich erhaltene Form ΖωΓHI ΠΙΖΗΙ (= *dįŏųĕi fīdįĕi*)[61] ist nicht in oskischer Sprache nach dem Verbalstamme **bheidh-* gebildet, sondern aus dem latein. Vorbild *Fīdius* übertragen und sekundär im heimischen Dialekt assibiliert.

Beim Namen des Genius könnte man im Zweifel sein, ob die Suffixbetonung als notwendige Voraussetzung anzusehen ist, da sowohl **gṇn-ios* < *gĕn-iŏs* wie auch *gĕn-iŏs* zu dem gleichen Ergebnis *gĕnius* gelangen; das Beispiel *Fīdius* zu **bheidh-* weist jedoch den Weg zu der vorgetragenen Herleitung aus **gṇn-iŏs*. Außerdem wird man m. E. mit der Erklärung, das *-io*-Suffix bilde – mit dem Ton auf der Stammsilbe – ein Nomen agentis wie *socius, ludius, fluvius* im Sinne von *sequens, ludens, fluens*, den Namen der zur Erörterung stehenden Göttergruppe nicht gerecht. Eine suffixbetonte Wortbildung auf *-io-* bezeichnet nämlich die Zugehörigkeit oder Zuständigkeit. Das zeigt sich bei *Fīdius*, (< **bheid-iŏs)*, der nicht als der „Vertrauende" oder wie *fidens* als der „Beherzte" verstanden werden kann, sondern seine Wirksamkeit im Bereiche des Vertrauens zeigt; das gilt auch für *Genius*.

Obwohl Aufustius[62] – übrigens in griechischer Manier[63] – im Genius den Erzeuger sieht *(genius est deorum filius et parens hominum, ex quo homines gignuntur. Et propterea genius meus nominatur, qui me genuit)* und K. Latte[64] ihm darin rückhaltlos zustimmt, widerspricht die varronische und verrianische Überliefe-

---

[59] G. Radke, Götter 128.
[60] Vgl. *mĕdius* < **medhios;* vgl. umbrisch *mefiaí*.
[61] P. Poccetti, NDI nr. 169 (= RV 19). Nach M. Lejeune, in: Atti Acc. Lincei 1972, 79 aus dem 2. Jh. v. Chr.; V. Pisani, in: Glotta 52, 1974, 131 erkennt mit Recht in Π *(pi)* die Wiedergabe eines *-f-*. Daß im ersten Gliede **dįŏųei* statt *Dīo* steht, entspricht der Übersetzung Ζεὺς Πίστιος bei Dion. Hal. ant. 2, 49, 2. Latein-Einfluß wird durch ϰFαιστορ, ϰενστορατει u. a. erwiesen.
[62] Aufust. frg. 2 GRF p. 492 b. Paul. Fest. 84, 4 ff. L.; vgl. auch Laberius b. Non. 119 M. gen⟨i⟩us generis nostri parens.
[63] W. F. Otto, Die Manen 61.
[64] K. Latte, RRG 103.

rung dieser Auffassung und gibt eine andere Darstellung: Der *genius* ist der Gott, der die *vis omnium rerum gignendarum*[65] besitzt. Er ist demnach zuständig für alles, was gezeugt werden soll; das wird in der Formulierung *certe a genendo genius appellatur*[66] verkürzt ausgedrückt. Er ist weder der „Zeuger" noch der „Erzeuger" – das ist *genitor*! –, sondern die persönlich vorgestellte Zeugungskraft.[67] Wenn Th. Birt[68] in Genius „das zeugungsfähige Prinzip im Manne" sehen will, reicht diese Vorstellung nicht aus, alle Erscheinungen in der Verehrung des Gottes zu erschließen. In ihm „die spezifische Manneskraft gefaßt"[69] zu wähnen, findet in dem Hinweis auf den *lectus genialis*[70] keine Stütze; das Adjektiv *genialis* ist nicht von *genere*, sondern erst von *genius* gebildet, vom Namen der Gottheit, die zuständig für die Fortsetzung des Lebens innerhalb der Generationen ist. „Kein Volk hat für die Beseeltheit des Lebendigen ein tiefsinnigeres Symbol geschaffen als das römische..."[71]

Nur so kann ein *homo genialis*[72] als *hospitalis* und großzügig, ein *festum geniale*[73] als ein fröhlicher und heiterer Tag angesehen werden. Nur so kann aber auch die Vorstellung eines *genius loci*[74] aufkommen und kann man *genio urbis Romae sive mas sive femina*[75] als Inschrift einem auf dem Kapitol aufbewahrten Schilde beigeben. In der Not des Jahres 218 v. Chr. opferte man dem Genius fünf *hostiae maiores*;[76] Prodigien veranlaßten in den Jahren 43 v. Chr. und 32 v. Chr. Maßnahmen bei einem Tempel des *Genius Publicus* bzw. *Genius populi* (Γένιος τοῦ δήμου) nahe dem Concordiatem-

---

[65] Varro frg. 248 Cardauns b. August. civ. 7, 13. Isid. or. 8, 11, 88. Bei Paul. Fest. 84, 4 L. steht *gerendarum*, was man wegen Mart. Cap. 2, 152 (*praesit gerundis omnibus*) und Paul. Fest. 84, 19 L. (*geniales autem dicti a gerendo*) nur zögernd in *genendarum* wird ändern wollen; vielleicht ist an die Vertauschung von -n- und -r- bei *carmen* < *can-men und *germen* < *gen-men zu erinnern, wodurch Verrius Flaccus zu einer irrigen Theorie hätte verleitet sein können.
[66] Censorin. 3, 1.
[67] G. Radke, Götter 138.
[68] Th. Birt, Genius, in: ML I 1613.
[69] K. Latte, RRG 103.
[70] Paul. Fest. 83, 23f. L. u. a.
[71] W. F. Otto, Die Manen 63.
[72] Santra bei Non. 117 M.
[73] Ovid. fast. 3, 523.
[74] Paul. Fest. 84, 7 L.
[75] Serv. Aen. 2, 351.
[76] Liv. 21, 62, 10.

pel.⁷⁷ In zwei kaiserzeitlichen Kalendern⁷⁸ wird am 9. Oktober dem *Genius publicus* neben *Fausta Felicitas* und *Venus Victrix* geopfert. Die hier vorgetragene Deutung wird auch durch die Formulierung *Iovi Libero aut Iovis Genio* in einer Weihinschrift aus dem vestinischen Furfo aus dem Jahre 58 v. Chr.⁷⁹ bestätigt, die eine enge Verbindung zwischen Liber und Genius vor Augen führt. Eine beeindruckende Beschreibung des Genius bietet Horat. epist. 2, 2, 187 ff.: *Genius, natale comes qui temperat astrum, naturae deus humanae mortalis, in unum quodque caput voltu mutabilis, albus et alter.* Die von Granius Flaccus⁸⁰ versuchte Gleichsetzung mit dem Lar wird durch die Formulierungen des Cod. Theod. 16, 10, 12 als irrig erwiesen, da sie Lar, Genius und Penaten gewissenhaft voneinander unterscheidet.⁸¹

Der Name einer Lubia – ausdrücklich als *numen* bezeichnet – ist nur einmal bezeugt – freilich in einem sehr gelehrten Scholion des Serv. auct. Aen. 1, 720 – und dort als Alternative für den der *Lubentina* genannt. Das zieht die Diskussion in ein Dickicht von ähnlich klingenden, aber möglicherweise nicht zusammenhängenden Namen: Neben Lubia und Lubentina werden Lubentia, Libentina und Libitina genannt. Varro, l. l. 6, 47 bringt keine Hilfe, sondern zeigt im Gegenteil nur den Zustand einer völligen Verwirrung gegenüber der Erklärung dieser Namen: *Lŭbēre ab lābendo dictum, quo lubrica mens ac prolābitur, ut dicebant olim. Ab lŭbendo libido, libidinosus ac Venus Libentina et Libitina, sic alia.* Dazu gehören noch Varros Ausführungen, die bei Non. 64, 15 f. M. erhalten sind: *prolŭbium et lŭbidinem dici ab eo, quod lŭbeat, unde etiam lucus Veneris Lubentinae dicatur*⁸² und ferner Varro frg. 126 Cardauns (= August. civ. 4, 8): *Lubentina cui nomen a libidine.* Das ist der Rahmen, in den die Erwähnung der Lubia gehört: *Lubentina* (als *nomen Veneris*), *quae lubentiam mentibus novam praestat, quam-*

---

⁷⁷ Cass. Dio 47, 2, 3 (43 v. Chr.). 50, 8, 2 (32 v. Chr.).
⁷⁸ Zum 8. Oktober vermerken die Fast. Arval. CIL I² p. 214 *Geni Publici*. Fast. Amitern. ebd. p. 245 *Genio Public*.
⁷⁹ CIL I² 756 (= ILLRP² nr. 508).
⁸⁰ Gran. Flaccus b. Censorin. 3, 2.
⁸¹ G. Wissowa, Rel.² 175 *nullus omnino ... secretiore piaculo Larem igne, mero Genium, penates odore veneratus accendat lumina, imponat tura, serta suspendat.*
⁸² Vgl. auch Cic. nat. 2, 61 *Cupidinis et Voluptatis et Lubentinae Veneris vocabula;* der Vollständigkeit halber sei auf Non. 453, 17 M. hingewiesen: *libido omnia quod libuerit.*

vis alii hanc Lubiam dicunt, quod eo numine consilia in medullas labantur.

Die hier vollzogene Verbindung von *lŭbet* und *lābi* mutet abenteuerlich an,[83] hat aber ihren Grund in der Nichtbeachtung der Quantität der ersten Silbe des Wortes *lūbricus*, das sowohl für „entgleiten" wie auch für „ausgleiten" gebraucht wird;[84] so kam man von *lŭbēre* über *lūbricus* zu *lābi*. Dieser Grammatiker-Trugschluß läßt erkennen, daß zu Varros Zeit weder das *numen* mit Namen *Lŭbia* noch die Bedeutung des Namens dieser Göttin bekannt geblieben waren. *Lubentia* hingegen ist eine – von Plaut. Asin. 268 *(illos lŭbentiores faciam quam lŭbentia est)* als personifizierte Freude spontan zu *lŭbens* gebildete – durchaus mögliche Ableitung von *lŭbēre* wie *confidentia, potentia, valentia.*[85] Eine Beziehung zum Namen der im *lucus Libitinensis,*[86] *lucus Libitina*[87] und *Lubitina*[88] oder *Lubent(ina)*[89] verehrten *Venus Libitina*[90] ist nur aus Mißverständnis durch den annähernden Gleichklang mit den Namen Lubia, Lubentina und dem Worte *lubentia* zu begründen. Es ist m. E. mit Recht bezweifelt worden,[91] daß Venus ursprünglich mit Libitina, in deren Hain sie einen Tempel erhielt,[92] identisch sei oder ob nicht eher Lubitina mit etruskisch *lupu, lupuce* „er ist tot" verbunden werden müsse.[93] „Libitina" ist in Rom für den gesamten Bereich eines *funus* zuständig[94] und wird auch metonymisch für „Tod" gebraucht.[95] Ein Motiv für die Einbeziehung der Venus in diesen Bereich ist nicht ersichtlich.

[83] K. Latte, Lubia, in: RE XIII 1535 „Methoden antiker Etymologie".

[84] Vgl. Serv. Aen. 2, 474 *lubricum dicitur et quod labitur, dum tenetur, ut piscis, serpens, et locus, in quo labimur.*

[85] M. Leumann⁶ 291; wie neben *lubentia* die Göttin *Lubentina* steht, liest man auch *Larentia* neben *Larentina*.

[86] Fest. 322, 19 L.

[87] CIL I² 1292 (= ILLRP² 941); hier setzt ein Hinweis bei W. Schulze, EN 480, 9 an.

[88] CIL I² 1268 (= ILLRP² 822).

[89] CIL I² (= ILLRP² 794).

[90] Dion. Hal. ant. 4, 15, 4f. Plut. quaest. Rom. 23.

[91] Vgl. R. Schilling, Vénus 202 ff.

[92] Der Tempel hatte seinen Stiftungstag an den *Vinalia rustica*, d. h. am 19. August (Fest. 322, 14 ff. L.); das Jahr ist unbekannt.

[93] P. Kretschmer, Das *nt*-Suffix, in: Glotta 14, 1925, 307.

[94] R. Schilling, Vénus 204. K. Latte, Libitina, in: RE XIII 113. G. Radke, Götter 183 f.

[95] Horat. c. 3, 30, 7. epist. 2, 1, 49.

„Über die Natur der Libentina läßt sich, da die Erwähnungen nirgends mehr als den Namen geben, keine Sicherheit gewinnen."[96]

Das gilt ebenso für Lubia, die in dem Scholion des Serv. auctus ausdrücklich von Lubentina unterschieden wird, wenn auch unverständlich bleibt, wie ihr Name dadurch erklärt werden soll, daß unter ihrer Wirkung *consilia in medullas* gleiten. Bei dieser Sachlage will ich mit aller Zurückhaltung versuchen, den Namen der Lubia unter Ansetzung eines tontragenden Suffixes -i̯ă an einen Stamm **leudh-*, **loudh-* aus **l(o)udhiă* > **lŭdhia* > *Lŭbia* zu deuten und damit in ihr die Potenz des Hervorkeimens, Aufwachsens zu sehen. Das scheint mir annehmbar, da dadurch ihr Name auch mit dem ersten Gliede des Festnamens der Lupercalia verbunden werden kann.

Formal gewissermaßen vergleichbar ist der Name der Lucia, den Varro, l. l. 9, 61 unter voller Nennung als *Lucia Volaminia*[97] den Salierliedern zuschreibt. Er sieht in den drei Namen Mania, Lucia und Postuma die weiblichen Formen für die männlichen Vornamen Mānius, Lūcius und Postumus, von denen Mānius so heiße, weil er *māne* „frühmorgens", und Lūcius, weil er *lūci* „bei vollem Tageslichte" geboren sei.[98] Da der Name einer Göttin Mănia unter Aussprache mit kurzer erster Silbe sowohl von den *măniae*,[99] den nach den Mānes gebildeten und benannten Schreckfratzen, wie auch den Wörtern *māne* und *mānus* „gut" getrennt werden mußte (s. o.

---

[96] K. Latte, Libentina, in: RE XIII 61.

[97] Vgl. B. Maurenbrecher, Carminum Saliarium reliquiae, Leipzig 1894, frg. 5 S. 336f.

[98] Paul. Fest. 135, 26f. L. *Manius praenomen dictum est ab eo, quod mane quis initio natus sit, ut Lucius, qui luce.* auct. de praenom. 5 *Lucii coeperunt adpellare, qui ipso initio lucis orti erant aut, ut quidam arbitrantur, a lucumonibus Etruscis, Manii, qui mane editi erant vel ominis causa quasi boni; manum enim antiqui bonum dicebant.* Varro, l. l. 9, 61 *forsitan ab eo, qui mane natus diceretur, ut is Manius esset;* vgl. W. Schulze, EN 469.

[99] Fest. 114, 15ff. L. *Manias Aelius Stilo* (frg. 14 Funaioli) *dicit ficta quaedam ex farina in hominum figuras, quia turpes fiant, quas alii maniolas appellent. Manias autem, quas nutrices minitentur parvulis pueris, esse larvas, id est manes deos deasque, quod aut ab inferis ad superos emanant, aut Mania est eorum avia materve.* Paul. Fest. 115, 13ff. L. Fest. 128, 18ff. L. *Sinnius Capito* (frg. 14 Funaioli) *longe aliter sentit. Ait enim turpes et deformes significari, quia maniae dicuntur deformes personae.* Paul. Fest. 129, 12 L. Schol. Pers. 6, 56.

S. 136), wird man auch an dieser Stelle mit Lŭcia wie mit Mănia verfahren dürfen und die erste Silbe ihres Namens als Kürze ansehen. Lŭcia ließe sich dann mit tontragendem Suffix -i̯ā von einem Stamme *louq- „leuchten" herleiten und als die Potenz des Leuchtens verstehen; das ist freilich nur eine Hypothese in Analogie zu den Namen Lŭbia und Mănia. Die angenommene Beziehung zu *Iuno Lūcina*[100] halte ich nicht für überzeugend. Es scheint mir jetzt auch zweifelhaft, daß der zweite Namensteil Volaminia mit der bei August. civ. 4, 21 genannten *dea Volumnia* identisch sei;[101] es handelt sich dabei sicherlich um ein Mißverständnis Varros gegenüber künstlichen Namensbildungen wie *Valeria Luperca* oder *Modius Fabidius*.

„*Martius Maius Iunius* und bei den Oskern *Maesius*[102] bezeichneten zugleich einen Monat und ein Geschlecht ... Nach den Göttern benennen die Menschen sich selbst und nach ihren Festzeiten die Monate; *Martius* und *Maius* reden da eine ganz unmißverständliche Sprache. Also werden wir schließen, daß auch die Namen *Maesius* und *Iunius* ursprünglich die Aufgabe hatten, Mensch und Monat in unmittelbare Beziehung zu bestimmten Gottheiten zu setzen."[103] Diesen Grundsatz hatten die antiken Erklärer nicht beachtet und leiteten den Namen des Monats daher von den *maiores*,[104] d. h. den älteren Mitgliedern der Gemeinde her, wohingegen der Monat *Iunios* nach den *iuniores* benannt worden sein soll. Dieser Auffassung hatte schon Varro[105] widersprochen, da die römischen Monatsnamen von den Latinern übernommen worden seien und ihre Urheber noch vor der Gründung Roms gelebt haben; diese Auffassung übernahm auch Verrius Flaccus.[106] Eine namentlich

---

[100] G. Wissowa, Rel.² 558, 5.
[101] G. Radke, Götter 188.
[102] Paul. Fest. 121, 4f. L. *Maesius lingua Osca mensis Maius. Osci enim a regione Campaniae, quae est Oscor⟨um⟩* (ergänzt von Anton. Augustin. Venet. 1559) *vocati sunt.*
[103] W. Schulze, EN 469f.
[104] Ovid. fast. 5, 73 *huic sua maiores tribuisse vocabula Maio.* Fest. 120, 8 ff. L. *utrum a maioribus.* Censorin. 22, 9 *Maium a maioribus natu*; Varro b. Censorin. 22, 12 hingegen: *Maium vero non a maioribus, sed a Maia nomen accepisse.* Macrob. sat. 1, 12, 16.
[105] Censorin. 23, 10 *Varro autem Romanos a Latinis nomina mensum accepisse arbitratus auctores eorum antiquiores quam urbem fuisse satis argute docet.*
[106] Fest. 120, 6 ff. L. *Maius mensis in compluribus civitatibus Latinis*

nicht bekannte Quelle[107] gibt an, der Name des Monats *Maius* sei aus dem Kalender von Tusculum in die römischen Fasten gekommen; in Tusculum habe es nämlich einen *deus Maius* gegeben, in dem man Iuppiter erkennen müsse. Andere glauben, der Monatsname gehe auf den der Göttin Maia[108] – daß diese irrig mit der Mutter des Hermes identifiziert wurde,[109] ist für das Namensproblem belanglos – zurück, die ihrerseits *a magnitudine*[110] oder *a maiestate*[111] benannt sei. Cornelius Labeo[112] setzt sie daher mit *Mater Magna* und mit *Bona dea* und schließlich mit der Erde gleich; ein Tempel sei der Maia an den Kalenden des *Maius* unter dem Namen einer *Bona dea* geweiht worden.[113] Opfer erhält sie an den Kalenden des Mai[114] und an den Iden des Mai;[115] ihre Verehrung am 23. August, d. h. an den Volcanalia, ist fraglich, da in den Fast. Arval.[116] ihr Name überhaupt nicht und in den Fast. Antiat.

ante urbem conditam fuisse videtur; vgl. Censorin. 22, 12 *tam Romae quam antea in Latio.*

[107] Macrob. sat. 1, 12, 17 *sunt qui hunc mensem ad nostros fastos a Tusculanis transisse commemorant, apud quos nunc quoque vocatur deus Maius, qui est Iuppiter* (man könnte annehmen, daß die letzten Worte einen späteren Zusatz darstellen).

[108] Fest. 120, 11 f. L. *an quod ipsi deae in multis Latinis civitatibus sacrificia fiebant.* Censorin. 22, 12 *res divina Maiae fit.* Macrob. sat. 1, 12, 18 *Cingius mensem nominatum putat a Maia quam Vulcani dicit uxorem.*

[109] Fest. 120, 9 f. L. Macrob. sat. 1, 12, 19.

[110] Macrob. sat. 1, 12, 17. 20.

[111] Macrob. sat. 1, 12. 17.

[112] Cornel. Labeo b. Macrob. sat. 1, 12, 20.

[113] Cornel. Labeo b. Macrob. sat. 1, 12, 21.

[114] Cingius b. Macrob. sat. 1, 12, 18 *flamen Vulcanalis kalendis Maiis huic deae rem divinam fecit.*

[115] Fast. Antiat. vet. I. I. p. 10 *Maiae.* Fast. Caer. CIL I² p. 213 *Maiae ad circ. m.* Venus. ebd. p. 221 *Maiae.*

[116] Fast. Arval. CIL I² p. 215 = I. I. p. 31 [*Volk(ano) in cir(co) Flam(inio), Nymp] his in camp(o), Opi Opifer(ae) [in ... Horae] Quir(ini) in colle, Volk(ano) [Maiae supra] comit(ium);* vielleicht könnte man *Volk(ani) Maiae* lesen, um an die Formel *Maia Volcani* bei Gell. 23, 13, 2 zu erinnern. Die allgemein vertretene Ansicht (G. Wissowa, Rel.² 223. P. Pouthier, Ops 177), es handele sich um eine Art Kollektivopfer, wird bestritten (G. Radke, Rez. Pouthier, Ops, in: Gnomon 54, 1982, 460 f.). G. Wissowa a. O. beruft sich auf Cic. harusp. resp. 57 *(idemque* (d. h. Clodius) *earum templum inflammavit dearum, quarum ope etiam aliis incendiis subvenitur),* was überhaupt nichts mit den Gottheiten zu tun hat, die am 23. Au-

vet.[117] aus einem kaum erkennbaren *M[* höchst unsicher ergänzt wird.

Nach Cingius bei Macrob. sat. 1, 12, 18 war Maia mit Vulcanus verbunden, was nicht nur ihrer – angenommenen – Verehrung an den Volcanalia, sondern auch ihrer Anrufung als *Maia Volcani*[118] entspräche; Piso frg. 42 P. bei Macrob. sat. 1, 12, 18 nennt *Maiesta* die Partnerin des Vulcanus. Sprachlich scheint mir Maiesta in dem gleichen Verhältnis zu Maia zu stehen wie der oskische Monatsname *Maesius* zu *Maius*, das ist bei der Namensdeutung zu beachten und auszuwerten.[119]

Wie die antiken gehen auch die modernen Interpretationen der Namen der Maia und des Maius von einem Stamme *mag- aus, der in *magnus, maior, magis* vorliegt;[120] sie gehen dabei aber zwei unterschiedliche Wege: Entweder hält man Maius für den Mehrer und Wachstum bringenden Gott[121] oder man folgt der Auffassung des Cornelius Labeo gegenüber der Maia und sieht in ihr „die große Göttin"[122], was das Wort *mag-$i̯a$ mit altindischem *mahī* „die Große" < *$magh$-$i̯ə$ verbindet, jedenfalls aber zwei Stämme *mag- und *$magh$- voraussetzt. Wie das Adjektiv *magnus* durch das Suffix -$nŏ$- aus dem Vollzug des Mehrens[123] verstanden werden kann, gibt das Suffix -$i̯ŏ$-, -$i̯a$ dem Stamme *mag- durch sein Hinzutreten die Bedeutung der Potenz des Mehrens; das ist eine passende Bezeichnung für die Erde, mit der Maia gleichgesetzt wird. Auch die Benennung des Monats nach dieser Göttin läßt sich so begreifen.

gust Opfer erhalten. Die Ergänzung *[supra] comitium* nach Fest. 370, 33 L. *in Volcanali quod est supra comitium*.

[117] Fast. Antiat. vet. I. I. p. 17 (1963) V[olk(ano) H]orae Qu[i(rini)] M[aiae s]upr(a) comi(tium), während er in ILLRP¹ (1957) noch V[olk(ano), H]orae Quir(ini), [Maiae s]upr(a) comi(tium) gelesen hatte. Von Quirini ist nur Qv[erhalten; für das *M[* tritt M. Guarducci, in: BCAR 64, 1936, 31 ff. ein; ihr folgt P. Pouthier, Ops 176 ff. 276 ff. Ich vermag es nicht zu erkennen.

[118] Gell. 23, 13, 2.

[119] Nimmt man an, die Namen *Maesius* und *Maiesta* seien oskischer Herkunft und statt von einem Stamme *$măg$- von einem gleichbedeutenden Stamme *$măgh$- gebildet, käme man neben *$maghi̯es$-ta auf *$măghi̯es$-$i̯ŏs$ > *$măhi(ĕ)siŏs$ > *$maisios$ > *Maesius*.

[120] Zweifel bei W. Schulze, EN 471, 2.

[121] R. v. Planta, Oskisch-umbrische Dialekte 1, 519.

[122] F. Altheim, GG 181. M. Leumann⁶ 283.

[123] G. Radke, Götter 18 f.

In der Verbindung mit dem „sabinischen" Namen der Göttin Lārunda (s. o. S. 132. 134) war der Name einer Mănia als *mater Larum* von dem Verbalstamm *mān-* „bewässern" herzuleiten: Durch Anfügung des tontragenden Suffixes *-i̯ắ* war die erste Silbe tiefstufig zu **mən-* geworden;[124] die so erkennbare Bedeutung „Potenz des Bewässerns" hatte sich in Verbindung mit Lārunda als *Mănia Lārunda* „Potenz des Bewässerns, die grünen lassen soll bzw. Du sollst grünen lassen" dargestellt. So ordnet sich auch der Name dieser Göttin in die Reihe der Gottheiten ein, die sich durch das tontragende Suffix *-i̯ŏ-*, *-i̯ā* als Potenzen bestimmter Handlungen und Fähigkeiten erkennen lassen.

Ein schwieriges Problem ist stets durch die Namen *Sesia* und *Seia* geboten worden, deren Trägerinnen in den Rahmen der Saat- und Getreidegottheiten gehören: *Seiamque a serendo, Segestam a segetibus appellabant, quarum simulacra in circo videmus* (Plin. n. h. 18, 8); es gab innerhalb dieser Gruppe offenbar noch eine dritte Göttin, denn Plinius fährt fort: *tertiam ex his nominare sub tecto religio est*. Diese Folge des Nennens der bei Plinius namenlosen Dritten wird von anderen auf *Salus Semonia*[125] und ebenso auf Seia, Segetia sowie Tutilina übertragen.[126] Segetia statt Segesta heißt die mittlere der drei Göttinnen auch bei August. civ. 4, 8, der seinerseits eine Deutung der Namen vorlegt:

Nec saltem potuerunt unam Segetiam talem invenire, cui semel segetes commendarent, sed sata frumenta quamdiu sub terra essent, praepositam voluerunt habere deam Seiam, cum vero iam essent super terram et segetem facerent, deam Segetiam; frumentis vero collectis et reconditis, ut tuto servarentur, deam Tutelinam praeposuerunt.

In den Circus versetzt die drei Gottheiten auch Tertull. spect. 8, nennt aber *Sesias a sementationibus, Messias a messibus, Tutelinas a tutelis fructuum*. Sesia steht am Platze der Seia, Messia wird statt Segetia bzw. Segesta genannt, ohne ihr inhaltlich zu entsprechen.

Der Name Segetia ist denominal mit – nicht betontem – Zugehörigkeitssuffix *-ia* gebildet und benennt die Göttin, die mit den *sege-*

---

[124] Zu *mānare* „fließen, bewässern" gehören *fons manalis* (Fest. 146, 17ff. L.) und *lapis manalis* (Paul. Fest. 115, 4ff. L. Non. 547, 9f. M.), aber auch *aquimĭnale* (Dig. 33, 10, 3 pr. 33, 10, 3, 3 vgl. 34, 2, 19, 12. 21, 2) „Waschbecken", dessen Vokalisation wegen des Vollzugs der Vokalschwächung eine kurze erste Silbe für *mănalis* erforderlich macht.
[125] Zu *Salus Semonia* vgl. E. Norden, Priesterbücher 212f.
[126] Macrob. sat. 1, 16, 8.

tes, der „Saat auf dem Halme" [127], dem „Saatfeld", zu tun hat; *seges* heißt *a serendo* [128] bzw. *de semine, quod iacimus, sive a sectione* [129]. Diese zweite Deutungsmöglichkeit dürfte die Vertauschung der Segetia mit Messia bei Tertullian verursacht haben; es bleibt aber dennoch schwer, *seget-* zu dem Verbalstamm **sē-* „säen" zu stellen. Die Verbindung dieser beiden Formen hat dazu geführt, den Namen der Seia [130] nach dem Muster von *Māia* < **măgi̯a* als **Sĕg-i̯a* zu erklären. [131] Das ließe weder die erwartete Wirkung des tontragenden Suffixes erkennen, noch gestattete es eine Unterscheidung von Segetia; man wird von dieser Deutung abrücken müssen. Als gangbarer Weg scheint sich mir die Erklärung von Sesia aus **sĕ-sə--i̯ă* anzubieten, was sich aus Reduplikation und Tiefstufigkeit der Stammsilbe in der durch das tontragende Suffix *-i̯ă* bedingten Vortonigkeit ergibt; aus Sesia wurde dann unter der Wirkung der Lautgruppe *-si̯-* [132] über **sĕsi̯a*, **sĕi̯a* die vorliegende Namensform Sēia.

Sororia ist das Epitheton der Iuno an ihrem Altar beim *tigillum sororium*, [133] einem aus zwei aufrecht stehenden und einem quer

---

[127] August. civ. 4, 8; vgl. *segetes/Segetia* bei August. civ. 4, 24. 34. 5, 21. Das Wort *seges* ist schon für die Leges XII tab. 8, 8b bezeugt (Serv. ecl. 8, 99). Zu *Segesta* vgl. Plaut. Truc. 314 *insegesti... mali*.

[128] Fest. 460, 24 L.

[129] Isid. or. 17, 2, 7.

[130] Die Häufigkeit der Namen *Sēius, Sēianus* in Etrurien (W. Schulze, EN 93, 2) braucht nicht den Verdacht aufkommen zu lassen, der Name der *Sēia* sei etruskisch, wie E. Norden, Priesterbücher 204, 1 andeutet. Zur Quantität vgl. Iuven. 4, 13 *(Sēius).* 10, 63. 66. 74. 104 *(Sēianus).*

[131] LEW II 509f.

[132] F. Sommer[3] 220. R. Pfister[4] 168.

[133] Fest. 380, 5 ff. L. *Sororium tigillum appellatur hac de causa. Ex conventione Tulli Hostili regis et Metti Fufitii ducis Albanorum, trigemini Horati et Curiati cum dimicassent, ut victores sequeretur imperium, et Horatius noster exsuperasset, victorque domum reverteretur, obvia soror, cognita morte sponsi, sui fratris manu occisi, aversata est eius osculum. Quo nomine Horatius interfecit eam: et quamquam a patre absolutus sceleri erat, accusatus tamen parricidi apud duumviros dampnatusque provocacit ad populum. Cuius iudicio victor, duo tigilla tertio superiecto, quae pater eius constituerat, velut sub iugum missus, subit, consecratisque ibi aris Iunoni Sororiae et Iano Curiatio, liberatus omni noxia sceleris est auguriis adprobantibus. Es quo sororium tigillum est appellatum.* Paul. Fest. 399, 2 ff. L. *Sororium tigillum appellabatur locus sacer in honore Iunonis, quem Horatius quidam statuerat causa sororis a se interfectae ob suam expiationem.* Schol. Bobb.

darüber gelegten Balken bestehenden *iugum,* unter dem der im Kampf der albanischen und römischen Drillinge siegreiche und allein überlebende Horatius zur Entsühnung vom Mord an seiner Schwester hindurchgeführt wurde. Zum 1. Oktober berichten die Fasten: *Tigillo soror. ad compitum Acili,*[134] woraus jedoch nicht auf eine Personifizierung des *tigillum* geschlossen werden darf.[135] „Der Akt des Hindurchgehens unter dem Balken muß also zu der heiligen Handlung gehört haben"[136], die der Kalender nennt. Dem Altar der *Iuno Sororia* stand auf der anderen Seite der Straße ein Altar des *Ianus Curiatius* gegenüber. Wegen dieser engen Zusammengehörigkeit ist zur Deutung des Namens und Kultes der *Iuno Sororia* der gesamte Komplex zu erörtern. Nach Dion. Hal. ant. 3, 22, 7 ist der Name des Curiatius gleichlautend mit dem der Curiatii, die von Horatius getötet wurden; moderne Interpreten hingegen verbinden ihn meist mit der *curia,*[137] wozu der Anschluß an Ianus m. E. weder eine Veranlassung noch überhaupt die Berechtigung gibt.

Den Namen der *Iuno Sororia* erklärt Dion. Hal. a. O. als „Hera, der es zukommt, auf Schwestern zu achten", was zwar auf die Legende zugeschnitten ist, aber völlige Unkenntnis eines Kultinhalts verrät, da solche Einengung göttlicher Wirksamkeit nicht glaubhaft wäre. Auch die Übersetzung des *tigillum sororium* durch Dion. Hal. a. O. 10 ξύλον ἀδελφῆς bietet lediglich eine Vertauschung des adjektivischen Attributs durch ein genitivisches, was an und für sich möglich wäre, aber zur Deutung des Namens der *Iuno Sororia* nicht anwendbar ist. Obwohl das *tigillum sororium* bis in die Spät-

---

Cic. Mil. 7 p. 64 Hildebr. *Constitutis igitur duabus aris Iano Curiatio et Iunoni Sororiae superque eas iniecto tigillo Horatius sub iugum traductus est.* Liv. 1, 26, 13 *transmisso per viam tigillo.* auct. vir. ill. 4, 9. Dion. Hal. 3, 22, 7ff. L. Adams Holland, Janus 77, 1 macht mit Recht darauf aufmerksam, daß die Fasten und die Schol. Bobb. von einem *tigillum sororium* sprechen, Livius und Verrius Flaccus aber *Sororium tigillum* sagen.

[134] Fast Arval. CIL I² p. 214 = I. I. p. 37 *tigillo soror.* Fast. Paulin. CIL I² p. 242 *tigill. soror.*
[135] Th. Mommsen CIL I² p. 330; vgl. L. Adams Holland, Janus 79.
[136] W. F. Otto, Ianus, in: RE S III 1179.
[137] K. Latte, RRG 133, 2. R. M. Ogilvie, A Commentary on Livy 117. H. H. Scullard, Festivals 190. K. D. Fabian, Iuno 101. Vgl. E. Simon, Ianus Curiatius und Ianus Geminus im frühen Rom, in: Beiträge zur altitali-

antike bestand und immer wieder erneuert wurde,[138] wußte man offenbar in augusteischer Zeit nicht mehr, was dieses „Schwesternholz" eigentlich bedeute. H. J. Rose[139] hat eine Erklärung gefunden, die sich aus der Untersuchung des unverständlichen Verhaltens der Römerinnen ergab, die am Fest der *Matralia* am 11. Juni angeblich statt der eigenen Kinder die ihrer Schwestern zu umarmen und zu liebkosen hatten.[140] Gestützt auf eine Glosse des Verrius Flaccus,[141] nach der mit einem Verbum *sororiare*, das Plautus noch zu einem Wortspiel zu benutzen wußte,[142] ausgedrückt wird, daß die Brüste junger Mädchen zu schwellen beginnen, nahm er an, in einer feierlichen Formel altertümlicher Sprache sei an den Matralia von den Römerinnen um Fürsorge der Götter *pueris sororiis* ("adolescent children, adolescents of both sexes") – *puer* kann bekanntlich ebenso auch für *puella* verwendet werden; m. E. empfiehlt sich an dieser Stelle aber Beachtung der überlieferten Form *puella*; s. u. S. 194 – gebetet worden, womit man nicht die Kinder der Schwestern, sondern allgemein Knaben und Mädchen in der Pubertät gemeint habe; diese Deutung des Wortes *sororiare*, an der man nicht zweifeln sollte, da Plautus nur dann mit seiner Wortschöpfung *fraterculare* Heiterkeit anregen konnte, wenn *sororiare* nichts mit dem Worte *soror*, Gegenstück zu *frater*, zu tun hatte, ließ sich auch auf die Namen der Sororia und des *tigillum sororium* übertragen.[143] Ohne den Unterschied zwischen den Daten des 11. Juni und des 1. Oktober zu beachten, schloß man aus den Na-

schen Geistesgeschichte, hrsg. von R. Altheim-Stiehl und M. Rosenbach, Münster 1986, 257 ff.

[138] Liv. 1, 26, 13 *id hodie quoque publice semper refectum manet; sororium tigillum vocant.* Schol. Bobb. a. O. auct. vir. ill. a. O.

[139] H. J. Rose, in: Mnemosyne 53, 1925, 407 ff. HThR 44, 1951, 169.

[140] Plut. quaest. Rom. 17. Camill. 5, 2. Ovid. fast. 6, 559. St. Weinstock, in: JRS 25, 1961, 212 hält Entstehung des Kultbrauches aus zufällig gebotenen Verhältnissen für möglich, was H. H. Scullard, Festivals 151 ihm nachschreibt.

[141] Fest. 380, 25 ff. L. *sororia⟨r⟩e mammae dicuntur puellarum cum primum tumescunt.* Überliefertes *sororiae mammae* wird durch Paul. Fest. 381, 2 L. korrigiert.

[142] Fest. 380, 28 ff. L. Paul. Fest. 2 ff. L. Plautus „*tunc papillae primum sororiabant; illud volui dicere, fraterculabant*". Das Wortspiel ist nur dann erreicht, wenn *sororiare* eine nicht zu *fraterculare* (von *frater*) passende Bedeutung hat, also nicht zu *soror* „Schwester" gehört.

[143] K. Latte, RRG 97.

men der beiden an den Altären beim *tigillum sororium* verehrten Gottheiten darauf, daß es sich um eine Art Rite de passage gehandelt habe, durch den die Kurien „die nun erwachsenen Mitglieder in ihren Kreis aufnahmen"[144].

Das ist weitgehend anerkannt,[145] bedarf aber gewisser Einschränkungen, die im wesentlichen von der Rolle des *Ianus Curiatius* veranlaßt werden: Das Wort *sororiare* wird von Verrius Flaccus nur für Mädchen angewendet, bei denen die Interpretation durch *tumescere* unmittelbar verständlich ist, während eine analoge Anwendung auf Knaben erst die Ansetzung einer übertragenen Bedeutung „reifen" erfordert, die nicht bezeugt ist. Sind aber Mädchen gemeint, so ist zu beachten, daß Frauen und Mädchen keinerlei politische Rechte besaßen und dementsprechend nicht zur *curia* gehörten.[146] Andererseits hat sich für den Namen des *Ianus Curiatius* aus den Salierliedern die vorrhotazistische ältere Form *Ianis Cusiatius* erhalten,[147] die wie Locutius im Namen des *Aius Locutius* als Weiterbildung nach dem Muster der menschlichen Gentilnamen zu einem Part. perf. *cusiatus anzusehen ist; dieses dürfte zu einem vom Stamme *cūs-, *cous- (vgl. *cūstos*) gebildeten Verbum *cusiare oder *cusiari (vgl. griech. ἀκούω < *sm̥-kous-i̯ō „achtgeben, bewahren, beaufsichtigen") gehören.[148] Daß *Ianus Cusiatius* als „Wächter" zu gelten habe, wird durch Lyd. mens. 4, 1 bestätigt, der den *Ianus Curiatius* (< *Cusiatius*) ἔφορος εὐγενῶν, d. h. *custos liberorum, ingenuorum*, nennt. Das läßt sich ohne Bedenken auf den *Ianus Curiatius* am *tigillum sororium* übertragen: Wie *Iuno Sororia* auf die Mädchen in der Pubertät „aufpassen" (vgl. Dion. Hal. a. O. 7 ἐπισκοπεῖν) soll, beaufsichtigt *Ianus Cusiatius-Curiatius* die Knaben im gleichen Alter. Vom Namen der *Iuno Sororia* wurde die Bezeichnung auf das *iugum* übernommen, durch das die jungen Leute beiderlei Geschlechts unter dem Schutz der beiden Gottheiten, an deren Altären man opferte, in den neuen Lebensab-

---

[144] K. Latte, RRG 133.
[145] K. Latte, RRG 132f. H. H. Scullard, Festivals 190. M. R. Ogilvie, Comment. 117. L. Adams Holland, Janus 77ff. K. D. Fabian, Juno 99.
[146] F. Altheim, RG 2, 1953, 70. E. Gjerstad, Innenpolitische und militärische Organisation, in: ANRW 1, 1, 1972, 152.
[147] Varro, l. l. 7, 26 ist zu *IAN.CUS.Ianes Cusiatii* wiederherzustellen, wozu ein nicht erhaltener, aber von Petrus Victorius (1499–1585) in der editio Gryphiana benutzter Codex veranlaßt; vgl. G. Radke, AL 117.
[148] G. Radke, Götter 101.

schnitt eintraten.[149] Das ist ein Akt, der auch in anderen Zusammenhängen oft in Rom zu beobachten ist.[150]

Gegen die sprachliche Herleitung des Namens Sororia ist besonders eingewendet worden, daß es eine Dublette *$su̯ĕr$-, *$su̯ĕl$- im Lateinischen nicht gebe.[151] Dieses Bedenken entfällt, wenn man unmittelbar von einem Stamme *$su̯ĕl$- „schwellen" ausgehend den Namen der Göttin, die mit der in diesem Verbalstamm ausgedrückten Potenz begabt ist, als durch Reduplikation und Vortonigkeit der Stammsilbe durch das tontragende Suffix -$i̯ắ$ gebildet ansieht: Nach den Regeln der nominalen Reduplikation[152] – (man vergleiche $Māmŭrius$ < *$smă\text{-}sm\d{r}\text{-}i̯ŏ$- < *$smă(r)\text{-}sm(ă)r\text{-}i̯ŏ$-) – wurde aus *$su̯ĕ(l)\text{-}su̯(ĕ)l\text{-}i̯ắ$ über *$su̯ŏsu̯l̯iā$, *$sŏsŏlia$ durch Rhotazismus *$sŏrŏlia$ und durch progressive Fernassimilation[153] $Sŏrŏria$. Es ist der Name einer Göttin, die dafür zuständig ist und die Fähigkeit besitzt, irgend etwas schwellen zu lassen; da er der Iuno – die ich hier nach Zurückweisung jeder Beziehung zur *curia* voll als „Frauengöttin" ansehe[154] – beigelegt wird, gilt die Potenz der *Iuno Sororia* ausschließlich dem Schwellen der Brüste junger Mädchen als Zeichen des Eintritts ihrer Pubertät.

Als letztes Beispiel dieser Reihe von Gottesnamen, die unter Verwendung des tontragenden Suffixes -$i̯ŏ$-, -$i̯ắ$ an Verbalstämmen gebildet wurden, ist Virbius zu nennen, der in Aricia neben Diana Kult erfuhr.[155] Man glaubte, in ihm den durch den Fluch seines Vaters ums Leben gekommenen, durch Asklepios aber wiedererweckten und nach Italien versetzten Hippolytos erkennen zu dürfen, worauf sich die – unannehmbaren – antiken Etymologien des

---

[149] Der Gesichtspunkt der Lustration durch einen Rite de passage tritt dann ebenso in den Hintergrund wie die Gleichsetzung des *tigillum sororium* mit einem *ianus*.

[150] Zu *Fortuna virgo* vgl. J. Champeaux, Fortuna 268ff.

[151] G. Dumézil, Déesses 13ff. besonders 15; Zweifel auch bei F. Bömer, Fastenkomm. 2, 372.

[152] G. Radke, Rez. Scholz, Marskult, in: Gnomon 44, 1972, 559 Anm. 1.

[153] F. Sommer³ 211. R. Pfister⁴ 160. Die endgültige Form der Namensbildung *(Sŏrŏria)* kam erst nach Abschluß der Vokal-Schwächung zustande.

[154] K. D. Fabian, Iuno 100.

[155] Ovid. metam. 15, 545 *de disque minoribus unus*. Lact. Plac. fab. 15, 45 *a converso itaque nomine deus Virbius est nominatus*. Schol. Pers. 6, 56 *nemus Dianae, ubi Virbius colitur*. Serv. Aen. 7, 761 *Virbius est numen coniunctum Dianae*. Martyr. GL VII 181 K., *alii deum esse qui Viribus praeest interpretantur*. G. Radke, Götter 338ff.

Namens beziehen.[156] Er ist also nicht nur durch die Mythologie mit Artemis, sondern auch durch den aricinischen Kult mit Diana verbunden, die in Aricia als eine *Diana Facelitis*[157] Wesenszüge der Artemis Orthia angenommen hat.[158] Der Name begegnet aber nicht nur in Aricia – ein *clivus Virbii* führt von dort zum Heiligtum der Diana[159] –, sondern auch in Rom; am *clivus Virbius*[160] oder *clivus Orbius*[161] nahe einem Dianium[162] hatte die Tochter des Servius Tullius den eigenen Vater mit ihrem Gespann zu Tode geschleift,[163] also auf eine Weise getötet, wie sie auch Hippolytos erfahren hatte. Wenn das auch sekundär aufeinander abgestimmt sein könnte, bleibt doch die Zusammengehörigkeit der Namensformen Orbius, Urbius und Virbius, die nach einer Beobachtung an der Lautgruppe -u̯r- vor Konsonant im Rahmen des Namens Quirinus (s. o. S. 148) von einem Verbalstamm *u̯erdh- „aufrichten" in der durch das tontragende Suffix bedingten Tiefstufigkeit *u̯r̥dh- gebildet wurden. Das vorauszusetzende *u̯r̥dh-i̯ŏs führte lautgesetzlich zu Orbius und Urbius, woraus dann Virbius werden konnte. Mit diesem Namen wurde die Potenz des Aufrichtens[164] zum Ausdruck gebracht; er paßt zu dem seiner Partnerin Ὀρθία. Vermutlich trug auch Diana in Aricia das Epitheton *Virbia, das sie aber ablegte, während es sich bei Virbius verselbständigte.

Zusammenfassend sind zwei Gesichtspunkte hervorzuheben: Die vorbesprochene Gruppe von Namen wird formal durch das tontragende Ableitungssuffix -i̯ŏ-, -i̯ā bestimmt und von anderen ebenfalls – meist denominal – mit -i̯ŏ-, -i̯ā in der Bedeutung der Zugehörigkeit gebildeten Namen unterschieden. Der Ton auf der Suffixsilbe verursacht Kürzung der Stammsilbe, die – wenn mög-

---

[156] Serv. Aen. 7, 761. Schol. Pers. 6, 56 u. a.
[157] Serv. Aen. 2, 116 *simulacrum sustulit absconditum fasce lignorum, unde et Facelitis dicitur, non tantum a face, cum qua pingitur, propter quod Lucifera dicitur, et Ariciam detulit;* zu anderen Kultstätten der *Facelitis* vgl. G. Radke, Götter 116.
[158] F. Altheim, GG 109 ff. 150 f.
[159] Pers. 6, 56 mit Schol.
[160] Liv. 1, 48, 6. Solin. 1, 25.
[161] Fest. 196, 1 ff. L. Dion. Hal. ant. 4, 39, 5.
[162] Liv. 1, 48, 6.
[163] Liv. 1, 48, 6.
[164] Vgl. Etym. M. p. 631, 2 διὰ τὸ ὀρθοῦν τοὺς βίους τῶν ἀνθρώπων. Es wäre denkbar, daß ΔιουϜει Ϝερσορει (E. Vetter, Handb. nr. 187) als u̯ersor < *u̯érdh-tor verstanden werden darf.

lich – in der Tiefstufe erscheint. Inhaltlich lassen sich die so benannten *numina* als selbständig wirkende Gottheiten verstehen, die man als Person vorstellen und die man unmittelbar anbeten konnte; es sind Potenzen, die zu gegebener Zeit wirken. Auch Genius erscheint als göttliche Person erst in Verbindung mit seinem Träger.

Das heißt mit anderen Worten: Aius ist kein „Sprecher", sondern man benennt so eine Potenz, die zu sprechen vermag; sie gewinnt erst Leben, nachdem sie ihre Fähigkeit in die Tat umgesetzt hat, also gesprochen hat: *Aius locutus est*. Fidius gewinnt erst göttliches Ansehen als Epitheton zu Dius. Lŭbia, Lŭcia und Mănia sind Potenzen des Begehrens, des Leuchtens und des Fließens; aber erst in der Verwirklichung ihrer Funktion treten sie in Erscheinung: Mania als eine zur Erde gehörige Potenz ist dem Menschen gegenwärtig, wenn er sie als Larunda anruft: Erde, die du bewässert wirst, laß es grünen! Maia hat Eigenpersönlichkeit durch Verwechslung mit der griechischen Maia, Mutter des Hermes, erhalten; der namensgleiche Maius ist nicht ihr Partner, sondern repräsentiert nur die gleiche Potenz in einem anderen Ausdruck. Seia und Sesia werden augenscheinlich im Zusammenhang mit Segetia und Tutilina. Sororia äußert ihre Potenz als Wesensseite der Iuno; Virbius gehört zu Diana.

Wenn *Bona dea* und *Cupra mater* zum Ausdruck bringen kann, daß es sich um eine gute Göttin und eine gute Mutter handelt, ebenso aber auch der Name einen Einfluß auf die genannte Göttin ausüben soll, daß sie als gute Göttin oder als gute Mutter wirkt, so darf es nicht verwundern, im römischen Kult auch Namensformen zu finden, die eine solche Erwartung, einen solchen Wunsch sprachlich verdeutlichen. Eine solche Nomenklatur gehört einem vielbeackerten Felde einer nun seit mehr als hundert Jahren mit Erbitterung geführten Auseinandersetzung an, die durch die Interpretation einiger von den Arvalen bei zwei Gelegenheiten angerufenen *numina* entfacht wurde: Als im Jahre 183 n. Chr. auf dem Giebel des Tempels der *Dea Dia* ein Feigenbaum gewachsen war, wurde am 8. Februar dieses Jahres eine umfangreiche Kulthandlung mit dem Ziele eingeleitet, den Feigenbaum auszureißen und den Tempel wiederherzustellen *(ficum eruendam et aedem reficiendam)*,[165] wobei eine lange Reihe von Gottheiten Opfer erhielt; am Ende dieser Liste unmittelbar vor dem Opfer *ante Caesareum* an die *Divi*, d. h. die konsekrierten Caesares, wird das Opfer von zwei Schafen

---

[165] W. Henzen, Acta fratrum Arvalium, Berlin, 1874, CLXXXVf.

für Adolenda, Commolanda bzw. besser Commolenda und Deferunda vorgeschrieben. Am 13. Mai war das Werk des Baumausreißens und der Tempelwiederherstellung *(arboris eruendae et aedis refectae)* vollzogen; nochmals wurde den genannten Gottheiten, unter ihnen den drei *numina Adolenda, Commolenda* und *Deferunda,* in der beschriebenen Weise geopfert.

Ein ähnlicher Vorgang spielte sich im Jahre 224 n. Chr. ab[166]: Bäume des heiligen Haines waren bei einem Unwetter vom Blitz getroffen worden und hatten gebrannt. Man begann am 7. November eine Kulthandlung aus dem Anlaß, diese Bäume auszureißen *(earum arborum eruendarum* [scil. *causa]),* sie mit Eisen zu spalten *(ferro fendendarum* [scil. *causa]),* sie zu verbrennen *(adolendarum* [scil. *causa]),* sie zu zerhacken *(commolendarum* [scil. *causa])* und ebenso andere Bäume an ihrer Stelle zu pflanzen *(item aliarum restituendarum causa).* Wiederum gehören zu dieser Maßnahme Opfer an eine lange Reihe von Gottheiten, am Ende vor den *Divi* das Opfer zweier Schafe an die schon aus den Vorgängen des Jahres 183 n. Chr. bekannte Adolenda und an Coinquenda. Nach Erledigung der diesbezüglichen gärtnerischen Arbeiten erfolgten neue Opfer am 10. Dezember, weil diese Bäume verbrannt sind *(earum arborum adolefactarum* [scil. *causa])* und weil sie weggenommen werden sollen *(coinquendarum causa)* und weil andere an ihre Stelle gesetzt wurden *(et quod aliae sint repositae).*

In Übereinstimmung mit W. Henzen hat E. Bickel darauf hingewiesen,[167] daß alle übrigen in diesem Rahmen angerufenen Gottheiten – sieht man von den *Divi* ab – jeweils ihr eigenes Opfer oder auch ihre eigenen Opfer in der Mehrzahl erhielten, lediglich aber die drei bzw. zwei *numina,* von denen im vorhergehenden die Rede war, das Opfer zweier Schafe für alle drei bzw. zwei zusammen. Man schloß daraus, Adolenda, Commolenda und Deferunda bzw. Adolenda und Coinquenda seien in ihrer Gesamtheit jeweils als ein einziges Rechtssubjekt angesehen worden, die mit diesen Namen beschriebenen Maßnahmen hängen so eng miteinander zusammen, daß ein gemeinsames Opfer notwendig sei. Diese Schlußfolgerung ist zwingend. Damit entfallen die Auffassungen sowohl G. Wissowas,[168] es sei für jeden dieser Einzelakte eine eigens zu diesem

---

[166] W. Henzen, Acta fratrum Arvalium, Berlin 1874, CCXIV.
[167] W. Henzen, Acta fratrum Arvalium, Berlin 1874, 147. E. Bickel, Der altrömische Gottesbegriff, Berlin 1921, 29.
[168] G. Wissowa, Rel.² 25.

Zwecke geschaffene Gottheit angerufen worden, wie auch die H. Wagenvoorts und K. Lattes,[169] man habe als Beziehungswort zu Adolenda, Commolenda, Deferunda oder Coinquenda den Baum, d. h. also *arbor*, zu ergänzen, um dessen Beseitigung es gegangen sei. Dem widersprechen schon formal zwei Dinge: Einmal geschieht der Kultakt *eruendae arboris* bzw. *eruendarum arborum causa*, ohne daß eine *Eruenda angerufen wird – davon hört man nie etwas, obwohl eine solche „Göttin" bei derartiger Auffassung ebenso wichtig gewesen wäre wie eine Deferunda –, und zweitens wendet man sich auch bei einer Mehrzahl von Bäumen *eruendarum arborum causa* nur an Adolenda und Coinquenda in der Einzahl.

G. Dumézil[170] hält die Namen nicht für alt, glaubt aber, daß im Falle dennoch alter Überlieferung im Lateinischen statt Deferunda als «animé au féminin» auch «le neutre impersonnel» *deferundum hätte gesetzt werden können; das steht freilich nicht da. Wichtig jedoch ist sein Hinweis, daß in der archaischen Sprache Bildungen auf -nd- eine große Rolle spielten. Man wird ihm lebhaft zustimmen, wenn er entgegen der strengen Observanz F. Sommers[171] einzuräumen bereit ist, daß Formen auf -ndo- nicht ausschließlich passivische Funktion gehabt haben müssen. Eine auffällige Ambivalenz gegenüber dem Genus verbi läßt sich beispielsweise bei *clamor volvendus* (Enn. ann. 531) neben *volventia plaustra* (Verg. georg. 1, 163) und bei *puppis pereunda* bei Plaut. Epid. 74 sowie bei *summum adolescendi humani corporis* (Varro bei Gell. 3, 10, 10) beobachten. Ähnliches gilt auch für andere Suffixe; deutlich wird das besonders bei dem Nebeneinander aktivischer und passivischer Funktion des Suffixes -to-, -ta-.[172]

Die Bedeutung von *adolēre* wird durch die perfektische Formulierung *arborum adolefactarum causa*, wie sie in den Arvalakten steht, als „verbrennen" nahegelegt und durch umbrisches *pir persklu uřetu* (Tab. Iguv. III 12) „Feuer zum Anzünden des Brandopfers" (E. Vetter) bestätigt, obwohl Nonius *adolere* als *augere, honorare, propitiare* verstehen will;[173] wie er zu diesem Mißverständnis kam,

---

[169] H. Wagenvoort, Roman Dynamisme, Oxford 1947, 80 ff. K. Latte, RRG 54.
[170] G. Dumézil, RRA 49, 1.
[171] F. Sommer, Kritische Erläuterungen zur lat. Laut- u. Formenlehre, Heidelberg 1914, 183.
[172] Vgl. G. Radke, Götter 17. 351.
[173] Non. 58. 247 M. Serv. Aen. 1, 704. 4, 57.

läßt Serv. Aen. 4, 57 mit Serv. auct. z. d. St. erkennen.[174] *Commolere* heißt „zerhacken, zerstampfen". Für *deferre* gibt K. Latte[175] die Bedeutung „herunterholen" an und denkt dabei an den Standplatz des Feigenbaumes auf dem Giebel des Tempels; *deferre* heißt jedoch in kultischer Sprache – und das macht die Tageserläuterung *Quando stercus delatum, fas* im Kalender[176] deutlich – „fortschaffen, entfernen". Und *coinquere* endlich ist nicht mit *coninquere* „abschneiden" zu verwechseln, sondern heißt nach dem Zeugnis des Verrius Flaccus[177] *coercere* in dem durch die Glossare gebotenen Sinne συλλαμβάνειν „wegnehmen, in Gewahrsam nehmen", was in kultischer Absicht dem *deferre* der Formel des Jahres 183 n. Chr. sehr nahe kommt.

Ist es gestattet, das Suffix *-nda* in dem dermaßen beschriebenen Sinne aktivisch zu fassen, ergäbe das für die Namen, die innerhalb des beschriebenen Kultaktes genannt werden, und für diesen selbst etwa folgenden Sinn: Eine weibliche Gottheit soll sich dafür einsetzen, den Feigenbaum zu verbrennen, die verkohlten Strünke zu zerkleinern und den Abfall schließlich zu entfernen; das beträfe die Vorgänge des Jahres 183 n. Chr. Für das Jahr 224 n. Chr. hieße es, die Göttin solle die Reste der vom Blitz getroffenen und vermutlich stark beschädigten Bäume verbrennen und in Gewahrsam nehmen, d. h. den tabuierten Gegenstand, der den Menschen Gefahr bringen könnte, so sichern, daß diese Gefahr nicht mehr eintreten kann. Es darf ferner nicht übersehen werden, daß bei der zweiten Kulthandlung des Jahres 224 n. Chr. von *arbores adolefactae*, aber nur von *arbores coinquendae* gesprochen wird: Sie sind zwar verbrannt, der Gewahrsam ihrer Reste dauert aber noch fort; ihn soll nach wie vor das *numen* vollziehen, das neben dem *adolere* auch zum *coinquere* aufgefordert wird.

Es kann nicht geleugnet werden, daß hier Vorstellungen zur Prägung von Namen geführt haben, die an das Ende des zweiten und den Anfang des dritten nachchristlichen Jahrhunderts gehören. Wenn jedoch ein *numen* zur Beaufsichtigung auszuführender Arbeiten aufgefordert wird, so geschieht das nach der Anrufung einer

---

[174] Serv. Aen. 4, 57. Serv. auct. Aen. 4, 57.
[175] K. Latte, RRG 54.
[176] Varro, l. l. 6, 32. Paul. Fest. 311, 4f. L.
[177] Paul. Fest 56, 10 L. *coninquere: deputare* darf nicht mit Paul. Fest. 57, 23 L. *coinquere: coercere* verwechselt werden; vgl. G. Radke, Zu einem Buche K. Lattes 467.

langen Reihe anderer Gottheiten, von denen man sich offenbar im vorliegenden Falle keine Hilfe erhoffte; um so deutlicher wird der Bezug zu den beschriebenen Arbeitsleistungen bei Adolenda, Commolenda, Deferunda und Coinquenda. Hier besteht zwischen den Ausführenden und dem beteiligten *numen* eine unmittelbare Beziehung, wie sich das auch bei anderen Suffixen in jeweils diesbezüglichem Sinne wird veranschaulichen lassen (s. u. S. 205 ff.). Die genannten Tätigkeiten sind Arbeitsaufträge; da Menschenhand allein im heiligen Haine nicht erfolgreich wirken kann, verbindet man sie mit dem Schaffen von *numina*, die allein in der Erledigung dieser Arbeiten sich äußern. Man kann dieses Verhältnis noch weiter verdeutlichen: Die Vielzahl von Opfern an verschiedene andere Gottheiten liefert Fleisch für die jeweiligen Festmahle der *fratres Arvales*, während das kleine Opfer von zwei Schafen offenbar der Ernährung der mit den Gartenarbeiten beschäftigten Arbeiter dienen soll.

Weitere Beispiele lassen sich anschließen: Afferenda heißt die Göttin, die Mitgift herbeibringen soll[178]: *Ab afferendis dotibus ordinata*. Es ist ein Mißverständnis der Überlieferung, in ihr eine Göttin sehen zu wollen; ihr Name ist entstanden, um das Tun des Menschen auf einer anderen, absoluten Ebene widerzuspiegeln und so unter den Schutz eines *numen* zu stellen. Panda heißt eigentlich – aktivisch – „sie soll weiden, sie soll Futter bieten"; wenn Varro sat. Men. 506 B der Göttin Pales dieses Beiwort gibt, sie eine *Pales Panda* nennt,[179] ist der Name an die richtige Adresse gerichtet, da Pales für die Weiden sorgt.[180] *Supunne sacr.*[181] bedeutet eine Weihung an eine Supunna, deren Name aus **sōpunda* „du sollst helfen" entstanden ist.[182] Es ist also das Zeichen einer Bitte. Der

---

[178] Tertull. nat. 2, 11.
[179] G. Radke, Götter 244. Den Ausführungen von J. Champeaux, Fortuna 227 ff. kann ich leider nicht folgen; mir scheint der chiastische abba-abba Aufbau der beiden Verse die jeweils führende Rolle der Anna, Pales, Nerien und Ceres zu unterstreichen, denen gegenüber Peranna, Panda, Minerva (!) und Fortuna als aussagefähige Epitheta zu gelten haben:
    Te, Anna ac Peranna, Panda, te calo (codd. *lato*), *Pales,*
    ⟨*ad*⟩, *Nerien, es, Minerva, Fortuna ac Ceres.*
Chiastisch auch die Setzung von *ac* im ersten und letzten Gliede!
[180] Charis. p. 46, 14 B. *Pales* Εὐνομία. Serv. georg. 3, 1. 294. eclog. 5, 35 *dea pabuli*.
[181] CIL I² 2111 (= ILLRP 260).
[182] E. Vetter, Handb. nr. 235 weist schon auf die Möglichkeit dialekti-

Name der Larunda schließlich läßt sich sprachlich nicht von griech. χλωρός „grün" trennen: Larunda ist ein aktivisches Gerundivum zu *lārēre < *ghl̥r- „grünen lassen". Sie wird angerufen, weil sie grünen lassen soll. Es ist die Erde als *Mănia Lārunda* (s. o. S. 134): „Erde, werde naß und laß es grünen!" Am neunten Tage nach der Geburt eines Kindes wurden die *fata scribunda* angerufen;[183] G. Wissowa, Rel.² 266, 1, räumt ein, daß dieser Name nur aktivisch verstanden werden kann.

Diese Namensbildungen, über deren Alter sich nichts aussagen läßt, die aber sicherlich in eine Zeit zurückführen, die viel älter als ihre Zeugnisse ist, gehen von der Vorstellung aus, daß man auch außerirdisches Wirken durch das Wort herbeirufen und ausnutzen kann. Es sind keine Götter, die Kult empfangen, sondern *numina*, denen man sich und seine Arbeit anvertraut und die dem Zwang des ihnen gegebenen Namens folgen.

Beobachtung und Inanspruchnahme göttlichen Wirkens und Bitte um dieses in klar umschriebener Namensbildung sind die Grundlagen für die bisher besprochenen Formen kultischer Benennungen. Zu ihnen tritt noch eine andere Gruppe, deren Namen nicht den Vollzug oder die Erwartung, sondern den Vorgang einer Handlung bezeichnen, Namen, die etwa durch präsentische Partizipien oder durch das einem präsentischen Partizipium inhaltlich nahestehende Suffix *-tōr* gebildet und als Nomina agentis ausgewiesen sind.

Im Samniterkriege des Jahres 295 v. Chr. rief Fabius Gurges die Hilfe einer *Venus Obsequens* an,[184] was nur im Sinne von *obsequens esto* verstanden werden kann; er erwartete von der Göttin ein Verhalten, das seiner Forderung um Hilfe entspricht, „folgt". Eine *Fortuna Obsequens* ist durch einen spätantiken Straßennamen bezeugt,[185] der das Vorhandensein eines *sacellum* dieser Göttin angibt. Daneben gibt es aber noch zwei Zeugnisse republikanischer Zeit. Eine Weihung[186] der *censores P. Peilius* und *C. Calvius* aus

schen Übergangs von *-nd-* zu *-nn-* hin; zur Bedeutung vgl. die Komposita von griech. ἕπω und altind. *sápati* „er sorgt für etwas".

[183] Tertull. anim. 39 *dum per totam hebdomadam Iunoni mensa proponitur, dum ultima die Fata scribunda advocantur;* vgl. L. Tels-De Jong 105 ff. W. Pötscher, Fatum 395, folgert aus der Inschrift von Tor Tignosa (ILLRP² 12) irrig „den Kult einer Göttin, die Fata genannt wird".

[184] Liv. 10, 31, 9.

[185] CIL VI 191; vgl. G. Wissowa, Rel.² 262, 11.

[186] CIL I² 1509 (= ILLRP 111).

Cora gilt einer Fortuna, deren Beiname nur mit den ersten vier Buchstaben OPSE erhalten ist, die man ebensogut zu *opsecuta* wie zu *opsequens* ergänzen kann; damit verliert die Inschrift den dokumentarischen Wert in der Frage, ob der Vollzug einer Leistung oder ein Verhalten der Gottheit bezeichnet werden soll. Ganz anders liegt es bei der zweiten Stelle,[187] einem Zitat aus der ›Asinaria‹ (v. 716) des Plautus: Der Sklave Leonidas fordert von seinem jungen Herrn für die erbetene Hilfe, er solle ihn als *Fortunam atque Obsequentem* verehren. Das Bindewort zwischen beiden Bezeichnungen erscheint bei Kultnamen nicht selten (s. o. S. 110 Anm. 232): *Mutunus Tutunus* und *Mutunus et Tutunus* unterscheiden sich inhaltlich nicht voneinander. Und dennoch scheint es mir verfehlt, dieses Zeugnis als Beweis für einen Kultnamen *Fortuna Obsequens* anzuführen.[188] Es ist nicht anders als bei der *Venus Obsequens* des Fabius Gurges: Noch hat Leonidas dem Argyrippus die Hilfe nicht geleistet; die Anrede als *Fortuna atque Obsequens* geht mit der Bitte einher, enthält den Wunsch, *obsequens*, d. h. willfährig zu sein.

Mit der ebenfalls in einem Straßennamen bezeugten *Fortuna Respiciens*,[189] „der fürsorgenden Fortuna", dürfte es ebenso sein. Und wenn *Iuppiter Tonans*[190] das zweite Namensglied aus einem von Augustus selbst erlebten Beispiel seines Wirkens erhalten haben soll, ist zwar die Auffrischung alter Vorstellungen wie bei dem Apollo von Aktium zu beobachten und die Bestätigung göttlichen Wirkens ausgesprochen, die Namensform aber so gebildet, daß die zugrundeliegende Beziehung auf den historischen Augenblick sprachlich nicht mehr zum Ausdruck kommt, da ein *Iuppiter Tonans* nicht nur zu einer bestimmten Gelegenheit, sondern immer beim Donnern sein müßte, wenn man ihn mit diesem Namen anruft, es sei denn, daß das Gewitter, dessen üblen Folgen der Kaiser glücklich entrinnen konnte, als so grundsätzlicher Art angesehen werden soll, daß sein Donnern bis in die Gegenwart nachhallt.

Diese überraschende Unstimmigkeit besitzt in einem weiteren Kultnamen der augusteischen Zeit eine Parallele, von der aus eine Deutung möglich ist: Weil die Göttin Fortuna den Augustus glück-

---

[187] Plaut. Asin. 716; vgl. G. Radke, Wirken 39.
[188] Plut. Fort. Rom. 10 läßt eine Unsicherheit der Deutung gegenüber dem Namen der *Fortuna Obsequens* schon zur Zeit der Quelle Plutarchs erkennen; demnach wird man L. Preller – H. Jordan, Röm. Myth. 2, 186 („oft erwähnt") nicht folgen dürfen.
[189] CIL VI 191. 975.
[190] Suet. Aug. 29. 91. Monum. Anc. 19 (Διὸς Βροντησίου).

lich aus Syrien nach Rom zurückgeführt hatte, wurde ihr als *Fortuna Redux* ein Altar errichtet.[191] Das Wurzelnomen *redux* läßt an seiner Form nicht erkennen, ob es aktivisch wie *index*, *remex* und *artifex* oder passivisch wie *coniux*, *duplex* und *praecox* zu verstehen ist. Die Ambivalenz derartiger Bildungen legt folglich die Annahme nahe, daß ursprünglich durch sie nur eine Zugehörigkeit zu einem bestimmten Tun ausgedrückt wurde, wie das auch durch die Suffixe -ŏ- und -*a* in Subigus, Deverra oder Pronuba[192] möglich war: Demnach besagt Redux lediglich, daß die Fortuna etwas mit dem Zurückführen zu tun hat; mehr sagt der Beiname der Göttin sprachlich nicht aus. Da freilich zum historischen Zeitpunkt der glücklichen Rückkehr des Augustus keine Veranlassung bestand, der Göttin einen Altar zu errichten, damit sie den Kaiser gesund heimbringe, sondern die zeitliche und personale Bezogenheit des Kultes sichtbar ist, wird hier an eine ähnliche durch die Verbindung mit Augustus herausgehobene Art von Allgemeingültigkeit gemeint worden sein; dem entsprechen die eigenen Worte des Augustus:

Aram Fortunae Reducis ante aedes Honoris et Virtutis ad portam Capenam pro reditu meo senatus consecravit. in qua pontifices et virgines Vestales anniversarium sacrificium facere iussit eo die, quo consulibus Q. Lucretio et M. Vinicio in urbem ex Syria redieram, et diem Augustalia ex cognomine nostro appellavit.[193]

Das ist deutlich.

Daß man *Iuppiter Tonans* und nicht **tonator* nach den Beispielen *Fulgurator* und *Fulminator*[194] und *Fortuna Redux* und nicht **reductrix* nach den Beispielen der *Fortuna Adiutrix* und *Conservatrix* oder der *Venus Genetrix*[195] nannte, zumal der Kult dieser Göttin

---

[191] Zum 15. Dezember vgl. Fast. Cum. CIL I² p. 229. Amit. p. 245.
[192] Zu den Suffixen vgl. G. Radke, Götter 12.
[193] Monum. Anc. 11.
[194] Apul. mund. 37.
[195] Vor der Schlacht bei Pharsalos träumen Caesar wie Pompeius von *Venus Victrix*, aber nur Caesar gibt deren Namen als Losung (Appian. civ. 2, 68f.; vgl. C. Koch, Venus, in: RE VIII A 864f.). V. Basanoff, Evocatio 180ff., denkt an eine *evocatio* durch den *pontifex maximus* Caesar. Nach dem Siege wird in Rom ein Tempel der *Venus Genetrix* (Suet. Caes: 61. Plin. n. h. 2, 93. Appian. civ. 3, 28) geweiht; vgl. schließlich auch Serv. auct. Aen. 1, 720 *ipsa et Victrix et Genetrix ex Caesaris somnio sacrata*. Zu Victrix Venus vgl. L. Deschamps, Victrix Venus, in: Beiträge zur altitalischen Geistesgeschichte, hrsg. von R. Altheim-Stiehl und M. Rosenbach, Münster 1986, 51ff.

kurz zuvor eingerichtet worden war und Augustus selbst den Kult des *Mars Ultor* stiftete, findet eine ausreichende Erklärung nur dann, wenn man eine unterschiedliche Absicht in der Namensgebung voraussetzen darf: Trotz der nicht zeitlich festlegenden Ausdrucksweise besitzen Namen wie *Iuppiter Tonans* und *Fortuna Redux* eine unmittelbare Beziehung zu historisch einmaligen Vorgängen im Leben des Kaisers.

Das trifft in dieser Form nicht für den Namen des *Mars Ultor* zu. Ihm hatte der junge Caesar und spätere Augustus während der Schlachten bei Philippi *pro ultione paterna* [196] einen Tempel gelobt: „Bin ich Sieger, wirst Du Rächer heißen" *(me victore vocaberis Ultor).* [197] Er weiht dann dem Gott unter diesem Namen einen ersten Tempel im Jahre 20 v. Chr., als die Parther die römischen Feldzeichen zurückgegeben hatten, [198] und baut ihm schließlich auf dem Augustus-Forum einen zweiten, größeren Tempel, der im Jahre 2 v. Chr., nach dem Tode des Partherkönigs Tiridates, geweiht wird. [199] Ovids Interpretation des Gottesnamens läßt sich in aller Klarheit auslegen: *Rite deo templumque datum nomenque bis ulto* (fast. 5, 595) „zu Recht wurden dem Gotte Tempel und Namen gegeben, da er zweimal als Rächer gewirkt hat". *Ultus* heißt „er hat gerächt". Der Gott heißt jedoch im Kulte nicht *Mars Ultus,* sondern *Mars Ultor.* Der Kultname entspricht nicht einer oberflächlichen Bekundung des Wirkens der Gottheit, sondern knüpft an eine Ausdrucksweise an, die über älteste Vorbilder verfügt: Die Namensbildung mit dem für nomina agentis geschaffenen Suffix *-tōr.* Es ist zu prüfen, was sie zu sagen vermag und was sie im Einzelfalle sagen will.

Wer einen Vertrag schließt, ist ein *stipulator,* wer einen Prozeß führt, ein *litigator;* so heißt es in der juristischen Sprache für *stipulans* und *litigans,* und dennoch kann nicht das gleiche gemeint sein: Cic. div. 2, 36 spricht von einem *immolator* und erläutert das durch die Worte *qui tum immolat* „wer dann gerade opfert". Das heißt: Gegenüber der durch das Partizip des Präsens ausgedrückten gleichzeitigen Handlung bezeichnet das Nomen agentis auf *-tōr* einen zeitlich herausgehobenen Abschnitt dieser Handlung. Zur Veranschaulichung dieser Verwendungsweise greife ich auf ein altes

---

[196] Suet. Aug. 29, 2.
[197] Ovid. fast. 5, 577.
[198] Cass. Dio 54, 8, 3. Monum. Anc. 29. Suet. Aug. 29, 2.
[199] Vell. Paterc. 2, 100, 2.

Zeugnis zurück, das freilich bisher immer anders und demnach m. E. falsch verstanden wurde: In der Haininschrift aus Spoleto [200] wird für unbeabsichtigte Verletzung der Vorschriften als Strafe das Opfer eines Rindes an *Iuppiter*, für wissentliche und böswillige Übertretung außer diesem Opfer eine Bußzahlung von 300 *asses* festgesetzt; darauf folgen die Worte: *eius piacli moltaique dicator[ei] exactio est[od]*, „die Eintreibung dieser Sühne und Strafe soll Sache des *dicator* sein", d. h. also eindeutig desjenigen, der die Anzeige der Gesetzesübertretung erstattet hat.[201] Ganz ähnlich heißt es in der Haininschrift von Luceria [202] im gleichen Zusammenhange: *[ceiv]ium quis volet pro iudicatod n(ummum) [L]manum iniectio estod*. Nicht jeder *dicans* oder *indicans* soll Recht oder gar Pflicht zur Eintreibung haben, sondern nur der, der im jeweils vorliegenden Falle tätig wurde.

Und noch ein weiteres Beispiel: Gegenüber dem Namen der *parentes*, der nicht nur den Vater, sondern auch den Großvater, den Urgroßvater und alle Ahnen, aber sogar auch die Mutter, die Großmutter und Urgroßmutter umfaßt,[203] bedient man sich des Wortes *genitores*,[204] wenn man juristisch präzis die Eltern meint, wie noch der moderne italienische Sprachgebrauch «parenti» von «genitori» unterscheidet. Gegenüber partizipialem *parentes* drückt *genitores* eine Begrenzung auf die jeweilige Person aus.

Mit *arator*, *pastor*,[205] *piscator*, *sartor* werden Berufe genannt, die man unter den Ausdrücken *arantes*, *pascentes*, *piscantes* und *sarcientes* nicht verstünde, und die Amtsbezeichnungen *quaestor* und *praetor* – um nur deren zwei herauszugreifen – sind nicht mit *quaerens* und *praeiens* gleichbedeutend, ja, für *senator* und *lictor* ist nicht einmal eine entsprechende Partizipialform bekannt. Den Nomina agentis auf *-tōr* kommt offenbar der Ausdruck der Qualifikation zu, die durch das Partizip nicht ausgesprochen werden kann. Nicht jeder *orans* ist ein *orator*, nicht jeder *pinsens* ein *pistor*, nicht jeder *pingens* ein *pictor*. Ein *Mars Ultor* ist weder ein *Mars ultus*, wie

---

[200] CIL I² 366 (= ILLRP 505).
[201] Non. 287, 30 M.; vgl. G. Radke, Götter 14.
[202] CIL I² (= ILLRP 504).
[203] Gai. Dig. 50, 16, 51. Paul. Fest. 247, 11 ff. L. *parens vulgo pater aut mater appellatur, sed iuris prudentes avos et proavos, avias et proavias parentum nomine appellāri dicunt*.
[204] Cod. Iust. 1, 4, 24. 1, 5, 19, 3. 5, 9, 10, 1.
[205] Auf dem Stein von Polla aus dem Ende des 2. Jh. v. Chr. (CIL I² 638) stehen *aratores* und *pastores* nebeneinander.

Ovid das verstanden hatte und angibt, noch ein *Mars ulciscens*, sondern eine Gottheit, die in der Erscheinungsform des Mars qualifiziert ist, bei gegebener Veranlassung als Rächer zu wirken.

An diesen *Ultor* wendete sich der junge Caesar in Philippi mit einem Gelübde, ihm baute er später Tempel. Sein Wirken wird dadurch weder bestätigt noch begrenzt, es wird als selbstverständliches Zeichen seiner Qualifikation angesehen. Daran ändert nichts, daß die Rache für Caesars Ermordung und für die Niederlage der römischen Waffen bei Carrhae von dem späteren Augustus geübt wurde; er konnte diese Aufgabe erfüllen, da er sich dazu durch die Überantwortung seines Tuns an einen Gott eben dieser Qualifikation versichert hatte. Daß ich damit nicht einer Spekulation verfalle, sondern die Vorstellung mindestens der Zeitgenossen zum Ausdruck bringe, lehrt die Formulierung des Horaz in der zweiten Ode des ersten Buches: So sehr er auch Möglichkeiten zu erwägen gibt, wem das Amt des *Caesaris ultor* zufallen könnte, läßt er doch keinen Zweifel darüber, wen er meint; gerade auch deshalb kann nur *Caesaris ultor* und nicht *filius Maiae* der Adressat sein, an den sich der Dichter wendet.[206] Seine Schlußworte geben die letzte Gewißheit: *Te duce, Caesar.* Q. Fabius Maximus gelobt und weiht im Jahre 295 v. Chr. dem *Iuppiter Victor* einen Tempel;[207] der Kultname des Gottes lautet in griechischer Übersetzung einmal Νικαῖος,[208] einmal Νικηφόρος.[209] Die letztgenannte Wiedergabe ist inhaltlich falsch, da Victor nicht der „Siegbringer" heißt und der eigentliche „Sieger" der Feldherr selbst ist. Den Gott jedoch als Νικηφόρος vor der Schlacht zu rufen – Caesar tut das gegenüber der Venus vor der Schlacht bei Pharsalos (s. o. Anm. 195) – entspricht der Einstellung zum Wirken der Götter, wie sie sich beim Anruf der *Venus Obsequens* veranschaulichen ließ; Νικαῖος bietet zwar auch keine genaue Übersetzung im Wortsinne, lehrt aber, daß dieser Gott etwas mit dem Siege zu tun hat. *Iuppiter Optimus Maximus* ist in der präzisen Ausdrucksweise dieses Kultnamens unbedingter, durch keine Bindung eingeschränkter Repräsentant der *res publica Romana* (s. u. S. 249); siegen die Römer, ist er der *Iuppiter Victor.*

[206] G. Radke, Auswahlbericht über Horaz, in: Gymnasium 61, 1954, 244. Te duce, Caesar, in: Atti del VII Convegno di Studio (Horatianum), Roma 1979, 48ff.
[207] Liv. 10, 29, 14.
[208] Cass. Dio 47, 40, 2. 60, 35, 1.
[209] Ioseph. ant. Iud. 19, 4, 3.

Das ist von der Gottesvorstellung wie vom Ereignis her konsequent, entbehrt aber dennoch der Beziehung auf die einmalige historische Situation, weil dieser Gott bei jedem Siege der römischen Waffen seine Qualifikation als *Iuppiter Victor* erweist. Das gilt übertragen auch von *Iuppiter Stator*, dem Atilius Regulus im Jahre 294 v. Chr.[210] und A. Metellus im Jahre 146 v. Chr.[211] nach dem Vorbilde des Romulus[212] Tempel weihen. Die griechischen Namen Στήσιος, Ἐπιστάσιος und Ὀρθώσιος sind nicht eindeutig, so daß man im Sinne des letztgenannten griechischen Namens *Stātor* < *stă-i̯ĕ-tōr* als den Gott ansprechen könnte, der „stehen läßt, zum Stehen bringt"[213]. Das wird man aufgeben müssen. Ich glaube, der Kultname eines *Iuppiter Stător* besagt, daß das römische Heer standgehalten, das heißt, die Qualifikation erwiesen habe, die seinem göttlichen Repräsentanten zuzuschreiben war.

Man beobachtet also, daß es neben Kultnamen, die das Wirken der Gottheit bestätigen, solche gibt, durch die das Tun der Menschen einer göttlichen Qualifikation gleichgesetzt und damit höchste Leistung erstrebt wird. Iuppiter heißt nicht *Imbricĭtor*,[214] weil er den Regen ruft, da er ja der Gott ist, der ihn schicken könnte und schicken soll, sondern in seinem Kultnamen – wenn man ihn als einen solchen verstehen darf – wird das Bemühen der Menschen, den Regen zu rufen, qualifiziert und zur Wirkung gebracht. Das führt zum Verständnis der zwölf Namen, deren Träger der *flamen* beim Vollzug des *sacrum Cereale* anruft[215]: *Vervactor* „Furchenbrecher", *Reparator* „Wiederholer", *Imporcitor* „Furcher", *Insitor* „Säer", *Obarator* „Überpflüger", *Occator* „Egger", *Sarcitor* „Hakker", *Subruncinator* „Jäter", *Messor* „Mäher", *Convector* „Einbringer", *Conditor* „Berger", *Promitor* „Ausgeber". Das sind weder Augenblicksgötter noch Abspaltungen, noch Sondergötter mit dem jeweiligen Ressort der in dieser Reihenfolge vollzogenen landwirtschaftlichen Arbeiten, sondern diese zwölf Nomina agentis bezeichnen den menschlichen Bauern bei seiner jeweiligen Tätigkeit, die durch die priesterliche Anrufung beim Cerealopfer zu gött-

---

[210] Liv. 10, 36, 11.
[211] Vitruv. 3, 1, 5. Macrob. sat. 3, 4, 8.
[212] Liv. 1, 12, 6. Ovid. fast. 6, 793. Dion. Hal. ant. 2, 50, 3.
[213] G. Radke, Götter 292f.
[214] Enn. ann. 444. Apul. mund. 37.
[215] Fab. Pictor bei Serv. auct. georg. 1, 21; viele Namen sind erst nach Aufhören der Vokalschwächung gebildet worden; vgl. ferner *Altor* und *Rusor* bei August. civ. 7, 23.

licher Leistungskraft erhoben werden sollte, so daß der Bauer beim Säen oder Pflügen oder Mähen zum Vollzug dieser Akte qualifiziert ist, als sei er ein *numen*, das da wirkt. Zur Mahd des Getreides gehört eine Göttin Messia, zu seinem Bergen Consus: Der *Messor* und der *Conditor* aber, dem das priesterliche Gebet gilt, ist durch dieses Gebet von dem Bauern, der mäht und birgt, kaum zu unterscheiden.

Herausgehoben, qualifiziert durch sein Tun ist auch der römische *triumphator*. Er trägt bei Gelegenheit seines Triumphzuges das sonst im Tempel des *Iuppiter Optimus Maximus* aufbewahrte Gewand des Gottes, ohne aber diesen etwa darzustellen.[216] *I.O.M.* nämlich wie der *triumphator* kleiden sich – das hat L. Deubner eindeutig nachgewiesen[217] – nach ihrem gemeinsamen Vorbilde, dem menschlichen alten *rex*.[218] Seit der Vertreibung der Könige repräsentiert *I.O.M.* die römische *res publica*, die *res populi*, im Sinne göttlichen Wirkens, wie sie einst Eigentum des Königs und Ausdruck seiner Macht gewesen war. Im zeit- und tatgebundenen Vollzug des *triumphare*, also in der Funktion des *triumphator*, begegnen sich die Aufgaben des *rex*, des *I.O.M.* und des siegreichen Feldherrn; *triumphare* heißt *io, triumpe*[219] rufen, wie das die Sänger des Arvalliedes tun, nachdem sie die Hilfe der Götter herbeigerufen haben, wie das die Soldaten tun, die ihren Feldherrn aufs Kapitol begleiten,[220] und wie das seinem Namen entsprechend auch der *triumphator* getan hat. Wenn Fest. 104, 23 L. das Part. praes. *triumphans* gebraucht *(laureati milites sequebantur currum triumphantis)*, ist das allgemein gesagt und nicht auf einen bestimmten *triumphator* bezogen. Eine Deutung des Rufes *io, triumpe* ist noch nicht geglückt;[221] es kann nur ein apotropäischer

---

[216] K. Latte, RRG 152.
[217] L. Deubner, Die Tracht des römischen Triumphators, in: Hermes 69, 1934, 316 ff. = Kl. Schriften 449 ff.
[218] G. Radke, Zu einem Buche K. Latte 463.
[219] Cic. or. 160 lehrt, wie lange sich die Form *triumpos* ohne Aspiration halten konnte.
[220] Varro, l. l. 16, 68. Auch das prodigiöse *triumphum clamare* eines halbjährigen Kindes zu Beginn des Jahres 218 v. Chr. (Liv. 21, 62, 2) muß zur Deutung herangezogen werden.
[221] E. Norden, Priesterbücher 228, anerkennt die Rolle des sakralen Rufes, der „in dieser Form älter ist als in der nominalen", folgt dann aber doch der m. E. zweifelhaften Herleitung von θρίαμβος (von hellenistischem θρίαμβος, θριαμβεύειν als Bedeutungslehnwort aus dem Lateinischen ist dabei ganz abzusehen!) über das Etruskische.

Ruf sein, der beim allgemeinen Flursegen wie in der Stunde der Siegesfeier, beides Zeiten höchster Bedrohung, jede immaterielle Gefahr von den Beteiligten fernhalten soll wie der Kranz, wie der *fascinus* (Plin. n. h. 28, 39) unter dem Triumphwagen und die *bulla* (Macrob. Sat. 1, 6, 9). In der Qualifikation des Gottes und in der Rolle des alten *rex* vollzieht der siegreiche Feldherr den notwendigen Akt des Schutzbietens; wäre es anders, hieße er *victor* und nicht *triumphator*. Nur als *triumphator* ist sein Segensruf wirksam.

Venus hat neben vielen anderen auch den Beinamen Obsequens; ihr hatte Fabius Gurges nach Abschluß des Samniterkrieges deswegen unter diesem Namen einen Kult gestiftet, weil sie ihm „gefolgt" war *(fuerit obsecuta)*. Diese Göttin wird von den Itali aber *Postvorta* genannt.[222] Wenn der Name Obsequens aus der erbrachten Leistung der Göttin *(obsecuta)* erklärt wird, fragt man sich jedoch, warum sie dann nicht auch Obsecuta hieß: Offenbar ist doch die Interpretation erst autoschediastisch aus der Beobachtung des Zusammenhanges konstruiert worden und ersetzt authentisches Obsequens durch eine grammatisch begründete Form in einer Aussage, die Ovids *ultus* statt *Mars Ultor* (s. o. S. 206) entspricht. Anders sieht es mit dem zweiten Beinamen aus, dessen Bildung den Itali zugeschrieben wird: Wenn auch unbekannt bleibt, wer mit dieser Bezeichnung gemeint ist,[223] darf der in der Handschrift überlieferte Name *Postvota* mit F. Schoell in *Postvorta* geändert werden.[224] Inhaltlich wird das Attribut Postvorta nämlich verständlich, wenn man voraussetzt, daß es in seiner Aussage mit *obsecuta* übereinstimmt und die Hilfe der Venus, die als Obsequens angerufen wurde, durch den Kultnamen als geleistet bestätigt.

Es gibt ein zweites Zeugnis für den Namen oder Beinamen Postverta/Postvorta im Zusammenhang mit Carmentis oder Ianus:

---

[222] Serv. auct. Aen. 1, 720 wurde von E. Norden mit Recht „ein sehr gelehrtes Scholion" genannt. Neben anderen Namen der Venus heißt es dort: *dicitur etiam Obsequens Venus, quam Fabius Gurges post peractum bellum Samniticum ideo hoc nomine consecravit, quod sibi fuerit obsecuta: Hanc Itali Postvortam dicunt.* Die Zeitangabe *post peractum bellum* ist sekundär gewählt.

[223] Es ist mir nicht ganz sicher, ob die in Serv. auct. Aen. 1, 720 genannten *Itali* mit den bei Serv. auct. Aen. 1, 109. 3, 359 erwähnten identisch sind.

[224] F. Scholl in: Serv. anct. Aen. 1, 720 ed. G. Thilo. Vorher schon von G. Kuypers, Observationes II (1670) 2, 2 p. 164 die Lesung *Postvortam* vorgezogen.

Ovid. fast. 1, 633 ff. erwähnt Postverta nach einer Porrima als Schwestern oder Begleiterinnen der Carmentis, deren Aufgabe in der Verkündigung der Zukunft *(quod porro fuerat cecinisse)* und im Bericht des Vergangenen *(versurum postmodo quidquid erat)* besteht.[225] Damit stimmen die Angaben bei Serv. auct. Aen. 8, 336 überein.[226] Auch die Namen der Postvorta und einer ihr entgegengestellten Antevorta haben eine analoge Aussage zum Inhalt; sie gelten als Begleiterinnen des doppelgesichtigen *Ianus, qui et praeterita nosset et futura prospiceret.*[227] Anders jedoch ordnet Varro (frg. 145 Funaioli, frg. 103 Cardauns) die mit dem Sammelnamen *Carmentes*[228] benannten Prorsa bzw. Prosa und Postverta ein: Sie haben für die Lage des Kindes im Mutterleibe vor der Geburt zu sorgen; die erstgenannte bringt den *partus rectus*,[229] Postverta aber ist am *partus perversus* schuld.[230]

In allen vorgenannten Zusammenstellungen nimmt Postverta den zweiten Platz ein, spielt also gegenüber den vor ihr genannten Pro(r)sa, Porrima und Antevorta formal die gleiche Rolle wie Postvorta gegenüber Venus in dem von Fabius Gurges gestifteten Kult. Ich halte es daher für falsch, von „polaren Begriffen"[231] oder «*cognomina* cultuels opposés»[232] zu sprechen, ohne übersehen zu wollen, daß der Name Antevorta zweifellos erst nach dem Muster der Postvorta erfunden wurde und so in der Tat den Gedanken an Polarität bezeugt, nicht aber für einen echten Kult, sondern für eine willkürliche, erst sekundäre Bildung. Es muß vermieden werden, die eigene Erklärung gerade auf dieser erfundenen und mit Gewißheit fehlerhaften Konstruktion aufzubauen.

Die Deutung einer *Carmentis Antevorta* als «Carmentis qui tourne en avant» und der Postvorta als einer «Carmentis qui

---

[225] Ovid. fast. 1, 636.
[226] Serv. auct. Aen. 8, 336 *alii huius comites Porrimam et Postvertam tradunt, quia vatibus et praeterita et futura sunt nota.*
[227] Macrob. sat. 1, 7, 20.
[228] August. civ. 4, 11.
[229] Varro frg. 103 Cardauns bei Gell. 16, 16, 4 *quando igitur... contra naturam forte conversi in pedes brachiis plerumque diductis retineri solent aegriusque tunc mulieres enituntur, huius periculi deprecandi gratia arae statuae sunt Romae duabus Carmentibus, quarum altera Postverta cognominata est, Prorsa altera, a recti perversique partus et potestate et nomine.*
[230] Tertull. nat. 2, 11, 6 *perverse natos* vor einer Lücke.
[231] F. Bömer, Fastenkomm. 2, 52.
[232] G. Dumézil, RRA 385.

tourne en arrière»,²³³ was schließlich dazu führt, sich eine *Carmentis Antevorta Postvorta* «qui fait tourner en rond»²³⁴ vorstellen zu sollen, ist inhaltlich völlig abwegig, auch wenn Louise L. Tels-De Jong a. O. 56 die Namen als Fachausdrücke der gynäkologisch erfahrenen Priester verstanden wissen will. Sprachlich bedeuten Komposita mit Praeverb *ante* stets „vorziehen, übertreffen, vorausgehen" u. ä.; bei *antevertere* ist die Bedeutung „einen Vorsprung haben oder bekommen, zuvorkommen" bei allen Belegen übereinstimmend zu beobachten.²³⁵ Entsprechendes gilt für die Komposita mit *post,* deren Sinn „hintanstellen, benachteiligen" u. ä. ist. Weder läßt sich hier durch *ante* ein Sinn „nach vorn" noch durch *post* die Bedeutung „rückwärts" ausdrücken, weshalb die Verfasserin S. 55 auf die Hypothese ausweicht, Antevorta werde gefühlsmäßig für eine «déesse bienveillante» und Postvorta für eine «déesse dangereuse» gehalten. Antevorta und Postvorta sind als Gegensatzpaar zur Beschreibung der Sehergabe des doppelgesichtigen Ianus erfunden, wobei Postvorta das Modell für Antevorta abgab; mit der Kindeslage vor der Geburt haben beide nichts zu tun, auch wenn Postverta beim Vorgang der Geburt eine Rolle spielt.

Mit Recht ist beobachtet worden, daß Prorsa < **pro-u̯ort-ta* durch Anfügung des Suffixes *-ta* an den Verbalstamm * *u̯ert-* gebildet wurde, eine entsprechende Entstehung des Namens Postverta aus *postvertere* aber nicht möglich ist, da das zu **postu̯ersa* hätte führen müssen; man nahm daher zu Bildungen vom Verbalstamm allein mit Suffix *-a* Zuflucht, wie sie bei Namen innerhalb der sogenannten Indigitamenta häufig sind wie Domiduca, Pronuba usw.²³⁶ Nach den vorausgehenden Beobachtungen zur Verwendung eines Präverbs *post* in Komposita ist jedoch auch die Annahme einer Bildung wie **post-u̯ert-a* zur Erreichung des erwarteten Sinnes ausgeschlossen. Da weder die eine noch die andere Art der Weiterbildung von *post-vertere formal möglich ist, komme ich auf die von mir vor zwei Jahrzehnten vorgetragene Herleitung von einem

---

²³³ L. Tels-De Jong 54; die Autorin hat richtig erkannt, daß *-vorta* aktivisch aufzufassen ist, da die passive Form **-vort-ta* zu **-vorsa* hätte führen müssen (44 ff.).

²³⁴ L. Tels-De Jong 55.

²³⁵ Zu *antevertere* vgl. Plaut. Capt. 840. Ter. Eun. 738. Cic. nat. 2, 53. Mil. 45. amic. 16. Caes. bell. Gall. 7, 7, 3. Cod. Iust. 6, 22, 2.

²³⁶ L. Tels-De Jong 44.

Verbalstamme *u̯er- zurück, wie er in griechisch ἑορτή < *FεFορτά < *u̯ĕ-u̯r̥-tá vorliegt.[237] Als Bedeutung läßt sich durch Sprachvergleich „leisten, erweisen, vollziehen, gewähren" erschließen; ἑορτή „Fest" ist die Leistung für die Götter. Während sich *u̯ĕu̯r̥tá mit tontragendem Suffix -ta als Nomen actionis lateinischen Formen wie Morta < *mr̥-tá und Horta < *ghr̥-tá vergleichen läßt, müßte in einem Namen post-u̯ér-ta durch das Suffix -ta ein Part. perf. act. gebildet worden sein: „Sie hat hinterher, letztlich geleistet." Die Erscheinung, daß das gewöhnlich für das Part. perf. pass. benutzte Suffix auch aktivische Bedeutung haben kann, ist oft untersucht und gewürdigt worden;[238] am nächstliegenden sind Formulierungen wie parta, quae peperit[239] und fetae post fetum dicuntur.[240] Das paßt für Venus Postvorta in dem Sinne der erwarteten Übereinstimmung mit obsecuta. Das Präverb post- hat temporale Bedeutung: Die Göttin hat ihren Dienst nach Ableistung des Gelübdes „gleich hinterher" erwiesen.

Um die Anwendbarkeit des Namens Postverta auch für seine Stellung hinter Pro(r)sa und Porrima zu prüfen, ist erst die Herkunft dieser beiden Namen zu untersuchen. Prorsa ist inhaltlich durch zwei verrianische Glossen geklärt: prorsum ponebant pro recto[241] und prorsus porro vorsus.[242] Damit sind sowohl die Bezeichnung der oratio prosa[243] wie auch die Beziehung einer göttlichen Prorsa zum partus rectus[244] bestätigt. Formal stellt Prorsa < *pro-u̯r̥t-tá ein Nomen actionis mit tontragendem Suffix -ta dar, durch das die Stammsilbe *u̯ert- tiefstufig erscheint. Das ist ebenso – wie bei griechisch ἑορτή < *u̯ĕu̯r̥tá (s. o.) – auch bei lateinisch Morta < *mr̥-tá „Zuteilung", Horta < *ghr̥-tá „Einhegung", Genita < *genə-tá „Geburt" und Sospita „Schutz"[245] zu beobachten.

---

[237] G. Radke, Götter 260.
[238] M. Leumann⁶ 320. 611ff. G. Radke, Götter 17. 351.
[239] Colum. 7, 4, 3.
[240] Schol. Bern. Eclog. 1, 50. Serv. auct. georg. 3, 176 antiqui enim fetum pro gravidum ponebant. Enn. ann. 68 lupus femina feta. 528 feta canes.; vgl. G. Radke, Götter 17, 351.
[241] Paul. Fest. 249, 11 L.
[242] Paul. Fest. 269, 6 L.
[243] Varro frg. 319 Funaioli bei Isid. or. 1, 38, 1 prosa est producta oratio a lege metri soluta; prosum enim antiqui productum dicebant et rectum; unde ait Varro apud Plautum „prosis lectis" significari rectis.
[244] Varro frg. 103 Cardauns (= frg. 145 Funaioli).
[245] Vgl. G. Radke, Götter 287 ff. Nach Fest. 462, 2 f. L. (Sispitem Iuno-

Prorsa ist die „Vorwärtswendung". Zu einem solchen Begriff göttlichen Wirkens ist ein Attribut *postverta* „sie hat hinterher, d. h. letzten Endes, zu guter Letzt die Vorwärtswendung geleistet" durchaus verständlich.

Porrima wurde von Ovid. fast. 1, 635 mit *porro* erklärt, was entsprechend dem verrianischen *porro vorsus* dazu führen könnte, Porrima mit Prorsa als gleichbedeutend anzusehen, obwohl der Dichter eine ganz andere Sinngebung bietet; Porrima ist zweifellos ein Superlativ [246] und entspricht Formen wie *maximus* < *$*mag\text{-}s\text{-}mm\breve{o}\text{-}$, plisimus, primus, superrimus* und *Volsimus*, bei denen an den tiefstufigen Stamm das Suffix $-s\text{-}mm\breve{o}\text{-}$ trat. Die für Porrima als Superlativ zu erwartende positive Form ist im Namen der in Agnone bezeugten Göttin Perna [247] erhalten, so daß Porrima aus $*p\mathring{r}\text{-}s\text{-}mma$ entstanden ist. Perna hat nichts mit Perenna [248] zu tun und ist von F. Muller [249] schon treffend als „*Prorsa*" gedeutet worden. Wenn Perna vom „Durchdringen" ihren Namen hat, so muß die superlativische Bedeutung Porrima vom endgültigen Vollzug dieses Durchdringens, d. h. also der Geburt, verstanden werden. *Prorsa Postverta* und *Porrima Postverta* wirken im Rahmen des gleichen Vorgangs in dichter Nähe zueinander fast bedeutungsgleich: *Prorsa Postverta* hat die Voraussetzung für *Porrima Postverta* geschaffen. Sie haben ursprünglich nichts mit der Sehergabe, sei es des Ianus, sei es der Carmentis zu tun, sondern ihre Namen beschreiben in einer Art Kurzsatz – vgl. *Aius Locutius = Aius locutus est* – die erfolgreiche Leistung göttlicher Kraft, die für die Vorwärtslage des

---

nem, quam vulgo Sospitem appellant) sagt K. Latte, RRG 166: (*Seispes* in CIL I² 1430) „Der Name ist später volksetymologisch zu *Sospes* und sprachlich korrekter zu *Sospita* umgestaltet worden." M. Leumann⁶ 284 *Sospes* wurde transitiv und intransitiv gebraucht: *sospes salvus*. Ennius (ann. 590) *tamen sospitem pro servatore posuit*. Ich leite den Namen daher von einem Stamme $*s\breve{o}p\text{-}$ her, den ich mit griech. ἔπω (vgl. altind. *sápati* „er sorgt für etwas") verbinde; *Sospita* könnte dann in nominaler Reduplikation aus $*s\breve{o}p\text{-}s(\breve{o})p\text{-}ita$ oder $*s\breve{o}(p)\text{-}s(\breve{o})p\text{-}it\acute{a}$ entstanden sein und „Schutz, Hilfe" bedeuten. Zum Bilde der *Iuno Sospita* in Lanuvium vgl. jetzt G. Dury-Moyaers, Reflexion à propos de l'iconographie de Iuno Sospita, in: Beiträge zur altitalischen Geistesgeschichte, hrsg. von R. Altheim-Stiehl und M. Rosenbach, Münster 1986, 83 ff..

[246] G. Radke, Götter 258.
[247] F. Altheim, TM 92 ff.
[248] G. Radke, Götter 252 f.
[249] F. Muller, Altital. Wb. 334.

Kindes im Mutterleibe und für den günstigen Austritt aus diesem gesorgt hat.

Die Funktion des Suffixes -to-, -ta als Zeichen für das Part. perf. act. kann auch intransitiv in dem Sinne verstanden werden, daß irgend etwas mit einer Sache verbunden oder versehen ist;[250] so heißt *maculatus* „gefleckt", *stellatus* „gestirnt" und *barbatus* „mit Bart". Man nennt aber *Fortunam Barbatam, quae adultos barba induat;*[251] hier nähert sich die Form wieder der Funktion eines Part. perf. act. Das liegt auch – dem Zusammenhang der Stelle zufolge – bei *Fortuna Viscata*[252] nahe und ließe sich als Deutung für *Bona dea Oclata*[253] ansehen, wenn man von *oculare* „sehend machen" bei Tertull. poenit. 12 ausgehen dürfte. Ein gewichtiges Beispiel in dieser Reihe ist auch der Name der *Iuno Februata*, deren Wirken zum *dies februatus*, d. h. zu den *Lupercalia* gehört;[254] *februa* sind *piamina*,[255] *februare* bedeutet „reinigen"[256]: Iuno ist entweder am Reinigen beteiligt oder „sie hat gereinigt". Da sie auch Februalis oder Februlis genannt wird,[257] ist der Name Februata in besonderem Maße herausgehoben.

Knapp drei Jahrzehnte nach dem Gelübde des Fabius Gurges rief der Konsul M. Atilius Regulus im Jahre 267 v. Chr. während des Krieges gegen die Sallentiner die *pastoria Pales* um Beistand an; die Göttin forderte als Preis für den erbetenen Sieg aus freien Stücken den Bau eines Tempels für sich: *victoriae pretium templum sibi pastoria Pales ultro poposcit.*[258] Atilius gelobte diesen, und die Göttin half: *templo ei a Regulo constituto Sallentini victi sunt.*[259] Zur „Unterscheidung" erhielt sie den Namen *Pales Matuta: Pales Matuta cuius templum Atilius Regulus vovit* ἀντιδιαστέλλων, *unde magna P[ales dicta est]*[260]: Durch ἀντιδιαστέλλων wird die besondere Bedeutung des Beinamens Matuta unterstrichen und von dem bisherigen Sondernamen der Göttin (Pastoria; dazu Panda) „unter-

---

[250] M. Leumann⁶ 333.
[251] August. civ. 4, 11.
[252] Plut. quaest. Rom. 74.
[253] G. Radke, Götter 237.
[254] Paul. Fest. 75, 25 L. *Iuno februata.*
[255] Ovid. fast. 2, 19.
[256] Censorin. 22, 13.
[257] Paul. Fest. 75, 25 f. L.
[258] Flor. 1, 15.
[259] Schol. Bern. georg. 3, 1.
[260] Schol. Veron. georg. 3, 1; vgl. G. Radke, Götter 206 f.

schieden". Dieser Name Matuta kommt noch einmal in einem entsprechenden Zusammenhange vor:

Das Nebeneinander einer *Pales Pastoria* und einer *Pales Matuta* begründet die Anweisung der Fast. Antiat. vet. (I. I. p. 14) zum 5. Juli, *Palibus II (= Palibus duabus)* zu opfern; entsprechend steht im gleichen Kalender zum 1. August (I. I. p. 16) *Victor. II (= Victoriis duabus)*, da neben dem von L. Postumius im Jahre 294 v. Chr. begonnenen Tempel (Liv. 10, 33, 9) auf dem Palatium (Liv. 29, 14, 13) ein zweiter von M. Porcius Cato im Jahre 193 v. Chr. geweiht wurde. Wer den ersten Tempel der Pales errichtete, ist unbekannt; der zweite stammt von Atilius Regulus. So dürfte der Streit um die Deutung des Zahlzeichens *II* im Kalender zugunsten von *duabus* entschieden sein.[261]

C. Cornelius Cethegus gelobte im Jahre 197 v. Chr. während des Kampfes mit den Galliern Oberitaliens der *Iuno Sospita*, der Iuno „Schutz, Hilfe", einen Tempel, wenn sie ihm den Sieg schenke; natürlich half die Göttin – das war ja schließlich schon dem ersten Namen nach ihre Aufgabe –, und der Sieger errichtete ihr einen Tempel, der drei Jahre später auf den Namen einer *Iuno Matuta*[262] geweiht wurde. Jeder Gedanke, diesen Namen im Text des Livius durch Konjektur ändern oder entfernen zu wollen, ist verfehlt; gerade daß *Iuno Sospita* einen Kult als *Iuno Matuta* erhalten hat, ist ein religionsgeschichtliches Zeugnis ersten Ranges. Es bietet ein Stück römischer „Mythologie", d. h. einer Aussage über das einmalige Wirken einer Gottheit, einer Aussage durch das Wort, durch die Formulierung des Kultnamens. Es gilt jetzt festzuhalten und klar zu begreifen, daß dieser Gottesname nicht abstrakt und willkürlich gewählt ist, sondern als Bestätigung für ein Wirken gegeben wurde; in dieser Art der Namengebung liegt ein besonderes Merkmal römischer Kultübung.

Pales Matuta und *Iuno Matuta* haben diese ihre Namen nach einer Leistung erhalten, die in der Formulierung des Namens ihren Ausdruck gefunden haben muß. Häufiger aber und offenbar auch unmittelbar verständlich ist dieser Name beim Kult der *Mater Ma-*

---

[261] G. Radke, AL 147.

[262] Liv. 32, 30, 10 *(Iuno Sospita)*. 34, 53, 3 *(Iuno Matuta)*; vgl. G. Radke, Götter 206. M. Halberstadt, Mater Matuta 63: „Der Name Matuta erscheint auch einmal bei Juno im Wechsel mit dem geläufigeren Sospita. Da auch Juno Frauen- und Geburtsgottheit ist, wird man nicht gerne eine Verwechslung oder Verderbnis in der Überlieferung annehmen."

tuta,²⁶³ deren ältester, von Servius Tullius errichteter Tempel neben dem der *Fortuna virgo* – oder besser mit J. Champeaux, Fortuna 268 ff. dem der *Fortuna* ohne Epiklese – am Forum Boarium steht; beider Stiftungstag ist der 11. Juni, das Fest der Matralia, an dem die *bonae matres* (Ovid. fast. 6, 475) die Hauptrolle spielen. Den Namen der *Mater Matuta* erklärte Verrius Flaccus *ob bonitatem* ²⁶⁴: *mana bona dicitur, unde et Mater Matuta*.²⁶⁵ Im samnitischen Agnone wird *maatúís kerríúís* oder auch nur *matúís* geopfert;²⁶⁶ der Name wird als Bringer des Morgentaus²⁶⁷ oder als Bezeichnung der Manes²⁶⁸ oder einfach als die „Guten" ²⁶⁹ verstanden, wenn man von einer Namensform *mā-tŏ- ausgeht: *mā-tŏ- stünde zu *mānŏ- „gut" wie *completus* zu *plenus*.²⁷⁰ M. Leumann⁶ 316 konstruiert aus *maturus* „reif" und Matuta ein deverbatives Nomen actionis *matu- „Reifung"; das scheint für Matuta nicht anwendbar. In *matu- ist allgemein der Sinn zu erkennen, daß etwas „gut geworden ist, wie man es erhofft hat": Das ist die Reifung, das ist die gesunde Niederkunft, das ist der Sieg. Unter diesen Voraussetzungen kann man von einer *Mater Matuta*, einer *Pales Matuta* und einer *Iuno Matuta* sprechen, wobei das Suffix am leichtesten als Ausdruck des Part. perf. act. zu einem nach *matu- gebildeten Verbum *matuere* begriffen werden kann.

Wenn der Versuch als – mindestens teilweise – gelungen anzusehen ist, aus den Namen der Gottheiten auf ihre Funktion zu schließen und sogar ihre Herkunft zu bestimmen, ist das eine Bestätigung der Auffassung Varros. Die Menschen wollen kundtun, was der Gott zu leisten imstande ist und was er für sie geleistet hat; das ist eine Mitteilung an die Mitmenschen, sozusagen eine historische Feststellung, aber auch ein Dank an die Gottheit, die hören soll, daß man sehr wohl begriffen hat, wem man Hilfe und Rettung oder auch nur die Erfüllung eines Wunsches zu danken hat. Darüber hinaus vermag der Name aber auch in seiner Formulierung eine Bitte vorzutragen und auszusprechen, was man begehrt.

---

263 Vgl. M. Halberstadt, Mater Matuta 53 ff.
264 Paul. Fest. 109, 4 L.
265 Paul. Fest. 112, 24 f. 155, 20 ff. L.
266 E. Vetter, Handb. nr. 147.
267 E. Vetter, Handb. S. 107.
268 F. Altheim, TM 148.
269 G. Radke, Götter 206.
270 Vgl. G. Radke, Götter 19: *plenus/completus, magnus/macte*, Ληναί/ λάστη. M. Leumann⁶ 320.

Durch die unmittelbare Anrede steht der Gott im Zwang des Handelns und zum Handeln und kann sich dem Geheiß nicht entziehen, das mit dem Gebet ihm widerfährt. So verbieten andererseits auch die *pontifices,* die Namen der römischen Götter auszusprechen, damit sie nicht exauguriert werden könnten: *Et iure pontificum cautum est, ne suis nominibus dii Romani appellarentur, ne exaugurari possint* (Serv. auct. Aen. 2, 351). Es war ohne besondere priesterliche Anleitung schwer, sich zwischen der Vielfalt der Ritualgesetze zurechtzufinden. Der Name der Gottheit ist das Ergebnis lebendiger Sprache; versteht man sie in ihrer Aussage, erfährt man auch, was gemeint ist. Wie man den Namen des Teufels erst auf die griechische Benennung διάβολος zurückführen muß, ehe man ihn versteht, so verstecken sich auch die Namen römischer Götter oft hinter solchen Übersetzungen, Entlehnungen und Umgestaltungen. Eine wertvolle Brücke zum Entschlüsseln solcher Umbildungen ist die Bedeutung der Suffixe.

2. Göttergruppen

In seinem für das Verständnis religiöser Gedankengänge wichtigen und für die Religionswissenschaft seiner Zeit charakteristischen Buche über die göttlichen Zwillinge hat S. Eitrem die Vorstellung der „Gottessöhne" an den Anfang der Untersuchung über die Zwillingsgottheiten gestellt.[271] Dafür boten sich die Dioskuren an. Bei allen ihrer Darstellung folgenden Zweiergruppen von Göttern oder Heroen, von denen der griechische Glaube unendlich reich ist, besitzt nach seiner Auffassung deren Rolle als Nothelfer eine zentrale Bedeutung. Sucht man diese Ausgangsposition – Zwillinge als Gottessöhne und Nothelfer – auf die innerhalb der Gottesvorstellung der Römer bezeugten Doppelungen göttlicher Gestalten zu übertragen, stößt man auf schwere Hindernisse. Entscheidend ist, daß weder die Verwandtschaft der „Zwillinge" untereinander noch ihre Herkunft als „Gotteskinder" nach römischer Auffassung überhaupt denkbar sind: Man kannte im frühen Rom keine verwandtschaftlichen Beziehungen von Gottheiten zu anderen Gottheiten.[272] Ebenso fehlt den zu Gruppen miteinander verbundenen

---

[271] S. Eitrem, Die göttlichen Zwillinge bei den Griechen, Christiania 1902, 4 ff.
[272] Vgl. K. Latte, RRG 55: „Ausgeschlossen ist zunächst die Beziehung

Göttern die als kennzeichnend angesehene Funktion des Helfens in der Not.

Man kann sich freilich in einem italischen Heiligtum eine Muttergöttin mit zwei oder mehreren Kindern auf dem Schoße vorstellen[273]; diese Kinder bleiben jedoch namenlos, bis – wie in Praeneste – ein in griechischer Mythologie gebildeter bzw. von ihr verbildeter Tempeldiener oder Fremdenführer keineswegs sehr einfallsreich die Namen Iuppiter und Iuno für sie erfindet.[274] Eine Muttergöttin ist keine Mutter eines Gottes. Cicero, dessen Zeugnis die Namengebung aus Praeneste erhalten hat, glaubte auch unter einem ähnlichen Mißverständnis, Liber und Libera dürften als *Cerere nati*, d. h. *liberi*, angesprochen werden, hebt aber gewissenhaft hervor, daß das für *Libera* zwar gelten könne, für *Liber* aber doch wohl nicht zutreffe.[275] Und wenn Castor und Pollux ihren Kult in Rom der entscheidenden Hilfe in der Schlacht am See Regillus verdanken (s. o. S. 47), ist das eine Nachahmung des griechischen Glaubens an das Eingreifen der Dioskuren in der Schlacht an der Sagra. Man kann ihnen gegenüber also nicht von aus römischem Geiste entstandenen nothelfenden Zwillingen sprechen; die pluralische Namensform „Castores" könnte das annehmen lassen, ist aber vor Plinius nicht bezeugt.[276] In Rom liegen die Verhältnisse anders als bei den Griechen; der Unterschied ergibt sich in bezeichnender Weise aus dem differenzierenden römischen Denken.

auf Götterehen." 62: „Abwesenheit von jeglicher Mythologie und aller genealogischen Verknüpfung."
[273] Vgl. die sogenannte Mater Matuta von Florenz bei K. Latte, RRG Tafel 2.
[274] Cic. div. 2, 85 *Iovis pueri, qui lactens cum Iunone Fortunae in gremio mammas appetens castissime colitur a matribus.* J. Champeaux, Fortuna 109 sagt mit Recht, die Kinder seien ursprünglich wohl «deux nourrissons anonymes» gewesen; vgl. G. Radke, Rez. Champeaux, in: Gnomon 56, 1984, 420: „Bei der Bedeutung des Formalen gerade in kultischer Nomenklatur ist darauf hinzuweisen, daß von Cicero lediglich die Form *Iovis pueri*, nicht der Nominativ *Iuppiter puer*.. gebraucht wird. . . . Das Problem entstand erst dadurch, daß die Kinder auf dem Schoße der *Fortuna* Namen erhielten, was m. E. durchaus der Erfindungsgabe eines Tempeldieners zu Ciceros Zeit zu verdanken gewesen sein könnte."
[275] Cic. nat. deor. 2, 62 *Sed quod ex nobis natos liberos appellamus, idcirco Cerere nati nominati sunt Liber et Libera: Quod in Libera servant, in Libero non item.*
[276] Plin. n. h. 7, 121. 34, 23.

Es gibt Gruppen zweier oder mehrerer Gottheiten in Rom, die entweder ohne Hervorhebung eines einzelnen Gliedes in einem pluralischen Namen zusammengefaßt sind wie *Lares* und *Di Penates* oder das Paar eines Gottes und einer Göttin, die in ihrem vom gleichen Stamme gebildeten Namen durch geschlechtsabhängige Motion unterschieden wurden wie Liber und Libera, Faunus und Fauna oder Virbius und Diana „Orthia". In der letztgenannten Gruppenbildung wird eine Differenzierung durch das Geschlecht verdeutlicht; es ist anzunehmen, daß damit jeweils die Beziehung ihres Wirkens zu Männern und Frauen zum Ausdruck gebracht wird. Diese „Paarung" ist keinesfalls im Sinne einer – im frühen Rom vor Plautus unvorstellbaren – Götterehe zu verstehen: Das verbieten schon die unterschiedlichen und dabei auch ungewöhnlichen Verbindungen zwischen Faunus und Fauna.

Am besten einer Beobachtung zugänglich sind Liber und Libera, deren Kult durch Zugehörigkeit ihres Festes, der Liberalia am 17. März, zum sogenannten numanischen Kalender für die älteste Zeit bezeugt ist.[277] Eine Beschreibung ihrer Funktion bietet Augustinus in seiner Schrift ›De civitate Dei‹[278] unter Berufung auf Varros Definition: Liber soll seinen Namen vom Freimachen haben, weil die Männer beim Geschlechtsakt mit Hilfe seiner Wohltat durch die Ausscheidung des Samens „befreit" werden. Dasselbe besorgt bei den Frauen Libera, die man auch für Venus (an anderer Stelle für Venus oder Ceres) hält; auch sie befördert, wie behauptet wird, den Samenerguß. Deshalb werden dem Liber im Tempel gerade das männliche Glied, der Libera die weibliche Scham aufgestellt.[279] Ferner zitiert er Varro für eine in Italien übliche Phallos-Prozession zu Ehren des Liber sowie über Liber-Kult in Lavinium: Das (schamlose) Glied wurde während der Festtage des Liber unter größter Hochachtung auf kleine Wagen gestellt, zuerst auf dem flachen Lande *in compitis*, und später bis in die Stadt gefahren.[280] In dem Orte Lavinium war ein ganzer Monat dem Liber geweiht, an dessen Tagen alle Leute (abscheulichste) obszöne Reden führten, bis jenes Glied über den Markt gefahren und an seinem Standplatz

---

[277] Varro, l. l. 6, 14. Zum 17. März vgl. Fast. Caer. CIL I² p. 212 (= I. I. p. 66). Maff. p. 223 (= I. I. p. 74). Vatic. p. 242 (= I. I. p. 172/3). Farnes. p. 250 (= I. I. p. 225). Antiat. vet. I. I. p. 6/7. Verul. ebd. p. 166/7.
[278] August. civ. 6, 9.
[279] Varro frg. 93 Cardauns.
[280] Varro frg. 262 Cardauns *in compitis et usque in urbem*.

aufgestellt wurde. Diesem (unehrbaren) Gliede mußte die ehrsamste *mater familias* in aller Öffentlichkeit einen Kranz aufsetzen. Auf diese Weise sollte der Gott Liber gnädig gestimmt werden für den günstigen Erfolg des Samens, und so sollte böser Zauber von den Äckern vertrieben werden.[281]

Der Vergleich mit griechischen Phallagogien[282] kann nicht als Vorbild für lokalitalische Bräuche angesehen werden; diese sind indigen. Dem Verhalten der *mater familias* kann man jedoch die Verwendung des *Mutunus Tutunus* durch die römische Braut und seine Verehrung durch die *matronae* an die Seite stellen. Daß mit den Namen Liber und Libera untereinander vergleichbare Vorgänge bei Mann und Frau in der Nomenklatur durch das unterschiedliche Geschlecht gekennzeichnet werden sollen, ist unmißverständlich zu erkennen, wenn auch die varronische Herleitung von *liberare* im Sinne der *emissio seminis* etymologisch nicht vertretbar ist. Die römische Volksetymologie hat freilich das Verbum *liberare*[283] zur Deutung des Namens *Liber* schon früh – irrigerweise – benutzt, wie ein Komödienvers des Naevius[284] erkennen läßt: *libera lingua loquimur ludis Liberalibus:* Verrius Flaccus sieht darin die Wirkung des Weines[285]: *Liber repertor vini ideo sic appellatur, quod vino nimio usi omnia libere loquuntur* (Paul. Fest. 103, 3f. L.). Seneca lehnt diese Erklärung ab, greift aber auch seinerseits auf *liberare* zurück und möchte in Liber den Urheber der Befreiung vom Druck der Sorgen sehen: *Liber non ob licentiam linguae dictus est inventor vini, sed quia liberat servitio curarum animum.*[286] Dem-

---

[281] Varro frg. 262 Cardauns *sic videlicet Liber deus placandus fuerat pro eventibus seminum, sic ab agris fascinatio repellenda.*

[282] M. P. Nilsson, Geschichte der griechischen Religion 1, 1941, 557f. F. Altheim, TM 20f.

[283] Serv. auct. georg. 1, 166.

[284] Naev. com. frg. 113 R. bei Paul. Fest. 103, 12f. L. Um einen trochäischen Septenar zu erhalten, wird in den Ausgaben durch Änderung von *loquimur* in *loquemur* geschrieben: *Líberá linguá loquémur lúdis Líberálibús.*

[285] Der Hinweis bei Paul. Fest. 103, 3f. L. *(Liber repertor vini ideo sic appellatur, quod vino nimio usi omnia libere loquuntur)* ladet dazu ein, den Naevius-Vers nicht zu einem Septenar „wiederherzustellen", sondern ihn bei stabreimender Alliteration aller dem Verse zugehörigen Wörter *líbera língua lóquimur lúdis Líberálibús* beizubehalten, wodurch lautmalend die Trunkenheit hervorgehoben wird; zur Deutung der metrischen Analyse (Saturnier) ist hier nicht der Platz.

[286] Sen. dial. 9, 17, 8.

gegenüber scheint mir Varros Deutung inhaltlich den Verhältnissen und den Vorstellungen göttlichen Wirkens besser zu entsprechen und bedarf lediglich der Korrektur hinsichtlich des zugrundeliegenden Stammes: Es kann nicht geleugnet werden, daß die weitgehend anerkannte Herleitung[287] des Namens Liber von einem Stamme *leudh-, *loudh- mit der Bedeutung „hervorkeimen, emporwachsen, sprießen" den von Varro beschriebenen Eigenschaften des Liber und der Libera gerecht wird.[288]

Die Deutung findet eine Bestätigung im Namen des *Iuppiter Liber*, dem im Jahre 58 v. Chr. in Furfo ein Tempel geweiht wurde; in der Stiftungsurkunde heißt es: *Iovi Libero aut Iovis Genio*.[289] Ist Genius der Träger der zum *genere* „zeugen" gehörigen Potenz (s. o. S. 181f.), kommt in den beiden Formulierungen *Iuppiter Liber* und *Iovis Genius* die gleiche Vorstellung der Funktion des Gottes zum Ausdruck. Die Untersuchung soll weder auf die Gestalt des *Iuppiter Liber*[290] bzw. *Iuppiter Libertas*[291] noch auf die Beziehung des Liber (und auch der Libera) zum Weine ausgedehnt werden, da in diesem Zusammenhang lediglich die Absicht der Doppelung zu überprüfen war. Zu ergänzen bleibt nur noch der Hinweis, daß zur Zeit der Festlegung des römischen Kalenders, der durch das Fest der Liberalia die Verehrung des Liber und der Libera bezeugt, diese beiden Gottheiten vermutlich noch *loubros* und *loubera* genannt wurden,[292] Zugehörigkeit zu *lībare* (< *loib-) also entfällt.

Über das Verhältnis von Faunus zu Fauna ist schon gesprochen worden. Es hatte sich zeigen lassen, daß erst verhältnismäßig spät eine Umdeutung des Namens nach dem Verbum *favere* stattfand,

---

[287] F. Muller, Alital. Wb. 245. F. Bömer, Fastenkomm. II S. 178. G. B. Hofmann, Etymol. Wörterbuch des Griechischen, München 1966, 78. E. Benveniste, in: REL 14, 1936, 53. G. Radke, Götter 176.

[288] Die Aufgliederung in „nasse" und „trockene" Samen (August. civ. 7, 16. 19. 21) dürfte konstruiert sein, um Anschluß an *liquores fructuum* und besonders *vinum* zu finden.

[289] CIL I² 756 = ILLRP 508.

[290] Vgl. zum 1. September Fast. Arval. CIL I² p. 214 (= I. I. p. 32/3) *Iovi Libero Iunoni Reginae in Aventino*.

[291] Fast. Antiat. vet. I. I. p. 8 *Iov(i) Leibert(ati)*; vgl. Monum. Anc. 19 *aedes Minervae et Iunonis Reginae et Iovis Libertatis in Aventino*.

[292] Aus *louber nach dem Beispiel von *sakros* vermutlich *loubros; -dhr- zu -br- nach dem Beispiel von *libripens*; -ou- noch nicht zu -oi- wie in *loebertatem, leibertas, libertas*.

was zur Gleichsetzung mit Euandros führte. Wird der Name Faunus mit Recht von einem Stamme *dhau̯-nŏ- mit der Bedeutung „Würger" [293] hergeleitet, ist die zeitliche Übereinstimmung seines Tempelstiftungstages am 13. Februar [294] mit dem Beginn der Parentalia sicherlich nicht zufällig; diesen Tempel erhielt er freilich erst im Jahre 196 v. Chr. Fauni heißen böse Geister, die nächtlicherweile mit den Menschen ihr Spiel treiben und vor denen man sich durch mannigfache Heilmittel zu schützen sucht. [295] Eine Differenzierung läßt sich beobachten, wenn angenommen wird, *Fauna Fatua* pflege Frauen zu weissagen wie Faunus Männern; [296] freilich geht das von einer irrigen Etymologie aus. Lehrreich ist es jedoch, daß neben dem Paare Faunus und Fauna an eine Mehrzahl von Fauni geglaubt wird und daß sich schließlich ein einzelner Faunus entweder als menschlicher Stadtgründer Euandros erweist oder als Gott in einem Tempel verehren ließ, sich jedenfalls sowohl aus der Doppelung wie aus der Mehrzahl löst.

Virbius und Diana Orthia lassen sich zwar sprachlich miteinander verbinden; es gibt aber keine Anhaltspunkte für ein gemeinsames Wirken. Da der Weg, auf dem man von der *via Appia* aus nach Aricia und zum *nemus Dianae* hinaufsteigt, *clivus Virbii* heißt, [297] könnte man darin einen Hinweis auf eine ältere Namensform der *Diana *Virbia* erkennen. Außer der Pferdescheu [298] und dem Verbot, sein Kultbild zu berühren, [299] ist über Virbius nichts bekannt. Noch schlechter ist es hinsichtlich des Paares Cacus und Caca bestellt; nur die Ortsnamen *atrium Caci* [300] und *scalae Caci* [301] bezeugen, daß diese Gestalt vor der Erzählung des Vergil existierte.

---

[293] F. Altheim, RRG 1, 1951, 131 ff.
[294] Seit 196 v. Chr. (Liv. 33, 42, 10. 34, 53, 3) *Fauno in insula* (Fast. Esquil. CIL I² p. 210 (= I. I. p. 85 f.)); vgl. Fast. Antiat. vet. I. I. p. 4 FAVON.
[295] Nach Plin. n. h. 25, 29 galt der Samen der Päonie als Mittel gegen *Faunorum in quiete ludibria;* vgl. 30, 84 (Heilmittel für Leute) *qui a nocturnis diis Faunisque agitantur.*
[296] Lactant. inst. 1, 22, 9.
[297] Schol. Pers. 6, 56.
[298] Verg. Aen. 7, 778 f. Ovid. fast. 3, 266.
[299] Serv. auct. Aen. 7, 776: *Virbius* wurde von manchen für *sol* gehalten; man könnte ihn für den Dīus neben Dīana ansehen.
[300] Vgl. die konstantinische Regionsbeschreibung bei O. Richter, Die Topographie der Stadt Rom², 1901, 183. 373.
[301] Solin. 1, 18. Diod. 4, 21, 2. Plut. Romul. 20, 5.

Caca besaß immerhin ein *sacellum* und erhielt von den Vestalen Opfer,[302] was älteren Kult anzunehmen veranlaßt.

Zu den vorgenannten Zweiergruppen von Gottheiten gehören weder die beiden Victoriae auf dem Palatium noch die beiden Pales, deren Stiftungsfeste aus den *Fasti Antiates veteres* bekannt sind: Zum 7. Quinctilis liest man *Palibus II*, was A. Degrassi in ILLRP² nr. 9 richtig zu *Palibus duabus* aufgelöst hat;[303] als Vorbild dafür hat die Notiz zum 1. Sextilis *Victor. II*, d. h. *Victoriis duabus*, zu gelten, was sich auf den im Jahre 294 v. Chr. von L. Postumius geweihten Tempel[304] und die von M. Porcius Cato im Jahre 193 v. Chr. gestiftete *aedicula*[305] bezieht. Entsprechend hatte Pales, die *dea pabuli*,[306] zu ihrem bisherigen Tempel einen für ihre Hilfe im Sallentinerkriege *ultro* geforderten zweiten Tempel von Atilius Regulus im Jahre 267 v. Chr. erhalten, dem er ἀντιδιαστέλλων „zur Unterscheidung" den Namen einer *Pales Matuta* gab.[307] Ein männlicher Pales wird zwar unter irriger Berufung auf Varro[308] erwähnt, doch beruht das auf einem Mißverständnis von Varro, r. r. 2, 5, 1 *(asses solvo Palibus)*.[309] Das Fest der Pales waren die Palilia bzw. Parilia,[310] der Geburtstag des Romulus und der Gründungstag der Stadt Rom.[311]

---

[302] Serv. Aen. 8, 190; vgl. F. Altheim, GG 177. RRG 1, 1951, 127.

[303] I. I. p. 14 steht noch *Palibus duobus;* diese m. E. irrige Schreibung wird oft geboten. Gottheiten unterschiedlichen Geschlechts wurden keinesfalls als Maskulina zusammengefaßt; vgl. G. Radke, AL 147ff. Rez. Champeaux, in: Gnomon 56, 1984, 421.

[304] Liv. 10, 33, 4; zur Lage auf dem Palatium: Liv. 29, 14, 14.

[305] Liv. 35, 9, 6.

[306] Serv. georg. 3, 1. Schol. Bern. georg. 3, 1; *dea pastorum* Paul. Fest. 248, 17 L.; *dea pastoria* Flor. 1, 15.

[307] Schol. Veron. georg. 3, 1. Flor. 1, 15.

[308] Varro im Schol. Bern. georg. 3, 1. Serv. georg. 3, 1, während er l. l. 6, 15. Schol. Pers. 1, 72 allein von einer *Pales* spricht; zwei *Pales* ohne Zitierung Arnob. 3, 40. Mart. Cap. 1, 50f.

[309] G. Radke, AL 147; vgl. G. Dumézil, Les deux Palès, in: REL 40, 1962, 109ff. J. Heurgon, in: Latomus 10, 1951, 277f. J. Champeaux, Fortuna 173.

[310] Vgl. G. Radke, AL 147ff. 233.

[311] Geburtstag Roms: Cic. div. 2, 98. Vell. Pat. 1, 8, 4. Plut. Rom. 12, 1. Dion. Hal. ant. 1, 88, 3. Fast. Caer. CIL I² p. 213 (= I. I. p. 66). Fast. Antiat. vet. I. I. p. 9; Geburtstag des Romulus, d. h. *partus Iliae*: Solin. 1, 19. Schol. Pers. 1, 72. Charis. GL I 58 K. = p. 73 B.; Geburtstag des Numa Pompilius: Plut. Numa 3, 6.

Auch wenn Horaz in der fünfunddreißigsten Ode des ersten Buches die Fortuna von Antium als eine einzelne Gottesgestalt anspricht, ist der Kult der *veridicae sorores*[312], der zwei Fortunae, literarisch[313] und bildlich[314] bezeugt. Dabei fällt auf den Denaren des Q. Rustius[315] auf, daß die eine Göttin Helm und Schwert trägt und amazonenhaft die Brust entblößt, während die andere, bis zum Halse bekleidet, mit einem Diadem geschmückt ist. Offenbar sollen zwei unterschiedliche Aspekte der Fortuna zum Ausdruck gebracht werden. In ganz ähnlicher Absicht standen im Tempel der *Fortuna muliebris* in Rom zwei Statuen der Göttin, deren eine vom Staat aus öffentlichen Mitteln, die andere aber von den römischen Frauen aus dem Erlös einer Sammlung beschafft worden waren.[316] Die *Iuno Regina* auf dem Aventin erhielt bei gewissen Gelegenheiten zwei *signa cupressea*,[317] was für eine entsprechende Vorstellung im Glauben an die Göttin spricht.

Nicht in allen Fällen sind derartige Doppelungen so leicht überschaubar. Die Festtage der Carmentalia[318] sind nach Carmenta, Carmentis oder nach den Carmentes benannt.[319] Deren gibt es zwei; ihre Namen und Funktionen sind unterschiedlich überliefert und erklärt: Entweder heißt es, in alter Zeit habe man die Seher *carmentes* genannt, so daß die Begleiterinnen der zukunftskundigen Nicostrate/Carmentis Porrima und Postverta hießen, *quia vatibus et praeterita et futura sunt nota.*[320] Ovid. fast. 1, 633 ff. deutet die Namen der beiden als Schwestern der *Maenalis dea*, d. h. der arkadischen Nicostrate/Carmentis, oder als Gefährtinnen ihrer Flucht: *altera quod porro fuerat, cecinisse putatur, altera versurum postmodo quidquid erat.*[321]

Ganz anders hat Varro die Funktion der beiden in Rom an Altä-

---

[312] Martial. 5, 1, 3.
[313] Macrob. sat. 1, 23, 13. Suet. Calig. 57, 3.
[314] J. Champeaux, Fortuna 150.
[315] Vgl. O. J. Brendel, in: AJA 64, 1960, 42. J. Champeaux, Fortuna 150; Zweifel bei G. Wissowa, Rel.² 259.
[316] Val. Max. 1, 8, 4. Dion. Hal. ant. 8, 56, 4.
[317] Liv. 27, 37, 12. Obsequ. 46. 48.
[318] Zum 15. Januar vgl. Fast. Praen. CIL I² p. 231 (= I. I. p. 112/3). Maff. p. 223 (= I. I. p. 72) *Feriae Carmenti*; Antiat. vet. I. I. p. 2 *Carment*.
[319] Philocal. CIL I² p. 257 zum 11. Januar: *Carmentalia de nomine matris Euandri*. Zum Namen *Carmentes* vgl. *parentes*, **larentes* (s. u. S. 134).
[320] Serv. auct. Aen. 8, 336.
[321] Vgl. auch Varro frg. 103 Cardauns. August. civ. 4, 11.

ren verehrten Carmentes verstanden: *Altera Postverta cognominata est, Prorsa altera, a recti perversique partus et potestate et nomine.*[322] Im vorhergehenden wurde darauf aufmerksam gemacht, daß der Kult zweier oppositioneller Göttinnen gerade in diesem Zusammenhange unvorstellbar sei, und nachgewiesen, daß Varro diese beiden Bezeichnungen mißverstanden habe (s. o. S. 211), indem er einen Doppelnamen *Prorsa Postverta* auflöste und in gegensätzlicher Sinngebung auf zwei Gottheiten verteilte. Diese wirkten zwar auf dem gleichen Gebiete wie die beiden Parcae,[323] aber nur eine von ihnen, Prorsa – sprachlich notwendigerweise als Nomen actionis **prōu̯r̥ttá* zu beurteilen –, könne als den Vorgang des Gebärens fördernd angesehen werden, wohingegen eine Göttin, deren *potestas* der *partus perversus* sei, nicht zugeordnet werden könne. Ich sehe in dem Namen *Prorsa Postverta* das hilfreiche Wirken der Geburtshelferin Carmentis[324] in einem Kurzsatz ausgesprochen: „Die Vorwärtswendung, d. h. die richtige Lage des Kindes, hat einen guten Ausgang gebracht." Ferner konnte gezeigt werden, daß auch die Namen Porrima und Postverta im gleichen Sinne zusammengehören und Porrima der Prorsa annähernd gleichbedeutend ist, man aber diesem Doppelnamen in seiner unpassenden Zweistelligkeit eine nicht zugehörige Bedeutung gegeben habe, was unter dem Einfluß der Μοῖραι mit dem Doppelsinn der Parcae als Weissagerinnen und Geburtshelferinnen zusammenhängen mag. Die von Varro gegenüber der *Prorsa Postverta* vorgenommene Aufteilung läuft parallel zu den von ihm genannten beiden Namen der *Parcae Nona* und *Decima*;[325] in diesem Falle ist die Aufgliederung und die durch sie herbeigeführte Zweistelligkeit anzuerkennen.

3. Triaden

Spätestens seit H. Useners Schrift über die ›Dreiheit‹ (1903) hat man sich daran gewöhnt, nicht nur Gruppen gleichartiger Gottheiten – H. Usener a. O. 4 nennt drei Kyklopen, drei Hekatonchei-

---

[322] Vgl. Varro bei Gell. 16, 16, 1 (frg. 103 Cardauns). Tertull. nat. 2, 11, 6.
[323] Ovid. fast. 6, 795.
[324] Die Mutter Euanders heißt Carmenta bei Liv. 1, 7, 8. origo g. R. 5, 2. Dion. Hal. ant. 1, 31, 1. Plut. Rom. 21, 2. quaest. Rom. 56.
[325] Varro frg. 98 Cardauns bei Gell. 3, 16, 10; Caesell. Vindex (Zeit Trajans) bei Gell. a. O. nennt Nona, Decuma, Morta; vgl. auch Tertull. anim. 37, 1 Partula.

ren, drei Gorgonen, drei Horen, drei Moiren und drei Chariten –, sondern auch jeweils drei im Kultus zwar verbundener, ihrer Art nach aber durchaus eigenständiger Götter – unabhängig vom Geschlecht – als Triaden zu bezeichnen. Weder das griechische noch das entlehnte späte lateinische Wort *trias* diente ursprünglich zur Nomenklatur solcher Götterdreiheiten, sondern spielte im Bereiche der Metrik eine bescheidene Rolle.[326] In der Spätantike wurde es zwar verallgemeinert,[327] kam aber nie in die Nähe der modernen Verwendung: Für den christlichen Begriff der Dreieinigkeit hatten die Kirchenväter das Wort *trinitas* geschaffen.

In der Religionswissenschaft spricht man von der „kapitolinischen Trias" Iuppiter Optimus Maximus, Iuno Regina und Minerva, von der „aventinischen Trias" Ceres, Liber und Libera, von einem *Capitolium vetus* und von einer angeblich älteren Trias, die sich aus den Göttern Iuppiter, Mars und Quirinus zusammengesetzt haben soll.[328] Als thematische Stütze hierfür dient der Hinweis auf die sogenannten Triaden von Gottheiten im umbrischen Iguvium: A. J. Pfiffig[329] nennt „die ‚echte' Grabovische Trias und die ‚ideelle' Juppitertrias *Fiso-Saçi-Vestiço* (Treue-Vertrag-Eid), aber auch die ‚Scheintrias' *Pomonus Popdicus* (ambivalent)-*Pomonus Popdicus/Fuflun* (männlich)-*Vesona/Pomona* (weiblich) und die ‚halbgenealogische' Trias *Çerfus Martius-Praestota-Torsa*". Die Zusammenstellung der letztgenannten Götternamen halte ich in dieser Form für irrig; erst eine Analyse der vierstelligen Götternamen erschließt das Verständnis ihrer gegenseitigen Abhängigkeit (s. o. S. 118f.).

Was A. J. Pfiffig eine „Schein-Trias" nennt, dürfte überhaupt kaum diesen Namen verdienen, scheidet also aus den weiteren Erwägungen aus. An zweiter Stelle hätte er statt von einer „Juppitertrias" nach dem Vorbild der „Grabovischen Trias" eher von einer Sancius-Trias sprechen sollen, wenn sich nur irgendeine Gemeinsamkeit der Götter Fisos, Vestikos und Iovis außer dem ihnen gleichermaßen gegebenen Beinamen Sankios[330] finden ließe. So bleibt

---

[326] Mar. Victorin. GL VI 58, 23 K. Atil. Fortunat. GL VI 295, 15 K.
[327] Mart. Cap. 7, 733.
[328] G. Wissowa, Rel.² 38. 40. 154. F. Altheim, RRG 1, 1931, 68. 75. RRG 1, 1951, 199. A. Brelich, Quirinus 64f. G. Dumézil, RRA 155f. 272f. J. Poucet, Recherches 23. R. Schilling, Rom. Rel. 458. D. Porte, Quirinus 330ff. A. J. Pfiffig, Rel. Iguv. 40. R. Bloch, Parenté entre religion de Rome et religion d'Ombrie, in: REL 41, 1963, 115ff. u. a.
[329] A. J. Pfiffig, Rel. Iguv. 58.
[330] G. Devoto, Tub. Iguv. 178ff.

m. E. lediglich die von ihm Grabovische Trias genannte Götterverbindung diskutabel. Aber gerade in diesem Falle wird ganz deutlich, daß die unterschiedlichen Opfer für *Iuppiter Grabovius* an der *porta Trebulana*,[331] für *Mars Grabovius* an der *porta Tessenaca*[332] und für *Vofionus Grabovius* an der *porta Veia*[333] gegen die Annahme einer „Trias" dieser lediglich unter einem gemeinsamen Beinamen vereinigten Götter sprechen, da sie an drei verschiedenen Kultplätzen verehrt wurden: Gerade die Übereinstimmung von Kultnamen, Kultzeit und Kultort müßte m. E. doch die unerläßliche Voraussetzung für den Begriff einer Trias sein: «entro uno stesso sacello o templo o luco, cioè in uno stesso luogo consacrato» (L. Banti, Triadi 196).

A. J. Pfiffig ist der Auffassung,[334] die „Trias *Jovi-Marti-Vofiono*" stehe „für einen vorumbrischen Gott *Grabo*-; es wäre verfehlt zu sagen, daß die Trias, die nichts anderes ist als eine erste funktionelle Aufspaltung des alten ide. Himmelsgottes *Diēus,* diesen dem Namen nach vor-ide. Gott ‚verdrängt' habe". *Grabo*- ist „der Gottesname der autochthonen Bevölkerung, auf welche die einwandernden Indoeuropäer stießen. Bei den Umbrern heißt der Himmelsgott (wie bei den Italikern allgemein) *Jovi*-, aber er entspricht dem autochthonen *Grabo*-, er ist eben ‚*Juppiter,* der *Grabovius* (gewesen) ist'". In einer Trias das Ergebnis „funktioneller Aufspaltung" sehen zu sollen, scheint mir verfehlt; ich hielte hingegen die Vereinigung dreier Gottheiten für den Zusammenschluß ihrer Funktionen unter einem einigenden Gesichtspunkt, wie das in Rom sowohl durch die kapitolinische wie durch die aventinische Trias vor Augen geführt wird. Eine Bedeutungsidentität von Vofionus und Quirinus,[335] von der in manchen Erörterungen die Rede ist, läßt sich nicht nachweisen.

In Rom gab es auf dem Quirinal ein *Capitolium vetus: Clivus proximus a Flora susus versus Capitolium vetus, quod ibi sacellum Iovis Iunonis Minervae, et id antiquius quam aedis quae in Capitolio facta.*[336] Hierzu sagt K. Latte:

---

[331] Tab. Ig. I a 3. VI a 22.
[332] Tab. Ig. I a 11. VI b 1.
[333] Tab. Ig. I a 20. VI b 19.
[334] A. J. Pfiffig, Rel. Iguv. 40.
[335] Vgl. A. Brelich, Quirinus 118. E. C. Evans, Cults 225. W. Meid, Suffix -no- 106.
[336] Varro, l. l. 5, 158; vgl. Martial. 5, 22, 4. 7, 73, 4.

Das sog. *Capitolium vetus* auf dem Quirinal . . ., ein *sacellum Iovis, Iunonis, Minervae*, muß jünger sein als der kapitolinische Tempel. *Capitolium* ist kein Appellativum, sondern ein Hügelname, der erst auf ein anderes Heiligtum der drei Götter übertragen werden konnte, seit der Name Kapitol im Bewußtsein mit dem dortigen Heiligtum unlöslich verwachsen war. Seit der Renovierung des kapitolinischen Heiligtums im 2. Jh. und vollends seit dem Brande von 83 . . . konnte das *sacellum* auf dem Quirinal allerdings das „alte" *Capitolium* heißen, was Varros Ausdruck erklärt.[337]

Damit ist eigentlich alles ausgesprochen, was hierzu erwähnt werden muß. „Die Vermutung G. Wissowas,[338] hier sei ursprünglich eine Trias *Iuppiter, Mars, Quirinus* verehrt worden, widerspricht der ausdrücklichen Angabe Varros und findet in den Quellen keine Stütze . . . Von einem gemeinsamen Kult dieser drei Gottheiten weiß das ganze Altertum nichts."[339]

Damit komme ich auf das eigentlich belastende Problem in der Geschichte römischer Triaden: Rechtfertigung oder Ablehnung der als Behauptung vorgetragenen Annahme, es habe innerhalb der römischen Gottesverehrung ursprünglich eine aus den Göttern Iuppiter, Mars und Quirinus bestehende Trias gegeben, deren Kult jedoch durch keinerlei Zeugnis erwähnt oder bezeugt wird, sondern erst durch mehr oder weniger passende Indizien erschlossen werden muß. In erster Linie wird darauf hingewiesen, daß die zu diesen Göttern gehörigen *flamines* als *flamines maiores*[340] zu einer Gruppe zusammengefaßt und den übrigen *flamines* in der Bedeutung und Achtung vorgezogen werden. Die Stellung dieser drei *flamines maiores* hinter dem *rex sacrorum* und vor dem *pontifex maximus*[341] kam erst nach Vertreibung des politischen Königs und Übertragung seiner priesterlichen Aufgaben auf den „Opferkönig", den *rex sacrorum* bzw. *rex sacrificulus*,[342] zustande, d. h. also um die Wende vom 6. zum 5. Jahrhundert v. Chr. Durch diese Beobachtung wird keinesfalls ihr Alter, wohl aber die Datierung ihrer Vereinigung zu einer in sich geschlossenen Gruppe betroffen. Da den Gottheiten der mit Sicherheit unter diesem Begriff zu verste-

---

[337] K. Latte, RRG 150, 3.
[338] G. Wissowa, Rel.² 154.
[339] K. Latte, RRG 150, 3.
[340] Fest. 198, 30 ff. L. Paul. Fest. 137, 1 L. Gai. 1, 112. August. civ. 2, 15.
[341] Fest. 198, 29 ff. L.
[342] G. Wissowa, Rel.² 504, 1. Der amtliche, auch inschriftlich nachgewiesene Titel ist *rex sacrorum*, während im untechnischen Sprachgebrauch *rex sacrificulus* und *rex sacrificiorum* gesagt werden konnte.

henden Triaden auf dem Kapitol und am Fuße des Aventin keine besonderen Dreiergruppen von Priestern zugeordnet wurden, ist es auch nicht glaubhaft, aus der herausgehobenen Rolle von Priestern auf die gemeinsame Verehrung der von ihnen betreuten Götter in einer Trias zu schließen.

Die Nennung der drei Götter zusammen mit einer Reihe anderer Gottheiten innerhalb der Devotionsformel[343] besagt ebensowenig wie ihre gemeinsame Erwähnung bei Lucil. frg. 20–22 M., wo neben dem *pater optumus divum* die Götter Neptunus, Liber, Saturnus, Mars, Ianus und Quirinus genannt werden, weil ihnen allen die Anrede *pater* zusteht.[344] Im Fides-Kult bleiben bei Liv. 1, 21, 4 die Namen der einzelnen *flamines* unerwähnt, so daß diese Stelle überhaupt nicht auswertbar ist.[345] Daß die Fetialen ihren Eid bei einer angeblichen Trias Iuppiter, Mars und Quirinus zugleich leisteten,[346] ist der Überlieferung nicht zu entnehmen. Die Angabe, die Salier stehen *in tutela Iovis Martis Quirini*[347], ist nach K. Latte, RRG 113, 3, „sicher falsch"; dem stimme ich zu: Salier Iuppiters sind sonst unbekannt wie ebenso Salier im Ianuskult,[348] die unter dem Eindruck der Übereinstimmung ihrer Zwölfzahl mit der der Monate erfunden wurden.

Obwohl ein letztes – scheinbares – Argument bis in die Anfangszeit Roms zurückzureichen scheint, bringt es keinen Nachweis für die Zugehörigkeit des Quirinus zu einer Trias: Die *opima spolia*,

[343] Liv. 8, 9, 6.

[344] Dennoch kann ich D. Porte, Quirinus 312 (la première attestation de ce Ianus Quirinus remonte à Lucilius) nicht zustimmen.

[345] K. Latte, RRG 237, 4. L. Banti, Triadi 212 «non vedo dunque nessuna indicazione dell'esistenza di una triade.»

[346] Von den Fetialen wurden bei Liv. 1, 32, 9 Iuppiter und Ianus Quirinus angerufen; Mars wird nicht genannt. Polyb. 3, 25, 6 bezeugt für den ersten Karthagervertrag den Eid bei Ζεὺς λίθος, ohne weitere Namen, für die späteren jedoch bei Ares und Enyalios. Demnach nennt A. Brelich, Quirinus 64 f. zu Unrecht alle drei Götter.

[347] Serv. auct. Aen. 8, 663. Ianus allein bei Lyd. mens. 4, 2. Nach J. Poucet, Recherches 28, 96 gehören Salier nur zu Mars; vgl. auch J. Poucet, Les Sabins 105 f.

[348] Nachdem Lyd. mens. 4, 1 eine lange Reihe von Beinamen des Ianus aufgezählt hat (Κονσίβιος, Κήνουλος, Κιβούλλιος, Πατρίκιος, Κλουσίβιος, Ἰουνώνιος, Κυρῖνος, Πατούλκιος, Κλούσιος, Κουριάτιος, Αἰωνάριος), geht er in 4, 2 auf die Beziehungen des Ianus (nicht des *Ianus Quirinus*) zum Kalender ein und sagt, wegen der Zwölfzahl der Monate habe Numa auch die zwölf Salier eingesetzt ὑμνοῦντας τὸν Ἰανόν.

die ein römischer Feldherr dem Führer der Feinde abgewann und auszuziehen hatte, wenn er ihn im Zweikampf tötete, wurden dem *Iuppiter Feretrius* geweiht;[349] das geschah – jeweils unter ausdrücklicher Namensnennung nur dieses Gottes – dreimal in der römischen Geschichte und wurde ein viertes Mal für Caesar als Fiktion eingeräumt.[350] Auch Ablehnungen bei Nichterfüllung der Voraussetzung eigener Auspizien sind bekannt.[351] Die nicht mehr sicher kenntlichen Regeln eines angeblichen Gesetzes des Numa Pompilius,[352] wonach lediglich *spolia prima* dem *Iuppiter Feretrius*, *spolia secunda* jedoch dem Mars und *spolia tertia* dem *Ianus Quirinus*[353] darzubringen seien, sind schwer auslegbar und beruhen vermutlich auf einem Mißverständnis der Überlieferung, dem schon Verg. Aen. 6, 859 verfiel und das auch durch D. Porte, Quirinus 308, nicht gelöst wird. Selbst wenn eine Unterscheidung hinsichtlich der Zuständigkeit der genannten drei Götter vorläge, wäre sie für eine Trias Iuppiter, Mars und Quirinus nicht beweiskräftig. Wieder wiegen die trennenden Faktoren schwerer als die verbindenden: Der Tempel des *Iuppiter Feretrius* steht auf dem Kapitol;[354] Mars soll

---

[349] Fest. 202, 23 ff. L. *unde spolia quoque quae dux populi Romani duci hostium detraxit.* Serv. Aen. 6, 859. 10, 449.

[350] Es werden Romulus, Cossus und Marcellus genannt; vgl. Fest. 204, 1 ff. L. Serv. Aen. 6, 859. Liv. 1, 10, 7. 4, 20, 2f. Propert. 4, 10, 45f. Val. Max. 3, 2, 3 ff. Plut. Rom. 16, 7. Marc. 8; zu Caesar vgl. Cass. Dio 44, 4, 3.

[351] Ablehnungen bei T. Manlius Torquatus, Valerius Corvinus und dem jüngeren Scipio (Val. Max. 3, 2, 6. Flor. 1, 33) sowie Licinius Crassus (Cass. Dio 51, 24, 4). Als Grund für die Zurückweisung wird bei den drei Erstgenannten bei Val. Max. a. O. angegeben, *quia sub alienis auspiciis rem gesserant, spolia Iovi Feretrio non posuerunt consecranda,* für Licinius Crassus bei Cass. Dio a. O., daß er nicht αὐτοκράτωρ στρατηγός war. Nach der Theorie bei K. Latte RRG 205 (vgl. G. Dumézil, RRA 173) wären das Beispiele für eine Weihung an Mars, während die Weihung des Marcellus an Quirinus bei Verg. Aen. 6, 859 danach diesen zum *manipularis* degradiert. Die vorgenannten vier Beispiele nehmen auch der grundsätzlich einleuchtenden Argumentation bei D. Porte, Quirinus 309 ihre Überzeugungskraft.

[352] Fest. 204, 11 ff. Serv. Aen. 6, 859. Plut. Marc. 8; zu den *libri pontificum* vgl. Fest. 204, 9 ff. L.

[353] Die altertümliche Form *Ianui Quirino* (Fest. 204, 17 L.) spricht für Originalität des Doppelnamens gegenüber der einfachen Nennung des *Quirinus* bei Serv. und Plut. a. O.

[354] Monum. Anc. 19. Liv. 1, 10, 5 ff. 4, 20, 4. Nepos, Att. 20, 3. Dion. Hal. ant. 2, 34.

die ihm gebührende Weihung an seiner *ara* auf dem *campus* erhalten;[355] bei *Ianus Quirinus* bleibt es ungewiß, ob der Ianusbogen auf dem Forum Romanum oder der heilige Bezirk des Gottes auf dem Quirinal gemeint ist.[356] Wie dem auch sei, jedenfalls sind drei in ihrer Art unterschiedliche – *aedes, ara, arcus* oder *fanum* – und regional voneinander getrennte Kultstätten schlecht geeignet, die Annahme einer Trias zu bestärken. Aus der unbewiesenen Vermutung, Quirinus habe einer solchen angehört, läßt sich demnach für das Verständnis seines Wesens keine Auskunft gewinnen.

Die angebliche Trias Iuppiter, Mars, Quirinus entspräche der Zusammenstellung von *Iuppiter Grabovius, Mars Grabovius* und *Vofionus Grabovius* in Iguvium. Man versteht, wie beide Hypothesen aufeinander angewiesen sind; gleichzeitig wird die – wie sich zeigen ließ (s. o. S. 228) – zweifelhafte Identität von Vofionus und Quirinus vorausgesetzt. Für Iguvium und dementsprechend dann auch für Rom ergäbe sich die umstrittene Annahme eines soziologischen Aufbaus der Indogermanen und frühen Italiker, wobei Iuppiter für die Priesterschaft, Mars für die Kriegerschaft und Vofionus für die Bauernschaft stehen sollen.[357] Dazu sagt A. J. Pfiffig[358]: „Dieser angebliche soziologische Aufbau ist aber alles andere als indoeuropäisch, abgesehen davon, daß man für die ide. Frühstufe Mars kaum als Kriegsgott bezeichnen darf." Es ist schließlich auch nicht verständlich, warum die gemeinsame Verehrung so bedeutender und durch die vorgenannte soziologische Sinngebung zentraler Götter innerhalb einer Trias ohne jedes Zeugnis aufgegeben und durch die bekannte kapitolinische Trias von Iuppiter Optimus Maximus, Iuno Regina und Minerva ersetzt worden sein sollte. Man sieht keinen Grund für die Entmachtung des Mars; weist man hinsichtlich des Quirinus darauf hin, daß sein Kult auch später mehr oder weniger schemenhaft gewesen sei, so wird erst recht nicht einsichtig, wie er ursprünglich eine Rolle unter den höchsten römischen Göttern gespielt haben sollte. An chronologische Einordnungen darf man bei dieser ganzen Konstruktion überhaupt nicht denken.

[355] Fest. 204, 16 L.

[356] Zu den Kultstätten des Ianus vgl. G. Wissowa, Rel.² 104 f.

[357] J. W. Poultney, Tables Eugub. 260. V. Pisani, Rev. Et. Indoeurop. 1, 1938, 11. E. Benveniste, RHR 129, 1945, 6 ff.

[358] A. J. Pfiffig, Rel. Iguv. 41; ebd. 58 Mars war Feldgott, „bis anfangs des 5. Jahrhunderts v. Chr. die Scheintrias Ceres-Liber-Libera seine agrestische Funktion usurpierte".

Der innerhalb der kapitolinischen Trias verehrte Iuppiter Optimus Maximus ist nicht der älteste in Rom und nicht der erste auf dem Kapitol mit Kult bedachte Iuppiter; mindestens der *Iuppiter Feretrius*, dem die *ludi Capitolini* gefeiert werden,[359] ist älter. Ebenso dürfte Iuno als Frauengöttin – unter welchem Namen auch immer – von den Römern lange vorher verehrt worden sein,[360] ehe sie innerhalb der Trias ihren Kult als Iuno Regina erhielt. Trifft meine Annahme hinsichtlich der sabinischen Herkunft der Minerva zu[361] – ich folge damit der Aussage bei Varro, l. l. 5, 74 –, so dürfte diese Göttin freilich erst mit der Gründung des für die drei Gottheiten gemeinsamen Tempels auf das Kapitol gekommen sein. Es besteht in der Forschung Übereinstimmung in der Annahme, daß der kapitolinische Kult erst nach Einrichtung des römischen Kalenders gestiftet worden sei; Varros Behauptung *antiquissimos deos Iovem Iunonem et Minervam*[362] steht in keinem Widerspruch dazu, da nicht ersichtlich wird, ob er in diesem Zusammenhang von der kapitolinischen Trias spricht.

Das Datum der Tempelweihe wird von Plut. Publ. 14, 6 auf den 13. September gesetzt und durch Fast. Antiat. vet. I. I. p. 18 zu diesem Tage bestätigt. Das Jahr läßt sich nach Polyb. 3, 22, 1 f. Liv. 2, 8, 6. 7, 3, 8. Plin. n. h. 33, 19. Dion. Hal. ant. 5, 35, 3. Tac. hist. 3, 72, 1 errechnen, wobei je nach Annahme des ersten oder dritten Konsulates des M. Horatius Pulvillus, nach Annahme inklusiver oder exklusiver Rechnung die Jahre 509, 508 oder 507 angegeben werden.[363] Während Horatius in den vorgenannten Stellen *consul*

---

[359] G. Wissowa, Rel.² 117. Nach Liv. 5, 50, 4. 52, 11 wurden sie im Gegensatz zu den anderen Stellen erst nach dem Abzug der Gallier eingerichtet.
[360] Zu Iuno als Frauengöttin s. u. S. 253.
[361] G. Radke, Götter 217 ff. Varro 297 ff.
[362] Varro frg. 207 Cardauns (= Tertull. nat. 2, 12, 5).
[363] Polyb. 3, 22, 1 ff. Liv. 2, 8, 6. 7, 3, 8. Plin. n. h. 33, 19. Dion. Hal. ant. 5, 35, 3. Tac. hist. 3, 72, 1; ohne genauere Chronologie: Serv. Aen. 6, 8. 11, 2. Cass. Dio frg. 13, 1 Melber. A. Alföldi, ERL 328 verwirft die Beziehung auf den Konsul Horatius aus dem letzten Jahrzehnt des 6. Jh. v. Chr. und glaubt, es sei der gleichnamige Konsulartribun des Jahres 378 v. Chr. gemeint, während K. J. Beloch, RG 41 an den Konsul des Jahres 449 v. Chr. denkt. Solcher Spätdatierung widerspricht die allgemeine historische Beurteilung (vgl. M. Pallottino, SE 31, 1963, 15 ff.), besonders aber die Notwendigkeit zeitlicher Nähe zu Aristodemos von Kyme, weshalb der Tempelbau in die letzte Zeit des 6. Jh. v. Chr. gehört. Auch das um 500

genannt wird, heißt er bei Cic. dom. 139. Ps. Cic. cons. 98. Val. Max. 5, 10, 1. Sen. cons. ad Marc. 13, 1. Symm. epist. 3, 6, 3 *pontifex* bzw. *pontifex maximus*, woraus F. Münzer, Horatius, in: RE VIII 2402 schließt, daß in der von Dion. Hal. a. O. genannten Inschrift am Architrav des Tempels nur der Name, nicht aber das Amt des Weihenden genannt wurde.

Hinsichtlich der Herkunft der kapitolinischen Trias stützt man sich auf Serv. auct. Aen. 1, 422:

prudentes Etruscae disciplinae aiunt apud conditores Etruscarum urbium non putatas iustas urbes, in quibus non tres portae essent dedicatae et tot viae et tot templa Iovis Iunonis Minervae.

Daraus ist angenommen worden, der Tempel der kapitolinischen Dreiheit sei etruskischen Ursprungs[364] und sie selbst müsse als Beispiel etruskischer Gottesvorstellung angesehen werden.[365] Daß freilich mindestens die äußere Ausstattung des Tempels *Tuscanico more* erfolgte, sagt Vitruv. 3, 3, 5; das tönerne Kultbild des Iuppiter wie ebenso die *quadriga* des Gottes auf dem First sollen von dem Vejenter Künstler Volca geschaffen worden sein.[366] Aber schon die etruskische Herkunft des sogenannten Dreizellentempels ist in überzeugender Weise abgelehnt worden.[367] Für die Frage nach der kultischen Funktion der kapitolinischen Trias ist die Erkenntnis von hoher Bedeutung, daß der Tempel auf dem Kapitol von Rom offenbar das erste Bauwerk dieser Art war und daß alle späteren

v. Chr. erbaute Capitolium von Signia (R. Delbrück, Das Capitol von Signia 13) ahmt das Vorbild des römischen Tempels schon nach.

[364] L. Banti, Triadi 204: «un tempio unico alle tre divinità che in seguito formarono la triade capitolina non è mai ricordato a proposito di città etrusche o di influenza etrusca.» Vitruv. 4, 7, 1f. beschreibt einen Tempel, der den Abmessungen des kapitolinischen Tempels entspricht, nennt aber weder den Namen einer Gottheit noch die angebliche Herkunft dieses Grundrisses aus Etrurien. Er läßt auch die Möglichkeit offen, daß die kleineren Seiten-*cellae* für andere Zwecke dienen können: *sive ibi aliae futurae sunt*. Das ist bei der Wiedergabe durch K.-W. Weeber, Gesch. d. Etrusker 101, zu beachten.

[365] L. Deubner, Römer 459. F. Altheim, Minerva, in: RE XV 1780. 1786. RRG 1, 1951, 199. C. Bailey, Phases 113. A. Alföldi, ERL 201. G. Dumézil, RRA 303 ff. R. Bloch, Tite Live et les premiers siècles de Rome, 1965, 81. K.-W. Weeber, Gesch. d. Etrusker, Stuttgart 1979, 101.

[366] Plin. n. h. 35, 157.

[367] L. Banti, Triadi 196 ff. Il mondo degli Etruschi, Rom 1969, 243f. R. Enking, uni, in: RE IX A 670. Etrusker, in: KlP 2, 389.

Dreizellentempel – in Rom, in Etrurien und im übrigen Italien – erst nach seinem Vorbild gebaut wurden.[368] Das bedeutet doch, daß diese besondere Anlage aus dem Willen ihrer Erbauer und deren kultischer Idee heraus zu verstehen ist.

Etruskische Herkunft des Kultes läßt sich aus dem Text des Vergilscholiasten nicht entnehmen: Er spricht von drei Toren, drei Straßen und drei Tempeln, womit doch augenscheinlich die Mindestzahl gemeint ist, ohne deren Erfüllung die Siedlung nicht als *iusta urbs* gelten könne; daß diese drei Tempel den Gottheiten des römischen *Capitolium* geweiht seien, ist m. E. eine erst spätere, von der *Etrusca disciplina* unabhängige Hinzufügung, wie auch Vitruv. 1, 7, 1 die besondere Lage der *aedes sacra, quorum deorum maxime in tutela civitas videtur esse, et Iovi et Iunoni et Minervae, in excelsissimo loco . . . areae distribuantur*, hervorhebt; eine Beziehung zu Etrurien fehlt: «Di fatti (Vitruvio) dà le norme per la distribuzione degli edifici di una città romana» (L. Banti, Triadi 203). Aber selbst wenn Serv. auct. a. O. zur Forderung des Vorhandenseins dreier Tempel für den Charakter einer *iusta urbs* wirklich auch die Inhaber dieser Heiligtümer auf die Gottheiten Iuppiter, Iuno und Minerva festgelegt haben sollte, wird mit den *tria templa* keineswegs ein Dreizellentempel bezeichnet. Es ist eine durchaus ungerechtfertigte Behauptung, wenn man dessen göttliche Inhaber als *tinia, uni* und *menerva* angibt,[369] ganz abgesehen davon, daß diese Namen italischer oder sogar römischer Provenienz sind.

Die auffälligste Gottheit dieser Trias ist Iuppiter Optimus Maximus, nach dessen Namen allein der Tempel oft genannt wird.[370] Das älteste ausdrückliche Zeugnis für diese Nomenklatur steht in Ciceros im Jahre 80 v. Chr. gehaltener Rede für Sex. Roscius Amerinus.[371]

---

[368] L. Banti, Triadi 209. G. Radke, Etrurien 43: „Der älteste Dreizellentempel ist der der kapitolinischen Trias *I.O.M.*, *Iuno* und *Minerva* in Rom, und namhafte Etruskologen glauben, daß die jüngeren in Etrurien gefundenen Kultstätten gleichen Typs Nachahmungen des römischen Modells sind. Im Rom des 6. Jh. aber gibt es für die drei Zellen der drei genannten Gottheiten eine Motivation" (s. u. S. 248. 262).
[369] Daß der von Tarquinius vollendete Tempel der etruskischen Trias *Tinia, Uni* und *Menrva* (H. H. Scullard, Festivals 19. K.-W. Weeber, Gesch. d. Etrusker 101) unter der römischen Form Iuppiter, Iuno und Minerva geweiht worden sein soll, ist schlechthin irreführend.
[370] Liv. 2, 8, 6. Plin. n. h. 36, 185.
[371] Cic. Rosc. Am. 131; vgl. G. Radke, Iuppiter Optimus Maximus, dieu libre de toute Servitude, in: RD 64, 1986, 1 ff.

Der Redner vergleicht darin den Diktator Sulla mit dem allmächtigen Gott, der Himmel, Erde und Meer nach seinem Willen beherrscht, aber nicht weiß, wie er ungestüme Winde, maßlose Unwetter und ungewöhnliche Hitze, unerträgliche Kälte, Kräfte, die Städte zerstören und den Menschen Leid und Schaden zufügen, zurückhalten kann. Und dennoch danken wir ihm für die Annehmlichkeiten des Lebens und das Geschenk, das er uns mit dem Lichte und mit unserem Verstande macht trotz aller Schäden, weil diese nicht durch göttliche Absicht, sondern von unabhängigen Mächten zustande kommen. Ebenso kann Sulla nicht für jedes menschliche Unrecht verantwortlich gemacht werden. Der Diktator Sulla und Iuppiter Optimus Maximus stellen die oberste Macht dar, der eine auf Erden, der andere im Himmel. Schon daß Cicero diesen Vergleich anstellen kann, lehrt das Vorhandensein einer politischen Funktion des Gottes auf dem Kapitol.

Zehn Jahre später erwähnt Cicero den I.O.M. erneut in der vierten Verrine,[372] die zu etwa der Zeit gehalten wurde, in der Lutatius Catulus den Neubau des kapitolinischen Tempels ausführte.[373] In den gleichen – größeren – Zeitraum gehört auch die Notiz in den *Fasti Antiates veteres* zum 13. September,[374] das älteste erhaltene inschriftliche Zeugnis. Aus der Tatsache, daß Cicero die *aeterna memoria* des Namens Lutatius Catulus mit der des I.O.M. verbindet, darf man ohne zu großes Risiko der Täuschung schließen, daß die Weihinschrift auf dem ersten Tempel den Gott mit der gleichen Namensformel benannte. Ich kann mir nämlich nicht vorstellen, daß Lutatius Catulus der höchsten Gottheit des Staates, die in dem von ihm wiederhergestellten Tempel am gleichen Platze wie vor fast vier Jahrhunderten verehrt wurde, einen anderen Namen als den altüberlieferten gegeben haben sollte. Das findet seine Bestätigung in der Bemerkung Ciceros, daß schon zu Zeiten der Vorfahren über die Reihenfolge der Epitheta *optimus* und *maximus* diskutiert worden sei; und das geht für den Augenzeugen des Neubaus im Jahre 69 v. Chr. über dieses Datum hinaus zurück in die Tage der ersten Weihung. Dementsprechend bin ich davon überzeugt, daß die Namensform Iuppiter Optimus Maximus schon für die

---

[372] Cic. Verr. 2, 4, 69.
[373] Liv. per. 48. An die völlig unbewiesene Theorie A. Alföldis, ERL 329 ff., der Tempel sei erst durch einen Konsulartribunen Horatius im Jahre 378 v. Chr. geweiht worden, kann ich nicht glauben.
[374] Fast. Antiat. vet. I. I. p. 18 *Iovi O.M.*

letzten Jahre des 6. Jahrhunderts v. Chr. vorausgesetzt werden darf. Wenn Cicero also in den Jahren 80, 70, 65, 54/1, 52/48, 45, 45/4 und 44 v. Chr.[375] und ebenso T. Livius für die Jahre 445, 385, 363, 300 und 187 v. Chr.[376] den Gott auf dem Kapitol Iuppiter Optimus Maximus nennen, konnten sie mit Recht davon überzeugt sein, daß sie damit seinen ursprünglichen und alten Namen angaben. Eine solche Auffassung ist auch noch in den Sätzen des Tacitus lebendig, daß der Tempel des I.O.M. die Herrschaft Porsennas und die Eroberung Roms durch die Gallier überdauert habe.[377] Die Kenntnis der *pontifices* ging offenbar noch weiter zurück, da sie sich mit Worten an den Gott wandten, die die Möglichkeit eines anderen Namens, der ihm vielleicht früher lieber gewesen sei, eröffneten: *Iuppiter Optime Maxime sive quo alio nomine te appellari volueris*.[378]

Um die volle Anrede des Gottes mit den beiden Epitheta zu verstehen, muß man sich zuerst über die Aussage des Namens Iuppiter Klarheit verschaffen, der seinerseits schon das Ergebnis einer Zusammensetzung ist und aus der Verbindung der Begriffe „lichter Himmel" und „Vater" gebildet wurde. Ohne vorerst weitere Schlüsse ziehen zu wollen, läßt die Vokalisation schon erkennen, daß der Name in dieser Form die Wirksamkeit der Vokalschwächung erfahren hat, die mit Beginn des 4. Jahrhunderts v. Chr. einsetzte;[379] sein Ursprung aus **Iou-päter* ist also älter. Das gilt freilich auch für Namen wie *Marspiter*[380] und *Diespiter*,[381] während der Name *Dispater*[382] in einer Zeit entstand, in der die Vokalschwächung keine Rolle mehr spielte. In der Tat fallen der Beginn des *Dispater*-Kultes in Rom und das erste Zeugnis für seinen Na-

---

[375] Cic. Verr. 2, 4, 69. Cornel. I frg. 28 (= Priscian. GL 2, 294 K.). dom. 144. rep. 2, 36. leg. 2, 20. 3, 43. fin. 3, 66. nat. 2, 64. divin. 1, 16.
[376] Liv. 4, 2, 8. 6, 12, 2. 7, 3, 5. 10, 7, 10. 38, 51, 8; vgl. Val. Max. 5, 10, 1.
[377] Tac. hist. 3, 72, 1.
[378] Serv. auct. Aen. 2, 351; vgl. G. Rohde, Kultsatzungen 173.
[379] G. Radke, AL 26 ff.
[380] *Marspiter* bei Varro, l. l. 10, 65; *Maspiter* bei Varro, l. l. 8, 49. 9, 75. Die Form *Marspiter* ist gegenüber dem Namen *Iuppiter* jünger, da sie nur als Nominativ und nicht als Vokativ verstanden werden kann; der Vokativ müßte **Marpiter* gelautet haben (< **mart-päter*).
[381] Plaut. Capt. 903. Poen. 869; Gell. 5, 12, 5 nennt eine ungesicherte Form *Iovispater*.
[382] Varro, l. l. 5, 66; *Dispater* und *Diespiter* werden oft in der antiken und modernen Literatur verwechselt.

men gelegentlich der *ludi saeculares* des Jahres 249 v. Chr. zusammen.[383] Die Anrede „Vater" für einen Gott ist im 2. Jahrhundert v. Chr. nicht gerade selten und für *Neptunus, Liber, Saturnus, Mars, Ianus* und *Quirinus*,[384] *Bacchus*[385] und *Tiberinus*[386] bezeugt.[387] Die Gewohnheit, bei der Anrede eines Gottes diesen „Vater" zu nennen, bringt Achtung und das Gefühl besonderer persönlicher Nähe zum Ausdruck.

Es besteht Einstimmigkeit darüber, daß der Name Iuppiter als Vokativ zu verstehen ist;[388] der Nominativ wurde erst analogisch danach gebildet. Er entspricht in der Zusammensetzung griechischem Ζεὺς πατήρ und sanskrit *Dyaúṣ pitā*. Es handelt sich also um einen alten Ausdruck sakraler Sprache. Dieses „Namenssyntagma"[389] veranschaulicht die Gemeinsamkeit und das hohe Alter der in der Verbindung von „Himmel" und „Vater" zum Ausdruck gebrachten Gottesvorstellung. Der Charakter eines unmittelbaren Glaubensverhältnisses der Römer gegenüber ihrem so benannten Gotte wird dadurch bestätigt, daß der Vokativ, die grammatikalische Form, sich an eine andere Person zu wenden, gleichermaßen auch für den Nominativ gebraucht werden kann, der seinerseits viel nüchterner und zugleich auch affirmativ ist: Du bist der Himmel und der Vater. In der europäischen Religionsgeschichte ist das der einzige Fall, daß der Nominativ eines Gottesnamens nach dem Vokativ und mit diesem gleichlautend gebildet wird. Weder der Himmel noch die Rolle eines Vaters sind also solche schon göttliche Funktionen, sie bringen aber eine ständige Gegenwärtigkeit und einen intimen Kontakt zum Ausdruck.[390] Im Unterschied zu Nominativ und Vokativ sind die Formen der obliquen Kasus des Gottes-

---

[383] Liv. per. 49. Censorin. 17, 8.
[384] Lucil. frg. 20–22 M.; *Quirinus pater* auch bei Enn. ann. 117.
[385] Enn. scen. 123.
[386] Enn. ann. 54.
[387] Vgl. hierzu inschriftlich *Albsi patre* (ILLRP nr. 42), *Turpeno patr(i)* (ILLRP 264), *Vediovei patrei* (ILLRP 270); aus dem letzten Jh. v. Chr. *Reatinus, Pyrgensis, Sardus pater* (G. Wissowa, Rel.² 224, 8) und *Latinus pater* (Horat. s. 1, 19, 27). Vgl. ferner aus dem 3. Jh. v. Chr. aus Agnone *evklúí patereí* (E. Vetter, Handb. nr. 147) und aus Ortona *erine patre* (E. Vetter ebd. nr. 228 b).
[388] M. Leumann⁶ 183. F. Sommer – R. Pfister⁴ 106. 155.
[389] K. Strunk, Vater Himmel 427 ff. 433.
[390] Ein solcher Kontakt fehlt bei den obliquen Kasus, dem Akk. und dem Abl.

namens *(Iovis, Iovi)* sowie Akkusativ und Ablativ nur mit dem Begriff „Himmel" gebildet und kennen nicht die Zusammensetzung mit „Vater". In diesen Kasus macht sich eine größere Ferne bemerkbar.

Es wird allgemein angenommen, daß neben dem aus dem unmittelbaren Glaubensvorgang entstandenen Nominativ Iuppiter auch ein Nominativ *Diespiter* seine sprachliche Berechtigung habe.[391] Im Fetialen-Gebet stehen ein Nominativ *Diespiter* und ein Vokativ Iuppiter nebeneinander.[392] Und obwohl Plautus sich der Formen *Diespiter* und *Iuppiter* unterschiedslos zu bedienen scheint, benutzt er *Diespiter* niemals als Vokativ, was sein sprachliches Gewissen gegenüber diesen Bildungen zu erkennen gibt. Es ist ein erstaunliches Phänomen, daß der Name des Gottes, den man im Vokativ mit Iuppiter (< *D_iou-pătĕr*) anruft, keinen Nominativ zu besitzen scheint, der von der gleichen sprachlichen Wurzel gebildet wurde; die griechischem Ζεύς entsprechende Form müßte *d_iou-s* lauten. Sie hat mit silbischem $i̯$ als *$di̯ŭs$*[393] mit der Bedeutung „Tag" auch bestanden, sich jedoch nur noch in der formelhaften Ausdrucksweise *nudius tertius*[394] „heute ist der dritte Tag", d. h. „vorgestern", erhalten. Das macht den Eindruck, als habe der Name Iuppiters seine Beziehung zum Himmelslichte mehr oder weniger eingebüßt, als sich sein Wirken ein neues Betätigungsfeld suchte und in der Fürsorge für den Staat gefunden hatte.

Noch ein anderer Umstand ist auffällig: Während in einer sehr frühen Zeit zum Namensstamme *$di̯ŏu̯$*- durch Anfügung des tontragenden Suffixes -$i̯ŏ$- ein neuer Gottesname *$di̯ŏu̯i̯ŏs$* „der zum Himmel Gehörige" gebildet wurde, der unter Beachtung der Lautgesetze der lateinischen Sprache durch Verlust der vortonigen kurzen Silbe über *$di(ŏ)u̯i̯ŏs$*, *$di̯u̯i̯os$* und *$du̯os$* zu *Dīus* führte,[395] hat die lateinische Sprache nach Beendigung der Suffixbetonung im

---

[391] CIL I² 564 aus Praeneste: *Diesptr* (lies: *Diespĕtĕr*). 568: *[D]iespater*. 454 aus Falerii: *[Die]spater*.

[392] Liv. 1, 24, 8 *(audi, Iuppiter; audi, pater patrate populi Albani; audito ⟨so!⟩ populus Albanus)*: Paul. Fest. 102, 12 f. L. *(si sciens fallo, tum me Diespiter salva urbe arceque bonis eiciat, ut ego hunc lapidem)*.

[393] Vgl. G. Radke, AL 218: Plaut. Merc. 682 *(dĭŭs)*. Asin. 599. Aul. 72. Most. 444. Pseud. 1298. Rud. prol. 7 *(interdĭŭs)*. Cas. 820. Pseud. 1158 *(dĭŭ)*; vgl. auch Lucret. 4, 211 *sub diu* (= Varro, l. l. 5, 66 *sub divo*. Cato, agr. 95, 2 *sub dio*. Horat. c. 1, 1, 25 *sub Iove*).

[394] Paul. Fest. 173, 1 L.

[395] Plaut. Asin. 23. Titin. com. frg. 111 R. G. Radke, Götter 354. AL 43.

Unterschied zu allen anderen italischen Dialekten[396] davon Abstand genommen, weiterhin vom Stamme *$i\breve{o}u$- neue Formen zu bilden; erst mit dem Beinamen *Iovius*, den sich der Kaiser Diokletian zulegte,[397] wird diese Form im Lateinischen wieder bildungsfähig. Ich habe den Eindruck, daß Diokletian bewußt mit diesem Namen einen bestimmten Anspruch zum Ausdruck bringen wollte, über den noch zu sprechen sein wird.

Tacitus nennt den Sitz *Iovis Optimi Maximi auspicato a maioribus pignus imperii conditam* (hist. 3, 72, 1). Unter dem Gotte mit diesem Namen haben die Römer den *orbis terrarum* unterworfen und dessen Völker ihren Gesetzen unterstellt. Weil die damals bekannte Erde durch das *imperium Romanum,* verstanden als Befehlsgewalt der römischen Oberbeamten,[398] beherrscht wurde, begann man beim Verblassen des präzisen Begriffs *imperium,* wie sich das bei der wachsenden Gewöhnung an römische Verwaltung einstellte, in dem Ausdruck *imperium Romanum* schließlich eine geographische Aussage zu verstehen, wie das erstmalig in der griechischen Übersetzung einer Stelle des Monumentum Ancyranum deutlich wird.[399] In der Wesenheit des Iuppiter Optimus Maximus

---

[396] Während im Lateinischen eine adjektivische Ableitung von einem Stamme *Iov-* vermieden wird, kennt man solche Bildungen bei den Namen anderer Götter: *Dianium* (Liv. 1, 48, 6), *lucus Dianius* (Cato frg. 58 P.), *Iunonii versus* (Paul. Fest. 3, 15 L.), *Martius campus* und *mensis, Minervium* (Varro, l. l. 5, 47), *Minervii versus* (Paul. Fest. 3, 15 L.), *loca Neptunia* (Plaut. Mil. 413), *Saturnia terra* (Enn. ann. 25), *Veneria sacerdos* (Plaut. Rud. 624); im umbrischen, oskischen, marrukinischen, pälignischen, vestinischen und marsischen Dialekt gibt es zahlreiche Ableitungen mit Suffix -$i\breve{o}$- zu Götternamen.

[397] Es ist überraschend, daß ein Adjektiv *Iovius* nicht vor dem Ende des 3. Jh. n. Chr. bezeugt ist; Veranlassung gab offenbar eine propagandistische Absicht Diokletians. Um jeden Irrtum auszuschließen, habe ich die Information des Thes. Ling. Lat. erbeten und erhalten, wofür ich meinen Dank sage: Die ältesten Zitate für das Wort *Iovius* stehen bei Arnob. 6, 7. Lactant. mort. pers. 52, 3. Aurel. Vict. Caes. 39, 18. 33. 40, 1. 8. Ammian. Marc. 21, 8, 1. 3. Paneg. 8, 4, 1. 9, 10, 2. 9, 16, 2. 10, 13, 3. Zu *Iovialis* vgl. Arnob. 3, 40. 5, 21. Macrob. sat. 5, 16, 10. comm. 1, 19, 23.

[398] Vgl. Verg. Aen. 1, 279 *imperium sine fine dedi.*

[399] G. Radke, Leg. XII tab. 33. Im Monum. Anc. 27 wurde der Begriff *imperium Romanum* mit ἡγεμονία, 30 mit προστάγματα übersetzt; Monum. Anc. 13 ließ Augustus eine Übersetzung durchgehen, die schon die räumliche Ausdehnung des *imperium Romanum* zum Ausdruck bringt: τῆς ὑπὸ τοῖς Ῥωμαίοις πάσης γῆς τε καὶ θαλάσσης.

anerkannten die Völker der Welt die römische Herrschaft; sie verehrten ihn nicht, weil er für den besten und größten aller *Ioves*[400] gehalten worden wäre, sondern sie respektierten ihn als Symbol Roms und nahmen ihn als zentrale Gottheit aller Völker.[401]
Man hat sich alle Mühe gegeben zu deuten, was mit den Epitheta *optimus* und *maximus* zum Ausdruck gebracht werden sollte. J. Marouzeau sah in *optimus* keine moralische Qualität, sondern erklärt *optimus* als den Inhaber des höchsten Maßes an *ops,* d. h. an Macht, Fähigkeit und Reichtum.[402] Das Beiwort *maximus* erklärt R. Schilling in Nachfolge verschiedener anderer Gelehrter als Zeichen der Größe des Gottes;[403] G. Dumézil[404] hält das für «très peu vraisemblable». J. Bayet zollt den Superlativen *optimus* und *maximus* einen relativen Sinn und glaubt, sie bezeichnen «un dieu dont les dons (= *opes*) et la puissance surclassent tant d'autres Jupiters pourvus d'épithètes techniques»;[405] das weist P. Boyancé zurück.[406] K. Latte leitet beide Epitheta unter Hinblick auf die Doppelung von dem homerischen Ζεῦ κύδιστε μέγιστε her.[407] Nach K. Lattes Auffassung handelt es sich um eine literarische Übernahme aus dem homerischen Kulte; *Iuppiter* wird mit diesem Ausdruck als der König der Götter, ihr größter und mächtigster, bezeichnet. Er räumt jedoch ein, daß griechisch κῦδος nicht als „Ruhm" oder „Ehre" verstanden werden darf, sondern als Höchstmaß von *ops*. Hinsichtlich der sprachlichen Interpretation kann ich zustimmen, halte jedoch die Hypothese, die Epitheta seien als „homerisch" zu verstehen, für unzutreffend und die Annahme, sie haben ursprünglich *Tinia,* dem etruskischen Vorgänger Iuppiters, zugehört, für falsch: Ich kann nicht glauben, daß der für die *res publica populi Romani* wichtigste Gott seine Namen durch etruskische Vermittlung von einem griechischen Dichter erhalten haben soll.
Schon L. Preller[408] hatte einen anderen Weg gewählt: Er schrieb dem von den Römern auf dem Kapitol dem Iuppiter entgegenge-

---

[400] G. Wissowa, Rel.² 126.
[401] Vgl. die zahlreichen Beispiele des Namens *I.O.M.* mit Zusatz völkischer Herkunft bei H. Dessau, ILS III S. 535–537.
[402] J. Marouzeau, CRAI 1956, 347f. REL 34, 1956, 40f.
[403] R. Schilling, Iup. Opt. Max. 345f.
[404] G. Dumézil, RRA 194, 2.
[405] J. Bayet, Histoire 119.
[406] P. Boyancé, Etudes 38f.
[407] K. Latte, RRG 151.
[408] L. Preller – H. Jordan, Röm. Myth. 1, 203 ff.

brachten Kult eine mehr politische als religiöse Bedeutung zu und machte deutlich, daß sich Iuppiter Optimus Maximus von dem Zeitpunkt an, als er diesen Namen trug, als Leiter des Staates zeigte und vorzugsweise den Titel *rex* beanspruchte, wie es auch in Praeneste einen *Iuppiter imperator* gab.[409] Diese Deutung ist außerordentlich attraktiv, gründet sich jedoch auf der konventionellen Auffassung der beiden Epitheta, die Iuppiter als den „besten" und „größten" bezeichnen sollen. Ähnlich entwickelte C. Koch[410] die Auffassung, daß die ursprünglichen Eigenschaften des Himmelsgottes Schritt für Schritt der Vorstellung Platz gemacht hätten, Iuppiter garantiere die Sicherheit staatlicher Ordnung. Er wurde zum höchsten Symbol der *res publica*; er war im Innern der Repräsentant moralischer Grundlagen wie Recht und Treue, nach außen hin der Urheber jeder Legitimation dessen, was Römer taten. So schuf dieser außerordentlich politische Gott[411] durch sein augurales *fiat* das *imperium*, die Befehlsgewalt der römischen Magistrate. Das ist im Ergebnis zweifelsohne richtig, erklärt jedoch noch nicht die Bedeutung der beiden Epitheta, aus denen heraus diese Auffassung verständlich und durchsichtig gemacht werden kann.

Das Problem hat m. E. schon vor sieben Jahrzehnten eine überzeugende Lösung in dem in russischer Sprache veröffentlichten Aufsatz eines gewissen Turcewič gefunden, die G. Wissowa nur im Resümee kennenlernte, dankenswerterweise aber nicht unter den Tisch fallen ließ.[412] Der Autor gründet seine Theorie auf der juristischen Bedeutung der Kombination der Superlative *optimus maximusque*, die sich in den Digesten findet. In dieser Sammlung römischer Jurisprudenz werden ein Grundstück *fundus optimus maximusque*[413] und ein Haus *aedes optima maximaque*[414] genannt, wenn sie frei von Grunddienstbarkeiten sind. Es gibt auch epigraphische Zeugnisse[415] für diesen Ausdruck. Eine Servitut fordert

[409] Liv. 6, 29, 8.
[410] C. Koch, Iuppiter 71.
[411] G. Wissowa, Rel.² 125.
[412] Berliner Wochenschrift für klassische Philologie 1907, 1225f. bei G. Wissowa, Rel.² 126, 2.
[413] Procul. Dig. 50, 16, 126. Nerat. Dig. 21, 2, 48. Venulei. Dig. 21, 2, 75. Gai. Dig. 30, 69, 3. Paul. Dig. 33, 7, 22 pr.; vgl. Cic. leg. agr. 3, 7: *res optimo iure privata*.
[414] Ulpian. Dig. 50, 16, 90.
[415] CIL II 5042 *(fundus)*. III 944 *(aedes)*. CIL V 7454 (Garten rings um das Haus).

keine Handlung oder Maßnahme, sondern schreibt vor, gewisse Dinge zu dulden, und stellt bestimmte Verbote auf.[416] Man spricht von *servitutes praediorum rusticorum* hinsichtlich der Begriffe *iter, actus, via, aquaeductus*, d. h. Fußweg, Viehtrift, Fahrweg, Wasserleitung, von denen es wiederum abgeleitete Dienstbarkeiten gibt wie Weiderecht, Viehtränke, Holzschlag u. a., und nennt *servitutes praediorum urbanorum*, die den Hausbau begrenzen und sich auf Dachrinnen, Fenster, Balkons und Wasserabfluß beziehen. Es muß zugestanden werden, daß die diesbezüglichen Autoren der Digesten im ersten (Proculus), zweiten (Celsus, Gaius, Venuleius, Neratius) und Anfang des dritten (Paulus, Papinianus, Tryphonius und Ulpianus) Jahrhundert n. Chr. lebten und schrieben, was hinsichtlich der zeitlichen Entfernung zu jung sein könnte, um die archaische Formulierung eines Gottesnamens zu erklären. Der Ausdruck *optimus maximusque* macht aber schon innerhalb der Digesten einen obsoleten Eindruck, was die Annahme höheren Alters gestattet; wichtiger scheint mir aber ein zweites Argument: Celsus[417] wie Venuleius[418] berufen sich auf die Meinung des Q. Mucius Scaevola, wobei es gleichgültig ist, ob sie den *pontifex*[419] oder den *augur* dieses Namens meinen: Beide wirkten im letzten Jahrzehnt des 2. Jahrhunderts v. Chr., d. h. jedenfalls in einer Zeit vor dem Brande des kapitolinischen Tempels im Jahre 83 v. Chr. und seiner erneuten Weihung im Jahre 69 v. Chr. So werden sie – wenigstens für die juristische Nomenklatur – Zeugen für die Formel *optimus maximus* auch innerhalb des Iuppiter-Namens.

Wendet man den Begriff *optimus maximus*, dessen Inhalt und Aussage durch den juristischen Gebrauch erkannt werden konnte, auf den Namen des kapitolinischen Gottes an, so bedeutet das, dieser *Iuppiter Optimus Maximus* sei frei von jeder „Dienstbarkeit", was doch nur heißen kann, er unterliege keiner Bindung an eine bestimmte Aufgabe, seine Zuständigkeit werde nicht auf begrenzte Gebiete eingeengt, wie das die Namen der älteren *Iuppiter Feretrius, Iuppiter Stator* oder *Iuppiter Elicius* tun. Es gibt für ihn keine materielle Abhängigkeit. Seine Verehrung vollzieht sich auf einem höheren Niveau, sein Wirken gilt nicht dem Alltagsleben, sondern

---

[416] M. Kaser, Röm. Privatrecht 1, 272. R. Leonhard, servitus, in: RE II A 1822 ff. 1830.
[417] Cels. Dig. 18, 1, 59.
[418] Venulei. Dig. 21, 2, 75.
[419] B. Kübler, Mucius, in: RE XVI 430 *(augur)*. 437 *(pontifex)*.

der *res publica populi Romani*. Ich muß eingestehen, daß diese Deutung im Ergebnis allen, denen ich im vorhergehenden zustimmen konnte, zu entsprechen scheint; sie unterscheidet sich von diesen aber durch ihre Begründung und vor allen Dingen dadurch, daß diese Begründung aus dem für die Römer typischen Rechtsdenken stammt.

Wie ein Grundstück, das aus privatem Eigentum ausscheidet, seine bisherigen Dienstbarkeiten verliert[420] und nach dem Prinzip *nulli sua res servit*[421] in das Eigentum des Staates übergeht, so ist ein *ager publicus* grundsätzlich frei von allen Servituten und wird als *ager optimus maximusque* angesehen. Mit anderen Worten bedeutet das, man könne die *res publica* selbst als eine *res optima maximaque* bezeichnen. Die *res publica Romana populi Romani* besitzt das *imperium maximum*[422] und übt es *optimo iure*[423] aus, ohne von irgend jemandem oder irgendeiner Gewalt abhängig zu sein: Die einzige Eigentümerin dieser *res optima maximaque* ist die *res publica* selbst. Wendet man diese Vorstellungen auf den Bereich der Grundstücke an, von dem ausgegangen wurde, so ergibt sich eine Identität zwischen *ager publicus* und *ager* bzw. *fundus optimus maximusque*. In Analogie dazu muß aber auch gesagt werden können: *Iuppiter Optimus Maximus* ist der *Iuppiter publicus*, der Gott der *res publica*, allein zuständig für die *res publica Romana*. Das erklärt die politische Rolle Iuppiters, die oberhalb der sonst römischen Göttern zugewiesenen sachlichen Funktionen angesiedelt ist. Mit Recht sagt C. Koch:

> Die *res publica* und Juppiter, ihr Gott, gehören von Anfang an unauflöslich zusammen. So unbestritten der Begriff dieses lateinischen Wortes für Staat als eine Schöpfung des römischen Geistes gilt und so sehr man die Selbstverständlichkeit bewundert, mit der es im Sprachschatz des Alltags seine Stelle einnimmt, in dem gleichen Maße ist auch das religiöse Symbol dieser Idee eine originale Schöpfung Roms.[424]

Die Bedeutung der beiden im Namen Iuppiters miteinander verbundenen Attribute *optimus* und *maximus* spielt auch für jedes von

---

[420] M. Kaser, Röm. Privatrecht 1, 274.
[421] Paul. Dig. 8, 2, 26. Ulpian. Dig. 7, 6, 5 pr.
[422] Liv. 22, 10, 10.
[423] B. Kübler, optimo iure, in: RE XVIII 1, 798 ff.; vgl. U. v. Lübtow, Notstand 100.
[424] C. Koch, Iuppiter 126.

ihnen eine herausragende Rolle: Man kennt die Ausdrücke *optimo iure*[425] und *optima lege*[426], die gelegentlich auch nebeneinander auftreten: *utique optimo iure optimaque lege cives Romani sint.*[427] Die Einsetzung eines Magistrats oder eines Priesters erfolgt mit den Worten *eodem iure quo qui optima lege*[428] oder bei den Vestalen *uti quae optima lege fuit.*[429] Cicero[430] empfiehlt die Berufung des jungen Caesar *pro praetore eo iure quo qui optimo.* Es ist die Frage unterschiedlicher Rechte dessen, der so genannt wird, weil er der Beste sei, denn das *ius optimum* basiert auf der gesetzlichen Grundlage des römischen Rechts unter allen seinen Gesichtspunkten. Wenn unter *ius* das *ius praetoris* verstanden werden kann und *lex* sich auf die Gesetze des *comitiatus maximus*[431] bezieht, das wichtigste Gesetz aber die *lex de imperio*[432] ist, wird mit dieser Aussonderung die Unvergleichbarkeit der so benannten Akte verdeutlicht.

Der *magister populi*, mit dessen Namen man ursprünglich den Diktator bezeichnet haben dürfte,[433] wurde *optima lege* eingesetzt. Seit sein höchstes Recht über Leben und Tod des *cives Romani* durch die *provocatio ad populum* eingeschränkt wurde, unterließ man bei seiner Ernennung die Formel *ut optima lege.*[434] Statt des Titels *dictator* spricht Liv. 7, 3, 5 von einem *praetor maximus,* der in einem alten Gesetz erwähnt und damit beauftragt sei, *ut ... idibus Septembribus clavum pangat.* Diese Nageleinschlagung wurde durch den obersten Magistrat des Staates vorgenommen; die Bedeutung des ihm gegebenen Namens wurde zur Zeit des Verrius Flaccus schon nicht mehr verstanden: *dici putant ali eum qui ma-*

---

[425] B. Kübler, optimo iure, in: RE XVIII 1, 798 ff.
[426] B. Kübler, optima lege, in: RE XVIII 1, 772 ff.
[427] C. G. Bruns – O. Gradenwitz, Fontes iuris Romani antiqui⁷ 239 nr. 69, 10 *optimo iure optamoque* (so!) *legis* (nach B. Kübler, optimo iure, in: RE XVIII 1, 801 *optimaque lege*).
[428] Cic. leg. agr. 2, 29.
[429] Gell. 1, 12, 14.
[430] Cic. Phil. 5, 45.
[431] Nach Cic. rep. 2, 61. Sest. 65 die *comitia centuriata,* nach U. v. Lübtow, Das röm. Volk 148 f. die *comitia curiata.*
[432] Cic. leg. agr. 2, 26. U. v. Lübtow, Das röm. Volk 185.
[433] Cic. rep. 1, 63.
[434] Fest. 216, 16 ff. L. *postquam vero provocatio ab eo magistratu ad populum data est, quae ante non erat, desitum est adici „ut optima lege", ut pote imminuto iure priorum magistrorum.*

*ximi imperi sit, ali, qui aetatis maximae.*⁴³⁵ Daß damit nicht das höchste Lebensalter bezeichnet worden sein kann, lehrt der Ausdruck *virgines Vestales tres maximae*.⁴³⁶ Auch die scheinbar nächstliegende Erklärung, es sei eben der oberste Magistrat, genügt nicht, da der Superlativ die Existenz von drei Beamten gleichen Titels erforderte, von denen nur einer *maximus* sein kann. Dafür gibt es aber keinerlei Anzeichen. Ebenso wie bei den *virgines Vestales tres maximae* muß mit dem Ausdruck eine besondere Qualifikation verbunden sein, was nach dem Vorhergehenden zu erwarten war.

Das zur Erklärung wohl am meisten beitragende Beispiel ist der Name bzw. Titel des *pontifex maximus*, der, trotz seiner innerhalb der Priesterschaft höchsten Autorität, in der Reihenfolge funktioneller Achtung nach dem *rex sacrorum* und den drei *flamines maiores* nur den fünften Rang einnimmt.⁴³⁷ Und dennoch besaß der *pontifex maximus* die höchst ausgedehnte Macht und die größte Verantwortlichkeit, ohne der älteste zu sein. Er war Vorgesetzter der anderen Mitglieder des Kollegiums und vertrat dieses gegenüber Senat und Volk. Sein Priestertum findet nur durch den Tod seinen Abschluß. Von C. Iulius Caesar bis zum Kaiser Gratian, der im Jahre 379 christlicher Aera den Titel ablegt, befanden sich das *imperium Romanum* als Ausdruck profaner Macht und das Priestertum des *pontifex maximus* als höchste Behörde im Verhältnis zu den Göttern in der Hand eines jeweils einzigen Mannes, so daß weltliche Gewalt und religiöse Oberhoheit eine Einheit bildeten.

Durch die Häufung der Ausdrücke *optimus* und *maximus* unterstrich man den einzigartigen Charakter, der jedem dieser beiden Attribute beigemessen wurde: Es gibt keinen Grund, an der Unabhängigkeit, der Autonomie und der Souveränität dessen zu zweifeln, der *optimus maximusque* genannt werden darf. Das bezeichnet weder eine moralische Qualität noch eine materielle Quantität, sondern bringt eine ganz und gar außerordentliche Stellung zum Ausdruck, deren Inhalte sich nur in besonderen Lagen erkennen lassen.

Niemand wird bestreiten wollen, daß eine ähnlich außerordentliche Befugnis dem römischen König in alter Zeit zustand; schon sein Gewand und seine Ausstattung lassen Stärke und Lebenskraft erkennen. Nach dem Ende der Königsherrschaft eignete sich Iuppiter Optimus Maximus das Königskleid an und lieh es nur dem

---

⁴³⁵ Fest. 152, 29f. L.
⁴³⁶ Serv. auct. eclog. 8, 82.
⁴³⁷ Fest. 198, 29ff. L.

triumphator am Tage des *triumphus*.⁴³⁸ Freilich trägt der *rex sacrorum* den königlichen Namen; doch sollen damit nur die Götter geehrt werden, die ihre Verehrung auch weiterhin von einem *rex* entgegennehmen konnten. Dieser traditionsgebundenen Äußerlichkeit gegenüber besaß der Triumphator in Wirklichkeit die magische Kraft des Königs.

Wenn der Jurist Papinianus in den Digesten die römischen Kaiser – insonderheit den Kaiser Septimius Severus, mit dem er freundschaftlich verbunden war⁴³⁹ – *principes optimi maximique*⁴⁴⁰ nannte, so geht das auf die gleichen Gedankengänge und Vorstellungen zurück, die vorstehend erörtert wurden: Der Kaiser steht auf der gleichen Stufe wie die *res publica*, die er „darstellt", ohne an ihre Gesetze gebunden zu sein. Diese Auffassung kaiserlicher Macht – besser: imperialer Macht – wurde schon durch Augustus begründet. Das Verständnis dazu eröffnet die Definition, die Cassius Dio von dem Recht der Kaiser gibt: Da die Römer den Königsnamen haßten und verabscheuten, nannten sich Augustus und seine Nachfolger weder *dictator* noch *rex*, sondern nahmen allein den Titel *imperator* an, um damit ihre unbegrenzte und keiner Kontrolle unterworfene Machtbefugnis auszudrücken.⁴⁴¹ Sie sind frei von Gesetzen – lateinisch hieße das *legibus soluti* –, ausgenommen von allen in ihren vorgeschriebenen Verpflichtungen und den Bestimmungen der Gesetze nicht ausgesetzt.⁴⁴² Folglich sind sie in Wahrheit „Könige", ohne den verhaßten Titel tragen zu müssen. Wenn man sie *pater patriae* nennt, so könnte man ironischerweise daraus schlußfolgern, sie besäßen in der Tat die *patria potestas vitae necisque* über ihre Mitbürger.⁴⁴³

Diese Sätze spiegeln nicht die Bosheit eines übelwollenden Historikers, sondern sind inschriftlich durch das *s. c. de imperio Vespasiani*⁴⁴⁴ bestätigt: In diesem Gesetz wird dem Kaiser Vespasian

---

⁴³⁸ L. Deubner, Triumphator 316 ff. (= Kl. Schriften 449 ff.); vgl. G. Radke, Das Wirken 44.

⁴³⁹ Papinian. Dig. 31, 78, 1. 50, 5, 8 pr.

⁴⁴⁰ Papinian. Dig. 27, 1, 30 pr. 34, 9, 16, 1; vgl. Tryphon. Dig. 48, 19, 39 *ab optimis imperatoribus nostris*.

⁴⁴¹ Cass. Dio 53, 17, 2 ff. 18, 1 f.

⁴⁴² Nach der Formulierung des S. C. de imperio Vespasiani: *legibus solutus*.

⁴⁴³ Cass. Dio 53, 18, 3.

⁴⁴⁴ C. G. Bruns – O. Gradenwitz, Fontes iuris Romani antiqui⁷ 202 f. nr. 56 VII 22 ff. (= CIL VI 930 = ILS nr. 244).

der Besitz der gleichen Rechte zugestanden, wie sie den Kaisern Augustus, Tiberius und Claudius zukamen:

utique quibus legibus plebeive scitis scriptum fuit, ne divus Aug(ustus) Tiberiusve Iulius Caesar Aug(ustus), Tiberiusque Claudius Caesar Aug(ustus) Germanicus tenerentur, iis legibus plebisque scitis imp(erator) Caesar Vespasianus solutus sit. Quaeque ex quaque lege rogatione divum Aug(ustum) Tiberiumve Iulium Caesarem Aug(ustum) Tiberiumve Claudium Caesarem Aug(ustum) Germanicum facere oportuit, ea omnia imp(eratori) Caesari Vespasiano Aug(usto) facere liceat . . .

Der Titel *princeps optimus maximusque* hatte also die Kaiser dem Iuppiter Optimus Maximus angeglichen; der Kaiser Diokletian fand jedoch eine in noch höherem Maße überraschende Möglichkeit, sich dem Gotte gleichzusetzen: Er schenkte dem längst abgekommenen Adjektiv zum Namen Iuppiters wieder neues Leben und ließ sich *Iovius* nennen.[445] Mit diesem politisch-propagandistischen Schritt des Kaisers an der Wende vom dritten zum vierten nachchristlichen Jahrhundert hatte der Gott auf dem Kapitol als *optimus maximus* seine Verantwortung für die *res publica* eingebüßt; es war nur noch der Himmelsgott – und deren gab es damals viele –, der als Kaiser regierte. Die Formel *optimus maximus* als Bekundung höchster Autorität ging von nun an auf den christlichen *Dominus Optimus Maximus* – d. h. D.O.M. – über.

Das letzte Jahrzehnt des 6. Jahrhunderts v. Chr. brachte den Römern eine Reihe von einschneidenden Reformen: Sie hatten sich eine neue Regierungsform geschaffen, sie hatten durch den ersten Karthagervertrag ihr Verhältnis zu der damals im tyrrhenischen Bereiche wichtigsten Großmacht abgesteckt, und sie hatten schließlich eine Form gefunden, ihr Verhältnis zu ihrem höchsten Gotte auszudrücken, dessen einzige Funktion aus der Identität mit der *res publica* erwuchs, diese *res publica* zu wahren, zu pflegen und zu vergrößern. Dieser Akt hatte aber neben der glaubensmäßig kultischen auch eine in hohem Maße politische Aufgabe: Neben den thronenden Iuppiter Optimus Maximus stellte man in die Nachbarzellen sitzend die Bilder der Göttinnen Iuno Regina und Minerva, deren Rolle als Repräsentantinnen latinischen und sabinischen Volkstums immer wieder erkennbar ist.

Der junge Staat hatte die Könige vertrieben, die Einheit der Stämme in und um Rom hergestellt und nun auch für die neue Form der Nation die Vertretung gegenüber den himmlischen Mäch-

---

[445] S. o. Anm. 397.

ten gesichert. Das hat nichts mit griechischem Einfluß zu jener Zeit zu tun – an das Vorbild der drei Götter der phokischen Landgemeinde[446] glaube ich heute nicht mehr – und verrät keinesfalls etruskische Herkunft, sondern ist der Ausdruck einer nationalen Idee, die aus dem politischen Willen der *res publica Romana* geboren wurde als Zeichen eines autonomen Staates unter dem Schutze eines autonomen und souveränen Gottes; unter seinem Szepter soll das *imperium Romanum* Geltung bis ans Ende der Welt gewinnen. Trotz seiner Größe und Omnipotenz erhielt dieser Iuppiter Optimus Maximus als erster ein Bild in Menschengestalt nach dem Bilde des alten *rex*, sichtbare Idee des Göttlichen für die Römer. „Wenn der Römer Iuppiter sagte, tauchte fortan vor seinen Augen nicht mehr der Himmel oder der Blitz auf, sondern das Bild, das er im Tempel gesehen hatte" (K. Latte, RRG 150).

Es ist der Gedanke geäußert worden, der kapitolinische Dreizellentempel sei nicht nur nicht nach dem Muster entsprechender etruskischer Bauten – solche haben sich für eine ihm vorausgehende Zeit eben noch nicht nachweisen lassen[447] – errichtet worden, sondern habe im Gegenteil allen späteren Dreizellentempeln seinerseits erst als Vorbild gedient,[448] wobei das für die Capitolia der Kaiserzeit in den Provinzen als selbstverständlich zu gelten hat. Diese Auffassung teile ich; sie stützt sich auf ein m. E. entscheidendes Argument: Während im Falle der zahlreichen griechischen Triaden, die von den Etruskern hätten nachgeahmt sein können, lediglich Gottheiten aus mehr oder weniger mythologischen Gründen vereint wurden, besitzt der Kult auf dem Kapitol eine deutlich erkennbare und ausgeprägte Motivation in der politischen Aussage der Neuschöpfung eines aus verschiedenen ethnischen Gruppen erwachsenen Staates. So etwas gab es in Etrurien einfach nicht.[449] Unter Aufgabe der Sonderinteressen ihrer Verehrer und ebenso der Sonderfunktionen der drei Gottheiten bildet die *res publica populi Romani Quiritium* die alleinige Grundlage des Kultes und ist alleiniger Empfänger der Fürsorge der in ihrer bewußten Zusammensetzung einzigartigen neuen Trias.

[446] Zu der Dreiheit Zeus, Hera und Athena in der phokischen Landgemeinde vgl. Paus. 10, 5, 2; H. Usener, Dreiheit 16. 30. F. Altheim, RRG 2, 1932, 59. G. Radke, Götter 158f. G. Dumézil, RRA 303.
[447] Vgl. L. Banti, Triadi 204.
[448] Zum Dreizellentempel in Signia aus der Zeit um 500 v. Chr. vgl. R. Delbrück, Das Capitol von Signia 13.
[449] L. Banti, Triadi 204.

Wenn auch für diese kapitolinische Götterdreiheit die Voraussetzungen des Kultes in einer echten „Trias" als erfüllt gelten können – gemeinsames Heiligtum mit drei *cellae* unter einem Dache, Übereinstimmung ihrer göttlichen Funktion als Repräsentanten des neugeschaffenen Staates, gemeinsamer Besitz der in den *libri Sibyllini* niedergelegten *fata et remedia Romana* im Keller des allen drei Gottheiten gehörigen Tempels –, gibt es doch erstaunlicherweise keinen den Göttern dieser Trias zugeordneten gemeinsamen Kultakt. Das ist nicht allein chronologisch durch den Zeitpunkt der Abfassung der römischen Fasten begründet – ebenso wie die gemeinsame Verehrung von Ceres, Liber und Libera an den Cerialia durch den Hinweis *Cereri · Lib · Lib ·*[450] angekündigt wird, hätte auch ein entsprechender Vermerk an einem passenden Tage für die kapitolinische Trias in die Zusätze des Kalenders aufgenommen worden sein können –, sondern dürfte andere Gründe haben. Weihungen an I.O.M., Iuno und Minerva sind sehr selten: Es ist bezeichnend, daß aus dem 3. Jahrhundert v. Chr. nur eine einzige inschriftlich erhalten ist; und diese stammt von Faliskern, die in Sardinien lebten.[451]

In Rom wurde ein Sockel mit den Unterteilen eines Standbildes der drei Götter mit Nennung ihres Namens gefunden, den ein Freigelassener griechischen Namens geweiht hatte.[452] Nach den Acta fratrum Arvalium wurden zum Geburtstag Neros im Jahre 58 n. Chr.[453] und vor Beginn des germanischen Feldzuges Caracallas[454] i. J. 231 n. Chr. Opfer an Iuppiter, Iuno und Minerva und jeweils eine Reihe anderer Götter dargebracht. Im 2. Jahrhundert n. Chr. wurden in Rom Weihungen an die Götter der kapitolinischen Trias an der Spitze verschiedener anderer Gottheiten von *equites singulares* gesetzt, die wohl meist aus Germanien stammten.[455] Sonst sind die Götter des Kapitols inschriftlich aus den Provinzen Numidia, Pannonia, Moesia erhalten;[456] bezeichnend ist, daß C. Caerellius Sabinus, ein *legatus* aus dem dakischen Apulum, drei Inschriften setzte, die sich an *Iuppiter Optimus Maximus*,

---

[450] Fast. Antiat. vet. I. I. p. 9.
[451] CIL I² 364 = ILLRP 192; die Weihung galt *inperatoribus summeis*.
[452] CIL VI 81 = ILS 3949.
[453] Acta fratrum Arvalium LXX; ein ähnliches Opfer zum Antritt der *tribunicia potestas* Neros.
[454] Acta fratrum Arvalium CXCVIII.
[455] ILS 2180. 2181. 2197. 4833.
[456] CIL VIII 4578. III S. 11079. 13748.

Iuno Regina Populonia dea patria und *Minerva Iovis consiliorum particeps* richteten.[457]

In der gesamten literarischen Überlieferung wenden sich nur Manlius Capitolinus[458] vor seiner Verurteilung und P. Cornelius Scipio Africanus maior[459] vor Eröffnung des Prozesses gegen ihn an die Götter der kapitolinischen Trias. Selbst wenn das keine Erfindung des Livius ist, läßt sich der Vorgang jeweils als große politische Geste verstehen, die der Bedeutung der Göttergruppe entspricht oder mindestens entsprechen sollte. Und auch in diesen beiden Zeugnissen werden die *ceteri dii deaeque*, die das Kapitol bewohnen, ausdrücklich neben der Trias angerufen. Cicero ahmt in einer vergleichbaren Situation offenbar bewußt diese Demonstration einer persönlichen Beziehung zu der kapitolinischen Trias nach, stattet sie nur seinerseits noch reicher aus:

Quocirca te, Capitoline, quem propter beneficia populus Romanus Optimum, propter vim Maximum nominavit, teque, Iuno Regina, et te, custos urbis, Minerva, quae semper adiutrix consiliorum meorum, testis laborum exstitisti, precor atque quaeso ..., patrii penates familiaresque ... teque, Vesta mater ... (Cic. dom. 144).

Auch Cicero fügt weitere Gottheiten der Erwähnung der Trias hinzu.[460]

Wie die vornehmste Aufgabe des „Himmel-Vaters" in der Rolle des Optimus Maximus, d. h. des Iuppiter *publicus,* ohne alle ihm vordem anhaftenden *servitutes* gesehen und der Gott gleichsam als Eigentum des *populus Romanus,* als *res publica,* geachtet wird, haben auch seine göttlichen Partnerinnen ihre früheren Funktionen in der neuen Stellung abgelegt und wirken nur noch quasi als Ergänzungen des zentralen Gottes. Iuno behielt ihr Epitheton Regina, das ihr auch in Veji, Ardea und Lanuvium eignet,[461] während Mi-

---

[457] CIL III 1074. 1075. 1076 = ILS 3085. 3086. 3087.
[458] Liv. 6, 16, 2 *Iuppiter, inquit, optime maxime Iunoque regina ac Minerva ceterique dii deaeque, qui Capitolium arcemque incolitis.*
[459] Liv. 38, 51, 8 *itaque cum hodie litibus et iurgiis supersederi aequum sit, ego hinc extemplo in Capitolium ad Iovem optimum maximum Iunonemque et Minervam ceterosque deos, qui Capitolio atque arci praesident, salutandos ibo.*
[460] Vgl. Liv. 5, 54, 7. Flor. 1, 7, 8. Plin. n. h. 35, 108. Dion. Hal. ant. 3, 69, 5.
[461] *Iuno Regina* in Veji: Liv. 5, 21, 3. 22, 7. 23, 7. 31, 3; in Ardea: Plin. n. h. 35, 115 *reginae Iunonis supremi coniugis templum;* Lanuvium: Cic.

nerva nur mit dieser Namensform verehrt wird; Cicero, dem diese bescheidene Form auffällt, fügt *custos urbis* hinzu. Das bestärkt mich in der Auffassung, die Göttin habe in ihrer sabinischen Heimat ursprünglich *Nerio Minerva*[462] geheißen und sich erst in der Fremde – in Etrurien, in Falerii, in Lavinium[463] und in Rom – von dem in ihrem vollen Namen ausgedrückten Anspruch gelöst und nur noch mit dem zweiten Namensgliede anrufen lassen, wie auch Fortuna vermutlich nur ein prädikativer Beiname zu Fors[464] und Ceres[465] war und sich im Laufe der Zeit schließlich verselbständigte.

Diese Aushöhlung der wirkenden Göttlichkeit beider kapitolinischen Göttinnen wird deutlich an den zahlreichen Prozessionen zu der aus Veji evozierten, der Iuno Regina auf dem Kapitol gleichnamigen Iuno Regina auf dem Aventin[466] und der Konzentration des Minervakultes in deren Tempel auf dem gleichen Hügel[467]. Beide Göttinnen bewahren – außerhalb des kapitolinischen Kultes in ihren Kulten auf dem Aventin – bei offenbarer Konkurrenz mit den Partnerinnen des I.O.M. auf dem Kapitol ihre Funktion als Stadtgöttinnen – nur ist es jetzt Rom, für das sie sorgen –, was für Iuno der Beiname Regina und für Minerva spätestens die Begründung für den Bau ihres Tempels erkennen lassen.[468] Wenn die Könige des Ostens Geschenke nach Rom bringen, so werden sie nicht mehr namentlich der Trias, sondern ausdrücklich *Iovi Optimo Maximo*

nat. 1, 82. Liv. 8, 14, 2. ILLRP 170; vgl. A. E. Gordon, Cults of Lanuvium 23 ff. Der Kult der *Iuno Regina* breitete sich von Rom (vgl. auch Fast. Antiat. vet. I. I. p. 4 Iunon. S[osp.]Matr Reg. p. 25 *Iunon R. in camp.*) aus auch auf andere Orte Italiens aus, z. B. Pisaurum (vgl. CIL I² 378 = ILLRP 23); W. F. Otto, Juno 172. 202 gegen G. Wissowa, Rel.² 187.

[462] Varro, sat. Men. 506 B. Vgl. jedoch J. Champeaux, Fortuna 226 ff.

[463] Die *Tritonia Minerva* in Lavinium. F. Castagnoli, Il culto di Minerva a Lavinium, MAL CCCLXXVI, 1979, 3 ff.

[464] Zu *Fors Fortuna* vgl. J. Champeaux, Fortuna 199 ff. G. Radke, Götter 132 ff.

[465] G. Radke, Nerio 195. J. Champeaux, Fortuna 228.

[466] Liv. 21, 62, 8. 22, 1, 17. 27, 37, 7 f.

[467] F. Altheim, RRG 1, 1951, 194 für das Jahr 207 v. Chr. „erstmalig erwähnt, aber weit älter".

[468] Fest. 446, 29–448, 4 L. *itaque cum Livius Andronicus bello Punico secundo scribsisset carmen, quod a virginibus est cantatum, quia prosperius respublica populi Romani geri coepta est, publice adtributa est ei in Aventino aedis Minervae, in qua liceret scribis histrionibusque consistere et dona ponere.*

überreicht.[469] Je mehr die kapitolinische Iuno und die kapitolinische Minerva neben dem Iuppiter Optimus Maximus verblassen – man sollte nicht übersehen, wie lebhaft sich auch der Kult der *Iuno Moneta* auf der *arx* entwickelte[470] –, um so deutlicher wird es, daß die Einrichtung des gemeinsamen Kultes der Trias einer zeitgebundenen politischen Lage und der von ihr bestimmten Zielsetzung verpflichtet war. Im Jahre 217 v. Chr. wird auf „Empfehlung" *(monitu)* der *Xviri s. f.* bestimmt, dem Iuppiter einen goldenen Blitz sowie der Iuno und der Minerva Geschenke aus Silber zu bringen; vor der Anweisung eines größeren Opfers der Matronen für die aventinische Iuno Regina *(quantum conferre cuique commodum erat)* erwies die Priesterschaft des *Graecus ritus* der kapitolinischen Trias ihre – ohne Nennung der auszeichnenden Epitheta – zurückhaltende Reverenz.[471] Die Bedeutung der Trias lebte allein in der Tradition weiter: Die Arvalen versammelten sich zu dem obengenannten Opfer vor der *cella* der Iuno, und in der Vorhalle der *cella* Minervas[472] steht die *aedicula* der Iuventas.

Die – man möchte sagen: vorkapitolinischen – Kulte der *Iuno* werden gern unter dem Oberbegriff einer „Frauengöttin" zusammengefaßt. Hierbei ist dann insbesondere an ihre Funktionen innerhalb des Bereiches von Zeugung und Geburt einschließlich des Verhältnisses des weiblichen Geschlechtslebens zum Monde gedacht: Das gilt für Lucina,[473] auch wenn eine ältere Geburtsgöttin erst sekundär im Kulte der Iuno aufgegangen sein sollte;[474] das kann man für die *Iuno Sororia* (s. o. S. 191 ff.) annehmen, wenn die Vorstellung des Schwellens der Brüste junger Mädchen ihren Namen geprägt hat; das läßt sich für *Caprotina*[475] und ganz besonders für die ihren Kult begleitende Aitiologie nicht von der Hand weisen, wenn ihr Name zu einer im Lateinischen verschollenen, dem altindischen *kápr̥t* „membrum virile" entsprechenden Wurzel gehört;

---

[469] Cic. Verr. 2, 4, 64f. Es handelte sich dabei um ein kostbares Geschenk von Antiochos XIII. (Vgl. U. Wilcken, Antiochos, in: RE I 2485f.)
[470] Zur Verehrung der Moneta werden in der Überlieferung verschiedene Motive genannt; vgl. G. Radke, Götter 221.
[471] Liv. 22, 2, 17f.
[472] Liv. 5, 54, 7. Flor. 1, 7, 8. Plin. n. h. 35, 108. August. civ 4, 23. Dion. Hal. ant. 3, 69, 5.
[473] Cic. nat. 2, 69: *apud nostros Iunonem Lucinam in pariendo invocabant.* Varro frg. 100 Cardauns: *quae producat in lucem.*
[474] K.-D. Fabian, Iuno 88 ff.
[475] G. Radke, Götter 80 f.

und das ließe sich sogar auf den Namen der *Curitis* anwenden, wenn dieser wie der der *curia* (< *cŏ-u̯r̥s-i̯ā́) von einem Stamme *u̯ers- „zeugen" ⁴⁷⁶ gebildet ist ⁴⁷⁷. Da die Überlieferung solche Namen aus verschiedenen zeitlichen Stadien undifferenziert nebeneinander anbietet, wird jede Aussage über die Entwicklung einer Vorstellung vermißt: So wäre es durchaus denkbar, daß eine ihrem Namen nach zur Zeugung gehörige Göttin bei volksetymologischer Ausdeutung solcher Namen in der jüngeren Funktion als Gottheit der in den *curiae* zusammengeschlossenen Sippenverbände und dann als Stadtschirmerin unter dem Eindruck der Volksetymologie mit einem Wagen (*currus* ⁴⁷⁸) und der Lanze (*curis* ⁴⁷⁹) ausgestattet vorgestellt wurde und so den Gläubigen zur Hilfe eilte (*currere* ⁴⁸⁰). Bei Lucina spielt die sprachliche Erklärung unter der Voraussetzung keine Rolle mehr, daß man in ihr nur einfach die „Göttin des Haines" sah.⁴⁸¹

Iuno ist eine speziell römisch-latinische Göttin; im umbrisch-oskischen Sprachbereich ist ihr Name unbekannt; ⁴⁸² auch *Iuno Populona* bzw. *Iuno Regina Populonia* ist erst von Rom aus in andere Teile Italiens gekommen.⁴⁸³ Mit Sicherheit ist der Name der seit dem 6. Jahrhundert v. Chr. in verschiedenen Städten Etruriens – Pyrgoi, Veji, Cortona, Capua, Perugia ⁴⁸⁴ – verehrten Göttin *uni*

---

⁴⁷⁶ G. Radke, Götter 334. Quirinalis collis, in: RE XXIV 1301. Quirinus 285. AL 40.

⁴⁷⁷ K.-D. Fabian, Iuno 95.

⁴⁷⁸ Serv. Aen. 1, 8 *quae utitur curru et hasta*; vgl. das Gebet aus Tibur bei Serv. auct. Aen. 1, 17 *Iuno Curritis tuo curru clipeoque tuere meos curiae vernulas.*

⁴⁷⁹ Paul. Fest. 43, 5. 55, 6 L. Serv. Aen. 1, 8.

⁴⁸⁰ G. Radke, Götter 102.

⁴⁸¹ Herleitung von *lucus* bei Ovid. fast. 2, 449. Plin. n. h. 16, 235; vgl. M. Leumann⁶ 326. Man könnte auch bei Annahme eines „sabinischen" *l*-an Entstehung aus einer Namensform *doucina (< *douk-) denken und diese mit *Iuno Regina* vergleichen.

⁴⁸² H. Rix, Rapporti 111.

⁴⁸³ *Iuno Populona* in Teanum Sidicinum (CIL X 4780. 4789. 4791); *Iuno Regina Populonia* in Aesernia (CIL IX 2630) und im dakischen Apulum (CIL III 1075). Gegen G. Wissowas Auffassung (Rel.² 182), *Populona* sei eine samnitische Göttin, wendet sich W. F. Otto, Iuno 172. 202; vgl. L. Ross Taylor, Local Cults in Etruria 207, die von der Angabe bei Macrob. sat. 3, 11, 5 aus dem *ius Papirianum* ausgeht; vgl. G. Radke, Populonia, in: RE XXII 95 ff.

⁴⁸⁴ Vgl. TLE 319 (Volaterra, mythologisch). 439 (Lucignanello). 600

von dem der lateinischen Iuno hergeleitet; eine Umkehr des historischen Vorgangs ist sprachlich unmöglich.[485] In der Beurteilung dieses Vorgangs herrscht allgemeine Übereinstimmung; lediglich in der Erklärung des Namens *uni* gehen die Meinungen auseinander. Zum Verständnis müssen folgende Fragen geklärt werden: Die erste betrifft den Vorgang der Übernahme aus dem Lateinischen ins Etruskische, die zweite die Entstehung des Namens der *Iuno* innerhalb der lateinischen Sprache und die letzte die Bildung der Form, welche den Etruskern als Vorbild diente.

Meine frühere Annahme, anlautendes i̯- könne im Etruskischen ausfallen und *uni* sei auf *i̯ūnis (< *iuvenis*) zurückzuführen,[486] ist von A. J. Pfiffig[487] mit Recht beanstandet worden und wird auch durch die Bestätigung von H. Rix,[488] die etruskische Form ohne i̯- erkläre sich ohne Schwierigkeit, nicht richtig. Es läßt sich jedoch für die abweichende Namensform eine Begründung finden, die m. E. die offene Frage beantwortet: In der älteren Schrift der Etrusker nämlich gab es innerhalb der einzelnen Wörter eine Punktierung, die mit Worttrennung oder Satzzeichen nichts zu tun hat, aber auch kein Überrest der Silbenschrift ist.[489] Diese Binnenpunktierung übernahmen die Veneter von den Etruskern und behielten sie vom 5. bis zum 1. Jahrhundert v. Chr. bei. Da die venetischen Zeugnisse durch die jahrhundertelange Bewahrung dieser Schreibgewohnheit wesentlich zahlreicher sind als die wenigen Beispiele in älterer etruskischer Schrift, die noch dazu früh von diesem Verfahren abging, hat sich vom Venetischen aus eine Erklärung der Punktierung finden lassen.[490]

Die Punktierung besteht darin, daß vor und hinter das betroffene Schriftzeichen ein Punkt gesetzt wird. Im Etruskischen steht nur ein einziger Punkt. Unpunktiert bleiben alle Verbindungen, in denen einem einfachen Konsonanten oder Konsonantengruppen aus Muta und Liquida oder Muta und Nasal ein Vokal folgt; in dem

---

(Perugia). 644 (Cortona). 719 (Bronzeleber von Piacenza). 873. 874. 876. 877) Pyrgi). 1, XII 10 (Agram. Mumienbinde). 2, 13 (Capua). Für Veji zeugt nur ohne Nennung des Namens *uni* Liv. 5, 22, 5.

[485] H. Rix, Rapporti 107.
[486] G. Radke, Götter 51. 153.
[487] A. J. Pfiffig, RelEtr 266.
[488] H. Rix, Rapporti 107.
[489] A. J. Pfiffig, EtrSpr 23f.
[490] G. Radke, Rez. Lejeune, Manuel, in: Gymnasium 84, 1977, 99f.

etruskischen Worte *muluvanice* „er weihte" beispielsweise wird trotz Verwendung der Punktierung im übrigen Text der gleichen Inschrift kein Punkt benötigt, da jede Silbe aus der Normalverbindung von Konsonant und Vokal besteht: *mu-lu-va-ni-ce*. Fehlt aber der nachfolgende Vokal oder der einem Vokal vorausgehende Konsonant, müssen die jeweils übriggebliebenen Buchstaben punktiert werden. In dem etruskischen Gentilnamen *a.c.vil.naś.* mußten das anlautende *a*, weil ihm der vorausgehende Konsonant fehlt, sowie das *c*, das *l* und das auslautende *ś* punktiert werden, da sie ohne nachfolgende Vokale stehen. Fehlt die Punktierung in Fällen, in denen sie nach dieser Regel nötig wäre, bedeutet das für den unpunktierten Konsonanten, daß ein kurzes -*ĭ*- nachklingt, für den unpunktierten Vokal aber, daß ihm in der Aussprache ein konsonantisches -*i̯*- vorausgeht. Lateinische Wiedergaben venetischer Namen wechseln daher aus Mißverständnis oder Unkenntnis zwischen Avolenus und Iavolenus, Amoenus und Iamunus, Antinus und Iantinus, Avennius und Iavennius sowie Antulla und Iantulla.[491] Demnach war *uni* die korrekte etruskische Schreibung für lateinisches **i̯ūni-*, da nur so in der Aussprache des Namens das anlautende konsonantische *i̯*- zu Gehör gebracht wurde. Hätte nicht **i̯ūni-*, sondern *uni* gehört werden sollen, hätte man in der Schrift einen Punkt hinter das anlautende *u* setzen müssen *(u.ni)*.[492] Später ging in Etrurien – anders als bei den Venetern – das Wissen um die rechte Anwendung und Ausdeutung dieser Schreibung verloren.[493]

Der Name der Iuno ist mit einem Suffix -*ōn*- gebildet, das in verschiedenen Ablautstufen beobachtet werden kann. Die Abhängigkeit der Vokalisation des Suffixes läßt sich einleuchtend an dem lateinischen Worte *hŏmō* vorführen: Der aus *nēmō* (< *nē hĕmō) zu erkennende Nom. sg. lautete ursprünglich **hĕmō(n)*; bei dieser Form blieb das Suffix nachtonig, behielt seine Quantität, nahm aber -*o*-Färbung an, während der Nominalstamm originales *ghĕm- bewahrte. Bei den obliquen Kasus ging der Ton wie im Griechischen bei einsilbigen Stämmen (Ζεύς, Διός, Διί) auf die Endung über,[494] so daß das Suffix sich zu -*ĕn*- bzw. -*n̥*-, was auf das gleiche

---

[491] Vgl. die Namens-Indices bei PID III 89ff.

[492] Daß auf der Tontafel aus Capua (TLE 2, 13) *u.nial.ϑi* und *u.nial.ϑ.* dieser Regel nicht mehr entspricht, läßt die allmählich wachsende Unsicherheit erkennen.

[493] A. J. Pfiffig, EtrSpr 24.

[494] Vgl. H. Rix, Rapporti 108f. G. Radke, Nerio 196, 23.

hinausläuft,[495] verkürzte; im nun vortonigen Stamm lautete das -ĕ- vor dem Nasal -m- zu -ŏ- ab, so daß der Genitiv und Dativ von *hĕmō(n) über *hŏm-ĕn-ĕs/*hŏm-n̥-ĕs und *hŏm-ĕn-eí/*hŏm-n̥-eí durch Vokalschwächung zu hŏmĭnis, hŏmĭnī wurden. Im Akk. sg. bleibt der Ton auf dem Suffix; der Ablaut e/o im wiederum vortonigen Nominalstamm entspricht dem der obliquen Kasus: Das führte zu hŏmōnem bei Enn. ann. 138,[496] einer Form, die später nach den obliquen Kasus zu hŏmĭnem ausgeglichen wurde. Das Nebeneinander der Formen Aniōnem und Aniēnem[497] läßt erkennen, daß zwar das nachtonige Suffix immer als -ōn- gesprochen wurde, das tontragende jedoch in e-Tönung oder in o-Tönung auftreten konnte, wie Neriēnem[498] erweist. Auch im Nom. sg. stehen Aniō(n) und Aniēn,[499] Neriō(n) und Neriēn,[500] turbō(n) sowie Turbō und turbēn[501] nebeneinander.[502] Der Vokativ weist im Suffix die nachtonige Grundform -ĕn- auf: sanguĕn,[503] liĕn[504] und

[495] Für einen Ablaut -ōn-/-n̥- spräche Agnalia (Ovid. fast. 1, 325 neben Agōnalia und agōnus).
[496] Vgl. Paul. Fest. 89, 8 L. hemona humana et hemonem hominem dicebant; offenbar liegt hier eine Vertauschung von Vokalen vor.
[497] Aniōnem (Enn. ann. 136). Aniēnem (Verg. 7, 683).
[498] Nĕrĭēnem (Plaut. Truc. 515). Gell. 13, 23, 3 qui proprie locuti sunt, primam correptam dixerunt, tertiam produxerunt. 13, 23, 6 nam perinde ut Aniēnem, sic Neriēnem dixerunt tertia syllaba producta. Gegenüber Enn. ann. 104 ließ sich Gell. 13, 23, 17 täuschen: ita autem se numerus huiusce versus habet, ut tertia in eo nomine syllaba contra quam supra dictum est corripienda sit; er hat übersehen, daß Nerjénem dreisilbig zu lesen ist (vgl. G. Radke, Nerio 192).
[499] Horat. c. 1, 7, 13. Propert. 3, 22, 23 (Aniō). Ovid. am. 3, 6, 51. Stat. silv. 1, 3, 70. 1, 5, 25 (Aniēn).
[500] Nur Gell. 13, 23, 4. 7. 15 nennt ohne Zeugnis die Form Nerio; ein Nom. sg. Neriēnes hält R. v. Planta, Osk.-umbr. Dial. 2, 65, 1 für einen „falschen Rückschluß". Ein Nom. sg. Neriēn ist aus Porph. Horat. epist. 2, 2, 209 (Minerva Nerien[e] est appellata) und Lyd. mens 4, 60 aus fehlerhaft gelesenem νεριχη herzustellen; vgl. G. Radke, Nerio 191.
[501] Horat. s. 2, 3, 310 (turbo). Charis. 81, 9. 183, 19. 184, 1 B. (turben). Turbo ist der Spitzname eines Gladiators bei Horat. s. 2, 3, 310.
[502] Die Erhaltung des -n im Nom. sg. eines n-Stammes spricht dafür, daß es sich um die „sabinische" Form handelt, während die lateinischen Wörter und Namen auf -ō(n) endigen (s. o. S. 33).
[503] Enn. ann. 113 sanguĕn dís; die Silbe -ĕn wird positionslang.
[504] Plaut. Curc. 236. Merc. 124 könnte unter Wirkung des Jambenkürzungsgesetzes stehen.

Nĕrĭĕn.⁵⁰⁵ Für den Genitiv mit tiefstufigem Suffix -*ĕn*- < -*n̥*- ist *Aniĕnis*⁵⁰⁶ bezeugt und kann *Neriĕnis*⁵⁰⁷ wiederhergestellt werden. Auf den Namen der Iuno übertragen hieße das, neben dem Nom. sg. *Iūnō(n)* und dem Akk. sg. *Iūnōnem* habe man mit ursprünglichen obliquen Kasus **i̯ūn-n̥-és* und **i̯ūn-n̥-eí* zu rechnen,⁵⁰⁸ die zu **i̯ūnés* und **i̯ūneí*, **i̯ūní* führen mußten.

H. Rix, Rapporti onomastici 108, bietet ebenfalls die Formen **i̯ūnis*, **i̯ūni*, gelangt zu ihnen freilich ohne das vorstehend besprochene Suffix -*ōn*-, -*ĕn*, -*n̥*- von der einfachen Grundform aus,⁵⁰⁹ auf die auch *iuvenis* unmittelbar zurückgeht. Damit wird er jedoch m. E. dem Gottesnamen *Iūnō(n)* nicht gerecht, der als Zusammensetzung des selbst schon erweiterten Stammes **i̯ŭu̯-n̥-* (*iuvenis*), **i̯ŭu̯-n-* (*iūnix*) mit dem Suffix -*ōn*-, *ĕn*, -*n̥*- in dessen individualisierender Bedeutung angesehen werden muß. Mit Recht hält er (a. O. 111) ein substantiviertes Adjektiv **i̯ūn-ōn-* und ein feminines **i̯ūn-ī* auseinander, identifiziert dann aber – m. E. zu Unrecht – die formal unterschiedlichen Namen der **iūnī* und *Iūnō* in ihrer göttlichen Funktion, so daß er nun – bei dem im Etruskischen angeblich «senza difficoltà» (a. O. 107) möglichen Verlust des anlautenden *i̯*- – in dem als älter vorauszusetzenden **i̯ūnī* die Grundform für etruskisch *uni* erkennen zu können glaubt. Um das zu rechtfertigen, muß er einräumen, daß die Namensformen **iūnī* und *Iūnō* gleichbedeutend nebeneinander existierten, als die Etrusker die eine von ihnen für ihre Bezeichnung des Namens der aus Rom übernommenen Göttin auswählten.

Dieser Auslegung stehen verschiedene Bedenken gegenüber: Die von H. Rix a. O. 111 zum Vergleich herangezogenen Gottesnamen Sancus (*u*-Stamm), und Sancus (*o*-Stamm), Consus (*u*-Stamm) und Consus (*o*-Stamm), Iuppiter und Diēspiter sowie Mars und Ma-

---

⁵⁰⁵ Varro, sat. Men. 506 B. ⟨*ád*⟩ *Nĕrĭĕn és Mĭnérvă, Fórtună ac Cĕrés*; vgl. G. Radke, Nerio 194 f.

⁵⁰⁶ Mar. Plot. Sacerd. GL VI 474, 29 f. K. *quod in genetivo o in e correptam mutat ante novissimam syllabam: hic Aniō, huius Aniĕnis*. Prob. GL IV 9, 27 f. K.: *quod in genetivo o in e correptam mutat: hic Aniō, huius Aniĕnis*. Die übliche Quantität lautet *Aniēnis* (Ovid. met. 14, 329. Lucan. 1, 582. Sil. 1, 606. 8, 370. 17, 234).

⁵⁰⁷ Der Genitiv *Nĕrĭĕnis* ist bei Licin. Imbrex com. frg. 39 R. erst nach erhaltenem *Neaerae* (gen. sg.) durch Ergänzung eines Bezugswortes zu beiden Namen wiederherzustellen; vgl. G. Radke, Nerio 193.

⁵⁰⁸ Vgl. G. Radke, Nerio 197.

⁵⁰⁹ H. Rix, Rapporti 108.

vors⁵¹⁰ sind nicht jeweils miteinander identisch; ebensowenig kann man Iuno und *iunī gleichsetzen: Während *iunī eine weibliche Form des jungen Menschen *(iuvenis)* ohne jede weitere Aussage über seine Fähigkeit oder sein Tun wäre, gibt der Name Iuno an, daß diese Göttin durch ihre Beziehung zu jungen Menschen *(iuvenes)* individuell gekennzeichnet wird und sich demnach insbesondere um diese in bestimmten Situationen kümmert. Ferner ist bedenklich, daß für indogerm. -ī als Feminin-Endung ein relativ hohes Alter vorausgesetzt werden muß, das lange vor der Übernahme der römischen Göttin nach Etrurien lag. Im Lateinischen ist in den erschließbaren Formen⁵¹¹ wie *reg(n)ī-na* oder *victrī-x* das wortendende -ī nicht ungedeckt geblieben oder zu i̯ə, -ia abgelautet (Maia, avia neben avus): Wenn schon kein *i̯unī erhalten blieb, hätte man etwa *iunī-na nach *Bellona, Latona, Pomona* oder *iunia erwarten können. Schließlich müßte der mit ableitendem Suffix -i̯ŏs zu einem Stammwort *iuni oder *iunia gebildete Monatsname *Iunius* eine andere als die vorliegende Form bekommen haben; am nächsten hätte etwa *iunīlis (nach *Aprīlis*) gelegen. Nach meiner Auffassung entstand sein Name jedoch unter Suffixbetonung bei Schwundstufigkeit des Suffixes -ĕn- aus *i̯ūn-n̥-i̯ŏs⁵¹² und wurde später außerhalb Roms, wo man die ursprüngliche Bildung nicht mehr verstand, nach dem inzwischen in allen Kasus ausgeglichenen Namensstamm *Iūnōn-* in *Iunonius* umgestaltet, was den Römern als eigenartig auffiel.⁵¹³ Das alles spricht gegen die Ansetzung des indogermanischen Femininums *i̯unī als Vorbild für etruskisch *uni*.

Aus dem vorstehend erarbeiteten Deklinationsschema des Namens *Iúno* (Gen. *iūnés, Dat. *iūneí, Akk. *Iūnónem*) bietet sich m. E. der Dativ *iunei als Ausgangsform an, in der die Etrusker ihr

---

⁵¹⁰ Neben echtem *sancŏ-* ist erst durch Anfügung eines Suffixes -u̯ŏ- in Samprasāraṇa ein *u*-Stamm *sancu-* entstanden (s. o. S. 117); der *u*-Stamm *consu-* ist kein Gottesname, sondern bedeutet „Einbringung", wonach der Festname *Consualia* gebildet wurde, während *Consŏ-* (vgl. den Vok. *Consĕ* bei Mar. Victorin. GL VI 61, 34 K) einen zum *condere* gehörigen Gott bezeichnet; *Iuppiter* ist ein Vokativ und erst sekundär als Nom. sg. benutzt, als dessen Vorgänger man *Diespiter* – vielleicht – vermuten kann (s. o. S. 239); *Mars* und *Mavors* haben nichts miteinander zu tun.
⁵¹¹ Vgl. M. Leumann⁶ 282 f.
⁵¹² G. Radke, Nerio 197; vgl. R. v. Planta, Osk.-umbr. Dial. 2, 63, 3.
⁵¹³ Ovid. fast. 6, 61 *mensis Iunonius*. 63 *Iunonale tempus*. Paul. Fest. 92, 6 f. L. *Iunium mensem dictum putant a Iunone; idem ipsum dicebant Iunonium et Iunonalem*. Cingius bei Macrob. sat. 1, 12, 30.

uni als Namen für die aus Rom übernommene Göttin Iuno fanden. Der Grund für die Wahl gerade dieses Kasus ist darin zu suchen, daß er als Weihekasus besonders häufig bei Gottesnamen angewendet wurde. Es gibt dafür Beispiele: *Prosepnai* auf dem Spiegel aus Cosa,[514] *Φersipnei* aus der Tomba dell'Orco in Tarquinii[515] und *Φersipnai* aus der Tomba Golini in Orvieto.[516] Für diese Formen hat man allgemein folgende Auskunft: „Die Endung *-nai/-nei* muß in Etrurien aufgekommen sein, und zwar um den Namen nach dem Modell der Gentilizien als weiblich zu fixieren."[517] Ich halte das für einen Aberglauben und sehe auch in diesen Beispielen des Namens einer Göttin den aus der für die Etrusker fremden Sprache, dem Lateinischen, übernommenen Weihekasus als nunmehr einzige Ausdrucksweise an. Religionshistorisch drückt sich darin das Übergewicht des als bindend vorgestellten Namens gegenüber seiner grammatikalisch korrekten Form aus. Wie wichtig dabei vorwiegend das Hören dieses Namens war, erkennt man an der Schreibweise, in der man gehörtes **i̯ūnei* in etruskischer Schrift als *uni* wiedergab.

Daß in bestimmten Kasus aus einer fremden Sprache übernommene Wörter in dieser Form erstarrten und zum neuen Wort der entlehnenden Sprache wurden, ist eine längst beobachtete Erscheinung.[518] Nach Ausweis des Gebrauchs der Tenuis anstelle der ursprünglichen Media sind die lateinischen Wörter *spelunca, sportula*[519] (nach **spurta*) und *taeda* aus den griechischen Akkusativen σπήλυγγα, σφυρίδα bzw. σπυρίδα und δαΐδα über das Etruskische in die lateinische Sprache eingedrungen und als Nominative angesehen, ja, sogar wegen der mißverstandenen Endung *-a* nach der *a*-Deklination flektiert worden. Für Beispiele wie *cratēra/creterra*,[520] *statēra, placenta* und den Ortsnamen *Ancona* fehlt die Möglichkeit, auch in diesen Fällen die Etrusker als Vermittler nachzuweisen. Der Name der Numider – Nom. sg. *Numida* < Akk. Sg. Νομάδα – ist in Rom schon länger bekannt als die vermutete erste

---

[514] CIL I² 558 *uenos diouem prosepnai;* nach Herbig bei C. Koch, Religio 53 aus dem Anfang des 4. Jh. v. Chr.
[515] Tomba dell'Orco CIE 5365; 4. Jh. v. Chr.
[516] Tomba Golini CIE 5091; 4. Jh. v. Chr. (G. Devoto, SE 2, 1928, 315).
[517] A. J. Pfiffig, RelEtr 323.
[518] M. Leumann⁶ 455. F. Altheim, LatSpr 397.
[519] Plaut. Men. 219. Curc. 289.
[520] Naev. frg. 31 Büchner.

Begegnung während des Ersten Punischen Krieges,[521] da er vor Einsetzen der Vokalschwächung, also vor dem 4. Jahrhundert v. Chr., mit dem falschen Kasus im Lateinischen „zur Sprache kam" und dort diese über sich ergehen lassen mußte. Beim Namen der *Numidae* spricht die Erhaltung der Media gegen eine Vermittlung durch Etrusker.

Bemerkenswert ist, daß die Etrusker nicht die drei Götter des Kapitols in ihr Pantheon einbezogen, sondern lediglich Iuno und Minerva, und auch diese beiden nicht etwa gemeinsam, sondern an verschiedenen Kultplätzen getrennt voneinander.[522] Das spricht für das hohe Alter dieses Vorgangs, der sich noch vor der Stiftung der kapitolinischen Trias abgespielt hat, und dann aber auch die damals schon hohe Bedeutung und große religiöse Anziehungskraft der beiden Göttinnen zu erkennen gibt. Dabei darf nicht übersehen werden, welche Rolle die Mythologie für die Kenntnis etruskischer Vorstellungen durch Bilder auf Vasen und Spiegeln spielt, ohne daß in allen Fällen, in denen ein Gott dargestellt und benannt wird, auch immer sein Kult damit als bestätigt gelten darf. Gerade *uni* und *menrva* bezeugen auf diesem Wege eher die Kenntnis von Hera und Athena als die kultische Verehrung der genannten beiden Göttinnen.

In Rom hat Minerva die ihr ursprünglich als Nachahmerin der Ἀθηνᾶ πολιάς zustehende politische Rolle mehr und mehr aufgegeben und sich der Fürsorge bestimmter Berufsgruppen, der Bemühung um das Schulwesen und schließlich der Beschäftigung mit der Heilkunst zugewendet.[523] Daß sie im Rahmen des Festes der *Quinquatrus* mit Mars in Berührung steht,[524] mag nicht nur ein Erbe ihrer Vergangenheit als *Nerio Minerva* sein – Mars hat ja eigentlich bei den Sabinern nichts verloren –, sondern weist auf die Vielseitigkeit der Göttin hin. Sie ist aber stets auf der Erde geblieben; ich kenne keinen Stern oder ein Sternbild ihres Namens (vgl. August. civ. 7, 16).

Eine der kapitolinischen Trias ähnliche Entwicklung hat kurze Zeit nach deren Einrichtung auch die Trias Ceres, Liber und Libera erfahren, deren Kult sich im Bereiche des von Peregrinen, Neubür-

---

[521] F. Altheim, LatSpr 396.
[522] Zu Iuno-*uni* vgl. Anm. 461; zu Minerva-*men(e)rva* A. J. Pfiffig, RelEtr 256f. mit Zeugnissen in Veji, Pyrgi und Sa. Marinella aus dem 6. und 5. Jh. v. Chr.
[523] G. Wissowa, Rel.² 254f.
[524] Zum Zusammentreffen der Verehrung von Mars und Minerva an den

gern und armen Leuten außerhalb des *pomerium* gelegenen Aventin angesiedelt hatte. War die kapitolinische Trias Ausdruck der Befreiung von der Monarchie, des politischen Willens zur Verwirklichung der Vorstellung einer *res publica* und der Verbindung des Staates mit den Göttern, geriet der Kult am Fuße des Aventin bald in eine deutlich wahrnehmbare Opposition dazu. Wie die Götter auf dem Kapitol waren auch Ceres, Liber und Libera lange vor Stiftung ihres gemeinsamen Tempels in Rom bekannt und verehrt, wurden sogar schon im ältesten Kalender durch die Feste der Liberalia am 17. März und der Cerialia am 19. April gefeiert, während die Fasten [525] *feriae* für Iuppiter nur generell an den Idus und für Iuno generell an den Kalendae ausweisen, Minerva jedoch unerwähnt lassen.

Es dürfte kein Zufall sein, daß die auf dem Aventin beheimatete Bevölkerungsschicht sich der Hilfe der *libri Sibyllini* bediente, um einen Zusammenschluß gegenüber dem in patrizischer Hand liegenden *Capitolium* zu erreichen und politisch auswerten zu können. Dementsprechend wurde der neue Tempel nach der *secessio plebis in montem sacrum* das religiöse und ganz besonders auch politische Zentrum der *plebs*, in dem die *tribuni plebi* mit ihren Gehilfen, den *aediles*, ihren Sitz hatten. Wegen der extrapomerialen Lage behaupten zu wollen, die schon seit dem „numanischen" Kalender gefeierten Gottheiten seien nicht in die Stadt hineingelassen worden, weil sie als Fremde angesehen wurden, wird niemand behaupten wollen; wohl aber ist sicher, daß sich ihre Kultbeamten um die Fremden und Plebejer dieser Region kümmerten und für ihre politischen Rechte eintraten.

Wie die kapitolinische Trias in der Zeit ihrer Stiftung als Einheit politisch und kultisch zugleich in Erscheinung trat, allmählich aber diese Geschlossenheit verlor, so hat auch der Zusammenschluß von Ceres, Liber und Libera bzw. die Einbeziehung der Ceres in den Kult der Gruppe Liber und Libera ihre auffällige Wirkung in der

---

Quinquatrus vgl. Fast. Vat. CIL I² p. 242 (= I. I. p. 172/173) *Feriae Mar[* . Farn. p. 250 (= I. I. p. 225) *Minerv[* . Fast. Antiat. vet. I. I. p. 7 *Minervae*. Fast. Praen. CIL I² p. 234 Tempelweihe des aventinischen Minervatempels und Salieraktivitäten.

[525] G. Wissowa, Rel.² 103 f. 114. 185. Macrob. sat. 1, 15, 18 *ut autem idus omnes Iovi, ita omnes kalendas Iunoni tributas et Varronis et pontificalis adfirmat auctoritas;* vgl. auch Lyd. mens. 3, 10. Vgl. Iuno-Feste an den Kalenden des Februar, März, September und Oktober.

Gründungszeit besessen und sie für spätere Jahre nicht im gleichen Maße zu bewahren gewußt. Auch die zunehmende Hellenisierung vermochte daran nichts mehr zu ändern; ja, die Verehrung des Bacchus dürfte sogar dazu beigetragen haben, *Liber pater* aus der Dreiheit zu lösen.[526] Der Versuch, durch Triaden im Kult besondere Glaubensvorstellungen zu verwirklichen, ist nicht wiederholt worden. Beide, die Trias auf dem Kapitol wie diejenige am Aventin, gehören der gleichen Epoche des Neubeginns an und bleiben Zeugen der starken religiösen wie politischen Bewegungen der Zeit.

4. Vesta und die Vestalen

Obwohl die Gelehrten darin übereinstimmen, daß die Römer keine ihnen eigene Mythologie entwickelt haben, und einmütig der Meinung sind, daß fast alle Geschichten dieser Art, die Roms Dichter vortrugen, von griechischen Vorbildern abhängen, erlaube ich mir dennoch – bei völliger Übereinstimmung mit der vorgenannten Auffassung –, an den Anfang dieser Untersuchung eine Gestalt der pseudo-historischen römischen Vergangenheit zu setzen, weil ich an ihr die unmittelbare Beziehung einer Reihe nur in der griechischen Mythologie erhaltener Bräuche mit dem Schicksal der römischen Vestalen darstellen kann: Ich spreche von Rhea Silvia bzw. Ilia, die bei Naevius und Ennius[527] als Tochter des Aeneas gilt; *Silvia vestalis – quid enim vetat inde moveri?* (Ovid. fast. 3, 11.)

In der landläufigen Fassung der Geschichte machte Amulius, König von Alba Longa, die Tochter seines Bruders, dem er das Königtum geraubt hatte, zur Vestalin,[528] d. h. einer zur Bewahrung ihrer Jungfräulichkeit durch Kultgesetz verpflichteten Priesterin der Vesta, um zu verhindern, daß sie Nachkommenschaft bekäme, derenthalben man ihm die Herrschaft streitig machen und ihn selbst vom Throne stürzen könnte. Die Götter wollten es anders: Mars verband sich mit Ilia und zeugte mit ihr die Zwillinge Romulus und Remus, deren Erstgenannter zum Gründer der Stadt Rom wurde.

---

[526] A. Bruhl, Liber pater 171.
[527] Serv. auct. Aen. 1, 273: *Naevius et Ennius Aeneae ex filia nepotem Romulum conditorem urbis tradunt.* Serv. Aen. 6. 777: *(Ennius) dicit namque Iliam fuisse filiam Aeneae; quod si est, Aeneas avus est Romuli.*
[528] Serv. Aen. 1, 273: *(Amulius) Iliam Vestae sacerdotem fecit, ut spem subolis auferret, a qua se puniri posse cognoverat.*

Als Amulius von der Niederkunft erfuhr, ließ er die junge Mutter von der Höhe eines Felsens in den Tiber stürzen[529] und die Kinder aussetzen. Der diesem Mythos innewohnende Gedanke ist folgender: Ein junges Mädchen, von seiner Familie im Stande der Jungfräulichkeit gehalten, wird dennoch von einem Gotte geschwängert. Sie bringt Söhne zur Welt und wird als Folge ihres Ungehorsams vom Berge hinabgestürzt. Unter den einzelnen Zügen dieses Vorgangs wird die Tötung der jungen Mutter in der Literatur sehr leicht und daher auch sehr häufig mit dem Opfer einer Jungfrau vermischt und verwechselt, obwohl das zwei völlig unterschiedliche Dinge betrifft. Der Grund für diesen Irrtum findet sich allein in der Überlieferung, die auf den Zusammenfassungen und Auszügen der Grammatiker beruht, deren Interesse mehr den Umständen des Todes als dessen Motivation galt. Um das „Opfer" der Ilia, der ersten – vorrömischen – Vestale, verstehen zu können, muß weiter in der Schilderung dieses Zusammenhanges ausgeholt werden.

Ein Teil der Opfer junger Frauen – genauer: junger Mädchen – muß zu der Gruppe der Ersatzopfer gerechnet werden, durch die man einen Gewinn oder Nutzen zu erreichen sucht oder einen Schutz gegen irgendeine Gefahr zu finden hofft, indem man auf etwas Wertvolles im eigenen Besitz verzichtet: Der Ring des Polykrates ist Gegenstand des bekanntesten Beispiels. Phylarchos,[530] der in der ersten Hälfte des 3. Jahrhunderts v. Chr. geschrieben hat, behauptet, alle Griechen haben Menschen getötet, bevor sie in einen Krieg zogen; ob das zutrifft, soll hier nicht gefragt werden. Pausanias von Damaskos,[531] ein Schriftsteller christlicher Zeit, berichtet von Jungfrauenopfern bei Gelegenheit der Stadtgründungen von Antiochia und Laodicea unter der Herrschaft Seleukos' I. Nikanor etwa um 300 v. Chr. und zitiert sogar die Namen der geopferten Mädchen. Porphyrios[532] bezeugt das, kennt aber auch schon den Ersatz der zu opfernden Jungfrau durch eine Hindin; man wird sich dabei des Opfers der Iphigeneia in Aulis entsonnen haben. Ebenso sprach man vom Opfer einer Jungfrau, das vor der Schlacht

---

[529] Porphyr. Horat. c. 1, 2, 17: *Ilia auctore Ennio in amnem Tiberim iussu Amulii regis Albanorum praecipitata; antea enim Anieni matrimonio iuncta est.* Serv. Aen. 1, 273. Diese Version folgt der horazischen Darstellung, läßt aber keine weiteren Zusammenhänge erkennen.

[530] Phylarch. FGrH 81, F 80; vgl. W. Burkert, Griechische Religion der archaischen und klassischen Epoche, Mainz 1977, 400.

[531] Pausan. Damasc. FGrH 854 F 10.

[532] Porphyr. abstin. 2, 56.

Vesta und die Vestalen

bei Leuktra beabsichtigt war, dann jedoch nicht zur Ausführung kam, weil ein Fohlen erschien, das man für das von den Göttern auserwählte Opfertier hielt. In der erwähnten Darstellung unterstreicht Porphyrios die vorausgesetzte Analogie dieser Opfer mit dem der Töchter des Erechtheus, Königs von Athen.[533]

Davon ist ein anderes Motiv zu unterscheiden, nach dem ein Vater sich gezwungen sieht, auf einen sexuellen „Fehltritt" seiner Tochter zu reagieren. Es findet sich häufig in griechischen Mythen. Das bekannteste und auch in hohem Maße charakteristische Beispiel findet sich in der Geschichte der Danae[534] und ihres Söhnchens Perseus, deren Bedeutung deshalb so wichtig ist, weil dieser Mythos eine Gruppe von Motiven in sich vereinigt, deren jedes in Analogie auch in anderem Rahmen festzustellen und wiederzufinden ist: Akrisios, König von Argos, hatte nur eine Tochter, eben jene Danae, und ging deshalb zum Orakel, um sich zu erkundigen, ob er noch mit männlicher Nachkommenschaft rechnen könne. Als er zur Antwort erhielt, ein Sohn seiner Tochter werde ihn töten, sperrte er sie in ein unterirdisches Gemach – auch Kerkyon schloß seine Tochter Alope,[535] die von Poseidon schwanger wurde, in ein solches Gefängnis –, um ihr jede Möglichkeit zu nehmen, in Kontakt zu einem Manne zu treten. Aber er erreichte damit sein Ziel nicht: Unter den zwei Versionen der Sage kennt die in höherem Maße realistische den Proitos, feindlichen Bruder des Akrisios, als Liebhaber der Danae,[536] während die mehr mythische Form der Geschichte Zeus für die Schwangerschaft verantwortlich macht; der Gott sei in einen Goldregen verwandelt in den unterirdischen Raum eingedrungen und habe mit Danae den Perseus gezeugt.[537] Als diese das Kind zur Welt brachte, glaubte Akrisios ihren Beteuerungen nicht, daß Zeus selbst der Vater des Kindes sei. Er verschloß beide, Danae und Perseus, in einen Kasten und ließ diesen ins Meer werfen. Bis zu diesem Punkte vereinigt der Mythos folgende Themen in seinem Rahmen: Orakel, Absonderung des jungen Mädchens in einem unterirdischen Gemach wie bei Alope und auch Antigone – die Einsetzung der Ilia als Vestale erfüllt die gleiche Funk-

---

[533] Phanodem. FGrH 325 F 4.
[534] Pherekyd. FGrH 3 F 10. Apollod. bibl. 2, 4, 1. Hygin. fab. 63, 1f.
[535] Hygin. fab. 187, 4. 238, 3.
[536] Apollod. bib. 2, 4, 1, 2.
[537] Verführung der Danae durch einen reichen Müßiggänger im Mythol. Vat. 3, 3, 5 lehrt das Wuchern mythologischer Vorstellungen.

tion der Isolierung und ist demnach vergleichbar –, geschlechtliche Verbindung gegen den Willen des Vaters und schließlich das „Kind der Jungfrau", der Kasten und ihr gemeinsamer Sturz ins Meer. Die griechische Mythologie ist reich an solchen Geschichten.[538]

Der bekannteste und berühmteste Fall jedoch wurde durch die Vergewaltigung der Kassandra, Priesterin der Athena von Ilion, ausgelöst, die diese von Aias, dem Sohne des Oileus, zu erdulden hatte. Nach der historischen Überlieferung, die durch eine Inschrift über den Hergang bestätigt wird,[539] wurde die lokrische Heimat des Aias durch Mißernten und Krankheiten heimgesucht. Das Orakel sah den Grund in dem Verbrechen des Aias und ordnete an, jährlich zwei Jungfrauen zum Tempel der Athena in Ilion zu senden für die Dauer von tausend Jahren.[540] Die Trojaner lauerten den Mädchen auf, um sie durch Steinigung zu töten. Wer entfliehen konnte, rettete sich in den Tempel, wo die Mädchen unbehelligt blieben; die Toten aber wurden verbrannt und ihre Asche von der Höhe des traronischen Felsens ins Meer geschüttet. Diese Art von Opfer wurde eingehalten bis zum Phokischen Kriege in der Mitte des 4. Jahrhunderts v. Chr. Für den Rahmen dieser Untersuchung ist von Bedeutung, daß die Einrichtung immer ein Reservoir von potentiellen Opfern bereitzuhalten gestattete, deren man sich bedienen konnte, wenn die Lage ein solches Opfer erforderte. Die Flucht der jungen Tempeldienerinnen gab immer einen passenden Vorwand, sie umzubringen und sie oder ihre Reste vom Felsen zu stürzen. Auffällig ist lediglich, daß in diesem Falle nicht das schuldig gewordene Mädchen, sondern die unschuldigen Nachfahren des ehedem Schuldigen geopfert wurden. Trotz aller Willkür der Mythologie blieb aber der kultische Kern sichtbar erhalten.

Beim Sprung vom Felsen berichten viele Erzählungen von der Verwandlung des oder der Gestürzten in einen Vogel.[541] Das berühmteste Beispiel ist die Verwandlung der Prokne und der Philo-

---

[538] Vgl. die Geschichten der Aerope, Auge und Rhoio; zum ganzen Thema vgl. G. Radke, L'enfant de la vierge, in: La Mythologie. Clef de lecture du monde classique, Tours 1986, 1 ff.

[539] A. Wilhelm, Die lokrische Mädcheninschrift, JOEAI 14, 1912, 163 ff. aus dem 3. Jh. v. Chr. (W. A. Oldfather, in: RE XIII 1241).

[540] F. Schwenn, Die Menschenopfer bei den Griechen und Römern, RGVV 15, 3 Gießen 1915, 47 ff.

[541] Das bekannteste Beispiel für Verwandlung der im Meer Ertränkten ist Skylla, die Tochter des Nisos (Apollod. bibl. 3, 15, 8, 2), für Verwandlung von Frauen im Rahmen frevlerischer Verbindung die Sage von Prokne

mela, zu der ebenfalls eine ἀθεμιτομιξία,[542] die Vergewaltigung Philomelas durch Tereus, geführt hatte. Eine solche Verwandlung gestaltete man in geschichtlicher Zeit tatsächlich zu einer Art Vorführung aus: An den Körper des Opfers, das vom leukadischen Felsen gestürzt werden sollte, heftete man Vogelfedern und Vogelflügel, ja ganze Vögel, um bei den Zuschauern den Eindruck zu erwecken, als vollziehe sich die Verwandlung in einen Vogel vor ihren Augen beim Sturz vom Felsen.[543]

Obwohl die Formen des Mythos unter dem Einfluß der Dichtung miteinander und untereinander vermischt wurden, kann man dennoch zwei verschiedene Vorgänge innerhalb der Geschichten dieser Art deutlich unterscheiden. Einmal gab es das vom Orakel vorgeschriebene Opfer zur Abwendung einer drohenden Gefahr oder bei Gründung einer Stadt. Innerhalb dieses Opfers gibt es zwei Kategorien: In der ersten bietet sich das Opfer freiwillig an, wohingegen es in der anderen zur Opferung gezwungen werden muß wie Iphigeneia in Aulis. Auch die Formen, unter denen das Opfer vollzogen wird oder vollzogen werden soll, unterscheiden sich. Bietet sich das Mädchen aus eigenen Stücken zum Opfer an, stürzt sich die Jungfrau von der Höhe der Burg oder eines Felsens ins Meer; es gibt aber auch Beispiele der Steinigung.

Von dieser Art des Opfers – eines wirklichen Opfers also – mit seinen verschiedenen Formen unterscheidet sich grundlegend die Tötung eines jungen Mädchens, das sich gegen den Willen seiner Eltern oder gegen die Sitte der Gesellschaft, in der es lebte, mit einem Manne eingelassen hatte. Abgesehen von wenigen Ausnahmen wird die junge Sünderin von der Höhe eines Felsens ins Meer oder in einen Fluß gestürzt. Diese Tötungsart entspricht der Steinigung oder dem Lebendigbegraben. Man hat dabei die Absicht, daß die zum Tode bestimmte Person nicht von einem einzelnen berührt oder verwundet wird, dessen Individualität festgehalten werden könnte.[544] Folglich ist es die namenlose Masse, die das Mädchen in den Abgrund stößt oder in das Grab drängt, die es mit Steinwürfen

---

und Philomela und ihrer Ermordung durch Tereus (Ovid. metam. 6, 424 ff. 667 f.); vgl. G. Radke, Prokne, in: RE XXIII 247 ff.).

[542] Schol. Lykophr. Al. 1141.
[543] Strab. 10, 452.
[544] Plut. quaest. Rom. 96; vgl. auch W. Burkert, Glaube und Verhalten, in: Le sacrifice dans l'antiquité, Entretiens sur l'antiquité classique 27, Vandœuvres 1981, 105.

eindeckt und so aus der Entfernung umbringt. So verursacht die namenlose Masse den Tod; kein einzelner wird belastet. Das Ziel solcher Art von Tötung ist in diesem Falle auch nicht die Bestrafung, sondern man hält die junge Sünderin für einen Gefahrenträger, durch den der Frieden der Gemeinde gestört wird, und will sie daher aussondern und aus dem Bereiche des eigenen Landes entfernen, beseitigen, um nicht selbst von der Verunreinigung betroffen zu werden, die von ihr ausgeht.

Wie man glaubte, einen Zusammenhang zwischen dieser moralischen Unreinheit und den Krankheiten, Mißernten und Gefahren jeder Art herstellen zu dürfen, so erkannte man darin eine Rechtfertigung für das, was man anrichtete: Aus der Entfernung der Trägerin des Unreinen wurde ein Opfer. So konnte man auch zu der Vorstellung kommen, man könne junge Mädchen im Dienste einer Gottheit aufbewahren, um sie opfern zu können, wenn eine unerwartete Gefahr drohte, obwohl damit die ursprüngliche Voraussetzung weder der Tötung einer Übertreterin heimischer Gebote noch des guten Willens des freiwilligen Opfers gegeben war. Lediglich der Aufenthalt als Priesterinnen im Dienste einer Gottheit konnte als freiwillige Zustimmung bewertet werden.

Man darf voraussetzen, daß sich diese Geschichten folgendermaßen entwickelten: Ihr Ursprung muß in den Sitten und Gewohnheiten einer Gesellschaft zu finden sein, in der junge Mädchen nicht das Recht besaßen, sich ihren Partner nach eigenem Gefallen auszusuchen, weil die Familien bzw. die Familienoberhäupter nach ihrem Ermessen die Verbindung der jungen Leute unter dem Gesichtspunkt jeweils verschiedener Interessen – nicht immer gegen den Nutzen der Betroffenen – oder einfach aus persönlicher Willkür bestimmten. Wenn ein junges Mädchen trotzdem gegen diese Regeln verstieß, weil es einen jungen Mann liebte, den die Eltern nicht als Schwiegersohn haben wollten, und wenn diese Verbindung Folgen hatte, war das ein Ereignis, das eigentlich niemals hätte eintreten dürfen. Die Gesellschaftsordnung war gestört; eine Nichtbeachtung konnte Wiederholungen Vorschub leisten.

Natürlich hätte man duldsam die Verbindung hinnehmen und unter priesterlicher Hilfe legalisieren können, aber niemand hatte das Recht, die Eltern zu zwingen, ihr Einverständnis zu geben. Andererseits war auch das Mädchen nicht zu veranlassen, seinen Liebhaber preiszugeben. Blieb auf diese Weise der Partner und Vater des Kindes unbekannt, suchte und fand man dennoch einen Ausweg, die peinliche Schwangerschaft zu erklären, indem man den Fremden und Unbekannten, der das Mädchen geschwängert hatte, für einen Gott ausgab. Erst die Mythologie bemühte Zeus, Apollon und Herakles; im menschlichen Leben wird man weniger bedeutende „Götter" genannt haben. Diesem konnte man dann mit dem Ziele der Beseitigung der bedrohlichen Person das ungehorsame Mädchen durch seinen Tod gleichsam überantworten; wenigstens in der Phantasie der Betroffenen war damit das Problem gelöst, ohne daß sie durch den Bruch des Sittengesetzes der Gesellschaft in Mitleidenschaft gezogen worden wären. Wenn W. Burkert[545] das geopferte junge Mädchen als die „Braut des Großen Tieres" erklärt, so ist das eine Interpretation, die der meinen sehr nahe kommt, die für mich aber dennoch unannehmbar ist, da es sich m. E. um keine „heilige Hochzeit", sondern um eine Überlassung handelt und da Burkert von einer völlig unterschiedlichen sozialen Struktur ausgeht. Bräuche aus dem Lebensraum der Jäger können nicht zur Deutung griechischer Mythen dienen, deren Grundlage aus dem Bruch gesellschaftlicher Ordnung und aus der Entfernung der Urheberin von dessen möglichen Folgen verstanden werden kann. In der Mythologie bleibt die Nebeneinanderstellung von Gott und Menschen in der beschriebenen Rolle der Vertauschung bzw. des Ersatzes erhalten: Zeus und Tyndaros, Zeus und Amphitryon, Zeus und Epopeus, Poseidon und Aigeus und viele andere Gottheiten lassen die Spuren dieses Vorstellungsbereiches erkennen, durch den man eine Ausrede und Entschuldigung für die unerwünschte Verbindung eines jungen Mädchens mit einem Außenstehenden gesucht hatte.

Keine dieser Formen des Opfers oder der Tötung einer Jungfrau darf mit der religiösen Prostitution gleichgesetzt werden, die bei Völkern semitischer Sprache ausgeübt wird. Dieser Brauch fordert den Aufenthalt eines jungen Mädchens im Tempel vor der Eheschließung und den Dienst dort als Hierodule, d. h., sie muß sich Fremden prostituieren, die in den Tempel kommen, um ihn zu besichtigen oder die Gottheit zu verehren. Dieser Akt der Hingabe ist keine Art von Opfer, sondern er entstammt der Angst vor der Brechung des Tabus des Anfangs beim Geschlechtsverkehr mit einer Jungfrau. Die Entjungferung stellt nach den heute gängigen Vorstellungen einen schweren Eingriff in das Leben der Frau dar, wohingegen sie in den Augen der Völker, die die religiöse Prostitution eingeführt haben, lediglich Gefahren für den Mann mit sich bringt,

---

[545] W. Burkert, Homo necans, 1972, 76.

der sie vollzieht. Deshalb wird das junge Mädchen vor der Hochzeit einem Fremden ausgeliefert, der nach den in diesem Rahmen geltenden Vorstellungen ein Vertreter der Gottheit ist.

Religiöse Prostitution gab es – vermutlich unter phönizischem Einfluß – auch in Korinth und in Lokroi.⁵⁴⁶ In einer anderen Form, die sich keines menschlichen Täters bedient, hat sich in Rom eine offenbar sehr altertümliche Gewohnheit erhalten: Man überließ die Defloration einem Gotte namens *Mutunus Tutunus*,⁵⁴⁷ genauer gesagt: seinem ithyphallischen Bilde, auf das sich das Mädchen setzen mußte. Sein *sacellum* stand *in Veliis* (Fest. 142, 20f. L.). Die Beschreibungen der Kirchenväter, wie das bedauernswerte Mädchen dem Gotte als erstem ihre Schamhaftigkeit habe opfern müssen, sind von erbarmungsloser Deutlichkeit. Ob sie ihre Kenntnis nur aus Varros ›Antiquitates‹ oder noch aus zeitgenössischer Beobachtung schöpften, ist unbekannt. Geht man von der Existenz eines solchen Gottesbildes aus, bleibt man in einer verhältnismäßig späten Zeit, in der man sich die Entstehung eines derartigen Brauches nicht mehr vorstellen möchte; erinnert man sich aber des *fascinus* gerade im Tempel der Vesta,⁵⁴⁸ der ja auch am Hange der Velia liegt, stellt sich der Gedanke an priesterliche Manipulation ein, durch die das Tabu gebrochen wurde. Einen dahin gehenden Zusammenhang

---

⁵⁴⁶ Tempelprostitution in Korinth: Timaios FGrH 566 F 10. Theopomp. FGrH 115 F 285; F. Dümmler, Aphrodite, in: RE I 2741. Zu dem gleichen Brauch in Komana (auf Korinth bezogen) vgl. Strab. 12, 559. Kultprostitution in Lokroi: Klearch. frg. 43a Wehrli. Iustin. 21, 3, 2ff.; vgl. auch die Begebenheiten um den Heros von Temesa (Pausan. 6, 6, 8).

⁵⁴⁷ Zu *Mutunus Tutunus* (mit Namensvarianten) vgl. Fest. 142, 20f. L. *Mutini Titini sacellum fuit in Veliis.* Paul. Fest. 143, 10f. L. *Mutini Titini sacellum Romae fuit, cui mulieres velatae togis praetextis solebant sacrificare.* Arnob. 4, 7 *Tutunum, cuius immanibus pudendis horrentique fascino vestras inequitare matronas et auspicabile ducitis et optatis* (*matrona* ist als Vorgriff zu verstehen). Lactant. inst. 1, 20, 36 *Mutinus, in cuius [sinu] pudendo nubentes praesident, ut illarum pudicitiam prior deus delibasse videatur.* August. civ. 6, 9 *et Priapus* (nach 4, 11 *Mutunus vel Tutunus, qui est apud Graecos Priapus*) *nimius masculus, super cuius immanissimum et turpissimum fascinum sedere nova nupta iubebatur, more honestissimo et religiosissimo matronarum.* August. civ. 7, 24 *quod in celebratione nuptiarum super Priapi* (d. h. *Mutuni Tutuni*) *scapum nova nupta sedere iubebatur.* Vgl. G. Radke, Götter 225f. (s. u. S. 269).

⁵⁴⁸ Plin. n. h. 28, 39. *religione tutatur et fascinus..., qui deus inter sacra Romana Vestalibus colitur.*

deutet K. Vahlert[549] an; sie beurteilt jedoch m. E. den „magischen" Vorgang nicht zutreffend.

Obwohl bei diesen Vorgängen ebenso ein Gott gleichsam an die Stelle des menschlichen Partners tritt oder gesetzt wird, ist der Unterschied in der grundlegenden Auffassung doch tiefgreifend. Im Falle der religiösen Prostitution wird der Dienst des jungfräulichen Mädchens durch die Angst des Mannes vor dem Tabu verursacht, während der Sturz vom Felsen die Trägerin immaterieller Verunreinigung beseitigen soll, die durch ihr vorausgegangenes Verhalten eine Gefahr für die Gemeinschaft bedeuten könnte. Die einzige zwischen beiden Vorgängen zu beobachtende Übereinstimmung wird durch den Tod des Kindes geschaffen: Man wirft es mit der Mutter ins Meer oder man tötet den Erstgeborenen in Form eines Opfers; das ist ein Akt, der dadurch verständlich wird, daß es sich nicht um das Kind des Ehemannes, sondern um den Bastard eines Fremden, um die Frucht der Prostitution handelt. Folgerichtig konnten die Hebräer das Kinderopfer abschaffen – im Alten Testament Gen. 22, 1ff. geschieht das anläßlich der geplanten, aber nicht vollzogenen Opferung Isaaks –, weil ihnen eine religiöse Prostitution unbekannt war.

Der Ausdruck „Kind der Jungfrau"[550] will veranschaulichen, daß man den Fehltritt – mit diesem Worte ist schon die grundsätzliche Einstellung der Gesellschaft umschrieben –, daß man also die unstatthafte Hingabe des jungen Mädchens durch das Wunder seiner Verbindung mit einem Gotte zu erklären suchte, die nicht wie bei einer „heiligen Hochzeit" bewußt herbeigeführt wird, sondern die man als Ausrede braucht. Diese Vorstellung verhüllt nicht nur die Beseitigung der jungen „Sünderin" unter dem Schleier eines Kultaktes, sondern birgt auch die Möglichkeit, diesem Gotteskinde in der Mythologie eine besondere Rolle zuzuschreiben. Perseus, Sohn der Danae, Telephos, Sohn der Auge, Anios, Sohn der Rhoio, wurden bedeutende Gestalten der Sage und Geschichte; aber auch Herakles, die Dioskuren und Dionysos waren Söhne von

---

[549] K. Vahlert, Mutunus Tutunus, in: RE XVI 986f.
[550] Zu dieser Formulierung vgl. G. Radke, Das Mädchen von Salakia, in: Würzb. Jbb. 3, 1948, 95ff. 436. Das Kind der Jungfrau, in: Berliner Hefte 4, 1949, 525ff. Polykrite: in: RE XXI 1753ff. Prokris: in: RE XXIII 600ff. Götter 332f. Acca Larentia und die fratres Arvales, in: ANRW 1, 2 (1972), 430ff. Die dei penates und Vesta, in: ANRW 2, 17, 1 (1981), 366f.

Göttern mit sterblichen Frauen. Daran kann man die Macht der Mythologie erkennen, der es gelang, einer durchaus menschlichen Begebenheit den Charakter einer heiligen Geschichte zu geben. Gottessohnschaft und Jungfrauengeburt sind Glaubensinhalte, die man in ihrer Tragweite beobachten kann, in ihrer Ernsthaftigkeit aber anerkennen muß.

Die vorangehenden Erörterungen waren notwendig, um den vollen Umfang der Vorstellungen zu beschreiben, die sich aus den Maßnahmen erklären lassen, die ergriffen wurden, wenn ein Mädchen außerhalb der Gesetze und Gewohnheiten der Gemeinschaft und gegen den Willen der Eltern eine Bindung mit einem Fremden einging. Die Gefahrenträgerin wurde beseitigt. Da eine drohende Gefahr aber auch durch ein Jungfrauenopfer abgewehrt werden konnte, flossen beide Vorstellungen ineinander: So konnte man auf den Gedanken kommen, Mädchen abzusondern, die im Augenblicke einer Gefahr geopfert werden konnten. Um das der Gemeinde verständlich zu machen, motivierte man die Tötung durch einen tatsächlichen oder auch nur angenommenen Akt der Unkeuschheit, des Inzests. Die Tötung selbst fand in der Form der Beseitigung statt.

Die charakteristischen Züge dieser Vorgänge, deren einstige Realität innerhalb der Gesellschaftsordnung durch die dichterische Schilderung der griechischen Mythologie weiterlebt und bekannt geblieben ist, finden sich in der Einrichtung des Dienstes der römischen Vestalen wieder. Die zusammengehörigen Fakten sind der *incestus*,[551] d. h. die Übertretung der ihnen als *lex divinitus lata*[552] vorgeschriebenen ἁγνεία τριακονταέτις,[553] und ihre daraufhin erfolgende Beseitigung durch Sturz vom Tarpeischen Felsen[554] oder

---

[551] Neben *incestum, incesti* (Val. Max. 8, 1 absol. 5: *incesti criminis rea.* Plin. n. h. 28, 12: *incesti deprecatio.* Liv. per. 14: *damnata incesti.* Isid. or. 5, 26, 24: *incesti iudicium*) gibt es auch ein Nomen nach der *u*-Deklination *incestus, incestus* (Gell. 13, 21, 20: *in manifesto incestu*).

[552] CIL VI 32424.

[553] Plut. Numa 10, 2. Dion. Hal. ant. 2, 67, 2.

[554] Sen. controv. 3, 1 praef. *incesta saxo deiciatur. Incesti damnata antequam deiceretur de saxo, invocavit Vestam. Deiecta vixit. Repetitur ad poenam.* ebd. 1 *damnata est quia incesta erat, deiecta est quia damnata erat, repetenda est quia et incesta et deiecta est.* ebd. 6 *ab Tarpeio ad Vestam... a templo ad saxum, a saxo ad templum.* ebd. 7 *damnata deiecta est: absoluta descendit.* Isid. or. 5, 26, 24 *incesti iudicium in virgines sacratas vel in propinquas sanguine constitutum.* Quint. inst. 7, 8, 3f. *ut praecipi-*

durch Lebendigbegraben auf dem *sceleratus campus* an der *porta Collina*,[555] zwei Arten der Tötung, bei denen niemand Hand anzulegen brauchte. Dieser Gedankengang ist schon antik; vgl. Plut. quaest. Rom. 96: ἢ σῶμα ταῖς μεγίσταις καθωσιωμένον ἁγιστείαις ἀναιρεῖν καὶ προσφέρειν ἱερᾷ γυναικὶ χείρας οὐ θεμιτὸν ἐνόμιζον; αὐτὴν οὖν ἀποθανεῖν μηχανώμενοι δι' αὐτῆς κατεβίβαζον ὑπὸ γῆν εἰς οἴκημα... Es kommt hinzu, daß auch in Rom die Vestalen wie in Ilion die lokrischen Mädchen sozusagen für diese Maßnahme im Tempeldienst zur Verfügung gehalten wurden, falls eine solche sich als notwendig erwies. Das trat immer dann ein, wenn man fürchtete, der Staat sei von irgendeinem Unglück bedroht; diese Gefahr wurde durch Prodigien angezeigt, die entweder mit dem Vestaleninzest zusammenhingen wie das Verlöschen des von ihnen gehüteten Feuers[556] oder sich auf andere unerklärliche Ereignisse bezogen und die Befragung der *libri Sibyllini* notwendig machten: *Responsum infamiam virginibus... portendi* (Obsequ. 37) war eine der möglichen Antworten. Damit war das ursprüngliche Motiv, die Ursache der Ordnungswidrigkeit aus dem Wege zu räumen, überholt: Beseitigung einer Schuldigen und ehrenvolles freiwilliges Opfer für das Vaterland hatten sich in der Organisation der Maßnahmen vermischt.

Mag in manchen Fällen auch eine Vestale den „Opfergang" angetreten haben, die das Keuschheitsgebot verletzt hatte, so traf dieses Los sicherlich oft auch Unschuldige, nur weil der Glaube an die Wirksamkeit des Rituals es erforderte. Als im Jahre 114 v. Chr. drei Vestalen *de incesto* angeklagt waren, zwei von ihnen aber vom *pontifex maximus* und dem *collegium pontificum* freigesprochen und nur eine verurteilt wurde, nahm das Volk sein originäres Recht in Anspruch, hob dieses Urteil als irrig auf und wählte den wegen seiner Strenge berüchtigten L. Cassius, *qui de eis virginibus quaere-*

---

tetur incesta lex est. Mit Sicherheit ist Horat. c. 3, 30, 8f. *(Capitolium scandet cum tacita virgine pontifex)* als letzter Weg zur *rupes Tarpeia* zu verstehen.

[555] Fest. 277, 10 ff. L. *probrum virginis Vestalis ut capite puniretur, vir, qui eam incestavisset, verberibus necaretur: lex fixa in atrio Libertatis* etc. Plut. Numa 10, 8 ff. quaest. Roman. 96. Dion. Hal. ant. 2, 67, 4. Liv. 8, 15, 8. Serv. Aen. 11, 206. Fest. 448, 31 ff. L. *Sceleratus campus appellabatur prope portam Collinam, in quo virgines Vestales, quae incestum fecerunt, defossae sunt vivae.*

[556] Vgl. Dion. Hal. ant. 2, 57, 5.

ret;[557] wie erwartet kam es zum Schuldspruch für alle Betroffenen. Der Fall der drei Vestalen Aemilia, Marcia und Licinia zeigt nicht als einziges Beispiel die Zuständigkeit des *populus Romanus* und seiner Magistrate als letzter Instanz: Während über sie ein negatives Urteil erging, kamen Tuccia, eine andere Aemilia und Claudia Quinta mit dem Leben davon, ohne daß man von einer *provocatio ad populum* sprechen dürfte. Sie hatten das Volk durch Wunder zu ihren Gunsten überzeugen können: Tuccia brachte unter der Begeisterung der Menge in einem Siebe Wasser vom Tiber auf das Forum und schüttete es da dem *pontifex maximus* – doch wohl dem, der sie für schuldig befunden hatte – vor die Füße;[558] Aemilia rief durch ihr Gebet an Vesta neues Feuer auf den Altar und erwies so ihre Unschuld;[559] beim Einzug der *Mater magna* in Rom löste Claudia Quinta das festgefahrene Schiff: *Claudia praecedit laeto celeberrima vultu credita vix tandem teste pudica dea.*[560] Auch die *sortitio* der Vestalen fand in der Öffentlichkeit des Volks vor einer *contio* statt.[561]

Kaiser Domitian hatte den Wunsch, die *Vestalis maxima* Cornelia lebendig zu begraben, weil er glaubte, seine Regierungszeit könne durch ein Beispiel solcher Art an Ruhm gewinnen.[562] Als der Kaiser, wie es sich nach dem *ritus* für ihn als *pontifex maximus* gehörte,[563] die Hand reichen wollte, um ihr beim Hinabsteigen in die Grube zu helfen, stieß sie ihn empört zurück: *foedum contagium quasi plane a casto puroque corpore novissima sanctitate reiecit.*[564] Das sind zwei Einzelfälle, die aber die Zusammenhänge beleuchten.

Am auffälligsten sind die besonderen Merkmale im Leben der Vestalen: Aus einer vom *pontifex maximus* unter Beachtung bestimmter Voraussetzungen ausgewählten Gruppe von zwanzig Mädchen zwischen sechs und zehn Jahren wurde eine ausgelost und dann – ebenfalls vom *pontifex maximus* – „gegriffen". Die Schwester einer

[557] Ascon. Cic. Mil. 32 p. 45f. Clark.
[558] Dion. Hal. ant. 2, 69, 2. Val. Max. 8, 1 absol. 5. Plin. n. h. 28, 12.
[559] Dion. Hal. ant. 2, 68, 4f. Val. Max. 1, 1, 7. Propert. 4, 11, 53f.
[560] Ovid. fast. 4, 343f.
[561] Lex Papia bei Gell. 1, 12, 11.
[562] Plin. epist. 4, 11, 6.
[563] Plut. Numa 10, 12.
[564] Plin. epist. 4, 11, 9 (mit *carnifex* dürfte nicht der berufliche Henker, sondern der Kaiser in böser Beschimpfung gemeint sein; anders C. Koch, in: RE VIII A 1751). Suet. Domit. 8, 4.

Vestale, die Töchter verschiedener Priester – außer der eines *pontifex* – und die *sponsa pontificis* waren davon befreit.[565] Mit der *captio* schied die Vestale *sine emancipatione ac sine capitis minutione e patris potestate* aus.[566] Das ist außergewöhnlich und bedarf sonst eines umständlichen Verfahrens;[567] damit ist verbunden, daß sie *neque heres est cuiquam intestato neque intestatae quisquam, sed bona eius in publicum redigi aiunt*.[568] Für die letztgenannte Regelung kennt die römische Überlieferung als Beispiele die Hinterlassenschaft der Vestalen Gaia Taracia[569] und Fufetia,[570] aber auch der *meretrices* Flora[571] und Acca Larentia,[572] die beide göttlichen Rang erhielten. Auch die Vorstellung einer *adoptio* oder einer *coemptio* entfällt bei diesem Verfahren, da sie stets mit einer *deminutio capitis* verbunden wären.[573] Auf der Straße geht der Vestale ein *lictor* voraus;[574] zu kultischen Verrichtungen darf sie ein *plostrum* benutzen.[575] Nicht erzwungen werden darf eine Eidesleistung der Vestale.[576] Die Begegnung mit einer Vestale rettet einem zur Hinrichtung geführten Verbrecher das Leben.[577] Sie nimmt im Leben Roms eine besondere Stellung ein.

Die feierlichen Worte, die der *pontifex maximus* zu sagen hat, wenn er die Jungfrau „greift", lauten: *Sacerdotem Vestalem, quae sacra faciat, quae ius sciet sacerdotem Vestalem facere pro populo Romano Quiritibus, uti quae optima lege fuit, ita te, amata capio*.[578]

---

[565] Gell. 1, 12, 7. Cass. Dio 55, 22, 5.
[566] Gell. 1, 12, 9. Gai. inst. 1, 130; zur *capitis deminutio* vgl. Paul. Fest. 61, 25 ff. L.
[567] M. Kaser, Das röm. Privatrecht I, 1955, 61.
[568] Gell. 1, 12, 18. Plut. Numa 10, 5.
[569] Plin. n. h. 34, 25. Gell. 7, 7, 4; bei Plut. Poplic. 8, 8 heißt sie Tarquinia.
[570] Plin. a. O. *Taraciae Gaiae sive Fufetiae virgini Vestali*. Gell. 7, 7, 1 *Gaiae Taraciae sive illa Fufetia est*; vgl. L. Euing, Die Sage von Tanaquil 40 ff.
[571] Lactant. inst. 1, 20, 6. Schol. Iuven. 6, 250.
[572] Gell. 7, 7, 6 f.
[573] M. Kaser a. O. 235.
[574] Plut. Numa 10, 6.
[575] Lex Iul. municip. CIL I² 593 Z. 62 f. Tac. ann. 12, 42, 2.
[576] Gell. 10, 15, 31.
[577] Plut. Numa 10, 6.
[578] Gell. 1, 12, 14. Gai. inst. 1, 130. Zu der Formulierung *optima lege* vgl. Fest.: 216; 11 ff. L. Liv. 9, 34, 11. Cic. leg. agr. 2, 29.

Unter diesen *sacra* sind das Totenopfer am 13. Februar,[579] das Verbrennen der Kalbsföten an den Fordicidia,[580] das Schneiden der Speltähren zur Bereitung der *mola salsa*,[581] das Werfen der Argeerpuppen,[582] das mit dem *flamen Quirinalis* gemeinsame Opfer bei dem unterirdischen Altare des Consus,[583] das mit dem *pontifex maximus* gemeinsame Opfer an *Ops Consiva* in der *regia*,[584] die Feier des Festes der *Bona dea*,[585] die Anrufung des *Apollo medicus*,[586] die Verteilung von „Heilmitteln" an den Parilia[587] und die Verehrung des *fascinus*.[588] Es dürfte kein Zufall sein, daß die Vestale in dieser Formel als *sacerdos Vestalis* und nicht als *virgo Vestalis* bezeichnet wird; daß der *pontifex maximus* sie als *amata* ansprach, ist unterschiedlich gedeutet worden.[589] Auffällig ist, daß von der Bewachung des heiligen Feuers keine Rede ist; auch in der Überlieferung wird sie nur als böses Vorzeichen und als Grund für die Bestrafung einer unachtsamen Vestale erwähnt.[590]

Wegen dieser Funktionen hatte Th. Mommsen in den Vestalen „gleichsam die Haustöchter des römischen Volkes"[591] sehen wollen. Da die Tracht der Vestale als die der römischen Braut gedeutet wurde,[592] hielt man sie für die Nachfolgerin der Königin oder die fiktive Ehefrau des *pontifex maximus* als Nachfolger des Königs in

---

[579] Philocal. CIL I² p. 258 *virgo Vesta parentat*. Zu dieser und den in den folgenden Anmerkungen (580–588) genannten Maßnahmen vgl. G. Radke, Götter 329.

[580] Ovid. fast. 4, 63 ff.

[581] Serv. auct. ecl. 8, 82.

[582] Ovid. fast. 5, 621 f. Paul. Fest. 14, 22 f. L. Dion. Hal. ant. 1, 38, 3. Plut. quaest. Roman. 32. G. Radke, Beobachtungen 325 f.

[583] Tertull. spect. 5.

[584] Varro, l. l. 6, 21. Fast. Arval. CIL I² p. 215.

[585] Cic. harusp. 37. Att. 1, 13, 3. Cass. Dio 37, 45, 1. Plut. Cic. 19.

[586] Macrob. sat. 1, 17, 15.

[587] Ovid. fast. 4, 731 ff.

[588] Plin. n. h. 28, 39 *colitur*.

[589] A. von Blumenthal, in: RhM 87, 1938, 87. W. Schulze, EN 121. 125. L. Euing a. O. 49 f. H. Dragendorff, Die Amtstracht der Vestalinnen, in: RhM 51, 1896, 299 sieht darin ein Zeugnis für ursprünglichen Brautraub.

[590] Paul. Fest. 94, 1 ff. L. Liv. 28, 11, 6. Obsequ. 8. Dion. Hal. ant. 2, 67, 5. Plut. Numa 10, 7. Lyd. mens. frg. 6 p. 180, 4 W.

[591] Th. Mommsen, RG 1, 186. RF 1, 80. Strafr. 18. Auf die Töchter des Königs bezogen: ders. Röm. Staatsrecht II³ 54.

[592] H. Dragendorff a. O. 281 ff. Zum Haaropfer vgl. Plin. n. h. 16, 235.

sakralen Dingen.[593] Dem wurde entgegnet, „eine Deutung, die den einzig sicheren Anhaltspunkt, die Bezeichnung *virgines*, in ihr Gegenteil umdreht",[594] sei nicht annehmbar. Damit wurde die Möglichkeit wiedereröffnet, die Verurteilung der Vestale entspreche dem Verfahren wegen Vergehens der Blutschande und werde vom *pontifex maximus* nur wegen der kultischen Kompetenz durchgeführt.[595] H. Hommel griff die Mommsensche Vorstellung wieder auf und sah im *pontifex maximus* den *pater familias*, dem das *iudicium domesticum* zustand; er erweiterte die Vorstellung jedoch durch die Gegenüberstellung eines sozialen und eines natürlichen Aspekts, der sich aus der sexuellen Rolle der Vestale ergebe.[596] F. Hampl erörterte die Möglichkeit, in der Tötung der Vestale eine Überantwortung der „Gottesbraut" an ihren göttlichen Partner zu sehen, versuchte aber nachzuweisen, daß dieser göttliche Partner durch den irdischen *pontifex maximus* zu einer Art „heiliger Hochzeit" vertreten werde.[597] Er stützt sich dabei auf das Zeugnis bei Plut. Num. 10, 7, wonach bei anderen Verfehlungen die Frevlerin in einem dunklen Raume nackt, hinter einem ausgespannten Leinentuch, vom *pontifex maximus* selbst mit Schlägen gezüchtigt wurde. Dieser Ritus könne Bezug auf einen Vorgang haben, „den man als die Fortsetzung der von Gellius erzählten Besitzergreifung der angehenden Vestalin durch den stellvertretend für den Gott agierenden Pontifex Maximus bezeichnen kann"[598]. Selbst den Rutenschlägen müsse dann kathartische oder apotropäische Bedeu-

---

[593] L. Deubner, Römer 450. G. Wissowa, Rel.² 158, 7. 509, 5. Myth. Lex. 6, 260 ff. Als *prodigium* angesehen in: ARW 22, 1924, 201 ff. Fehrle, Die kultische Keuschheit im Altertum, RGVV 216 f. sieht in der *castitas* der Vestale ein Zeichen ehelicher Keuschheit.

[594] C. Koch a. O. 1742.

[595] C. Koch, Vesta, in: RE VIII A 1748 f. Die Mitwirkung des *pontifex maximus* diene der „Gemeindeentsühnung" *ex legibus Tulli regis* (Tac. ann. 12, 8, 1).

[596] H. Hommel, Vesta und die frührömische Religion, in: ANRW 1, 2 (1972), 419 f.

[597] F. Hampl, Zum Ritus des Lebendigbegrabens von Vestalinnen, in: Festschrift Robert Muth, Beiträge zur Kulturwissenschaft 22, 1983, 165 ff.

[598] F. Hampl a. O. 173. Auch Lyd. mens. frg. 6 p. 180 1 W. berichtet, daß der *pontifex maximus* selbst die unachtsame Vestale züchtigte. Zur Verdunkelung des Raumes, in dem diese erfolgte, weist Hampl wenig überzeugend auf einen entsprechenden Hochzeitsbrauch hin, den Plut. quaest. Rom. 65 bezeugt.

tung beigemessen werden. Dabei wird freilich übersehen, daß die Ursache dieser Züchtigung nichts mit der im Falle des Inzests zu erfolgenden Tötung zu tun hat, allein aber an dieser die Rolle der Vestale verstanden werden muß. Die besonderen Vorkehrungen bei der vorgenannten Maßnahme sollen m. E. jeden Verdacht geschlechtlichen Kontaktes trotz der körperlichen Nähe fernhalten. An eine „heilige Hochzeit" zu denken ist schon wegen der Schläge seitens des „Partners" ausgeschlossen.

Unter die der Vestale zu Lebzeiten erwiesenen Ehren gehört es auch, daß die *lictores* aller Beamten vor ihr die *fasces* senken, was sie sonst nur tun, wenn ihr *magistratus* zum *populus Romanus* spricht,[599] wenn er einem Beamten mit höherem *imperium* begegnet[600] und wenn er an einem *funus* teilnimmt.[601] Da die Vestale weder als höherer *magistratus* noch als Repräsentant des *populus* angesprochen werden kann, bleibt zur Deutung dieser Ausnahmen nur übrig, sie als eine – noch lebende – Tote zu verstehen. So erklären sich auch die sonst ungerechtfertigten juristischen Folgen ihrer *captio*. Wie sie als kultisch „Tote" noch in der Stadt „lebt", kann sie auch innerhalb ihrer Mauern nach ihrem wirklichen Tode – sei es nun beim natürlichen Hinscheiden oder sei es nach der grausamen Beseitigung einer *incesta* – bestattet werden; dieses Sonderrecht haben allein die Vestalen – später auch die römischen Kaiser –, weil sie außerhalb der Gesetze stehen: *imperatores et virgines Vestales, quia legibus non tenentur, in civitae habent sepulcra.*[602] Einem Grabe entspricht in ihrer Rundform auch die *aedes Vestae*, die innerhalb einer alten Nekropole liegt.[603] Bei dieser Auffassung ist die hohe Ehrenbezeigung zu beachten, die die zum Tode auf dem *sceleratus campus* geführte Vestale erfährt; sie trägt ihre *stola*, und der *pontifex maximus* geleitet sie bis zu der Leiter hinab ins Grab.[604] Die

---

[599] Liv. 2, 7, 7. Val. Max. 4, 1, 1; E. Samter, Fasces, in: RE VI 2005.

[600] Plin. n. h. 7, 112. Cic. Brut. 22. Dion. Hal. ant. 8, 44.

[601] Tac. ann. 3, 2, 2.

[602] Serv. Aen. 11, 206.

[603] Nach F. von Duhn, Ital. Gräberkunde 1, 414, liegt der Vesta-Tempel am Rande einer alten Nekropole; vgl. F. Altheim, RRG 1, 1931, 71. Zum Rundbau vgl. Fest. 320, 12 ff. L. Ovid. fast. 6, 263 ff. Plut. Numa 11, 1. Ich halte die Bauform für eine Nachahmung des italischen Grabtypus, nicht für ein Wohnhüttenmodell (C. Koch a. O. 1727).

[604] Zum Hergang der *pompa funebris* (F. Bömer, pompa, in: RE XXI 1984) vgl. Plut. Numa 10, 9 ff. Dion. Hal. ant. 2, 67, 4. Besonders bemerkenswert ist – nächst dem Schweigen – das weitestgehende Verhüllen und

Erinnerung an ihren Namen wird nicht unterdrückt, sondern in offenbar ehrenvoll dankbarer Erinnerung in den Annalen aufbewahrt.

Die Stellung der Vestale darf weder als die einer Königstochter oder Hausfrau am Königsherd noch als die einer Vergehens halber Verurteilten verstanden werden, wie das meist geschieht. Die runde *aedes,* in der sie Dienst tut, erinnert an die alte Grabform;[605] ihre rechtliche Stellung außerhalb der Bindung der Gesetze (s. o. Anm. 602), ihr Ausscheiden aus der *patria potestas* bei Antritt ihres Priesteramtes, die ihr dargebrachten Ehrerweisungen seitens der Magistrate, ihre „Beseitigung" durch Sturz vom Tarpeischen Felsen oder durch Lebendigbegraben, beides unter größter Ehrerbietung seitens des *pontifex maximus* sowie bei Beachtung völligen Schweigens[606] sowie das Fehlen eines Totenopfers, das offenbar bei ihrem Eintritt in den Dienst der Vesta an ihr vollzogen wurde,[607] haben die Auffassung begründet, es handele sich bei der Vestale um eine „lebendige Tote", der allein[608] der Zugang zu dem Grabe offenstand, an das die Form des Vesta-Tempels erinnert.

Verstecken der Vestale in der Tragbahre. Sie behält ihre *stola* (Plin. epist. 4, 11, 9). Zum Unterschied davon wurde ihr nach Dion. Hal. ant. 8, 89, 5 (zum Inzest der Opimia im Jahre 483 v. Chr.) die Priesterbinde abgerissen.

[605] G. Radke, Götter 328, erinnert an die ebenfalls runde ἑστία κοινή von Mantinea, die nach Pausan. 8, 9, 5 als Grab der mythischen Stadtgründerin Antinoe (ebd. 8, 8, 4) angesehen wurde und in deren Nähe ein „ewiges Feuer" brannte (ebd. 8, 9, 2).

[606] Plut. Numa 10, 10; vgl. Horat. c. 3, 30, 8f. *Capitolium scandet cum tacita virgine pontifex.*

[607] Nach Dion. Hal. ant. 2, 67, 4 erhält die lebendig begrabene Vestale kein Totenopfer, wohingegen Plut. quaest. Roman. 96 ein solches bezeugt. Die Formulierung *virgines sacratas* (Isid. or. 5, 26, 24) weist auf Vollzug einer rituellen Zueignung hin.

[608] Die Angaben bei Dion. Hal. ant. 2, 67, 1, wonach tagsüber niemand, nachts jedoch die Männer am Zutritt zur *aedes* gehindert wurden, bezieht sich auf das *atrium Vestae,* nicht den Tempel. Daß dieses Verbot selbst für den *pontifex maximus* galt, lehrt die Erzählung von der Erblindung des Caecilius Metellus, der im Jahre 241 v. Chr. bei einem Tempelbrand den Vestalen beim Bergen der *sacra* half (Ovid. fast. 6, 437 ff.). Daß die römischen Frauen „in den Tagen der Tempelreinigung vom 7.–15. Juni" (G. Wissowa, Rel.² 250f.) Zutritt zum Tempel der *Vesta* hatten, wird allein aus der Nachricht bei Ovid. fast. 6, 395 ff. von einer Matrone geschlossen, die am Tage der Vestalia barfuß über die Nova via ging; das Aition, das Ovid gibt (früher sei hier Sumpf gewesen, den man nur unbeschuht habe

Dann sind die Vestalen also Mädchen, die wie die lokrischen Jungfrauen in Ilion unter Innehaltung mannigfacher Tabus für ein aus gegebenem Anlaß notwendiges Opfer *pro salute populi Romani* aufbewahrt werden: In der alten mittelmeerischen Gesellschaft wurde das Mädchen, das sich außerhalb der Ordnung ihrer Familie und Gemeinde mit einem Außenstehenden, Fremden eingelassen hatte, unter der fingierten Voraussetzung, dieser Fremde sei ein Gott gewesen, diesem angeblichen Gotte durch eine „indirekte Tötung", d. h. durch Steinigung, Lebendigbegraben – zur Gleichwertigkeit beider Maßnahmen vgl. die Androhung der Steinigung bei Soph. Ant. 35 f. und die Ausführung des Einmauerns ebd. 773 ff. – oder Felsensturz überantwortet, um die Übertretung der althergebrachten Lebensordnung nicht zum Schaden für die Gemeinschaft werden zu lassen. Der soziale Aspekt scheint die Vermutung zu rechtfertigen, daß die Einrichtung, die Frevlerin an der Ordnung zu beseitigen, mittelmeerischer Herkunft ist. Diese Maßnahme wird gleichsam stellvertretend auf einen kleinen Kreis junger Frauen beschränkt, die während ihres Gottesdienstes höchste Ehren erfuhren, im Fall des Bedarfes eines solchen Opfers jedoch als „Gottesbraut" – wie man im Mittelalter den als Hexen verdächtigten Frauen Umgang mit dem Teufel vorwarf – aus dem Wege geräumt werden; der ihnen jeweils vorgeworfene Inzest – unabhängig von seinem wirklichen Vollzug – bot demnach nur eine gleichsam „historische" Begründung. Der Gebrauch des Wortes „Gottesbraut" soll in diesem Zusammenhang lediglich an die soziale Vorgeschichte der Vorgänge erinnern und hat nichts mit einer „heiligen Hochzeit" zu tun, wie das gelegentlich angenommen wurde.

Das Musterbeispiel einer Vestale, die sich durch ihre Verbindung mit einem „Gotte" außerhalb der Gesellschaftsordnung gestellt hatte, ist Rhea Silvia oder Ilia, deren Sturz in den Fluß mit den zahlreichen Beispielen aus griechischer Mythologie (s. o. S. 264 ff.) übereinstimmt; in ihnen dient die „heilige Legende", die dem Roman vorausgeht, lediglich der Erklärung eines Kultaktes. Es geht dabei ursprünglich nicht einmal um die Verletzung der Keuschheit – auch wenn die spätere Auslegung der Umstände diese in den Vordergrund rückt: *Silvia fit mater; Vestae simulacra feruntur virgineas*

durchqueren können), rechtfertigt keine Verbindung mit dem Besuch des Tempels, zumal die im Kalender vermerkte Öffnung nicht auf ihn, sondern den *penus* „Vorrat" bezogen werden muß; vgl. Serv. auct. Aen. 3, 12: *penus Vestae claudi et aperiri dicitur.*

oculis opposuisse manus (Ovid. fast. 3, 45f.) –, sondern in erster Linie um den Verstoß gegen die Sippenordnung; andernfalls hätte das römische Volk die Erbschaften der berühmten *meretrices* Acca Larentia und Flora (s. o. S. 129) nicht so dankbar annehmen dürfen. Wie eine solche sich als Opfer darstellende Maßnahme als Bereinigung des Bruchs der Gesellschaftsordnung entstand, führte sie sekundär auch zur Abwendung einer drohenden oder schon bestehenden Gefahr: Freiwillige Mädchenopfer schützten – sicherlich nicht nur in den vorstehend gesammelten mythologischen Beispielen – in Feindes- und Krankheitsnot.

Was man aus Angst vor einem Unglück als vermutete Folge des Fehltritts getan hatte, das mußte auch als hilfreich angesehen werden können, wenn das Unheil eintrat, auch ohne daß es durch eine ἀθεμιτομιξία veranlaßt worden war. Bei der Vestale verbindet sich beides, wenn auch scheinbar in umgekehrter Reihenfolge.

Eine Bedrohung des römischen Volkes wird durch ein *prodigium* angezeigt, das die Einsichtnahme in die *libri Sibyllini* als notwendig erscheinen läßt; da es nicht deren Aufgabe ist, einen unklaren Sachverhalt zu deuten oder Zukünftiges vorauszusagen (s. o. S. 64), kann die im Jahre 114 v. Chr. gegebene Antwort *infamiam virginibus et equestri ordini portendi* nicht der Deutung des Vorzeichens gedient haben, sondern enthält den von den *libri* erwarteten Rat zur Wiederherstellung der *pax deum*. So heißt es in dem Bericht auch weiter als Folge des sibyllinischen *responsum: Tres uno tempore virgines Vestales nobilissimae cum aliquot equitibus Romanis incesti poenas subierunt;*[609] nicht ihre Entdeckung, sondern der Vollzug der „Beseitigung" der Mädchen und der Bestrafung der *incestantes*[610] wird berichtet. Durch diese Maßnahme ist die drohende Gefahr abgewendet.

Aus der Art der von den Vestalen verwendeten Kultmittel vermutet C. Koch[611]: „Vesta muß ein betontes Interesse am Geheimnis der Fruchtbarkeit in der Welt gehabt haben"; auch H. Hommel[612] kommt zu dem Schluß, „daß in der Tat der phallische ,Naturaspekt', dem die altertümliche Feuererzeugung" – seitens der Vestalen – „beigesellt ist, der alleraltesten, sozusagen prähistorischen Schicht der Vestaverehrung zugehört, während der soziale Haus-

---

[609] Obsequ. 37.
[610] Zum Wortgebrauch vgl. Fest. 277, 11 L.
[611] C. Koch a. O. 1767.
[612] H. Hommel a. O. 419f.

und Großfamilienaspekt erst allmählich mit der Ausbildung einer patriarchalischen Sippenorganisation aufkommen und dominant werden konnte". Wenn ich auch die Beweisführung – Vergleich der Feuerherstellung durch das Reiben des *lignum* auf der *ara* mit dem Geschlechtsakt – nicht nachzuvollziehen vermag, stimme ich dem Ergebnis dieser Untersuchungen zu. Vielleicht ist es auch kein Zufall, daß im Feriale Cumanum[613] an Geburtstagen von Mitgliedern des Kaiserhauses gerade für Vesta *supplicationes* vorgeschrieben sind. An einer engen Verbindung der beiden Sphären – der stofflich-elementaren, wie sie sich im Herdfeuer ausdrückt, und der geschlechtlichen – ist nicht zu zweifeln: Alle in den Legenden am Herde empfangenen Söhne sind Jungfernsöhne.[614] Offenbar ein „Kind der Jungfrau" hält die Mädchenstatuette im Arm, die auf dem Dach des Vestatempels stand.[615]

Hierher gehört eine apokryphe Geschichte: Der zwar mehrfach bezeugte, aber recht zweifelhafte Pythokles von Samos[616] berichtet im Sinne des Opfers der Iphigeneia in Aulis, vor Beginn des Ersten Punischen Krieges habe ein Praetor Metellus verabsäumt, der Vesta zu opfern, worauf der Wind der römischen Flotte entgegenwehte und sie an der Innehaltung des Kurses hinderte; die Auskunft des Sehers C. Iulius Nepos lautete, das werde sich erst ändern, wenn er seine Tochter opfere. Der römische Feldherr ließ daraufhin Metella – warum nicht Caecilia? – kommen, um sie der Vesta zu opfern; die Göttin unterschob an ihrer Stelle ein Kalb und machte das Mädchen zur Priesterin der in Lanuvium verehrten Schlange. Es darf nicht übersehen werden, daß im dortigen Iuno-Kulte eine Jungfrauenprobe üblich ist.[617] Immerhin liegt hier die Vorstellung des Ablösungsopfers vor; dieses wird aber in den Bereich des Vesta-Kultes einbezogen.

---

[613] CIL I² p. 229 zum 24. Mai, 23. September, 7. Oktober, 16. November.

[614] Vgl. L. Euing a. O. 37f.

[615] Alberic. imag. deor. 17: *supra pinnaculum autem templi depicta erat ipsa Vesta in formam virginis infantem Iovem suo sinu fovens.* Ähnlichkeit des Textes bei Alberich (10. Jh.) mit dem bei Martian. Cap. 1, 72 ist nicht zu verkennen; Alberich geht jedoch in seiner Aussage über die des Martian. Cap. (5. Jh.) hinaus, kann also nicht aus ihm abgeschrieben haben.

[616] FGrH 833 F 1; vgl. K. Ziegler, Pythokles, in: RE XXIV 601.

[617] Ailian. hist. an. 11, 16. Propert. 4, 8, 3 ff. Ps. Plut. parall. min. 14; vgl. K. Latte, RRG 167. A. E. Gordon, The Cults of Lanuvium 1938, 37 ff. K.-D. Fabian a. O. 108.

Die Verehrung – auf eine Verehrung weist die Formulierung *colitur* ausdrücklich hin – des *fascinus* im Vestalendienst, die für die Zeit der Vestalia geltende sexuelle Enthaltsamkeit,[618] die Verbindung mit den verschiedenen in Latium erzählten Zeugungssagen[619] und das Epitheton, mit dem die Göttin selbst *mater* genannt wird,[620] sind längst gewürdigt worden. Zwei Gesichtspunkte dürfen noch ergänzt werden: Romulus wird deshalb nicht für den Gründer des Vestadienstes in Rom gehalten, weil das Schicksal seiner Mutter ihn die Bedrohung habe erkennen lassen, in der eine Vestale ständig schwebe.[621] Die zweite Beobachtung betrifft das Lebensalter der Priesterinnen, die ihren Dienst mit zehn Jahren aufnehmen und nach dreißig Amtsjahren ausscheiden können; mit einem Alter von vierzig Jahren darf man aber für die fragliche Zeit das Ende der Empfängnisfähigkeit annehmen. Das ihnen auferlegte Keuschheitsgebot war also eine Art Herausforderung, da es gerade die Jahre betraf, in denen sie ihre Rolle als Frau zu erfüllen vermochten. Es wird sich demnach nicht um ein Reinheitstabu gegenüber dem Dienst am ewig brennenden Feuer handeln, sondern um die Bewahrung der Reinheit für die potentielle „Gottesbraut": Sollte die Notwendigkeit eintreten, eine Vestale dem Gott – er bleibt namenlos wie der menschliche Partner; daß Rea Silvia mit Mars verbunden wird, ist historisierende Legendenbildung – zu überantworten, darf sie von niemand anderem als eben nur dem Gott berührt worden sein oder berührt werden. Diesem Gesichtspunkt dienen auch die Reinheitsvorschriften, die bei der Auswahl eines Mädchens zum Dienst als Vestale gelten, und die Vorsichtsmaßnahmen bei ihrer Züchtigung durch den Pontifex maximus (s. o. S. 277). Da in der *aedes Vestae* kein Kultbild steht, erfolgt ihr Dienst nicht unter den Augen der Göttin und ist auch in diesem Punkte dem der lokrischen Mädchen in Ilion vergleichbar: Diese nahten sich nicht der Göttin, säuberten und fegten das Heiligtum,

---

[618] Ovid. fast. 6, 231f. Plut. quaest. Roman. 86 (Enthaltsamkeit der *flaminica*); ebd. 633ff. (Heiratsverbot während der Vestalia).
[619] Zur Zeugung des Servius Tullius vgl. Ovid. fast. 6, 627ff. Plin. n. h. 36, 204. Dion. Hal. ant. 4, 2, 3. Plut. Fort. Roman. 10, zu der im Hause des albanischen Tarchetios vgl. Promathion FGrH 817 F 1 (= Plut. Rom. 2, 3ff.), zu der des Caeculus Serv. Aen. 7, 678. Schol. Veron. Aen. 7, 681. Myth. Vat. 1, 84. 2, 184. Solin. 2, 9, zum Zusammenhang F. Altheim, GG 51ff.
[620] Vgl. C. Koch a. O. 1767f.
[621] Dion. Hal. ant. 2, 65, 3.

gingen nicht aus dem Tempelbereich hinaus, wurden geschoren, trugen nur ein Gewand und liefen barfuß.[622]

Antike wie moderne Erklärungsversuche[623] zum Namen der Göttin vermögen nicht, eine Reihe von Widersprüchen aufzulösen. Nach den vorstehenden Betrachtungen scheint es ratsam, die Deutung vom Namen der *virgo Vestalis* aus zu unternehmen. Da in ihrer Gestalt der Akt der im Widerspruch zu der Gesellschaftsordnung stehenden Zeugung, der ἀθεμιτομιξία, in unmittelbarer Form zum Ausdruck kommt, wird man in diesem Bereich nach einem Etymon suchen dürfen. Dem trägt mein Versuch Rechnung,[624] auf einen Stamm *u̯ers- zurückzugreifen, dem die Bedeutung „benetzen, befruchten, zeugen" zukommt, wie er in dem Worte *verres* und in griech. ἔρση „Tau" (vgl. altind. *varṣám* „Regen", *vṛṣah* „Stier") vorliegt. Auch umbrisch *vestikatu* „libato", *vesticia* „libamentum" lassen sich aus *u̯ers- „benetzen, befeuchten" erklären. Die dem Verständnis dienlichsten Beispiele sind jedoch die Wörter *investis* (< **in-u̯ers-tis*) und *vesticeps*, mit denen junge Männer vor Erreichen der Pubertät und in deren Besitz benannt werden.[625] Dazu gehört auch *curia*, ein Wort, das als **cŏ-u̯r̥s-iā* „Sippengemeinschaft"[626] zu verstehen ist. Für vergleichbar haben die attischen Ἐρσηφόρια zu gelten, deren Namen (Istros FGrH

---

[622] Apollod. epit. 6, 20 ff. Schol. Lykophr. 1159.

[623] Nach Ovid. fast. 6, 299. Arnob. 3, 32. Serv. Aen. 2, 296 von *vi* und *stare*, nach Varro b. August. civ. 7, 24 (vgl. Serv. Aen. 1, 292) von *vestire*; für Cic. nat. deor. 2, 67. leg. 2, 29 ist Vesta ein griechischer Name. Diese Auffassung habe ich nie vertreten, wie F. Hampl a. O. mir vorwirft. Moderne Deutungen zusammengestellt bei C. Koch a. O. 1718 ff. G. Radke, Götter 334. Erwähnenswert scheint mir der Versuch, den Namen der Göttin mit etruskisch *verse* „Feuer" (Paul. Fest. 17, 16 ff. L.) in Verbindung zu bringen; ich kann ihm aber nicht zustimmen.

[624] G. Radke, Götter 334. Acca Larentia 433. Penates und Vesta 371. Vesta, in: KlP 5, 1227 ff. (Anerkennung der Herleitung bei K. Olzscha, Gnomon 38, 1966, 774).

[625] Paul. Fest. 506, 1 f. L.: *vesticeps puer, qui iam vestitus est pubertate; econtra investis, qui nec dum pubertate vestitus est* (die Verbindung mit *vestire* beruht auf irriger Volksetymologie). Gell. 5, 19, 8: *adrogari non potest nisi iam vesticeps*. Macrob. sat. 3, 8, 7: *Romani quoque pueros et puellas nobiles et investes camillos et camillas appellant*. Serv. Aen. 8, 659 *investis inberbis*. Non. 45 M. *investes dicuntur inpuberes*. Apul. metam. 5, 28. mag. 98. Pallad. 11; 14; 6. 8, 7. Tertull. anim. 56.

[626] Zur Ablehnung der bisherigen sprachlichen Herleitung des Wortes *curia* und zur Begründung einer Deutung aus dem Verbalstamme *u̯ers-

334 F 27) L. Deubner⁶²⁷ von dem der Arrephoria im Schol. Aristoph. Lys. 642 (τὰ ἄρρητα ἐν κίσταις ἔφερον) unterscheidet. Vermeidet man die offenbar in der Antike wie bei W. Burkert⁶²⁸ vorliegende Verwechslung zweier ähnlich klingender Namen und beschränkt man sich auf die ἐρρηφόροι (Hesych. s. v.), so kann man diese sehr gut mit Deubner als Tauträgerinnen verstehen, „wobei ‚Tau' zugleich auf Befruchtung und Nachwuchs deutet . . . Gespiegelt ist das Ritual im Mythos von den Töchtern des Kekrops". Das paßt zur Vorgeschichte der Vestalen.

Darf man voraussetzen, daß der Name der Vesta von einem Stamme *u̯ers- herleitbar ist, so wird die genauere Bedeutung durch das Suffix -ta bestimmt. Sieht man darin das Nomina actionis bildende, tontragende Suffix -tā́ wie in Morta, Horta, Prorsa (s. o. S. 213), hätte das unter Reduktion der Stammsilbe zu *u̯r̥s-tā́ > *Vosta führen müssen; wenn ich die Göttin gelegentlich als „Zeugung" beschrieben habe, so ist das zurückzunehmen: In -ta darf nur das zur Bildung der Part. Perf. Pass. verwendete unbetonte Suffix verstanden werden, so daß Vesta < *u̯ĕrs-ta „die Befruchtete" heißt. Man kann demnach in der Göttin das Ebenbild ihrer Dienerinnen, der Vestalen, sehen, oder man kann Vesta, „die Befruchtete", für ein Attribut der Erde, der terra, halten; auch hierfür lassen sich in den antiken Deutungen der Göttin Beispiele finden: Varro frg. 281 Cardauns bei August. civ. 7, 16. Geht man von der Vorstellung der ἀθεμιτομιξία aus, so läßt sich diese sehr gut mit allen Beobachtungen vereinen, die es ausschließen, daß die Römer an eheliche und verwandtschaftliche Beziehungen zwischen den von ihnen verehrten Gottheiten geglaubt haben sollten. Ihre Bedeutung käme dann nicht aus dem negativen Aspekt der Beseitigung, sondern gründete sich auf die Hilfe und Rettung, die, positiv gesehen, die Hingabe eines Mädchens an den unbekannten Fremden durch ihren Tod für die Gemeinschaft zu bringen vermochte. Der Tod der Gottheit zum Heile der Menschen ist ein vertretbarer Glaube.

Daß der Vesta an niedrigen Altären geopfert wird,⁶²⁹ ist ein Zeichen ihrer Nähe aber auch zu Gottheiten der Erde, zu denen die

---

„benetzen, befruchten, zeugen" als „Sippengemeinschaft" (*co-u̯r̥s-iā́) vgl. G. Radke, Quirinus collis, in: RE XXIV 1301. Rechtsbegriffe 17 ff.; vgl. K.-D. Fabian a. O. 95.

[627] L. Deubner, Attische Feste 13.
[628] W. Burkert, Griechische Religion 348.
[629] Vitruv. 4, 9, 1.

Vestale zurückkehrt, wenn sie den letzten Sinn ihres Dienstes durch ihren Tod auf dem *sceleratus campus* erfüllt. Die Rundform der *aedes Vestae* entspräche dem. Das Opfer der Vestale in der *regia* an Ops und im Kult der *Bona dea* sind ein deutlicher Hinweis auf die Beziehungen zum Bereich irdischer Fruchtbarkeit.[630] Besondere Beachtung verdient die Tatsache, daß die *aedes Vestae* kein *templum* besitzt und nicht inauguriert ist.[631] Dazu paßt die Bildlosigkeit ihres Kultes (s. o. S. 37 Anm. 90). Die *aedes Vestae* ist ein Grab.

Das besagt jedoch auf keinen Fall, daß es sich um einen Totenkult handele; es ist der Platz, an dem die eigentlich schon dem Tode überantworteten, aber noch lebenden Vestalen ihren Dienst versehen. Vesta, die Befruchtete, ist die Erde, sie ist aber auch die erste Jungfrau, die sich gegen das Gebot der Sippe aufgelehnt hat. Wie der Tod dieser Mädchen für die Gemeinde Sicherheit vor Gefahr und Errettung aus dem Unglück bringt, so gehören die Unterpfänder der Größe Roms zum *penus Vestae,* ihrem Vorrat, den keiner außer den Vestalen sehen darf.

---

[630] Varro, l. l. 6, 21 *(Ops).* Cic. harusp. 37 u. a. *(Bona dea).*
[631] Serv. Aen. 7, 153. Gell. 14, 7, 7.

IV. SPRACHE ALS WEGWEISER

Eine Schlußbetrachtung

Daß die Einwohnerschaft des alten Italien aus einer Vielzahl verschiedener Völker zusammengewachsen ist, wird heute allgemein angenommen. Dieser Vorgang der Verschmelzung spielte sich während einer langen Dauer im Laufe zahlreicher Einwanderungen als Überschichtung früherer, ihrerseits längst schon in sich gestaffelter Stämme und als Vermischung der Einwanderer untereinander ab. Die verhältnismäßig langsam verlaufenden Prozesse der Wanderungen wurden durch überfallartige Invasionen unterbrochen, wie der Einbruch der Gallier zur Wende vom 5. zum 4. Jahrhundert v. Chr. verdeutlicht; hierdurch wurden neue Bewegungen ausgelöst und ins Stocken geratene Veränderungen beschleunigt. Bei allen diesen Vorgängen vollzog sich kaum jemals ein endgültiger Bruch, sondern setzten stets nur erste Schritte bei den Verbindungen und Vertauschungen ein, die noch lange Spuren älterer Schichten hinterließen. Dementsprechend wurden auch Sprachen nicht von einem Tag zum anderen durch andere Idiome völlig ersetzt, sondern lediglich vermischt und durch gegenseitige Annäherung erst langsam verändert. Man kann gewisse Entwicklungen im italischen Sprachraum beobachten, die gemeinitalisch sind, und andere, die sich nicht allen Völkern der Halbinsel mitteilten: Gemeinitalisch beispielsweise ist der Übergang des Diphthonges -*eu*- zu -*ou*-, der erst nach der Ankunft der Griechen in Italien eingesetzt haben muß, da diese den Volksnamen der Λευκανοί kennenlernten, als dieser noch nicht durch den erwähnten Ablaut zu *lúvkana*- (E. Vetter, Handb. nr. 173) bzw. λουκανομ (ebd. nr. 200 F 1) und *Lūcani* geworden war. Die Lauterscheinung der Vokalschwächung kurzer Mittelsilben hingegen ist das Ergebnis der gemeinitalischen Anfangsbetonung lediglich im engen Bereich der lateinischen Sprache.

In groben Zügen dürfte man die Sprache von „Urbewohnern" als eine Art Grundlage voraussetzen, von der jedoch Spuren nur noch zu erraten sind; man hält beispielsweise den Namen Alba in der Bedeutung „Berg" für ein solches voritalisches Wort, das auch außerhalb Italiens zur Bildung von Ortsnamen beigetragen hat. Innerhalb der italischen Sprachen als zweiter großer Gruppe lassen sich räumlich wie zeitlich verschiedene Dialekte unterscheiden, woran sich die stufenweise Einwanderung erkennen läßt. Es kommt bei einer oberflächlichen Einteilung nicht darauf an, protitalische und altitalische Zeugnisse zu unterscheiden: Als altitalisch sehe ich das Altsabellische, das Sikulische, das Ausonische und das Opikische an; freilich sind das nur Namen, die mehr oder weniger willkürlich gewählt wurden. Erst mit dem Faliskischen und Lateinischen kommen Sprachen nach Italien, denen gegenüber Zeugnis und Namen in Einklang miteinander gebracht werden können. Das Umbrische besaß anfangs eine sehr große Ausdehnung, so daß man annehmen darf, daß verschiedene Völker diesen Dialekt gesprochen haben; zum Umbrischen gehört auch die Sprache der Volsker, die in einer Wanderung gegen Ende des 6. Jahrhunderts v. Chr. in die Wohnsitze der historischen Volsker gelangten. Auch das Sabinische hat sich weit ausgedehnt und wurde unter gewissen Veränderungen die Sprache der „oskisch" sprechenden Völker Mittel- und Süditaliens, durch die das Ausonische und Opikische verdrängt wurden. Italisch ist aber auch die Sprache der Veneter. Die dritte Gruppe wird durch die im eigentlichen Sinne fremden Sprachen Griechisch, Etruskisch, Ligurisch, Keltisch und Illyrisch-Messapisch gebildet.

Aus den Verschiebungen und gegenseitigen Beeinflussungen lassen sich Erkenntnisse gewinnen. Mehrfach[1] habe ich Daunus von Ardea, den König der Rutuler, erwähnt und darauf hingewiesen, daß beide Namensformen – *Daunus* < **dhaunos* und *Rŭtulus* < **r(o)udhḷlós* – der Sprache von Leuten verdankt werden, die die Media aspirata -*dh*- anlautend ohne Aspiration als *d*- und inlautend als Tenuis -*t*- sprachen. Während die erwähnte Gestaltung des Anlauts ebenfalls im Illyrischen bezeugt ist, dort aber inlautendes -*dh*- zu -*d*- wird (vgl. Enn. ann. 377 *Rŭdini*), finden sich beide Erscheinungen nebeneinander allein im Sikulischen. Damit wird ein Fingerzeig auf Anwesenheit von „Sikulern" in Latium gegeben, ohne daß die Rutuler des Daunus Sikuler gewesen sein müssen: Es wäre dann jedoch zu schlußfolgern, daß sie ihre Namen von sikulischen Nachbarn erhielten und auch nach deren Abzug weiterhin so hießen, während ein **dhaunos* auf dem Boden Roms von einer anderen Bevölkerungsschicht – Latinern oder Venetern – bei deren

---

[1] Zur sprachlichen Deutung des Namensstammes **dhauno*- vgl. A. v. Blumenthal, Hesychstudien 38. F. Altheim, RRG 1, 1951, 131 ff. G. Radke, Götter 119 ff. Daunia, in: KlP 1, 1399.

Aussprache des anlautenden *dh-* den Namen Faunus bekam. Die Träger dieser Sprache hörten in Ardea die Namen Daunus und Rutuli und fanden auf der Grundlage ihrer Sprechgewohnheiten und Lautgesetzlichkeiten keine Veranlassung mehr, den Daunus mit ihrem Faunus zu identifizieren und Rŭtuli in **rŭbuli*[2] umzubenennen, da sie **dhaunŏ-* und **r(o)udhl̥lŏ-* nicht mehr hörten.

Entsprechende Beobachtungen lassen sich auch an den Namen von Gottheiten machen, die so Auskunft über die Herkunft ihrer Verehrer und die Geschichte ihrer Kulte geben. Ich erinnere zum Namen des Sancus an seine originale Stammesform **sanqŏ-* (s. o. S. 116), die mit dem sabinischen Worte für „Himmel" übereinstimmt.[3] Schon Aelius Stilo hat die Identität mit lateinisch *dium* erkannt und die Gleichsetzung des Gottes mit *Dius Fidius* gebilligt.[4] Es fällt auf, daß dem in der Literatur genannten Namen des quirinalischen Sancus (*u*-Stamm) im römischen Kalender für den Stiftungstag des Tempels am 5. Juni die Notiz *Dio Fidio in colle* gegenübersteht,[5] statt Sancus also *Dius Fidius* genannt wird. Ferner war zu erkennen, daß sich neben dem älteren *u*-Stamm Sancus < **sancu(ŏ)s*,[6] zu dem die Namen der *avis Sanqualis* und der dem Heiligtum benachbarten *porta Sanqualis* gehören, ein jüngerer, sekundär erst unter lateinischer Lautgesetzlichkeit entstandener *o*-Stamm – nicht mit dem originalen σάγκος zu verwechseln – bei Livius, Ovid und in kaiserzeitlichen Inschriften findet.[7] Daraus war zu schließen, daß die Verehrung eines zum Himmel gehörigen Gottes in lateinischer und sabinischer Namensform auf dem Quirinal zu-

---

[2] F. Sommer³ 178.
[3] Lyd. mens. 4, 90; vgl. Fest. 276, 11 L. *in aede Sancus, qui deus Dius Fidius vocatur.* Varro, l. l. 5, 52 *apud aedem dei DII Fidi.* 66 *et dius et divum, unde sub divo, Dius Fidius.*
[4] Ael. Stilo frg. 9 Funaioli bei Varro, l. l. 5, 66 *Dium Fidium dicebat Diovis filium . . . et putabat hunc esse Sancum ab Sabina lingua et Hercules a Graeca.*
[5] Fast. Venus. CIL I² p. 221 (= I. I. p. 58/9) *Dio Fidio in colle.* Fast. Antiat. vet. I. I. p. 12 *Di Fidi.*
[6] „Vokalschwund ohne Silbenverlust" (M. Leumann⁶ 95).
[7] Liv. 8, 20, 8 *bona Semoni Sango censuerunt consecranda; quodque aeris ex eis redactum est, ex eo aenei orbes facti positi in sacello Sangus adversus aedem Quirini.* Ovid. fast. 6, 213 f. *quaerebam nonas Sanco Fidione referrem, an tibi, Semo pater; tum mihi Sancus ait;* für die Lesung *Sancus* statt *Sanctus* spricht die Formulierung *nomina terna* in v. 216. Zur Bezeugung des Namens in den kaiserzeitlichen Inschriften vgl. G. Radke, Götter 281. J. Poucet, Semo Sancus Dius Fidius 53 ff.

sammentrafen, die lateinische Form offenbar in offiziellen Dokumenten wie dem Kalender, die sabinische aber im Sprachgebrauch der umwohnenden Bevölkerung – deshalb *porta Sanqualis* – vorherrschte und die sabinische schließlich zum o-Stamm Sancus latinisiert wurde. Das gegenseitige Verhältnis dieser Kultnamen ist ein wertvolles historisches Zeugnis.

Da der Name *Dīus Fĭdius* seine Entstehung unter Suffixbetonung aus *dį(ŏ)u̯iós f(ĕ)idiŏs* erfuhr,[8] die mit Beginn des 5. Jahrhunderts v. Chr. abgekommen sein dürfte, gewinnt der Hinweis des Dion. Hal. ant. 4, 58, 4. 9, 60, 8 auf den Bau durch den letzten Tarquinier eine gewisse Wahrscheinlichkeit, selbst wenn die Weihung erst durch Sp. Postumius Albus, den Consul des Jahres 466 v. Chr., erfolgt sein sollte. Schwerer ist eine chronologische Bestimmung des Namens *Sancus* < **Sanquos,* da lediglich feststeht, daß der nach diesem Gotte benannte Tempel der Namensgebung der *porta Sanqualis* vorausgeht; da die Datierung des Mauerbaus neuerdings strittig ist, fehlt jede Sicherheit. Vermutlich hängt der sabinische Einfluß jedoch mit dem Eindringen sabinischer Elemente zusammen, für die der Zuzug der Claudier den Zeitpunkt angibt.[9] Die „Latinisierung" von *Sancu-s* zu *Sanco-s* gehört dann in die Zeit der politischen und kulturellen Einbeziehung der Sabina in die römische Gesellschaft zu Beginn des 3. Jahrhunderts v. Chr.: Der Ausfall des -u̯- vor -o- ist in der Inschrift für Scipio Barbatus, cos. 298 v. Chr., durch Bewahrung der Namensform *Gnaivod*[10] noch nicht

---

[8] Beide Namensteile *Dīus* (< **dį̆ŏu̯iŏs*) wie *Fidius* (< **bheidiŏs*) haben die Veränderungen ihrer Vokalisation durch Suffixbetonung erfahren, die nicht mehr ins 5. Jh. v. Chr. reichte.

[9] Nach Liv. 2, 16, 4 wanderte im Jahre 504 v. Chr. der Sabiner Attus Clausus mit seinem ganzen Anhang nach Rom ein und nahm dort den Namen Claudius an. Da eine zielstrebig philologische Rückbildung des Namens aus einer möglicherweise damals schon gesprochenen sabinischen Form *Clausus* in die lateinische Form Claudius kaum angenommen werden darf, kann man aus dieser Nachricht nicht darauf schließen, daß zur Zeit der Jahrhundertwende vom 6. zum 5. Jh. schon Clausus gesagt wurde; sie läßt im Gegenteil die Annahme zu, daß die Assibilierung von -d- vor -i̯- zu -s- erst nach diesem Zeitpunkt vor sich ging. Es ist zu vermuten, daß erst die spätere Überlieferung eine Aussprache, die als nichtrömisch und typisch sabinisch empfunden wurde, in die Zeit des historischen Vorgangs zurückversetzte, um der Geschichte den Stempel einer vom Zeitgenossen so verstandenen Echtheit zu geben.

[10] CIL I² 7. ILLRP 309.

vollzogen.¹¹ Das paßt sprachgeschichtlich zu den vorgenannten Erwägungen, wenn man annehmen darf, daß die Erben, die den Sarkophag beschriften ließen, die Namensform beachteten, auf die der Genannte selbst noch Wert gelegt haben dürfte. Nach der zeitlichen Ansetzung der *fasti* des M. Fulvius Nobilior in das Jahr 179 v. Chr.¹² lassen sich die Eintragungen DI FIDI und DIO FIDIO IN COLLE nicht weiter rückwärts dokumentarisch festlegen, was aber nichts gegen den wesentlich früheren Bestand des Kultnamens *Dius Fidius* zu besagen hat.

Nimmt man zur Kenntnis, daß die Etrusker den Namen der *uni* aus Rom, die Namen der *menerva* und des *usil* von den Sabinern entlehnten und die Namen des *apulu* und der *φersipna* erst durch lateinische Vermittlung übernahmen, ist es erstaunlich, daß nicht auch der Name des bei allen italischen Völkern eine zentrale Rolle spielenden Iuppiter, d. h. **di̯ou̯-* mit oder ohne den Zusatz *pater*, bei ihnen Aufnahme fand. Auf Bildwerken mit mythologischen Darstellungen und in Kultinschriften wird ein dem griechischen Zeus gleichender Gott *tin, tins, tina* oder *tinia* genannt; die durch die Wiedergabe auf den Spiegeln unübersehbare Identität mit Zeus wird durch „die Lehnübersetzung in TLE² 156 *tinas cliniiaras*"¹³ bestätigt. Nach A. J. Pfiffig, EtrSpr 304, ist auch etruskisch *tinścvil* eine Übersetzung von Διοσκόρη.¹⁴ Die offenbare Verwandtschaft mit altindisch *dínam* „Tag"¹⁵ führte zu der Annahme eines protindogermanischen Wortstammes **dĭnŏ-* „Tageslicht, Tag",¹⁶ als dessen letzte Spuren im Lateinischen noch *nundinum* und *perendinum*¹⁷ zu erschließen sind. Da *-dĭnŏ-* im Lateinischen nur noch in der Zusammensetzung erhalten, sonst aber untergegangen ist,

---

¹¹ Vgl. auch TLE 300 *cneve rumaχ* aus der Tomba François, die ins 4. Jh. v. Chr. datiert wird.
¹² G. Radke, AL 146.
¹³ A. J. Pfiffig, RelEtr 231.
¹⁴ Plin. n. h. 7, 210 *Minervae dicata... cum inscriptione tali:* Ναυσικράτης ἀνέθετο τῇ Διοσκόρῃ. Es wäre aber auch denkbar, daß *cvil* nicht als *filia*, sondern als *sacrum* zu verstehen sei; dann wäre Agylla, der griechische Name der etruskischen Stadt Caere, neben dem Personennamen *Acvilnaś* (TLE 915) aus **ac-cvil-* als „*Accae sacrum*" zu deuten.
¹⁵ S. Bugge, Das Verhältnis der Etrusker zu den Indogermanen und der vorgriechischen Bevölkerung Kleinasiens und Griechenlands, Straßburg 1909, 191.
¹⁶ P. Kretschmer, in: Glotta 30, 1943, 95.
¹⁷ Zu *nundinum* vgl. M. Leumann⁶ 134 („Erbwort"). 421 (indogerma-

schreibe ich diesen Wortstamm einer älteren Schicht in Italien gesprochener indogermanischer Sprache zu, der gegenüber ich nicht rechten will, ob man sie als protindogermanisch, voritalisch oder altlateinisch bezeichnen darf. Es war jedenfalls eine Sprache, die die Etrusker bei ihrer Ankunft in Italien dort schon vorfanden; und ebenso naheliegend scheint mir die Annahme, daß in Italien damals mit diesem Wortstamm nicht nur Tag und Tageslicht, sondern auch die Gottheit des lichten Himmels bezeichnet wurde.

Ihrer eigenen Lautgesetzlichkeit entsprechend vertauschten die Etrusker die anlautende Media des Namensstammes *dĭnŏ- durch die Tenuis, wodurch ihr Gottesname *tin* entstand. Demnach haben sie den Namen und wohl auch die inhaltliche Vorstellung des Himmelsgottes von den vor Umbrern, Sabinern und Latinern in Italien wohnenden Italikern entlehnt. Da sich dieser Gott lediglich im Namen, nicht aber in dem Bilde, das sie sich von ihm machten, von dem römischen Iuppiter bzw. dem italischen *di̯ŏu̯- unterschied, konnten die Etrusker ohne Bedenken ihren *tin* sowohl mit dem griechischen Zeus wie mit dem italischen Iuppiter identifizieren. Dieser Sachverhalt gestattet eine historische Aussage: In den Teilen Italiens, die zuerst von Etruskern besiedelt wurden, nannten zur Zeit ihrer Zuwanderung auch die Einwohner italischer Sprache ihren Himmelsgott noch nicht Iuppiter, obwohl nicht nur die Aussage seines Namens, sondern auch der Inhalt der Vorstellungen, die man sich von diesem Gotte machte, dem entsprachen. Wie dessen Name auf der Grundlage von *dĭnŏ- gebildet war, läßt sich nicht sagen. Diese Annahme muß Hypothese bleiben, da sich nicht die geringste Spur der Existenz eines solchen Gottes außerhalb des Etruskischen findet.

Die Schlußfolgerungen für die Beurteilung der Gottesvorstellung der Etrusker freilich wären beträchtlich: Da sie nicht nur die Namen aller Gottheiten des mythologischen Bereiches sozusagen als Etiketten der dargestellten Abbildungen, sondern auch die des großen Kultes, *tin* und *uni*, *apulu* und *menerva*, vielleicht sogar *selvans* und *velχans* den Griechen und ihren italischen Nachbarn verdanken, bleibt in ihrem Götterhimmel nur eine Schar von Schreckgestalten, die weniger als Schöpfungen selbständigen Geistes angesehen werden dürfen, denn als Ausgeburten einer wuchernden Phantasie gelten müssen. Man wird Mühe haben, dem verblassen-

---

nisch; *perendinum* bezog M. Leumann[5] 222 noch auf **dinom*, unterließ das aber in der letzten Ausgabe M. Leumann[6] 321.

den Ansehen der Etrusker wieder etwas von dem alten Glanze zurückzugeben. Vermutlich mußten die jeweils kleinen Gruppen der Zuwanderer sich zuerst weitgehend den Vorbewohnern unterordnen und ihnen nachgeben, ehe sie – gestützt auf eine gewisse technische Überlegenheit – Macht und Einfluß gewinnen konnten. Wie ihre Götter gaben sie schließlich ja auch ihre eigene Sprache auf, die nach mehrhundertjähriger Geschichte spurlos verschwand. *Finis nominis Etrusci.*

Die Klärung solcher Fragen ist in hohem Maße von der Hilfe von Funden, insbesondere solchen epigraphischer Art, abhängig, die mitunter durch einen einzigen Buchstaben ein ganzes Gebäude von Spekulationen zum Einsturz bringen oder eine bislang als unwahrscheinlich angesehene Theorie bestätigen und ihre Aussage als die allein zutreffende erweisen können. Ein solches Ergebnis wurde durch den Fund des Lapis Satricanus [18] erreicht: Die Orthographie des im Dat. sg. erhaltenen Gottesnamens *mamartei* sichert die Richtigkeit der Annahme, daß die bisher bekannte Namensform *Mamers* unter Vokalschwächung aus *Mamars* zustande kam.[19] Dem war bisher stets entgegengehalten worden, daß Mamers von Varro, l. l. 5, 73 als sabinischer und von Verrius Flaccus (Fest. 150, 34. Paul. Fest. 117, 3. 23. L.) als oskischer Name des Gottes Mars ausgegeben wurde, dem sich Μάμερτος (Lykophr. 938. 1410) und Μαμέρσα (ebd. 1417) als primäre Zeugnisse an die Seite stellen ließen. Seit kurzer Zeit kennt man auch zwei inschriftliche Zeugnisse aus dem lukanischen Rossano di Vaglio (RV 33 μαμερτει. 35 νυμυλοι μαμερτιοι), die der Zeit vom Beginn des 3. bis in das 2. Jahrhundert v. Chr. angehören.

Ist aber die der Übergangszeit vom 6. zum 5. Jahrhundert v. Chr. – der Name des Valerius Poplicola leistet dafür Gewähr –

---

[18] Lapis Satricanus, Archaeological, epigraphical and historical aspects of the new inscription from Satricum by C. M. Stibbe, G. Colonna; C. de Simone and H. S. Versnel with an introduction by M. Pallottino, Arch. Studien van het Nederl. Instit. te Rome, Scripta minora V, 1980. Vgl. M. Pallottino, in: Archeologia Laziale 1978, 98: «iscrizione latina vera e propria». G. Radke, AL 27. 98f.

[19] Vgl. F. Altheim, RRG 1, 1931, 69f. 2, 1956, 14f. LatSpr 231. G. Radke, Götter 202. 358. Res Italae 98, 187. Rez. U. Scholz, Studien, in: Gnomon 44, 1972, 559. Mamers, in: KlP 3, 937. AL 27f. 98f. 177. Wenn auch die Angabe bei Plut. Pyrrh. 23, 1 und im Schol. Lykophr. 937, der Name des Mamertos stamme aus der lateinischen Sprache, sicherlich auf Unwissenheit beruht, muß dennoch darauf hingewiesen werden.

angehörende Inschrift von Satricum in lateinischer Sprache verfaßt – damals gab es in Satricum noch keine Volsker! –, kann es an dem gegenseitigen Verhältnis der Namensformen Mamars und Mamers keinen Zweifel geben: Mamers ist das Ergebnis der Vokalschwächung unter Anfangsbetonung an dem älteren lateinischen Gottesnamen Mamars. Da dieser Lautvorgang aber weder aus dem Sabinischen noch aus dem Oskischen bekannt, sondern lediglich im Lateinischen bezeugt und da mannigfaltig belegt ist, müssen der Name des Mamars und mit diesem wohl auch die Gottesvorstellung und der Kult des Mamars in der seit der Wende vom 5. zum 4. Jahrhundert v. Chr.[20] unter der Einwirkung der Vokalschwächung stehenden lateinischen Sprache als Mamers zu den italischen Nachbarn, Sabinern und oskisch sprechenden Samniten, gelangt sein. Daß Gelehrte wie Varro und Verrius Flaccus den Namen Mamers diesen Stämmen zuschrieben, werden sie sicherlich haben beobachten können; es ist aber der damalige Zustand, nicht die eigentliche Herkunft. Das wird nur dadurch verständlich, daß in Rom selbst die reduplizierte Namensform Mamars statt des einfachen Mars offenbar aufgegeben wurde, bei Sabinern und oskisch sprechenden Italikern aber gerade Anklang fand.

Auch der von Mamars gebildete Vorname Mamarcus verlor gegenüber dem einfachen Marcus an Boden; nur die Aemilii nannten ihre Söhne weiterhin noch Mamarcus und dann nach Vollzug der Vokalschwächung Mamercus; die *Pinarii* benutzten das Cognomen *Mamercinus*. Gerade an solchem Wechsel hatte F. Altheim[21] den Beginn dieses Lautvorgangs zu datieren versucht: Seit dem 6. Jahrhundert v. Chr. sind etruskische Namensformen *mamarce, mamarces*[22] und Μάμαρχος[23] bekannt – hierzu gehört auch der „ausonische" Ortsname Μαμάρκινα[24] –, an deren Stelle die jüngeren Formen μαμερεκηις[25] und *mamerces*[26] traten. Schon das hätte überzeugen können, wurde aber als etruskische Sonderentwicklung abgetan.

---

[20] Vgl. G. Radke, AL 27.
[21] F. Altheim, LatSpr 230 ff.
[22] TLE 34. 57. 112. 242.
[23] W. Schulze, EN 62.
[24] Steph. Byz. s. v.
[25] E. Vetter, Handb. nr. 190. 197. Vgl. auch den oskischen Monatsnamen *mamerttiais* ebd. nr. 84 ff.
[26] TLE 4, 338. E. Vetter, Handb. nr. 119.

Sprache als Wegweiser. Eine Schlußbetrachtung 295

Für das angeblich hohe Alter der *e*-haltigen, d. h. schon vokalgeschwächten Form Mamerkos werden der Sohn des Numa Pompilius[27] und der gleichnamige Tyrann von Katane[28] namhaft gemacht, deren Namen freilich nicht vor der zweiten Hälfte des letzten Jahrhunderts v. Chr. von griechischen Autoren aus lateinischer Überlieferung bezeugt sind. Der Nachweis der natürlich nach Mamers benannten Mamertini könnte freilich bis in das erste Jahrzehnt des 3. Jahrhunderts v. Chr. zurückgeführt werden;[29] es läßt sich jedoch nicht erkennen, ob diese mehr oder weniger zufällig zusammengewürfelte Gruppe diesen Namen erst mit ihrem Übergang nach Sizilien annahm oder aus einem älteren Stammesnamen herleitete. Wie dem auch sei: In der oskischen Sprache war Mamers in dieser Form spätestens seit Ende des 4. Jahrhunderts v. Chr. bekannt, wie der Name der bruttischen Stadt Μαμέρτιον (Strab. 6, 261. Steph. Byz. s. v.) und die Inschriften von Rossano di Vaglio nahelegen. Weniger weit kommt man mit den Lykophronzeugnissen zurück, da die „Alexandra" nach der sorgfältigen und überzeugenden Untersuchung K. Zieglers[30] nicht vor der Schlacht bei Kynoskephalai im Jahre 197 v. Chr. verfaßt wurde, die Namen Μάμερτος und Μαμέρσα also nicht vor Beginn des 2. Jahrhunderts v. Chr. belegt sind. Die Namensform auf dem Lapis Satricanus läßt die hohe religionspolitische Bedeutung Roms schon im 4. Jahrhundert v. Chr. erkennen: Wie Namen und Kult des Apollo von Rom nach Etrurien kamen (s. o. S. 32 f.), lernte man auch in Mittel- und Süditalien den römischen Mamars in der schon vokalgeschwächten Form Mamers kennen, wo er offenbar große Verbreitung fand.

Es ist eine erstaunliche Feststellung, daß römische Götter in weiten Teilen Italiens bekannt wurden und Verehrung fanden, ehe diese Gebiete auch unter römischer Herrschaft standen. Die Beispiele des Iuppiter und Mamers lassen das deutlich erkennen. Noch eindrucksvoller ist die Übernahme des Apollo. Daß in späteren Tagen römische Götter – oder besser: Götter, die damals in Rom verehrt wurden – von römischen Kolonisten mitgebracht wurden, ist

---

[27] Plut. Num. 8, 11. 21, 1.
[28] Diod. 16, 69. Plut. Timol. 13. 36. Polyain. 5, 12, 2. Corn. Nepos, Timol. 2, 4.
[29] Die Mamertini sind seit dem Tode des Agathokles im Jahre 289 v. Chr. herrenlose Söldner; vgl. K. Ziegler, Mamertini, in: KlP 3, 937 f.
[30] K. Ziegler, Lykophron, in: RE XIII 2381. KlP 3, 815 f. St. Josifovic, Lykophron, in: RE S XI 888 ff.

demgegenüber ein zu erwartender Vorgang. Diese Beobachtung läßt aber vermuten, daß von Rom aus schon in sehr früher Zeit geistige und politische Beziehungen nach dem Norden und dem Süden bestanden. Die Lage Roms ist zentral: Setzt man den Fuß eines Zirkels bei Rom an, so umfaßt ein Zirkelschlag, der Ariminum berührt, das römische Einflußgebiet bis etwa 260 v. Chr., ein Zirkelschlag mit dem zweiten Fuß in Brundisium die Zeit zu Ende des Ersten Punischen Krieges; mit Ende des Dritten Punischen Krieges liegen Korinth und Karthago auf fast der gleichen Zirkellänge; das pergamenische Erbe und die Einnahme von Numantia zeigen wiederum Punkte gleicher Entfernung von Rom. Die nächste Isotele gehört in die caesarische Zeit. Rom sitzt wie die Spinne im Netz. Diese zentrale Lage ist aber nicht erst neu; sie ist gegeben. Und da die Menschen nicht still an ihren Plätzen verharrten, sondern Kontakte schon seit frühester Zeit pflogen, wird es verständlich, daß diese zentrale Lage Folgen haben mußte. Es wäre ein Wunder, wenn das nicht auch die Götter beträfe.

Die Römer sprachen mit ihren Göttern. Sie gaben ihnen Namen, mit denen sie sie rufen konnten und zu bezeichnen wußten, was sie von ihnen empfingen, erwarteten, fürchteten und erbaten: *nomina numinibus ex officiis constat imposita* (Serv. georg. 1, 21). So sind die Namen gleichsam religionshistorische Dokumente. Diese sind deshalb nicht einfach ablesbar, sondern bedürfen oft schwieriger Deutung, weil die „Römer" nicht aus einer einzigen Wurzel stammten, sondern ihre Volkwerdung Ergebnis des Zusammenwachsens verschiedener Gruppen ist. *Tantae molis erat, Romanam condere gentem.* So überschneiden sich nicht nur die Vorstellungen, sondern natürlich auch die Namen. Gelingt es, den jeweiligen Weg einer solchen Namensbildung festzulegen, beschreibt er auch den geschichtlichen Prozeß, der zur Entwicklung der Glaubensvorstellung führte.

Man hat nicht unrecht zu sagen, die Römer seien ein Bauernvolk gewesen. Im Bezogensein auf die Arbeit des Landmannes und Viehzüchters erklären sich die Feste, lassen sich die Götter verstehen, wird ihr Anspruch deutlich und lassen sich die Grenzen ihrer Belastbarkeit abstecken. Aus dieser ihrer Aufgabe wird aber auch die zweckmäßige Nüchternheit der Gottesvorstellung klar, in der bewußt göttliches Wirken außerhalb menschlicher Gegebenheit gelassen wird. Götter wirken; sie wirken aber um der Sache willen und nicht, um Lust und Leid der Menschen als deren Abbilder mitzuerleben. Man kannte keine Götterehen und keine Götterkinder;

es fiel den Römern selbst auf, daß sie erst spät ihre Götter bildlich [31] darstellten: Nicht ihre Gestalten, ihre Namen kündeten ihr Wesen.

Das Ergebnis der Grabungen bei S. Omobono in Rom lehrt, daß an die Stelle des tempellosen *fanum* erst im Laufe des 6. Jahrhunderts v. Chr. die Tempel der beiden Göttinnen traten, deren Gleichrangigkeit durch die Korrespondenz der Bauwerke zum Ausdruck kam, die sich aber in ihren Namen unterschieden. Das ist die Zeit, in der sich griechische Vorstellungen in Rom auszubreiten begannen. „Es ergibt sich die Feststellung, daß man im Kult auf ein griechenfreies Rom nicht mehr stößt" (F. Altheim, RRG 1, 1951, 87). Das verstehe ich nicht als absolutes Urteil, sondern beziehe es auf die genannte Zeit: Die Grundlagen der römischen Gottesvorstellung werden der Nachwelt in der Stunde ihres Aufgehens in griechischen Formen durch die Spannung zwischen Überkommenem und Neuem bekannt. Was einheimisch war, befand sich auf dem Rückzug; im *mos maiorum* leuchtete es jedoch wie in einem Spiegel nochmals auf. Auch was neu entstand, war römisch, da die Inhalte blieben und sich nur die Formen der Verehrung wandelten. Die lateinische Überlieferung blieb des Glaubens, daß der wahre Name Roms geheim bleiben mußte und auch nicht verraten wurde: *urbis enim illius verum nomen nemo vel in sacris ennutiat*[32]; Varro berichtet von der Bestrafung des Verrats durch Valerius Soranus, und Hyginus verschweigt den Namen, falls er ihn wußte (Serv. a. O.).

---

[31] Varro bei August. civ. 4, 31
[32] Serv. Aen. 1, 277; vgl. Maerob. sat. 3, 9, 5. Plin. n. h. 3, 65. Solin 1, 4.

BIBLIOGRAPHIE

Accame, Silvio: I re di Roma nella leggenda e nella storia, Neapel ²1965.
–: Le origini di Roma, Neapel ²1969.
Adams Holland, Louise, s. Holland, Louise Adams.
Adriani, M.: Dea Roma, in: Stud Rom 3, 1955, 381 ff.
Aebischer, Paul: Le culte de Feronia et le gentilice Feronius, in: RBPhH 13, 1934, 5 ff.
Afzelius, Adam: Die römische Eroberung Italiens, Studien über die römische Expansion I, in: Acta Jutlandica, Kopenhagen 1942.
Albert, M.: Le culte de Castor et Pollux en Italie, 1883.
Albrecht, Joseph: Saturnus. Seine Gestalt in Sage und Kult. Diss. Halle 1943 (= J. Albrecht, Saturnus).
Alföldi, Andreas: Die trojanischen Urahnen der Römer. Rektoratsprogramm d. Univ. Basel 1956, Basel 1957 (= A. Alföldi, Urahnen).
–: Diana Nemorensis, in: AJA 64, 1961, 137 ff.
–: Early Rome and the Latins, Ann Arbor 1965 (= A. Alföldi, ERL).
–: Die Penaten, Aeneas und Latium, in: MDAI(R) 78, 1971, 1 ff. (= A. Alföldi, Penaten).
–: Die zwei Lorbeerbäume des Augustus, in: Antiquitas, 14, 1973, 2 ff. (= A. Alföldi, Lorbeerbäume).
–: Die Struktur des voretruskischen Römerstaates, Bibliothek der klass. Altertumswissenschaft NF 1, 5, Heidelberg 1974 (= A. Alföldi, Struktur).
–: Römische Frühgeschichte. Kritik und Forschung seit 1964, Bibliothek der klass. Altertumswissenschaft NF 1, 6, Heidelberg 1976 (= A. Alföldi, Röm. Frühgesch.).
–: Das frühe Rom und die Latiner, übersetzt von F. Kolb, Darmstadt 1977.
–: Der Vater des Abendlandes im römischen Denken, Darmstadt 1978.
Alfonsi, Luigi: Annales maximi, in: Studi filologici e storici in onore di V. De Falco, Neapel 1971, 115 ff.
Altheim, Franz: Griechische Götter im alten Rom. RVV 22, 1, Gießen 1930 (= F. Altheim, GG).
–: Terra Mater. Untersuchungen zur altitalischen Religionsgeschichte, RVV 22, 2, Gießen 1931 (= F. Altheim, TM).
–: Messapus, in: ARW 29, 1931, 22 ff.
–: Römische Religionsgeschichte, 1: Berlin 1931; 2: Berlin 1932; 3: Berlin 1933 (= F. Altheim, RRG, Band und Jahr).
–: Altitalische Götternamen, in: SMSR 8, 1932, 146 ff.
–: Altitalische und Altrömische Gottesvorstellung, in: Klio 30, 1937, 39 ff.

Altheim, Franz: Orthia, in: WaG 7, 1941, 360 ff.
–: Literatur und Gesellschaft im ausgehenden Altertum, 1: Halle 1948; 2: Halle 1950.
–: Der Ursprung der Etrusker, Baden-Baden 1950.
–: Geschichte der lateinischen Sprache von den Anfängen bis zum Beginn der Literatur, Frankfurt a. M. 1951 (= F. Altheim, Lat Spr).
–: Römische Geschichte, 1: Frankfurt a. M. 1951; 2: Frankfurt a. M. 1953 (= F. Altheim, RG, Band und Jahr).
Altheim, Franz, und Stiehl, Ruth: Philologia sacra, Aparchai, Untersuchungen zur klassischen Philologie und Geschichte des Altertums 2, Tübingen 1958.
–: Die Araber in der alten Welt, 3: Berlin 1966; 4: Berlin 1967.
Altheim, Franz, und Trautmann, Erika: Vom Ursprung der Runen, Frankfurt a. M. 1939.
Altheim, Franz, und andere Autoren: Untersuchungen zur römischen Geschichte 1, Frankfurt a. M. 1961 (= F. Altheim, Untersuchungen).
Alton, E. A.: Anna Perenna und Mamurius Veturius, in: Hermathena 42, 1920, 100 ff.
Aly, Wolf: Über das Wesen römischer Religiosität, in: ARW 33, 1936, 57 ff.
Amiranto, Luigi: Captivitas e postliminium, in: Pubbl. della Fac. Giurid. dell'Univ. di Napoli 8, 1950, 9 ff.
Ampolo, Carmine: L'Artemide di Marsiglia e la Diana dell'Aventino, in: PP 25, 1970, 200 ff.
–: Osservazioni sulla regia, sul rex sacrorum e sul culto di Vesta, in: PP 26, 1971, 441 ff.
–: La città arcaica e le sue feste. Due ricerche sul Septimontium e sull' Equus October, in: Arch Laz 4, 1981, 233 ff.
–: I gruppi etnici in Roma arcaica. Posizione del problema e fonti, in: Etruschi e Roma 45 ff.
Appel, G.: De Romanorum precationibus, RVV 7, 3, Gießen 1909.
Arbesmann, P. R.: Das Fasten bei den Griechen und Römern, RVV 21, 1, Gießen 1929.

Bailey, Cyril: Phases in the Religion of Ancient Rome, Berkeley 1932 (= C. Bailey, Phases).
Banti, Luisa: Il culto dei morti nella Roma antichissima, in: SIFC 7, 1929, 183 ff.
–: Il culto del cosidetto tempio dell'Apollo a Veii e il problema delle triadi etrusco-italiche, in: SE 17, 1943, 187 ff. (= L. Banti, Triadi).
Bardt, C.: Die Priester der vier großen Collegien aus römisch republikanischer Zeit, in: Michaelis Programm des Königl. Wilhelmsgymnasiums, Berlin 1871.
Basanoff, Usevoled: Il pomerium Palatinum, in: MAL Ser. 6, 9, 1939.
–: Junon falisque et ses cultes à Rome, in: RHR 124, 1941, 110 ff.
–: Les dieux des Romains, Paris 1942.

–: Regifugium, Paris 1943.
–: Evocatio. Bibliothèque de l'Ecole des Hautes Etudes, Sciences religieuses. Paris 1947 (= U. Basanoff, Evocatio).
–: La triade capitoline, in: Studi V. Arangio Ruiz II, Neapel 1953, 324 ff.
Bayet, Jean: Herclé. Etude critique des principaux monuments rélatifs à l'Hercule étrusque, Paris 1926.
–: Les origines d'Hercule romain, Paris 1926.
–: Le rite du fécial et le cornouiller magique, MEFR 52, 1935, 29 ff. (= J. Bayet, Croyances 9 ff.).
–: Les feriae sementivae et les indigitations dans le culte de Cérès et Tellus, in: RHR 137, 1950, 172 ff. (= J. Bayet, Croyances 177 ff.).
–: Les Cerealia, altération d'un culte latin par le mythe grec, in: RPh 29, 1951, 5 ff. (= J. Bayet, Croyances 89 ff.).
–: Histoire politique et psychologique de la religion romaine, Paris ²1969 (= J. Bayet, Histoire).
–: Croyances et rites dans la Rome antique, Bibliothèque historique, Paris 1971 (= J. Bayet, Croyances).
Beard, Mary: The Sexual Status of Vestal Virgins, in: JRS 70, 1980, 13 ff.
Beaujeu, Jean: La religion romaine à l'apogée de l'empire, Paris 1935.
–: L'énigme de Tarpéia, in: IL 21, 1969, 163 ff.
Becher, Ilse: Antike Heilgötter und die römische Staatsreligion, in: Philologus 114, 1970, 210 ff.
Bellen, Heinz: Adventus Dei. Der Gegenwartsbezug in Vergils Darstellung der Geschichte von Cacus und Hercules, in: RhM 106, 1963, 23 ff.
Beloch, K. J.: Die Sonnenfinsternis des Ennius und der vorjulianische Kalender, in: Hermes 57, 1922, 119 ff.
Bendinelli, Goffredo: Sui Dioscuri del Quirinale, in: Hommages à Grenier, Coll. Latomus 58, 1962, 257 ff.
Benveniste, E.: Le vocabulaire des institutions indoeuropéennes, Paris 1969.
Bérard, Jean: La colonisation grecque de l'Italie méridionale et de la Sicile dans l'antiquité, Paris ²1957.
Berchem, Denis van: Rome et le monde grec au VIe siècle avant notre ère, in: Mélanges A. Piganiol III, Paris 1966, 739 ff.
Bernardi, Aurelio: Periodo sabino e periodo etrusco nella monarchia romana, in: RSI 66, 1954, 5 ff.
–: Dai popoli Albenses ai Prisci-Latini nel Lazio arcaico, in: Athenaeum (Pisa) 42, 1964, 223 ff.
Bianchi-Bandinelli, Ranuncio-Giuliano A.: Etrusker und Italiker vor der römischen Herrschaft, München 1974.
Bickel, Ernst: Beiträge zur römischen Religion, in: RhM 71, 1916, 548 ff.
–: Der altrömische Gottesbegriff, Berlin 1921.
–: Nordisches Stammgut in der römischen Religion, in: RhM 89, 1940, 12 ff.
Bickerman, Elias: Chronologie, Leipzig ²1963.
–: Chronology of the Ancient World, London 1968, Repr. 1969.

Binder, Gerhard: Die Aussetzung des Königskindes, Beiträge zur klassischen Philologie 10, Meisenheim 1964.
–: Compitalia und Parilia, in: MH 24, 1967, 104 ff.
–: Aeneas und Augustus. Interpretationen zum 8. Buch der Aeneis. Beiträge zur klassischen Philologie 38, Meisenheim 1971.
Bleicken, Jochen: Oberpontifex und Pontifikalkollegium, in: Hermes 85, 1957, 345 ff.
–: Kollisionen zwischen sacrum und publicum, in: Hermes 85, 1957, 446 ff.
Bloch, Herbert: A monument of the Lares Augusti in the Forum of Ostia, in: HThR 55, 1962, 211 ff.
Bloch, Raymond: Une lex sacra de Lavinium et les origines de la triade agraire de l'Aventin, in: CRAI 32, 1954, 203 ff.
–: The Origins of Rome, New York 1960.
–: L'origine du culte des Dioscures à Rome, in: RPh 34, 1960, 182 ff.
–: La divination romaine et les livres Sibyllins, in: REL 40, 1962, 118 ff.
–: Parenté entre religion de Rome et religion d'Ombrie, in: REL 41, 1963, 115 ff.
–: Les prodiges dans l'antiquité classique, Paris 1963.
–: Tite Live et les premiers siècles de Rome, Coll. des Etudes Anciennes, Paris 1965.
–: Recherches sur la religion de l'italie antique. Centre de recherches d'histoire et de philologie de la IVe section de l'EPHE III Hautes Etudes du monde gréco-romain, Genf 1976.
–: La Rome des Tarquins et sa religion, in: Gli Etruschi e Roma 127 ff.
Blumenthal, Albrecht von: Hesychstudien. Untersuchungen zur Vorgesch. d. griech. Sprache nebst lexikograph. Beiträgen, Stuttgart 1930.
–: Die Iguvinischen Tafeln. Text, Übersetzung, Untersuchungen, Stuttgart 1931.
–: Illyrisches und Makedonisches, in: IF 49, 1931, 169 ff.
–: Templum, in: Klio 27, 1934, 1 ff.
–: Der Name der Sonne bei den Italikern, in: IF 53, 1935, 117 ff.
–: Die Inschrift des Consualtares im Circus Maximus, in: ARW 33, 1936, 384 f.
–: Zu einigen oskischen Götternamen, in: RhM 85, 1936, 64 ff.
–: Zur römischen Religion der archaischen Zeit, in: RhM 87, 1938, 257 ff. (Fortsetzung ebd. 90, 1941, 310 ff.).
–: Roma quadrata, in: Klio 35, 1942, 181 ff.
Boehm, Fritz: Lares, in: RE XII 806 ff.
Boels, N.: Le statut religieux de la flaminica Dialis, in: REL 51, 1973, 77 ff.
Bömer, Franz: Iuppiter und die römischen Weinfeste, in: RhM 90, 1941, 30 ff.
–: Ahnenkult und Ahnenglaube im alten Rom, in: ARW Beiheft 1, 1943.
–: Rom und Troia, Untersuchungen zur Frühgeschichte Roms, Baden-Baden 1951.

–: P. Ovidius Naso. Die Fasten. Herausgegeben, übersetzt und kommentiert, Heidelberg 1957 (= F. Bömer, Fastenkomm.).

–: Untersuchungen über die Religion der Sklaven in Griechenland und in Rom, SAWM, 1: Mainz 1957, 2: Mainz 1960, 3: Mainz 1961, 4: Mainz 1963. 2. Aufl. (durchgesehen von P. Herz) zu 1: Mainz 1981.

–: Kybele in Rom, in: MDAI(R) 71, 1964, 142 ff.

Bonfante, Giuliano: Caere, città dei Caesares?, in: Studi linguistici in onore di V. Pisani I, Brescia 1969, 161 ff.

Bonfante-Warren, Larissa: Roman Triumphs and Etruscan Kings. The Changing Face of the Triumph, in: JRS 60, 1970, 49 ff.

Borgeaud, Willy A.: Les Illyriens en Grèce et en Italie, Genf 1943.

–: Fasti Umbrici, Etudes sur le vocabulaire et le rituel des Tables eugubines, Ottawa 1982.

Boyancé, Pierre: Note sur le Tarentum, MEFR 42, 1925, 135 ff.

–: Les origines de la légende troyenne de Rome, in: REA 45, 1943, 275 ff.

–: Les pénates et l'ancienne religion romaine, in: REA 54, 1952, 109 ff.

–: Etudes sur la religion romaine, Coll. Etudes Ecole Française de Rome 11, 1972.

Braccesi, Lorenzo: Numana a Siculis condita, in: SOliv 17, 1969, 3 ff.

–: Grecità adriatica, Bologna 1971.

Brandenstein, Wilhelm: Die Herkunft der Etrusker, Der alte Orient 35, 1937, 1 ff.

Brelich, Angelo: Il mito nella storia di Cecilio Metello, in: SMSR 15, 1939, 30 ff.

–: Vesta, Albae Vigiliae 7, Zürich 1949 (= A. Brelich, Vesta).

–: Die geheime Schutzgottheit von Rom, Albae Vigiliae 6, Zürich 1949 (= A. Brelich, Schutzgottheit).

–: Deux aspects religieux de la Rome archaique, in: AC 20, 1951, 335 ff.

–: Quirinus. Una divinità romana alla luce del la comparazione storica, in: SMSR 31, 1960, 63 ff. (= A. Brelich, Quirinus).

–: Tre variazioni romane sul tema delle origini, Roma 1955. ²1976 (= A. Brelich, Tre variazioni).

–: Gli eroi greci. Un problema storico-religioso, Roma 1958. Rist. 1978.

Briquel, D.: La triple fondation de Rome, in: RHR 189, 1976, 145 ff.

–: L'oiseau ominal, la louve de Mars, la truie féconde, MEFRA 88, 1, 1976, 31 ff.

–: Les jumeaux à la louve et les jumeaux à la chèvre, à la jument, à la chienne, à la vache, in: Recherches sur la religion de l'Italie antique, Genf 1976, 72 ff.

Brown, Frank E.: New Soundings in the Regia, in: Entretiens XIII, Genf 1966, 45 ff.

Bruhl, Adrien: Liber Pater. Origine et expansion à Rome et dans le monde romain, BEFR 175, Paris 1953 (= A. Bruhl, Liber Pater).

Brunel, J.: Marseille et les fugitifs de Phocée, in: REA 50, 1948, 5 ff.

Bruno, Maria Grazia: I Sabini e la loro lingua. Istituto Lombardo Accad.

Scienze e lettere, Rendiconti 95/6, 1961/62, Mailand 1962 (= M. G. Bruno, Sabini).
Bruwaene, M. van den: L'épithète de Iuno Moneta, in: Hommages à Niedermann, Coll. Latomus 23, 1956, 329 ff.
Buchheit, Vinzenz: Feigensymbolik im antiken Epigramm, in: RhM 103, 1960, 300 ff.
Bücheler, Franz: Weihinschriften von Capua, in: RhM 43, 1888, 128 ff.
Buck, Carl Darling: A Grammar of Oscan and Umbrian, Boston 1904. Repr. ²1928. Ndr. Hildesheim 1974.
Buck, C. D., und Prokosch, E.: Elementarbuch der oskisch-umbrischen Dialekte, Heidelberg 1905 (= C. Buck-E. Prokosch).
Bühler, Winfried: Die doppelte Erzählung des Aitions der Nonae Caprotinae bei Plutarch, in: Maia 14, 1962, 271 ff.
Burck, Erich: Die Frühgeschichte Roms bei Livius im Lichte der Denkmäler, in: Gymnasium 75, 1968, 74 ff.
–: Die römische Expansion im Urteile des Livius, in: ANRW 2, 30, 2, 1148 ff.
Burkert, Walter: Caesar und Romulus-Quirinus, in: Historia (Wiesbaden) 11, 1962, 356 ff.
–: Homo necans. Interpretation altgriechischer Opferriten, RVV 32, Berlin 1972 (= W. Burkert, Homo necans).
–: Griechische Religion der archaischen und der klassischen Epoche, Die Religionen der Menschheit 15, Mainz 1977.

Calestani, Vittorio: Aborigini e Sabini, in: Historia (Studi storici per l'antiquità classica, Mailand) 7, 1933, 374 ff.
Capdeville, G.: Les épithètes cultuelles de Ianus, MEFRA 85, 1973, 395 ff.
Capovilla, Giovanni: Per l'origine de alcune divinità romana, in: Athenaeum 35, 1957, 96 ff.
Cardauns, Burkhart: Varro und die römische Religion, in: ANRW 2, 16, 1, 80 ff.
–: M. Terentius Varro. Antiquitates rerum divinarum, AAWM, Wiesbaden 1976.
Castagnoli, Ferdinando: Il tempio dei Penali e la Velia, in: RFIC 1946, 167 ff.
–: Roma quadrata, in: Studies D. M. Robinson, 1, 1951, 389 ff.
–: I luoghi connessi con l'arrivo de Enea nel Lazio, in: RAC 19, 1967, 1 ff.
–: Lavinium, I: Roma 1972; II: Roma 1975.
–: Per la cronologia dei monumenti del Comizio, in: Stud Rom 23, 1975, 187 ff.
–: Il culto della Mater Matuta e della Fortuna nel Foro Boario, in: Stud Rom 27, 1979, 145 ff.
–: Il culto di Minerva a Lavinium, in: MAL nr. 246, Roma 1979.

–: L'introduzione del culto dei Dioscuri nel Lazio, Stud Rom 31, 1983, 3 ff.
–: Commentaires topographiques à l'Eneide, in: CRAI 61, 1983, 202 ff.
Catalano, P.: Contributi allo studio del diritto augurale, Turin 1960.
–: Populus Romanus Quirites, in: Memorie dell'Istituto Giuridico, Univ. di Torino 150, 1974.
Cazzaniga, Ignazio: Il flammento degli annali di Ennio: Qurinus Indiges, in: PP 20, 1974, 362 ff. (= I. Cazzaniga, Quirinus).
Champeaux, Jacqueline: Fortuna. Le culte de la Fortune à Rome et dans le monde romain, Coll. Ecole Française à Rome 64, Rome 1982 (= J. Champeaux, Fortuna).
Chevallier, Raymond: Les avatars d'Enée depuis la dernière guerre mondiale. Actes du Coll. Présence de Virgile, Caesarodunum 1978, 559 ff.
–: L'étude de la religion romaine en Italie du Nord. Aspects méthodologiques, in: BAL 15, 1984, 11 ff.
Chirassi, Ileana: Dea Dia e Fratres Arvales, in: SMSR 39, 1968, 191 ff.
Cichorius, Conrad: Römische Studien, Darmstadt ²1961.
Civiltà del Lazio primitivo, Rom 1976 (= Civiltà).
Classen, C. Joachim: Romulus in der römischen Republik, in: Philologus 106, 1962, 174 ff. (= C. J. Classen, Romulus).
–: Zur Herkunft der Sage von Romulus und Remus, in: Historia (Wiesbaden) 12, 1963, 447 ff. (= C. J. Classen, Romulus und Remus).
–: Die Königszeit im Spiegel der Literatur der römischen Republik, in: Historia (Wiesbaden) 14, 1965, 385 ff. (= C. J. Classen, Königszeit).
Clemen, Carl: Die etruskische Säkularrechnung, in: SMSR 4, 1928, 235 ff.
–: Die Religion der Etrusker. Untersuchungen zur allgemeinen Religionsgeschichte 7, Bonn 1936.
Coarelli, Filippo: Il comizio dalle origini alla fine della Repubblica, in: PP 32, 1977, 358 ff.
–: La doppia tradizione sulla morte di Romolo e gli Auguracaula dell'Arx e del Quirinale, in: Etruschi e Roma 173 ff.
Collart, J.: Varro, De lingua latina V, Paris 1954.
Colonna, Giacomo: Osservazioni sulla lapide di Grecchio, in: PP 16, 1959, 305 ff.
–: Nome gentilizio e società, in: SE 45, 1977, 175 ff.
–: La diffusione della scrittura, in: Civilta del Lazio primitivo 372 ff.
–: Quali Etruschi a Roma, in: Etruschi e Roma 159 ff.
Combet-Farnoux, Bernard: Mercure romain. Le culte public de Mercure et la fonction mercantile à Rome dès la république archaique à l'époque augustéenne, MEFAR 238, Rome 1980 (= B. Combet-Farnoux, Mercure).
Conway, R. S.: The Italic Dialects, Cambridge 1897.
Cornelius, Friedrich: Apollo in Rom, in: Beiträge zur Alten Geschichte und deren Nachleben, Festschr. f. F. Altheim I, Berlin 1969, 151 ff.
Cornell, Tim J.: Aeneas and the Twins. The Development of the Roman Foundation Legend, in: PCPhS 21, 1975, 1 ff. (= T. J. Cornell, Aeneas and the Twins).

Cornell, Tim J.: The Foundation of Rome in the Ancient Literary Tradition, Papers in Italian Archeology 1, 1978, 131 ff.
–: Some Observations on the "Crimen Incesti", in: Délit religieux 27 ff.
Corssen, Peter: Die Sendung der Lokrerinnen und die Gründung von Neu-Ilion, in: Sokrates 1, 1913, 188 ff.
Cortsen, S. P.: Der Monatsname Aprilis, in: Glotta 26, 1938, 270 ff.
Cristofani, Mauro: Sull'origine e la diffusione dell'alfabeto etrusco, in: ANRW 1, 2, 466 ff.

D'Anna, Giovanni: La leggenda delle origini di Roma nella più antica tradizione letteraria, in: CS 68, 1978, 22 ff.
Le délit religieux dans la cité antique (Table ronde, Rome 1978), Coll. Ecole Française de Rome 48, 1981.
Della Corte, Francesco: Su un Elogium Tarquiniense, in: SE 24, 1955/56, 73 ff.
Deroy, Louis: La racine étrusque „plau-, plu-" et l'origine rhétique de la charrue à roue, in: SE 31, 1963, 109 ff.
–: Le combat légendaire des Horaces et des Curiaces, in: LEC 41, 1973, 197 ff.
Deschamps, Lucienne: „Sabini dicti . . . ἀπὸ τοῦ σέβεσθαι", in: Vichiana 12, 1983, 157 ff.
De Simone, Carlo: Etrusco⁺usel „sole", in: SE 33, 1965, 537 ff.
–: Die griechischen Entlehnungen im Etruskischen 1, Wiesbaden 1968 (= C. De Simone, Entlehnungen).
–: Gli Etruschi a Roma: evidenza linguistica e problemi metodologici, in: Etruschi e Roma 93 ff.
Detlefsen, D.: Das Pomerium Roms und die Grenzen Italiens, in: Hermes 21, 1886, 437 ff.
Deubner, Ludwig: Juturna und die Ausgrabungen auf dem römischen Forum, in: NJbb. 9, 1902, 370 ff. = Kleine Schriften 12 ff.
–: Die Devotion der Decier, in: ARW 8, 1905 (Usener-Beiheft), 66 ff. = Kleine Schriften 47 ff.
–: Lupercalia, in: ARW 13, 1910, 481 ff. = Kleine Schriften 73 ff.
–: Das Argeer-Opfer, in: ARW 14, 1911, 305 ff.
–: Die Entwicklungsgeschichte der altrömischen Religion, in: NJbb 17, 1911, 329 ff. = Kleine Schriften 113 ff.
–: Strena, in: Glotta 3, 1912, 34 ff. = Kleine Schriften 128 ff.
–: Lustrum, in: ARW 16, 1913, 127 ff. = Kleine Schriften 161 ff.
–: Die Römer, in: Chantepie de la Saussaye, Lehrbuch der Religionsgeschichte, 4. Auflage hrsg. von A. Bertholet-E. Lehmann, II, Tübingen 1925, 418 ff.
–: Mundus, in: Hermes 68, 1933, 276 ff. = Kleine Schriften 429 ff.
–: Die Tracht des römischen Triumphators, in: Hermes 69, 1934, 316 ff. = Kleine Schriften 449 ff.

–: Kleine Schriften zur klassischen Altertumskunde, hrsg. von O. Deubner, Beiträge zur klassischen Philologie 140, Meisenheim 1982.
Devereux, George: The Equus October Ritual Reconsidered, in: Mnemosyne 23, 1970, 297 ff.
Devoto, Giacomo: Illiri, Tirreni, Piceni, in: SE 11, 1937, 263 ff.
–: Protolatini e Tirreni, in: SE 16, 1942, 409 ff. = Scritti minori 2, 317 ff.
–: Storia della lingua di Roma, 2. Rist., Bologna 1944 (= G. Devoto, Lingua).
–: Gli antichi Italici, Florenz ²1951 (= G. Devoto, Antichi Italici).
–: Le origini tripartiti di Roma, in: Athenaeum 31, 1953, 335 ff. = Scritti minori 2, 349 ff.
–: Gli Etruschi nel quadro dei popoli italici antichi, in: Historia 6, 1957, 23 ff.
–: La leggenda di Tarpea, in: SE 26, 1958, 17 ff. = Scritti minori 2, 355 ff.
–: Umbri e Etruschi, in: SE 28, 1960, 263 ff.
–: Scritti minori II, Florenz 1967.
Dieterich, Albert: Mutter Erde, Leipzig 1905.
Dietrich, Bernhard C.: Religious Stereotypes, in: Sic Gymn 19, 1976, 205 ff.
Dohrn, Tobias: Romulus' Gründung Roms, in: MDAI(R) 71, 1964, 1 ff.
–: Die etruskische und die griechische Sage, in: MDAI(R) 73/4, 1966/67, 15 ff.
Dörrie, Heinrich: Der Königskult des Antiochos von Kommagene im Lichte neuer Inschriftenfunde, AGAW 60, 1964.
Domaszewski, Alfred von: Abhandlungen zur römischen Religion, Berlin 1909 (= A. v. Domaszewski, Abhandlungen).
Dornseiff, Franz: Consus und die Laren, in: ARW 34, 1937, 384 ff.
–: Roma quadrata, in: RhM 88, 1939, 192 ff.
Douglas, E. M.: Juno Sospita of Lanuvium, in: JRS 3, 1913, 61 ff.
Dumézil, George: Jupiter, Mars, Quirinus. Essai sur la conception indoeuropenne de la société et sur les origines de Rome, Paris 1941.
–: Horace et les Curiaces, Paris 1942.
–: L'Héritage indoeuropéenne à Rome, Paris 1948.
–: Les enfants des sœurs à la fête de Mater Matuta, in: REL 33, 1955, 140 ff. (= G. Dumézil, Les enfants des sœurs).
–: Déesses latines et mythes indiques, Coll. Latomus 25, 1956, 9 ff. (= G. Dumézil, Déesses).
–: La religion romaine archaïque, Collection des religions de l'humanité, Paris 1966 (= G. Dumézil, RRA).
–: Sur l'inscription du Lapis niger, in: REL 36, 1958, 109 ff.
–: Le sacrifice de 46 av. J. C., in: REL 41, 1963, 87 ff.
–: Remarques sur la stèle archaique du Forum, in: Coll. Latomus 70, 1964, 172 ff.
Dunbabin, Th. J.: The Western Greeks, Oxford 1948.
Durante, M.: I problemi dell'italico orientale, in: Annali della Fac. Lettere e filosofia, Perugia 6, 1968/69, 333 ff.

Dury-Moyaers, Geneviève: Enée et Lavinium. A Propos des découvertes archéologiques récentes, Coll. Latomus 174, Brüssel 1981 (= G. Dury-Moyaers).

Dury-Moyaers, Geneviève, und Renard, Marcel: Aperçu critique de travaux relatifs au culte de Junon, in: ANRW 2, 17, 1, 142 ff.

Ehlers, Wilhelm: Opiconsivia, in: RE XVIII 1, 668.

–: Piaculum, in: RE XX 1179 ff.

–: Die Gründungsprodigien von Lavinium und Alba Longa, in: MH 6, 1949, 166 ff.

Eisenhut, Werner: Intercisi dies, in: RE S X 1168 ff.

–: Votum, in: RE S XIV 964 ff.

–: Ver sacrum, in: RE VIII A 911 ff.

–: Devotio, in: KlP 1, 1501.

–: Lemures, in: KlP 3, 555 ff.

Eitrem, Samuel: Die göttlichen Zwillinge bei den Griechen, Kristiania 1902.

–: Opferritus und Voropfer, Kristiania 1915.

Eliade, Mircea: Traité d'histoire des religions, Paris 1983.

Enking, Ragna: Minerva mater, in: AJb 59/60, 1949, 111 ff.

–: Zur Orientierung der etruskischen Tempel, in: SE 25, 1957, 541 ff. (= R. Enking, EtrTempel).

Entretiens sur L'Antiquité classique, Fondation Hardt XIII. Les origines de la république romaine, Vandœuvres-Genf 1966; XXVII. Le sacrifice dans l'antiquité, Vandœuvres-Genf 1981 (= Entretiens XIII und Entretiens XXVII).

Ernout, Alfred: Farfarus et Marmar, in: SE 24, 1955/56, 311 ff.

–: Consus-Ianus-Sancus. Hommages à Niedermann, Coll. Latomus 23, Brüssel 1956, 115 ff.

–: Homo-ner-vir. Hommages à A. Grenier, Coll. Latomus 58, 1962, 567 ff.

–: Remureine, in: Studi linguistici in onore di V. Pisani I, Brescia 1969, 343 ff.

Gli Etruschi e Roma, Incontro di studio in onore di Massimo Pallottino, Rom 1981 (= Etruschi e Roma).

Euing, Ludwig: Die Sage von Tanaquil, Frankfurter Studien zur Religion und Kultur der Antike 2, Frankfurt a. M. 1933.

Evans, Elizabeth C.: The Cults of the Sabine Territory, PMAAR 11, Rome 1939 (= E. Evans, Cults).

Fabian, Klaus-Dietrich: Aspekte einer Entwicklungsgeschichte der römisch-lateinischen Göttin Iuno, Diss. Berlin 1978 (= K.-D. Fabian).

Fauth, Wolfgang: Hippolytos und Phaidra 1, 1958, 515 ff. 2, 1959, 358 ff.

–: Der Traum des Tarquinius, in: Latomus 35, 1976, 469 ff.

–: Römische Religion im Spiegel der „Fasti" des Ovid. in: ANRW 2, 16, 1, 104 ff. (= W. Fauth, Röm Rel).

Fehrle, Eugen: Die kultische Keuschheit im Altertum, RVV 6, Gießen 1910.
Ferri, Silvio: La Iuno Regina di Vei, in: SE 24, 1955/6, 107 ff.
Fiesel, Eva: Namen des griechischen Mythos im Etruskischen, ZVS Erg.-Heft 5, 1928.
–: X represents a Sibilant in Early Etruscian, in: AJPh 57, 1936, 261 ff.
Flacelière, R.: Deux rites du culte de Mater Matuta, in: REA 52, 1950, 18 ff.
Fowler, William Warde: The Roman Festivals of the Period of the Republic, London 1910.
–: The Religious Experience of the Roman People, London 1911.
Fraccaro, Plinio: La malaria e la storia degli antichi popoli classici, Opuscula II, Pavia 1957, 337 ff.
–: La malaria e la storia dell'Italia antica, Opuscula II, Pavia 1957, 369 ff.
Fraschetti, Augusto: Le sepolture rituali del Foro Boario, in: Délit Religieux 51 ff.
Freier, Heinrich: Caput velare. Diss. Tübingen 1963 (= H. Freier).
Fritz, Kurt von: Leges sacratae und plebei scita, in: Studies Robinson II, 1953, 693 ff.
Fuchs, Günter: Das Datum der Gründung Roms, in: Geschichte in Wissenschaft und Unterricht 17, 1966, 106 ff.
Fuchs, Harald: Der geistige Widerstand gegen Rom in der antiken Welt, Berlin ²1964.
Fuchs, W.: Die Bildgeschichte der Flucht des Aeneas, in: ANRW 1, 4, 615 ff.
Fugier, Huguette: Recherche sur l'expression du sacré dans la langue latine, Publications de la Fac. Lettre Univ. de Strasbourg nr. 146, Paris 1963.

Gabba, E.: Il problema dell'unità dell'Italia romana. La cultura italica, Pisa 1978, 11 ff.
Gagé, Jean: Apollon Romain, BEFAR, Paris 1955 (= J. Gagé, Apollon).
–: Matronalia. Essai sur les dévotions et les organisations culturelles des femmes dans l'ancienne Rome, Coll. Latomus 60, Brüssel 1963 (= J. Gagé, Matronalia).
–: Les femmes de Numa Pompilius, Mélanges Boyancé 1974, 281 ff.
–: La chute des Tarquins et les débuts de la République romaine, Paris 1976.
–: Enquêtes sur les structures sociales et religieuses de la Rome primitive, Coll. Latomus 152, Brüssel 1977 (= J. Gagé, Enquêtes).
Gagner, A.: Zur römischen Zeitrechnung, in: Strena philologica Upsaliensis, Festschrift P. Persson, Upsala 1932, 202 ff.
Galinsky, G. K.: Sol and the carmen saeculare, in: Latomus 26, 1967, 619 ff.
–: Aeneas, Sicily and Rome, Princeton 1966.
–: „Troiae qui primus ab oris", in: Gymnasium 81, 1974, 182 ff.

Gantz, T. N.: Lapis niger. The Tomb of Romulus, in: PP 29, 1974, 350 ff.
Garbini, Giovanni: Grabovius, in: Studi linguistici in onore de V. Pisani I, Brescia 1969, 391 ff.
Gelsomino, Remo: Varron e i sette colli di Roma, Rom 1975.
Gennep, A. van: Les rites de passage, Paris 1909.
Gerkan, Arnim von: Zur Frühgeschichte Roms, in: RhM 100, 1957, 87 ff.
–: Das frühe Rom nach E. Gjerstad, in: RhM 104, 1961, 132 ff.
Gerschel, L.: Saliens de Mars et Saliens de Quirinus, in: RHR 138, 1950, 145 ff.
Giacalone Ramat, Anna: Studi intorno ai nomi de dio Marte, in: AGI 47, 1962, 112 ff.
–: Marmar e Mamers, in: AGI 50, 1965, 8 ff.
Giacomelli, Gabriella: Gli etnici dell'Italia antica, in: SE 28, 1960, 403 ff.
–: La lingua Falisca, Florenz 1963.
–: Il falisco, in: Lingue e dialetti 505 ff.
Gianelli, Giulio: Il sacerdozio delle Vestali romane, Florenz 1913, Rist. 1922.
Ginzel, F. K.: Handbuch der mathematischen und technischen Chronologie. Das Zeitrechnungswesen der Völker II, Leipzig 1911.
Girard, Jean-Louis: Les origines du culte de Minerve, in: REL 48, 1970, 469 ff.
Gjerstad, Einar: The Temple of Saturnus in Rome, Hommages à A. Grenier 2, Coll. Latomus 58, 1962, 757 ff.
–: Legends and Facts of Early Roman History, Scripta minora Reg Soc. Hum. Lundinensis, Lund 1962.
–: The Origins of the Roman Republic, in: Entretiens XIII, 1 ff.
Godel, Robert: Virgile, Naevius et les Aborigines, in: MH 35, 1978, 273 ff.
Göhler, Josef: Rom und Italien, Breslauer Historische Forschungen 13, Breslau 1939, Ndr. Bonn 1978.
Goldmann, Emil: Die Duenos-Inschrift, Heidelberg 1926.
–: Di Novensides and Di Indigetes, in: CQ 36/7, 1942/43, 43 ff.
Gordon, Arthur E.: On the Origin of Diana, in: Transact. & Proceed. APhA 63, 1932, 177 ff.
–: The Cults of Aricia, Univ. of California Publications in class. Archaeology 2, 1938, 21 ff.
–: The Inscribed Fibula-Praenestina. Problems of Authenticity, Univ. of California Publications, Class. Studies 16, Berkeley 1975.
Grenier, A.: Les religions étrusque et romaine, Coll. Mana 3, Paris 1948, 1 ff.
–: Indigetes et Novensides, Miscellanea di Filologia, Literatura e Historia cultural a Memoria do F. A. Coelho II, Lissabon 1950, 192 ff.
Grimal, Pierre: La promenade d'Evandre et d'Enée, in REA 50, 1948, 348 ff.
–: Le dieu Ianus et les origines de Rome, in: Lettres d'humanité 4, 1945, 15 ff.
–: Le „Janus" de l'Argilète, in: MEFR 1952, 39 ff.
–: Enée à Rome et le triomphe d'Octave, in: REA 53, 1951, 51 ff.

Grotz, A.: Die Argeerurkunde, in: Klio 22, 1928/29, 303 ff.
Gruber, Joachim: Zur Etymologie von lateinische lupercus, in: Glotta 39, 1961, 273 ff.
Guarducci, Marguerita: Velchanos-Vulcanus, in: Scritti in onore di B. Nogara, Vatikanstadt 1937, 183 ff.
–: Tre cippi arcaici con iscrizioni votive, in BCAR 71, 1946/48, 1 ff.
–: Legge sacra da un antico santuartio di Lavinio, in: AC 3, 1951, 99 ff.
–: Cippo latino arcaico con dedica ad Enea, in: BMCR 19, 1956/58, 3 ff.
–: Vesta sul Palatino, in: MDAI(R) 71, 1964, 157 ff.
–: Enea e Vesta, in: MDAI(R) 78, 1971, 89 ff.
–: La cosidetta fibula prenestina. Antiquari, eruditi et falsari nella Roma dell'ottocento, in: MAL Ser. VIII Vol. 24, Rom 1980.
Guittard, Charles: Le calendrier romain des origines au milieu du Ve siècle avant J.C., in: BAGB 1973, 203 ff.
–: Recherches sur la nature de Saturne dès origines à la réforme de 217 av. J.C., in: Recherches sur les religions, 1976, 43 ff.
–: L'expression du délit dans le rituel archaique de la prière, in: Délit religieux 9 ff.
Guizzi, F.: Aspetti giuridici del sacerdozio romano di Vesta, Neapel 1968.

Haas, Otto: Das frühitalische Element, Wien 1960.
–: Messapische Studien. Inschriften und Kommentar, Skizze einer Laut- und Formenlehre, Heidelberg 1962.
Halberstadt, M.: Mater Matuta. Frankfurter Studien zur Religion und Kultur der Antike 8, 1934 (= M. Halberstadt).
Hampl, Franz: Zum Ritus des Lebendigbegrabens der Vestalinnen, in: Festschrift für R. Muth, Innsbrucker Beiträge zur Kulturwissenschaft 22, 1983, 165 ff.
–: Römische Religion, in Propyläengesch. d. Literatur 1, 1981, 321 ff.
Hanell, K.: Das altrömische eponyme Amt, Lund 1946.
Harmon, Daniel P.: The Public Festivals of Rome, in: ANRW 2, 16, 1, 1440 ff. (= D. Harmon, Public Festivals).
–: The Public Festivals of Rome, in: ANRW 2, 16, 1, 1592 ff. (= D. Harmen, Family Festivals).
Harris, W. V.: Rome in Etruria and Umbria, Oxford 1971.
Hartmann, Otto Ernst: Der römische Kalender (aus dem Nachlaß des Verf. hrsg. von L. Lange) Leipzig 1882, Niederwalluf–Wiesbaden 1973.
Haury, A.: Une querelle de clocher: Augures contra Haruspices, in: Mélanges A. Piganiol, III 1966, 1623 ff.
Head, B. V.: Historia Numorum, Oxford ^{2}1911 (= HN^2).
Heinze, Richard: Die augusteische Kultur, Berlin ^{3}1939.
–: Vom Geist des Römertums, hrsg. von E. Burck, Leipzig 1938.
–: Virgils epische Technik, Leipzig 1903.
Herbig, Gustav: Religion und Kultus der Etrusker, in: Mitteilungen der schlesischen Gesellschaft für Volkskunde 1925.

Herbig, Reinhard: Zur Religion und Religiosität der Etrusker, in: Historia 6, 1957, 123 ff.
Herbillon, Jules: Les cultes de Patras avec une prosopographie patréenne, Baltimore 1929.
Hermansen, Gustav: Studien über den italischen und den römischen Mars, Übers. von F. Glöde, Kopenhagen 1940.
Herter, Hans: De Priapo, RVV 23, Gießen 1932.
Herz, Peter: Untersuchungen zum Festkalender der römischen Kaiserzeit nach datierten Weih- und Ehreninschriften, Diss. Mainz 1975.
Heurgon, Jacques: Recherches sur l'histoire, la religion et la civilisation de Capoue préromaine, BEFAR 154, Paris 1942.
–: Trois études sur le „Ver sacrum", Coll. Latomus 26, 1957 (= J. Heurgon, Ver sacrum).
–: Magistratures romaines et magistratures étrusques, in: Entretiens XIII 97 ff.
–: Lars, largus et Lare Aineia, in: Mélanges A. Piganiol III, Paris 1966, 655 ff.
Hiersche, Rolf: Der Wechsel zwischen anlautendem f und h im Lateinischen, in: Glotta 43, 1965, 103 ff.
Hirzel, Rudolf: Die Strafe der Steinigung, Abh. Sächs. Akad. Wiss., Leipzig 1909, 221 ff.
Hofmann, G. B.: Etymologisches Wörterbuch des Griechischen, München 1966.
Hoffmann, Wilhelm: Rom und die griechische Welt im 4. Jh., in: Philologus Suppl. 27, 1, 1934.
Holleman, A. W. J.: Zur Schaltung im vorjulianischen Kalender, in: RhM 124, 1981, 85 ff.
Hommel, Hildebrecht: Vesta und die frühromische Religion, in: ANRW 1, 2, 397 ff.
Homo, Leon: L'Italie primitive et les débuts de l'impérialisme romain, Paris 1953.
Howe, Georg: Fasti sacerdotum p. R. publicorum aetatis imperatoriae, Leipzig 1904.
Hubaux, Jean: Rome et Véies, Paris 1958.
Humbert, Michel: Municipium et civitas sinne suffragio. L'organisation de la conquête jusqu'à la guerre sociale, Coll. EFR, Rom 1978.
Huth, Otto: Janus. Ein Beitrag zur alten Religionsgeschichte, Bonn 1932.
–: Der Feuerkult der Germanen, in: ARW 36, 1939, 108 ff.
–: Vesta. Untersuchungen zum indogermanischen Feuerkult, in: ARW Beiheft 2, Leipzig 1943.

Illuminati, A.: Mamurius Veturius, in: SMSR 32, 1961, 41 ff.

Johnson, L. van: The Prehistoric Roman Calendar, in: AJPh 84, 1963, 28 ff.

Bibliographie 313

–: Agonia, Indigetes and the Breading of sheeps and goats, in: Latomus 26, 1967, 316 ff.
Jordan, Heinrich: Der Tempel der Vesta und das Haus der Vestalinnen, Berlin 1886.
Jung, E.: Les noms du Tibre et de Rome, in: RIO 23, 1971, 189 ff.
Kaser, Max: Das römische Privatrecht I, München 1955: Rechtsgeschichte des Altertums im Rahmen des Handbuchs der Altertumswissenschaft X 3, 3, 1.
Kerényi, Karl: Der Sprung vom Leukasfelsen, in: ARW 24, 1926, 61 ff.
–: Altitalische Götterverbindungen, in: SMSR 9, 1933, 17 ff.
–: Die antike Religion, Zürich ²1962.
Kienast, Dietmar: Rom und die Venus vom Eryx, in: Hermes 93, 1965, 478 ff.
Kirsopp s. Michels, Agnes.
Klausen, R. H.: Aeneas und die Penaten I. II, Hamburg–Gotha 1839/40.
Knapowski, Roch: Probleme der römischen Chronologie, in: Beiträge zur Alten Geschichte und deren Nachleben, Festschrift F. Altheim, Berlin 1969, 323 ff.
Knobloch, Johann: Zur faliskischen Ceres-Inschrift, in: RhM 101, 1958, 134 ff.
Kobbert, Maximilian: Religio, in: RE I A 565 ff.
Koch, Carl: Gestirnverehrung im alten Italien. Sol Indiges und der Kreis der Indigetes, Frankfurter Studien zu Religion und Kultur der Antike 3, Frankfurt a. M. 1933 (= C. Koch, Gestirnverehrung).
–: Der römische Juppiter, Frankfurter Studien zu Religion und Kultur der Antike 14, Frankfurt a. M. 1937, Ndr. Libelli 244, Darmstadt 1968 (= C. Koch, Juppiter).
–: Religio. Studien zu Kult und Religion der Römer, Nürnberg 1960 (= C. Koch, Religio).
–: Vesta, in: RE VIII A 1717 ff.
Köves-Zulauf, Thomas: Valeria Luperca, in: Hermes 90, 1962, 214 ff.
–: Plinius der Ältere und die römische Religion, in: ANRW 2, 16, 1, 187 ff.
Kolbe, H. G.: Noch einmal Vesta auf dem Palatin, in: MDAI(R) 73/4, 1966/67, 94 ff.
–: Lare Aineia?, in: MDAI(R) 77, 1970, 1 ff.
Krämer, Hans Joachim: Die Sage von Romulus und Remus in der lateinischen Literatur, in: Synusia, Festschrift W. Schadewaldt 1965, 355 ff.
Krahe, Hans: Die alten balkanillyrischen geographischen Namen, Heidelberg 1925.
–: Die alten balkanillyrischen Personennamen, Heidelberg 1929.
–: Zur Bildungsweise einiger lateinischer Gottesnamen, in: Satura Weinstock 1952, 3 ff.
Krappe, A. H.: Tarpeia, in: RhM 78, 1929, 249 ff.
–: Acca Larentia, in: AJA 1942, 490 ff.

Krauskopf, Ingrid: Leukothea nach den antiken Quellen, in: Biblioteca de SE 12, 1981, 137 ff.
Kretschmer, Paul: Einleitung in die Geschichte der griechischen Sprache, Göttingen 1896.
–: Lateinische Quirites und quiritare, in: Glotta 10, 1920, 147 ff. (= P. Kretschmer, Quirites).
–: Das nt-Suffix, in: Glotta 14, 1925, 84 ff. (= P. Kretschmer, nt-Suffix).
Krömer, Dietfried: Schwören bei den Verstorbenen?, in: ZPE 26, 1977, 65 ff.
Kroll, Wilhelm: Mundus und Verwandtes, in: Festschrift für P. Kretschmer 1926, 120 ff.
Kurfess, Alfons: Sibyllinische Weissagungen, München 1951.

Labruna, L.: Quirites, in: Labeo 8, 1962, 340 ff.
Lamacchia, Rosa: Annae festum geniale Perennae, in: PP 13, 1958, 381 ff.
P. Lambrechts, P.: Consus et l'enlèvement des Sabines, in: AC 15, 1946, 61 ff.
–: La politique apollonienne d'Auguste et le culte impérial, in: Nouvelle Clio 5, 1953, 65 ff.
La Penna, Antonio: Tarpea, Tito Tazio, Lucomedi, in: SCO 6, 1956, 112 ff.
La Regina, A.: Le iscrizioni osche di Pietrabbondante e la questione di Bovianum vetus, in: RhM 109, 1966, 260 ff.
Latte, Kurt: Über eine Eigentümlichkeit in der italischen Gottesvorstellung, in: ARW 24, 1926, 244 ff.
–: Aûgur und templum in der varronischen Auguralformel, in: Philologus 97, 1948, 143 ff.
–: Immolatio, in: RE IX 1112 ff.
–: Römische Religionsgeschichte, Handbuch der Altertumswissenschaft V 4, München 1960. ³1976 (K. Latte, RRG).
Le Bonniec, Henri: Le culte de Cérès à Rome dès origines à la fin de la République. Etudes et commentaires 27, Paris 1958 (= H. le Bonniec, Cérès).
–: Les renards aux Cerialia, in: Mélanges Carcopino, Paris 1966, 605 ff.
Le Gall, Joel: Le Tibre, fleuve de Rome dans l'antiquité, Paris 1952.
–: Recherches sur le culte de Tibre, Paris 1953.
–: Les rites de fondation des villes romaines, BAntFr 1970 (1972), 292 ff.
Lejeune, Michel: Latin et chronologie „Italique", in: REL 28, 1950/51, 97 ff.
–: Vénus romaine et Vénus osque, Coll. Latomus 70, 1964, 383 ff.
–: Manuel de la langue vénète, Indogerm. Bibl. I, Lehr- und Handbücher, Heidelberg 1974 (= M. Lejeune, Manuel).
Lemosse, M.: Les éléments techniques de l'ancien triumphe romain et le problème de son origine, in: ANRW 1, 2, 442 ff.
Leumann, Manu: Lateinische Laut- und Formenlehre, München ⁶1977, Handbuch der Altertumswissenschaft 2, 2, 1 (= M. Leumann⁶).

Lieberg, Godo: Considerazioni sull'etimologia e sul significato di religio, in: RFIC 102, 1974, 34 ff.
Lingue e dialetti dell'Italia antica a cura di Aldo Luigi Prosdocimi, Biblioteca di storia patria, Rom 1978.
Loicq, Jean: Le témoignage de Varron sur les „Ecurria", in: Latomus 23, 1964, 491 ff.
Lübtow, Ulrich von: Das römische Volk. Sein Staat und sein Recht, Frankfurt a. M. 1955.
–: Die römische Diktatur, in: Der Staatsnotstand, hrsg. vom Otto-Suhr-Institut d. Freien Univ., Berlin 1965 (= U. v. Lübtow, Diktatur).
Lugli, Giuseppe: I confini del pomerio suburbano di Roma primitiva, Mélanges Carcopino 1960, 641 ff.

Maddoli, Gianfranco: Il rito degli Argei, in: PP 26, 1971, 153 ff.
Magdelain, André: Cinq jours épagomènes à Rome?, in: REL 40, 1962, 201 ff. (= A. Magdelain, Epagomènes).
–: L'auguraculum de l'arx à Rome et dans d'autres villes, in: REL 47, 1969, 253 ff.
–: Remarques sur la perduellio, in: Historia 22, 1973, 405 ff.
–: Le pomerium archaïque et le mundus, in: REL 54, 1976, 71 ff.
–: L'inauguration de l'Urbs et l'imperium, in: MEFR 89, 1977, 11 ff.
Malten, Ludolf: Aineias, in: ARW 29, 1931, 33 ff. (= L. Malten, Aineias).
Marbach, Ernst: Manes, in: RE XIV 1051 ff.
–: Mars, in: RE XIV 1919 ff.
Marchesi, Maria Pia Lucani, in: SE 42, Riv. di epigrafia italica Ser. III, Florenz 1974.
Maròti, Egon: Feriae in familia (Cato agr. 138), in: Acta conventus XI „Eirene" 1984.
Marouzeau, Jules: „Iuppiter Optimus" et „Bona dea", in: Eranos 54, 1956, 227 ff.
–: Iuppiter Optimus und Bona dea, in CRAI 34, 1956, 347 ff.
Marten, Ilsetraut: Ein unbeachtetes Zeugnis von Varros Gotteslehre, in: AGPh 43, 1961, 41 ff.
Martinez-Pinna, J.: Evidenza di un tempio di Giove Capitolino a Roma all'inizio del VI sec. a. C., in: Arch Laz IV 1981.
–: Tarquinio Prisco y Servio Tullio, in: AEA 55, 1982, 35 ff.
Masquelier, N.: Pénates et Dioscures, in: Latomus 25, 1966, 88 ff. (= N. Masquelier; Pénates).
Mayer, E.: Das Sauprodigium und sein religionsgeschichtlicher Hintergrund, AANtHung 16, 1968, 198 ff.
Mayrhofer, M.: Kurzgefaßtes etymologisches Wörterbuch des Altindischen, Heidelberg 1956.
Mazzarino, A.: Antiche Leggende sulle origini di Roma, in: Stud Rom 8, 1960, 387 ff.
Meid, Wolfgang: Das -no-Suffix in Götternamen, in: BN 6, 1957, 72 ff.

Meister, Karl: Lateinisch-griechische Eigennamen I, Altitalische Eigennamen, Leipzig 1916 (= K. Meister, Eigennamen).
Merkelbach, Reinhard: Aeneas in Cumae, in: MH 18, 1961, 83 ff.
Merlin, A.: L'Aventin dans l'antiquité, in: BEFAR 97, Paris 1906.
Messerschmidt, F.: Nekropolen von Vulci, JDAI Erg.-Heft 12, Berlin 1930.
Mette, H. J.: Livius und Augustus, in: Gymnasium 68, 1961, 269 ff.
Meuli, K.: Griechische Opferbräuche, in: Phyllobolia, Festschrift P. von der Mühll, Basel 1946, 183 ff.
–: Scythica, Hermes 70, 1935, 121 ff.
–: Altrömischer Maskenbrauch, in: MH 12, 1955, 206 ff.
Meyer, H.: Hostia, in: RE VIII 2498 ff.
Michels, A. Kirsopp: The Consualia of December, in: CPh 39, 1944, 50 ff. (= A. K. Michels, Consualia).
–: The Topography and Interpretation of the Lupercalia, in: TAPhA 84, 1953, 35 ff. (= A. K. Michels; Lupercalia).
–: The Calendar of the Roman Republic, Princeton 1967 (= A. K. Michels, Calendar).
Mingazzini, P.: L'origine del nome di Roma, in: BCAR 78, 1961/62, 3 ff.
Momigliano, A.: An Interim Report on the Origins of Rome, in: JRSt 53, 1963, 9 ff.
Mommsen, Theodor: Die römische Chronologie bis auf Caesar, Berlin ²1859 (= Th. Mommsen, RömChron).
Morandi, Alessandro: Le iscrizioni madio-adriatiche, Istituto di studi etruschi ed italici, Biblioteca de SE 7, Florenz 1974.
–: Epigrafia Italica, Biblioteca archeologica 2, Rom 1982.
Much, Rudolf: Die Herkunft der Italiker, in: Festschrift H. Hirt II, 1936, 549 ff.
Müller-Karpe, H.: Vom Anfang Roms, Heidelberg 1959.
–: Zur Stadtwerdung Roms, Heidelberg 1962.
Münzer, Friedrich: Die römischen Vestalinnen in der Kaiserzeit, in: Philologus 92, 1937, 47 ff. 199 ff.
Muller, Frederik: Altitalisches Wörterbuch, Göttingen 1926 (= F. Muller, altital. Wb.).
Muth, Robert: Römische religio, in: Serta philologica Aenipontana (Innsbrucker Beiträge zur Kulturwissenschaft 7/8), Innsbruck 1962, 247 ff.
–: Vom Wesen römischer „religio", in: ANRW 2, 16, 1, 290 ff.

Neumann, Günther: Zur Etymologie von lateinisch augur, in: WJbb N. F. 2, 1976, 219 ff.
Niebling, G.: Zum Kult des Genius und der Laren, in: F&F 26, 1950, 147 ff.
–: Laribus Augustis magistri primi. Der Beginn des Compitalkultes der lares und des Genius Augusti, in: Historia, 5, 1956, 303 ff.
Nilsson, Martin P.: Studien zur Vorgeschichte des Weihnachtsfestes, in: ARW 19, 1916/19, 57 ff.

–: Zur Frage von dem Alter des vorcäsarischen Kalenders, in: Strena Philologica Upsaliensis, Festschrift P. Persson 1922, 131 ff. (= Opuscula selecta, Lund 1952, 979 ff.).
–: Les luperques, in: Latomus 15, 1956, 133 ff.
Nissen, Heinrich: Das Templum, Berlin 1869.
–: Italische Landeskunde, I: Berlin 1883; II: Berlin 1902.
Norden, Eduard: Die Geburt des Kindes. Geschichte einer religiösen Idee, Leipzig 1924 (= E. Norden; Geburt des Kindes).
–: Alt-Germanien, Leipzig 1934.
–: Aus altrömischen Priesterbüchern. Skrifter utgifna av kunigl. Humanistiska Vetenskapsamfundet (Acta Reg. Societ. humaniorum litterarum Lundensis), Lund 1939 (= E. Norden, Priesterbücher).

Ogilvie, R. M.: Some Cults of Early Rome, Hommages à M. Renard II, Coll. Latomus 102, 1969, 566 ff.
–: A Commentary on Livy, Books 1–5, Oxford 1969, Repr. 1970 (= R. M. Ogilvie; Comment.).
Olzscha, Karl: Die Etymologie von ritus, in: SE 24, 1955/56, 319 ff.
–: Die Inschrift von Centuripae, in: Glotta 43, 1965, 140 ff.
Opelt, Ilona: Roma = PΩMH und Rom als Idee, in: Philologus 109, 1965, 47 ff.
Otto, A.: Die Sprichwörter und sprichwörtlichen Redensarten der Römer, Leipzig 1890 (= A. Otto, Sprichwörter).
Otto, Walter F.: Mania und Lares, in: ALL 15, 1898, 113 ff.
–: Iuno. Beiträge zum Verständnis der ältesten und wichtigsten Thatsachen ihres Kultes, in: Philologus 64, 1905, 201 ff.
–: Römische Sondergötter, in: RHM 64, 1909, 449 ff. (= W. F. Otto, Sondergötter).
–: Religio und superstitio, in: ARW 12, 1909, 533 ff. 14, 1911, 406 ff.
–: Die luperci und die Feier der Lupercalia, in: Philologus 72, 1913, 161 ff.
–: Ianus, im: RE S III 1181 ff.
–: Aufsätze zur römischen Religionsgeschichte, Beiträge zur klassischen Philologie 71, Meisenheim 1975.

Pallottino, Massimo: Etruscologia, Mailand ³1955, Mailand ⁶1967.
–: Le origini di Roma, in: AC 12, 1960, 1 ff.
–: Fatti e leggende (moderne) sulla più antica storia di Roma, in: SE 31, 1963, 3 ff.
–: Nuova luce sulla storia di Roma antica dalle lamine d'oro di Pirgi, in: Stud Rom 13, 1965, 3 ff.
–: La lega linguistica italica nel I millennio a.C., in: Testi e monumenti II, 1978, 117 ff.
–: Nome e funzione. A proposito di alcune entità divine minori etrusche e romane, in: Studi in onore di E. Paratore 1980/81.
Palmer, L. R.: The Latin Language, Repr. London 1974.

Palmer, Robert E. A.: The King and the Comitium, Historia, Einzelschriften 11, Wiesbaden 1969 (= R. E. A. Palmer, King and Comitium).
–: Cupra, Matuta and Venilia Pyrgensis, in: Illinois Studies in Language and Literature 58, Class. Studies to Edw. Perry, 1969, 292 ff.
–: The Archaic Community of the Romans, Cambridge, Mass. 1970.
–: Roman Religion and Roman Empire. Five Essays, Univ. of Pennsylvania, Philadelphia 1974 (= R. E. A. Palmer, Rom Rel).
Paoli, Jules: Autour du problème de Quirinus, in: Studi in onore do U. E. Paoli, Florenz 1956, 525 ff.
Pareti, Luigi: Clusini, Mastanra, Porsenna, in: SE 5, 1931, 147 ff.
Parlangéli, O., und de Franciscis, A.: Gli Italici del Bruzio nei documenti epigrafici, Centro di Studi per la Magna Grecia 2, Neapel 1960.
Pekáry, Thomas: Das Weihedatum des kapitolinischen Jupitertempels und Plin. n. h. 33, 19, in: MDAI(R) 76, 1969, 307 ff.
Pellegrini, G. B., und Prosdocimi, A. L.: La lingua Venetica I, Le iserizioni, Padua 1967.
Perret, Jacques: Les origines de la légende troyenne de Rome, Coll. D'Etudes anciennes, Paris 1942 (= J. Perret, Origines).
–: Halaesus ou Messapus (à propos d'Aen. VII 641–817), Coll. Ecole Française de Rome 22, 1974, 557 ff.
Peruzzi, Emilio: Iscrizioni falische, in: Maia 16, 1964, 149 ff.
–: Origini di Roma, I: Florenz 1970; II: Florenz 1973.
Pestalozza, Uberto: Iuno Caprotina, in: SMSR 9. 1933, 38 ff.
–: Mater Larum e Acca Larentia in religione mediterranea, Mailand 1950.
–: L'éternel féminin dans la religion méditerranéenne, Coll. Latomus 79, Brüssel 1965.
Peter, P.: Indigitamenta, in: ML II 129 ff.
Peterson, Roy Merle: The Cults of Campania, in: PMAR 1, Ome 1919.
Pettazzoni, Raffaele: La divinità suprema degli Etruschi, in: SMSR 4, 1928, 207 ff.
Peyré, Christian: Castor et Pollux et les Pénates pendant la période républicaine, in: MEFR 74, 1962, 433 ff.
Pfiffig, Ambros Joseph: Die etruskische Sprache, Graz 1961 (= A. J. Pfiffig, Etr Spr).
–: Uni-Hera-Astarte, Österr. Akad. Wissensch. Wien 1965 (= A. J. Pfiffig, Uni).
–: Religio Etrusca, Graz 1975 (= A. J. Pfiffig, Rel Etr).
Pfister, Friedrich: Der Reliquienkult im Altertum, RVV 5, 1. 2, Gießen 1909/12.
–: Die Religion der Griechen und Römer. Darstellung und Literaturbericht 1918–1929, in: Bursians Jahresber., Suppl. Bd. 229, Leipzig 1930.
Pfister, Raimund, s. Sommer, Ferdinand.
Piccaluga, Giulia: Penates e Lares, in: SMSR 32, 1961, 81 ff.
–: Bona Dea, in: SMSR 35, 1964, 195 ff.

–: Terminus. I segni di confine nella religione romana, Quaderni di SMSR 9, 1974.
–: L'olocausto di Patrai, in: Entretiens XXVII, 243 ff.
–: Fides nella religione romana di età imperiale, in: ANRW 2, 17, 2, 703 ff.
Piganiol, André: Essai sur les origines de Rome, in: BEFAR 110, Paris 1947.
–: Les origines d'Hercule, in: Hommages A. Grenier III, Coll. Latomus 58, Brüssel 1962, 1261 ff.
–: La conquête romaine, Coll. Peuples et civilisations 3, Paris 1974.
Pighi, G. B.: De ludis saecularibus, Amsterdam ²1965.
–: La religione di Roma, Lezioni A. Rostagni 3, Turin 1967, 31 ff.
Pisani, Vittore: Saggi di linguistica storica, Turin 1959.
–: Testi latini arcaici e volgari, Turin ²1960 (= V. Pisani, Testi).
–: Le lingue dell'Italia antica oltre il Latino, Turin ²1964 (= V. Pisani, Lingue).
–: Feronia, Studi sull'oriente e la bibbia off. al P. G. Rinaldi, Genua 1967, 163 ff.
–: Lingue e culture, Brescia 1969.
–: Zur Sprachgeschichte des alten Italiens, in: RhM 97, 1974, 47 ff.
–: L'iscrizione paleolatina di Satricum, in: Glotta 59, 1981, 136 ff.
Planta, Robert von: Grammatik der oskisch-umbrischen Dialekte, Ndr. Berlin 1973.
Plepelitz, Karl: Triumphus, in: Gymnasium 80, 1973, 280 ff.
Poccetti, Paolo: Nuovi documenti italici a complemento del Manuale di E. Vetter, Orientamenti linguistici 8, Pisa 1979 (= P. Poccetti, NDI).
Pötscher, Walter: Numen, in: Gymnasium 66, 1959, 365 ff.
–: Flamen Dialis, in: Mnemosyne 21, 1968, 215 ff.
–: Das römische Fatum, in: ANRW II 16, 1, 393 ff.
Polomé, E.: Veiovis = Vofiono?, in: Coll. Latomus 23, 1956, 279 ff.
Pomarès, Gilbert: Gélase Ier, lettre contre les Lupercales. Sources chrétiennes, Paris 1959.
Porte, Danielle: Anna Perenna, bonne et heureuse année, in: RPh 45, 1971, 282 ff.
–: Le devin, son bouc et Junon (Ovid. fast. II 425–482), in: REL 51, 1973, 171 ff.
–: Note sur les luperci nudi, in: L'Italie préromaine et la Rome républicaine, Mélanges J. Heurgon II, 1976, Coll. Ecole Française de Rome 27, 717 ff.
–: Trois vers problématiques dans les Fastes d'Ovide. Le flamen Dialis aux Lupercles, in: Latomus 35, 1976, 834 ff.
–: Romulus-Quirinus. Prince et dieu, dieu du prince, in: ANRW 2, 17, 1. 300 (= D. Porte, Quirinus).
–: La fleur d'Olène et la naissance du dieu Mars, in: Latomus 42, 1983, 877 ff.
Poucet, Jacques: Les origines mythiques de Sabins, Etudes Etrusco-italiques 31, Löwen 1963, 155 ff.

Poucet, Jacques: L'origine sabine de la „commutatio" du D en L, un mythes linguistique, in: AC 35, 1966, 140 ff. (= J. Poucet, Commutatio).

–: Recherches sur la légende sabine des origines de Rome, Recueil de Travaux d'histoire et de philologie 37, Löwen 1967 (= J. Poucet, Recherches).

–: Les Sabins aux origines de Rome. Orientation et problèmes, in: ANRW 1, 1, 48 ff. (= J. Poucet, Sabins).

–: „Semo Sancus Dius Fidius", une première mise au point, in: RecPhL 1972, 53 ff. (= J. Poucet, Semo Sancus Dius Fidius).

–: Le Latium protohistorique et archaique à la lumière des découvertes archéologiques récentes, in: AC 47, 1978, 566 ff. 48, 1979, 177 ff.

–: Les origines de Rome. Tradition et histoire Publications des Fac. Univ. Saint Louis, Brüssel 1985.

Poultney, J. W.: Volscians and Umbrians, in: AJPh 72, 1951, 115 ff.

Pouthier, Pierre: Ops et la conception divine de l'abondance dams la religion romaine jusqu'à la mort d'Auguste, BEFAR 242, Rom 1981 (= P. Pouthier, Ops).

Preller, Ludwig, und Jordan, Heinrich: Römische Mythologie, I: Berlin ³1881; II: Berlin 1883 (= L. Preller-H. Jordan, RM).

Prinz, Friedrich: Gründungsmythen und Sagenchronologie, Zetemata 72, München 1979.

Prosdocimi, Aldo L.: Etimologie di termini Venilia, Summanus, Vacuna, in: Studi linguistici in onore di V. Pisani II, Brescia 1969, 777 ff.

–: Summanus e Angerona, in: Etrennes offertes à M. Lejeune, Paris 1978, 199 ff.

–: Lingue e Dialetti dell'Italia antica (= Lingue e dialetti).

Pugliese-Caratelli, G.: Achei nell'Etruria e nel Latzio, in: PP 17, 1962, 5 ff.

Pulgram, Ernst: The Tongues of Italy, Prehistory and History, Repr. New York 1969.

–: Italic, Latin, Italian 600 B.C. to A.D. 1260. Indogermanische Bibliothek, 1. Reihe, Heidelberg 1978 (Texts and commentaries).

Radermacher, L.: Die Gründung von Marseille, RhM 71, 1916, 1 ff.

Radke, Gerhard: Volsci, in: RE IX A 773 ff.

–: Umbri, in: RE S IX 1745 ff.

–: Proserpina, in: RE S IX 1283 ff.

–: Beobachtungen zum römischen Kalender, in: RhM 106, 1963, 313 ff. (= G. Radke, Beobachtungen).

–: Zu der archaischen Inschrift von Madonnetta, in: Glotta 42, 1964, 214 ff. (= G. Radke, Madonnetta).

–: Die Götter Altitaliens, Münster 1965, ²1979 (= G. Radke, Götter).

–: Faliskisch loufir – unbezeugt, in: Glotta 43, 1965, 132 ff. (= G. Radke, loufir).

–: Varro, l. l. 5, 74 zu sabinischen Gottheiten, in: Romanitas 7, 1965, 290 ff. (= G. Radke, Varro).

–: Zu einem Buch Kurt Lattes, bei F. Altheim-R. Stiehl, Die Araber in der alten Welt 3, Berlin 1966, 458 ff. (= G. Radke, Zu einem Buch K. Lattes).
–: Lateinisch stlimen „Kampf, Streit", in: Glotta 45, 1966, 34 ff. (= G. Radke, stlimen).
–: Zu einem Buch A. Alföldis bei F. Altheim-R. Stiehl, Die Araber in der alten Welt 4, Berlin 1967, 515 ff. (= G. Radke, Zu einem Buch A. Alföldis).
–: Italia, in: Romanitas 8, 1967, 35 ff.
–: Sprachliche und historische Bemerkungen zu den leges XII tabularum, in: Sein und Werden im Recht, Festgabe f. U. v. Lübtow, Berlin 1976, 223 ff. (= G. Radke, Leges XII tab.).
–: Das Wirken der römischen Götter, in: Gymnasium 77, 1970, 23 ff. (= G. Radke, Wirken).
–: Das imperium des Augustus, seine politischen und sozialen Grundlagen, in: Klass. Sprachen und Literaturen 5, 1970, 19 ff. (= G. Radke, imperium).
–: Res Italae Romanorumque triumphi, in: Klass. Sprachen u. Literaturen 6, 1971, 78 ff. (= G. Radke, Res Italae).
–: Acca Larentia und die fratres Arvales. Ein Stück römisch-sabinischer Frühgeschichte, in: ANRW 1, 2, 421 ff. (= G. Radke, Acca Larentia).
–: Die Überlieferung archaischer lateinischer Texte in der Antike, in: Romanitas 11, 1972, 189 ff. (= G. Radke, Überlieferung).
–: Etrurien – ein Produkt politischer, sozialer und kultureller Spannungen, in: Klio 56, 1974, 29 ff. (= G. Radke, Etrurien).
–: Grenzen der Information und des Interesses bei Livius, in: Klass. Sprachen u. Literaturen 9, 1975, 72 ff. (= G. Radke, Livius).
–: Nerio. Beobachtungen zu einem Götternamen, in: MH 34, 1977, 191 ff. (= G. Radke, Nerio).
–: Versuch einer Sprach- und Sachdeutung alter römischer Rechtsbegriffe, in: De iustitia et iure, Festgabe f. U. v. Lübtow, Berlin 1980, 9 ff. (= G. Radke, Rechtsbegriffe).
–: Anmerkungen zu den kultischen Maßnahmen in Rom während des Zweiten Punischen Krieges, in: WJbb N. F. 6 b, 1980, 105 ff. (= G. Radke, Maßnahmen).
–: Archaisches Latein, Darmstadt 1981.
–: Quirinus, in: ANRW 2, 17, 1, 276 ff.
–: Die dei penates und Vesta in Rom, in: ANRW 2, 17, 1, 343 ff.
–: Wollgebilde an den Compitalia, in: WJbb. N. F. 9, 1983, 173 ff.
–: Zur Echtheit der Inschrift auf der Fibula Praenestina, in: Archäologisches Korrespondenzblatt 14, 1, 1984, 59 ff.
Ramat, P.: L'etimologia del nome „Morta", in: AGI 45, 1960, 61 ff.
Reichmuth, Johann: Die lateinischen Gentilizien und ihre Beziehungen zu den römischen Individualnamen, Diss. Zürich 1956.
Reitzenstein, R.: Verrianische Forschungen, Ndr. Hildesheim 1966.
Renard, Marcel: Le nom de Junon, in: Phoibos 5, 1950/51, 141 ff.
–: Iuno Covella, in: AIPhO 12, 1952, 401 ff.

Renard, Marcel: Iuno Historia, in: Latomus 12, 1953, 137 ff.
–: Junon, la Fortune et Ilithyia, in: AIPhO 13, 1953, 531 ff.
–: Aspects anciens de Janus et de Junon, in: RBPh 31, 1953, 5 ff.
–: Hercule allaité par Junon, in: Hommages à J. Bayet, Coll. Latomus 70, 1964, 611 ff.
Ribezzo, Francesco: Popolo e lingua degli antichi Piceni, in: SE 21, 1950/51, 185 ff.
Richard, Jean Claude: Enée, Romulus, César et les funérailles impériales, in: MEFR 78, 1966, 67 ff.
–: Le calendrier préjulien, in: REL 46, 1968, 54 ff.
–: Sur quelques grands pontifes plébéiens, in: Latomus 27, 1968, 786 ff.
–: Le culte de „Sol" et les „Aurelii" à propos de Paul. Fest. p. 222, in: L'Italie préromaine et la Rome républicaine, Mélanges J. Heurgon, Coll. Ecole Française de Rome 27, 1976, 915 ff.
Richter, P.: Indigitamenta, in: RE IX 1334 ff.
Riemann, Hans: Beiträge zur römischen Topographie, in: MDAI(R) 76, 1969, 103 ff.
–: Pacis Ara Augustae, in: RE XIII 1, 2082 ff.
Rix, Helmut: Picentes-Picenum, in: BN 2, 1950/51, 237 ff.
–: Bruttii, Brundisium und das illyrische Wort für „Hirsch", in: BN 5, 1959, 115 ff.
–: Sabini, Sabelli, Samnium, in: BN 8, 1957, 127 ff.
–: Das etruskische Cognomen, Wiesbaden 1963 (= H. Rix, Cognomen).
–: Rapporti onomastici fra il panteon etrusco e quello romano, in: Etruschi e Roma 104 ff.
Rohde, Georg: Die Bedeutung der Tempelgründungen im Staatsleben der Römer, Antrittsvorlesung Marburg 1932 = Studien und Interpretationen zur antiken Literatur, Religion und Geschichte, hrsg. von I. Rohde und B. Kytzler, Berlin 1963, 189 ff. (= G. Rohde, Interpretationen).
–: Die Kultsatzungen der römischen Pontifices, RVV 25, Berlin 1936 (= G. Rohde, Kultsatzungen).
–: Ops, in: RE XVIII 1, 749 ff.
–: Pales, in: RE XVIII 2, 89 ff.
Roma Medio Repubblicana. Aspetti culturali di Roma e del Lazio nei secoli IV e III a.C., Rom 1973.
Romanelli, Pietro: Certezza e ipotesi sulle origini di Roma, in: Stud Rom 13, 1965, 1 ff.
Romanielli, Giuseppe, Contributi glottologici per la civiltà arcaica del Lazio: Latium, Roma, Privernum, Quaderni dell'Istituto magistrale „Alessandro Manzoni" 1, Priverno 1979.
Rose, H. J.: De Terminalibus, Refugio, mense intercalari, in: Mnemosyne 52, 1924, 349 ff.
–: The Roman Questions of Plutarch, Oxford 1924.
–: De religionibus antiquis questiunculae tres, in: Mnemosyne 53, 1925, 406 ff.

–: Primitive Culture in Italy, London 1926.
–: De virginibus Vestalibus, in: Mnemosyne 54, 1926, 440 ff.
–: The cult of Volkanus at Rome, in: JRS 23, 1933, 46 ff.
–: De lupis, lupercis, Lupercalibus, in: Mnemosyne 60, 1933, 385 ff.
–: Two Roman Rites, in: CQ 28, 1934, 156 ff.
–: Ancient Roman Religion, London 1949.
Rosenbach, Manfred: Galliena Augusta, Aparchai, Untersuchungen zur klass. Philologie und Geschichte des Altertums 3, Tübingen 1958.
Rosenberg, Arthur: Der Staat der alten Italiker, Berlin 1913.
–: Zur Geschichte des Latinerbundes, in: Hermes 54, 1919, 127 ff.
Ross, Lily R. Taylor, s. Taylor, Lily Ross.
Rudolph, Hans: Stadt und Staat im römischen Italien, Untersuchungen über die Entwicklung des Munizipalwesens in der republikanischen Zeit, Ndr. Göttingen 1965.
Ruoff-Väänänen, Elva: The Roman Public Prodigia and the ager Romanus, in: Arctos N.S. 7, 1972, 139 ff.

Sabbatucci, Dario: Il mito di Acca Lareentia, in: SMSR 29, 1958, 41 ff.
Sadurska, A.: Les tables Iliaques, Warschau 1964.
Sallmann, Klaus: Varro, in: KlP 5, 1131 ff.
–: Censorinus' „De die natali" zwischen Rhetorik und Wissenschaft, in: Hermes 111, 1983, 233 ff.
Salmon, E. T.: Samnium and the Samnites, Cambridge 1967.
–: Roman colonisation under the Republic, Ithaka 1970.
Samter, Ernst: Familienfeste der Griechen und Römer, Berlin 1901.
–: Die Entwicklung des Terminuskultes, in: ARW 10, 1913, 137 ff.
–: Der Ursprung des Larenkultes, in: ARW 10, 1913, 368 ff.
Samuel, A. S.: Greek and Roman Chronology, München 1972, Handbuch der Altertumswissenschaft 1, 7 Calendars and Years in Classical Antiquity.
Schachermeyr, Fritz: Etruskische Frühgeschichte, Berlin 1929.
Schaefer, Th.: Die Einwirkung des Volkes der Luceres und der Etrusker auf die Entstehung Roms, Beilage zum Programm der Handelsschule zu Breslau 1901.
Schauenburg, K.: Aeneas und Rom, in: Gymnasium 67, 1960, 176 ff.
Scheid, John: Le délit religieux dans la Rome tardo-républicaine, in: Délit Religieux 117 ff.
Schilling, Robert: La religion romaine de Vénus, BEFAR 178, Paris 1954 (= R. Schilling, Vénus).
–: Les Castores romains à la lumière des traditions indo-européennes, Hommages à G. Dumézil, Coll. Latomus 45, 1960, 177 ff. (= R. Schilling, Castores romains).
–: Janus. Le dieu introducteur, le dieu des passages, in: MEFR 72, 1960, 89 ff.
–: Romulus l'élu et Rémus le réprouvé, in: REL 38, 1960, 182 ff.

Schilling, Robert: Une victime des vicissitudes politiques. La Diane latine, in: Hommages à J. Bayet, Coll. Latomus 1964, 650 ff.

–: A propos de l'expression Iuppiter Optimus Maximus, Societas Academiae Dacoroman., Acta philol. II, Rom 1964, 345 ff.

–: Dea Dia dans la liturgie des frères Arvales, in: Hommages à M. Renard II, Coll. Latomus 102, 1969, 675 ff.

–: The Roman Religion, in: G. Bleeker-G. Widengreen, Historia religionum I, 1969, 442 ff.

–: La situation des études rélatives à la religion romaine de la république, in: ANRW 1, 2, 317 ff.

Schmoll, Ulrich: Die vorgriechischen Sprachen Siziliens, Wiesbaden 1958.

Scholz, Udo W.: Studien zum altitalischen und altrömischen Marskult und Marsmythos, Heidelberg 1970 (= U. Scholz, Studien).

–: Zur Erforschung der römischen Opfer (Beispiel: Die Lupercalia), in: Entretiens XXVII 37 ff. (= U. Scholz, Lupercalia).

Schröder, Wilt Aden: M. Porcius Cato. Das erste Buch der origines, Beiträge zur klass. Philologie 41, Meisenheim 1971.

Schröter, Robert: Studien zur varronischen Etymologie, in: AAWM 121, 1959, 769 ff.

Schulten, A.: Italische Namen und Stämme, in: Klio 3, 1903, 225 ff.

Schulze, Wilhelm: Zur Geschichte lateinischer Eigennamen, AGG N. F. 5/5, Berlin 1904 (= W. Schulze, EN).

Schur, W.: Die Aeneassage in der späteren römischen Literatur, Diss. Straßburg 1914.

–: Griechische Traditionen von der Gründung Roms, in: Klio 17, 1921, 137 ff.

Schwarz, Käthe: Der Vestakult und seine Herkunft, Diss. Heidelberg 1941.

Schwenn, Friedrich: Die Menschenopfer bei den Griechen und Römern, RVV 15, 3, Gießen 1915.

Scott, Kenneth: Mercur-Augustus und Horaz carm. 1, 2, in: Hermes 63, 1928, 15 ff.

Scullard, H. H.: The Etruscan Cities and Rome, Ithaca 1967.

–: Festivals and Ceremonies of the Roman Republic, Ithaca 1981 (= H. H. Scullard, Festivals).

Seeck, Otto: Zur Geschichte des lavinatischen Kultus, in: RhM 68, 1913, 11 ff.

Shields, Emily L.: Juno. A Study in Early Roman Religion, Northampton, Mass. 1926.

Simon, Erika: Die Götter der Griechen, München 1969.

–: Apollo in Rom, in: JDAI 93, 1978, 202 ff.

–: Die Kultstatue des Mars Ultor, in: Marburger Winckelmann-Programm 1981.

Simone, Carlo De, s. De Simone, Carlo.

Skutsch, Franz: Die volskische lex sacra, in: Glotta 3, 1912, 87 ff.

Small, Jocelyn Penny: Aeneas and Turnus on Late Etruscan Funerary Urns, in: AJA 78, 1974, 49 ff.
–: The Death of Lucretia, in: AJA 80, 1976, 349 ff.
–: Cacus and Marsyas in Etrusco-Roman Legend, Princeton 1982.
Smits, Elisabeth C. H.: Faunus. Thèse Utrecht–Leiden 1946.
Solta, Georg Renatus: Zur Stellung der lateinischen Sprache, in: Österr. Akad. Wissensch. 291, Wien 1974.
Sommella, Paolo: Heroon di Enea a Lavinium. Recenti scavi a Pratica di Mare, in: RPAA 44, 1971/72, 47 ff.
–: Das Heroon des Aeneas und die Topographie des antiken Lavinium, in: Gymnasium 81, 1974, 273 ff.
–: Lavinium. Compendium dei documenti, in: PP 32, 1977, 308 ff.
Sommer, Ferdinand: Handbuch der lateinischen Laut- und Formenlehre, Heidelberg ³1948 (= F. Sommer³).
Sordi, Marta: La leggenda dei Dioscuri alla battaglia della Sagra e di lago Regillo, in: Contributi dell'Istituto di Storia antica 1, Mailand 1972, 47 ff.
–: I rapporti romano-ceritiem e l'origine della civitas sine suffragio, Rom 1960.
Stark, Rudolf: Mars Gradivus und Averruncus, in: ARW 35, 1938, 139 ff.
Stiehl, Ruth: Die Datierung der kapitolinischen Fasten, Aparchai. Untersuchungen zur klassischen Philologie und Geschichte des Altertums 1, Tübingen 1957.
Stoltenberg, H. L.: Der Glaube der Etrusker nach dem Gottall der Bronzeleber von Piacenza, in: ZRGG 2, 1949/50, 55 ff.
Strasburger, H.: Zur Sage von der Gründung Roms, in: SHAW 1968.
Straub, Johannes: Iuppiter Consul, in: Chiron 2, 1972, 545 ff.
Strong, D. E., und B. Ward Perkins: The Temple of Castor in the Forum Romanum, in: PBSR 30, 1962.
Stroux, Johannes: Die Forumsinschrift beim Lapis niger, in: Philologus 86, 1931, 460 ff.
Strunk, Klaus: „Vater Himmel" – Tradition und Wandel einer sakralsprachlichen Formel, in: Festschrift G. Neumann, Serta Indogermanica, Innsbruck 1982, 427 ff.
Szabo, Arpád: Roma quadrata, in: RhM 87, 1938, 160 ff.
–: Lustrum und Circus, in: ARW 36, 1939, 135 ff.
Szemerenyi, O.: The Name of the Picentes. Sprache und Geschichte, Festschrift H. Meier, München 1971, 531 ff.
Szemler, G. J.: The Priests of the Roman Republic, in: Coll. Latomus 127, Brüssel 1972.

Tabeling, Ernst: Mater Larum. Zum Wesen der Larenreligion. Frankfurter Studien zur Religion und Kultur der Antike 1, Frankfurt a. M. 1932.
Täubler, Eugen: Terremare und Rom, SHAW 1931/32.
–: Roma quadrata und mundus, MDAI(R) 41, 1926, 212 ff.
–: Die umbrisch-sabellischen und die römischen Tribus, SHAW 1929/30.

Tanner, R. C.: The Arval Hymn and Early Latin Verse, in: CQ 11, 1961, 209 ff.
Taylor, Lily Ross: Local Cults in Etruria, Papers and Monographs of the American Academy in Rome 2, Rom 1923.
Tels-De Jong, Louise L.: Sur quelques divinités romaines de la naissance et de la prophétie, Amsterdam 1960.
Terrosi-Zanco, Ornella: Varrone l. l. 5, 74. Divinità sabine o divinità etrusche, in: SCO 10, 1961, 188 ff.
Thulin, Carl: Minerva auf dem Capitol und Fortuna in Praeneste, in: RhM 60, 1905, 256 ff.
–: Die Götter des Martianus Capella und die Bronzeleber von Piacenza, RVV 3, 1, Gießen 1906.
Tibiletti, G.: Marsyas, die Sklaven und die Marser, in: Studi in onore E. Betti, Mailand 1962, 349 ff.
Torelli, Mario: Un „templum" augurale d'età repubblicana a Bantia, in: RAL 21, 1966, 293 ff.
–: Elogia Tarquiniensia, Florenz 1975.
–: Delitto religioso. Qualche indizio sulla situazione in Etruria, in: Délit Religieux 1 ff.
Tovar, Antonio: Sprachen und Inschriften. Studien zum Mykenischen, Lateinischen und Hispanokeltischen, Amsterdam 1973.
Trencsenyi-Waldapfel, Imre: Untersuchungen zur Religionsgeschichte, Amsterdam 1966.
Trieber, C.: Die Romulussage, in: RhM 43, 1888, 569 ff.
Turchi, N.: La religione di Roma antica, Bologna 1939.

Uhlenbeck, C. C.: Kurzgefaßtes etymologisches Wörterbuch der altindischen Sprache, Ndr. der Ausgabe von 1898/99: Osnabrück 1973.
Ulf, Christoph: Das römische Lupercalienfest. Ein Modellfall für Methodenprobleme in der Altertumswissenschaft, Impulse der Forschung 38, Darmstadt 1982 (= Chr. Ulf).
Unger, G. F.: Die römischen Gründungsdata, in: RhM 35, 1880, 1 ff.
–: Die Lupercalien, in: RhM 36, 1881, 62 ff.
Untermann, Jürgen: Die Bronzetafel von Velletri, in: IF 62, 1956, 123 ff.
Usener, Hermann: Götternamen. Versuch einer Lehre von der religiösen Begriffsbildung, Bonn 1896, Ndr. der 3. Aufl. Frankfurt a. M. 1948.
–: Kleine Schriften IV, Berlin 1913.
–: Dreiheit. Ein Versuch mythologischer Zahlenlehre, RhM 58, Bonn 1903.

Vahlert, Karola: Praedeismus und römische Religion, Diss. Frankfurt a. M. 1935.
–: Mutunus Tutunus, in: RE XVI 979 ff.
Vangaard, J. H.: Die Parilia, in: Temenos 7, 1971, 91 ff.

Versnel, H. S.: Triumphus. An Inquiring into the Origin, Development and Meaning of the Roman Triumph, Leiden 1970.
–: Triumphus, in: Gymnasium 80, 1973, 297 ff.
Vetter, Emil: Die Herkunft des venetischen Punktiersystems, in: Glotta 24, 1936, 114 ff.
–: Handbuch der italischen Dialekte I, Heidelberg 1953 (= E. Vetter, Handb.).
–: Di Novensides, Di Indigetes, in: IF 62, 1956, 1 ff.
–: Zum altrömischen Festkalender, in: RhM 103, 1960, 90 ff.
Volkmann, H.: Mos maiorum als Grundzug des augusteischen Prinzipats, das neue Bild der Antike II, Leipzig 1942, 246 ff.

Wächter, Th.: Reinheitsvorschriften im griechischen Kult, RVV 9, 1, Gießen 1910.
Wagenvoort, H.: Diva Angerona, in: Mnemosyne 9, 1941, 215 ff.
–: Roman Dynamism, Oxford 1947.
–: Studies in Roman Literature, Culture and Religion, Leiden 1956 (= H. Wagenvoort, Studies).
–: Wesenszüge altrömischer Religion, in: ANRW 1, 2, 348 ff.
Walde, A., und Hofmann, J. B.: Lateinisches etymologisches Wörterbuch, Heidelberg ³1956 (= LEW).
Warde s. Fowler, William Warde.
Weeber, Karl-Wilhelm: Geschichte der Etrusker, Stuttgart 1979.
Weinreich, Otto: Trigemination als sakrale Stilform, in: SMSR 4, 1928, 198 ff.
–: Zwölfgötter, Zwölfzahl und Zwölfstaat, in: Aus Unterricht und Forschung 1935, 319 ff.
Welwei, K.-W.: Das Angebot des Diadems an Caesar und das Luperkalienproblem, in: Historia 16, 1967, 44 ff.
Weinstock, Stephan: Mundus, in: MDAI(R) 45, 1930, 111 ff.
–: Templum, in: MDAI(R) 47, 1932, 95 ff.
–: Penates, in: RE XIX 417 ff.
–: Indigetes, in: RE XVII 1185 ff.
–: Parca Maurtia und Neuna Fata, in: Festschrift A. Rumpf, Krefeld 1952, 151 ff.
–: CR K. Latte, RRG, in: JRS 51, 1961, 212 ff.
–: Two Archaic Inscriptions from Latium, in: JRS 50, 1960, 112 ff.
Weise, O.: Die griechischen Wörter im Latein, Ndr. der Ausgabe 1882: Leipzig 1964.
Werner, Robert: Der Beginn der römischen Republik, München 1963 (= R. Werner, Beginn).
–: Die Auseinandersetzung der frührömischen Republik mit ihren Nachbarn in quellenkritischer Sicht, in: Gymnasium 75, 1968, 45 ff.
Whitney, W. Dwight: The Roots, Verb-Forms and Primary Derivatives of the Sanskrit Language, Leipzig 1885.

Wide, Sam, und Martin P. Nilsson: Römische Religion, 4. Aufl., in: A. Gercke-E. Norden, Einleitung in die Altertumswissenschaft 2, 4, 69 ff., Berlin 1931.
Wieacker, Franz: Die XII Tafeln in ihrem Jahrhundert, in: Entretiens XIII 291 ff.
–: Die Manios-Inschrift von Präneste in einer exemplarischen Kontroverse, in: NAWG 1984 Nr. 9, 373 ff.
Wiesner, Joseph: Italien und die große Wanderung, in: WaG 8, 1942, 197 ff.
–: Fahren und Reiten in Alteuropa und im alten Orient, Hildesheim 1971.
Wikén, Erik: Die Kunde der Hellenen von dem Lande und den Völkern der Apenninenhalbinsel bis 300 v. Chr., Lund 1937.
Windekens, A. J. van: Etudes pélasgiens, Louvain 1960.
Wissowa, Georg: Gesammelte Abhandlungen zur römischen Religions- und Stadtgeschichte, München 1904 (= G. Wissowa, Abh.).
–: Religion und Kultus der Römer, Handbuch der Altertumswissenschaft IV 5, München 1902, ²1912 (= G. Wissowa, Rel.²).
–: Bruchstücke des römischen Festkalenders, in: Hermes 58, 1923, 361 ff.
–: Vestalinnenfrevel, in: ARW 22, 1924, 281 ff.
–: Penates, in: ML III 1879 ff.
–: Vesta, in: ML VI 291 ff.
Wlosok, Antonie: Römischer Religions- und Gottesbegriff in heidnischer und christlicher Zeit, in: Antike und Abendland 16, 1970, 39 ff.
–: Vergil als Theologe: Iuppiter – pater omnipotens, in: Gymnasium 90, 1983, 187 ff.

Ziegler, Konrat: Mater magna oder Magna mater, in: Hommages à M. Renard, Coll. Latomus 102, 1969, 845 ff.
Ziehen, Ludwig: Opfer, in: RE XVIII 1, 579 ff.
–: Sphagia. in: RE III A 1669 ff.
Zielinski, Th.: Boreigonoi, in: Xenien der 41. Versammlung deutscher Schulmänner in München 1891, 41 ff. = Iresione 2 = Eos Suppl. 8, Lemberg 1936, 38 ff.

REGISTER

1. Namen

Aboriginer 13. 16. 31. 150 ff.
Acca Larentia 143. 275
Achivi 48
Accoleius 163
Acvilnaś 291
Adolenda 198 f.
Aemilius, praetor 144
Aesculapius 38
Afferenda 201
Agōnalia, Agnalia 257
Agylla 291
Aius Locutius 181. 197
Alba longa 11
Albula 82
Alope 265
Altor 208
Amoenus-Iamunus 256
Amulius 264
Aniēn, Anio 7. 33. 257 f.
Anios 271
Anna Perenna 110
Antigone 265
Antinus-Iantinus 256
Antron Coratius 160
Antulla-Iantulla 256
Apollinar 33
Apollo 32. 55. 66
Apollo Aperta 56
Apollo Tortor 35. 56
Aquae Cutiliae 124
Argeer 276
Aricia 162
Aristodemos 233
Atilius Calatinus 127
Atilius Regulus 215 f.
Attus Navius 176

Auge 271
Augustus 156
Aurelius Cotta 130
Auselii 130
Aventinus 162
Avolenus-Iavolenus 256

Bona dea 177. 188. 276

Cacus, Caca 223
Caedicius 180 f.
Cămēna 68 f.
Cameria 69
Camerinum 7
Capitolini ludi 233
Capitolium vetus 228 f.
Caprōtina 123. 253
Capta Minerva 111
Carmenta-Nikostrate 31
Carmentalia 225
Carmentes 19. 134
Carmentis Antevorta 211
Castor 18. 180
Castŏris (Quantität) 43. 180
Ceres 17 ff. 55. 110. 252. 262
Cerialia 148. 250
Cerfius 181
Cerus 18. 148
Cisra 49
Claudia gens 15. 119
Clausus 97. 290
Cluacina 98
Coinquenda 198 f.
Coluber 82
Commolanda 134. 198 f.
Consualia 259

Consus 258
Coratius 160
Cornelius Scipio 251
Cumae 32
Cupra mater 177
Cures 144

Danae 265. 271
Daunus 3. 28. 288
Dea Dia 197
Deferunda 134. 198 f.
Demaratos 31
Deverra 204
Diana 66. 130. 160 ff.
Diana Aricina 170
Diana Facelitis 196
Diana Tifatina 170
Diespiter 169. 237. 239. 258
Diokletian 248
Dispater 71. 237
Dīus Fĭdius 120 ff. 169. 181. 197. 237. 289 f.
Diviana 168
D. O. M. 248

Egerius 163
Enyalios 141
Equirria 149
Epimenides 64
Erechtheus 265
Eryx 158
Etrusker 13. 25. 255
Euander 13. 31. 223
Euios 37

Fabaris 108
Fabius Gurges 210
Facelina 165
Fauni 223
Faunus, Fauna 3. 13. 28. 220. 222
Fēronia 98 ff.
Fides 120. 127
Fidonia 102 f.
Flora 127 f. 275
Floralia 128 f.

Fordicidia 276
Fors Fortuna 97 f. 126. 252
Fortis dea 98. 126
Fortuna obsequens 203
Fortuna redux 204 f.
Fortuna respiciens 203
Frutis 102. 156 ff.
Fufetia 275
fufluns 75 f.
Fulvius Nobilior 291
Furrina 147

Gaia Taracia 275
Genita 213
Genius 181
Grabovius 228. 232

Hannibal 100
Hercules 45. 66
Hĕrulus 102
Hŏra Quirini 88. 142. 154 f.
Horatius, tribunus militum 58
Horta 213. 285

Ianus 25
Ianus Curiatius, Cusiatius 18. 192. 194
Ianus Quirinus, Quirini 146. 154. 230 ff.
Ilia 263 f. 280
Indigetes VII. 113 ff.
Iovius 248
Iovis genius 222
Iphigeneia 264. 267
Isaak 271
Iunius mensis 259
Iunius Bubulcus 39
Iuno 130. 219. 261
Iuno Curritis 147
Iuno Februata 215
Iuno Mātuta 216
Iuno Populona 254
Iuno regina 251 f.
Iuno Sŏrōria 192. 194. 253
Iuno virgo 159
Iuppiter 219

1. Namen

Iuppiter Feretrius 231. 233
Iuppiter imperator 242
Iuppiter Liber 222
I.O.M. Iuppiter optimus maximus 233 ff. 243. 248
Iuppiter puer 219
Iuppiter Stator 208
Iuppiter tonans 203 ff.
Iuventus 26 ff.

Jeremias 60
Jojaqim 60

Kassandra 266
Kronos 23 f.

Lacturnus 90
Latona 33 f. 66
Lar 19. 132
Lăra 137
Lārentalia 132
Lārentina 132
Lăres 18. 132. 220
Lārunda 132 ff. 202
Lavinium 42
Leukadischer Felsen 267
Liber 221 f. 263
Liber und Libera 19. 171. 219 f. 262
Liberalia 220 f.
Libentina 184
Libitina 184 f.
Livius Salinator 27
Lua 88 ff. 132
Lubentia 184
Lubia 181. 184. 186. 197
Lucani 287
Lucia 181. 186. 197
Lucina 169
Lucōris 45
Luna 130
Lutatius Catulus 50. 236

Macstarna 58
Maesius 94. 187. 189
Maia 95. 188

Maius 188 f.
Māmarcus 294
Māmars, Mamers 18. 123. 293 f.
Māmertini 294
Māmurius 195
Mānes 135
Mānia 135 f.
Mănia Larunda 136. 181. 197
Manlius Capitolinus 251
Manturna 90
maris 74. 113
Mars 4 f. 19. 140
Marspiter 237
Mars Gradivus 140
Mars Ultor 205 f.
Massilia 48
Mater magna 188. 274
Mater Matuta 217
Matralia 193
Maurtia 70
Menerva, Minerva 76. 106. 108. 112. 261
Mercurius 6
Metella 282
Modius Fabidius 144. 151. 187
Moneta 68. 71
Morta 70. 213. 285
Mucius Scaevola 243
Mutunus Tutunus 203. 221. 270

nemazez 97
Neptunus 19. 34. 66
Něriēn 33. 110. 258
Něriēn Minerva (Vokativ) 110
Nerio Minerva 252
Neuna 19
Novensides VIII. 113 ff.
numasioi 18
Numida 48. 260 f.
Numisius Martius 102. 159

Obsequens 202
Ogulnius 38. 41
Ops 91. 276
Orestes 166

Orthia 170
Orvinium 104

Palatium 9
Pales 19. 201. 224
Pales Matuta 215f. 224
Pales Panda 110
Pales pastoria 216
Palilia 224
Panda 201
Parca 19
Penates 220
Perna 214
Persĕpŏna 42
Perseus 271
Petronia, amnis 83
Φersipna- 41f.
Philomela 266f.
Phokäer 46. 165. 171
Pinarii 294
Pisaurum 39. 101. 114
Podlouces 179
Pollux 44f.
Porsenna 237
Porrima 214. 225
Portunalia 143
Postumius 49. 178. 216
Postvorta, Postvota 210. 225
Praestata Cerfia Cerfi Martii 118
Primiçeneia 67
Prokne 266
Pronuba 204
Prorsa, Prosa 211f. 285
Prosepna 260
Proserpina 42
Publicius Malleolus 129
Purcefrus 91

Quinquatrus 261
Quirinalia 139. 143
Quirinus 26. 127. 138ff. 228
Quirites 141. 146f.

Ramnenses 150
Regillus, lacus 43. 54. 177. 180

Remens 150
Remoria 151
Remureine 151
Remus 150
Rhoio 271
Roma 150f.
Romulus 26. 150
Rossano di Vaglio 182
ruma.n.na, venetischer Frauenname 151
Rūmon 151
Rusor 208
Rŭtuli 28. 288

Salus 39. 124
Salus Semonia 124
Sanctus 116
Sancus 109. 115ff. 258. 289f.
sanquus 117
Sāturnus 84f.
Scipio Barbatus 290
Segetia 190
„Semo Sancus Dius Fidius" 116
Serra 82
Sesia 181. 190
Sikelos 13
Silvia vestalis 263. 280
Sol 129f.
Soracte 100
Sŏrŏria 181. 195
Sŏspita 213f.
Sostratos 32
Strenua 109. 125f.
Subigus 204
Supunna 201

Tarpeischer Felsen 272f.
Terminus 127
Tiber 7f. 160
Tiberinus 82
tin(i)a 74ff. 241
Titus Tatius 24. 91. 94. 96. 99. 125. 130. 156. 264
Tonans 203
Tritonia 112

Tutelina 190
turan 74
Tursa Cerfia Cerfi Martii 118

uselna 76. 131
usil 76

Vacuna 123
Valeria Luperca 187
Vediovis 39. 55
Velcitanus, velχans 93
Velia, Velinus 82
Venafrum 83
Veneter 152. 255. 288
Venus 123
Venus Erucina 158
Versor 196

Vervactor 149
Vesta 123. 263 ff. 282. 284
Vestales 246. 263 ff.
Vesuna 75
Victoriae (zwei) 224
Virbius 166 f. 171. 181. 195. 220. 223
Virites 142. 155
Vofionus 228
Volsci 11
Volta 80
Volturnus flumen 82
Volturnus ventus 84
Volumna 80
Vortumnus 78 f.

Xenophanes 173

2. Sachen

Akrostichis 62
Altar von Tibur (Inschrift) 176
altsabellisch 122
Amtsabzeichen 11
Anfangsbetonung 42. 75
annales pontificum 25
Antecession 129
Apollinares ludi 36
ara maxima 66
ara pacis 21
Assimilation *dl > ll* 44
Asyl des Romulus 8. 15. 52
ἀθεμιτομιξία 267. 284 f.
augurium augustum 142
augurum libri 21
Austauschbarkeit von genitivischem und adjektivischem Attribut 110. 121 f.

Beseitigung der Schuldigen 273. 279. 281
Beständigkeit kultischer Einrichtungen 1. 52
bildloser Kult der Vesta 37

Binneninterpretation 159
Binnenpunktierung 105. 255
Blitzmal 174
Bronzegerät 10
Bronzeleber von Gossolengo 24. 77 f. 84. 95

Cereskult 46
Ceres-Priesterinnen 46
Ceres-Vase (Inschrift) 17. 37
Cippus Romanus (Inschrift) 18
civitas Romana 15
Claudier 15. 119
confarreatio 53

Desideratsuffix 90
Devotionsformel 230
Dianakult 164
Dianatempel 161
Dienstbarkeiten 243
Dioskuren 47
Dioskurengruppe 43. 48
Dreizellentempel 234 f. 249
Dresselsches Gefäß (Inschrift) 17

Eichengott 139
Ellipse, usuelle 44
Endrhotazismus 197
Epitheta, aussagefähige 201
evocatio 12. 54. 158
Exegese des Sibyllinums 63
extrapomeriale Lage 34. 38. 54f. 157f. 162. 178

Fälschung des Säkularsibyllinums 61
fascinus 276
Fehltritt 265
Feigenbaum auf Tempeldach 197
„fernassimilatorischer Zuwachs" 42
fibula Praenestina (Inschrift)
flamen Dialis 10. 53
Floria 128
Frauengöttin 255
Frühgeschichte Roms XIII. 28
„Funktionen" der Götter X. 10
Furche 9. 153
Furfo 128

Gallus et Galla, Graecus et Graeca 63
gemeinitalischer Wandel *eu > ou* 44
Gemeinschaft, Lebensordnung der 268. 280
Genitiv-Attribut 122
Gentilgottheiten IX. 25. 84. 93
Gerundivum, aktivisch 202
Geschlechterverbände 52
Goldphilippeioi 59
Götterehe 220
Götternamenverbindung 20. 95. 110
Götterverwandtschaften 67. 122
Gottesbraut 268. 277. 280. 282
Gotteskinder 118
Gottesvorstellung XIf. 12f. 17. 29. 73. 96. 126. 137. 169. 238. 292
Grabform, runde 279
griechische Herkunft 37
graecus ritus 22. 119

Haininschriften von Luceria und Spoleto 206
Hainkönig 166
Heilige Hochzeit 269. 271. 279f.
Herrin der Tiere 165
Hierodulen 269

Ikonographie 74. 106
Individualname 42. 47
Inkarnation 40
„Interversion" 42

Jungfernsöhne 282
Jungfrauenprobe 282
Juturnaquelle 47. 78

Kalender 19. 43. 112. 140. 172. 222. 233
Katalogform 64
Kausaldenken 174
kausative Bedeutung 85. 90
Kind der Jungfrau 266. 271. 282
Kollektivopfer, angebliches 154. 188
Kronos 23f.

Lanzenfetisch 143
lapis Satricanus (Inschrift) 18. 293
Larentalia 89
Largo Argentina, Tempel am 104
Latium 6ff. 13. 28. 137f. 155. 161f.
Lebendigbegraben 267. 277. 279f.
lebendige Tote 57. 278f.
Lebensordnung der Gemeinschaft 280
Lehnwörter 73
Liberalia 27. 220f.
libri Sibyllini 55. 57ff. 262
libri Sibyllini, Zahl der 54
lokrische Mädchen 266. 273. 280f.
ludi Apollinares 57
ludi Capitolini 233
ludi saeculares 71

Malaria 9
Männergemeinschaft 145

2. Sachen

„Männergenossenschaftsgott" 139
matrona und *fascinus* 270
Minervakult 252
Mißgeburten 175
Missionierung 23. 28. 46
Motion, unechte 169. 171
Mumienbinde von Agram 77
Mutter-Sohn-Verhältnis 35
„Mythos des Roßopfers" 112

Name, geheimer Roms 2
Name der Gottheit 3. 30. 99. 218
Name des Teufels 218
Namenserklärung, antike 4
Namensforschung IX
natalis dei Quirini 142
natalis urbis Romae 224
„Naturaspekt, phallischer" 281
Nominativ und Vokativ 238

oracula Sibyllina 60. 63
orbis terrarum Romanus 15
Orthographie, etruskische 73

Paare, von Göttern 35
Palatium 153
Palibus duabus 216. 224
pax deum 281
Penates 16. 20 f.
Phallosprozession 220 f.
Phlegonorakel 69
Phokäer 46. 165. 171
polare Begriffe 211
pomerium 30. 34. 38. 51. 54 f. 157 f. 162
primigenius sulcus 9 f. 88 f. 149. 152 f. 156
Prodigien 175
Prokuration 64
Prophezeiungen 64
Prostitution, religiöse 269 ff.

Rechtssubjekt 198
Rechtsverhältnis Götter–Menschen VII

„regressive Ferndissimilation" 81
Repräsentantinnen 248
rex und Triumphator 209
Rhotazismus 11. 97. 104. 106 f. 128
rite de passage 195
ritus Gabinus 153
Rossano di Vaglio 122 f.

Sabinismus 56
Säkularorakel 61. 238
sacrum Cereale 208
Sagra-Schlacht 47
Salier 230
Salierlieder 77. 85
Salzfurt 8
Samprasāraṇa 117 f.
Saturnalia 23. 87
Sāturnus 22 ff.
Schatnes 9
Schimmelreiter 177
Schlange 38. 40
Schrift 31
Schutzgötter Roms 89
Schwurgötter 38. 51. 120. 218
Septuaginta 60
sexuelle Verbindungen unter Göttern 47
Sibyllenlisten 60
Silbenpunktierung, sogenannte 104. 255
Silbenschrift 104. 255
Sittengesetz der Gesellschaft 269
Sprachkenntnisse 48
sprachliche Aussage XIII
Sprung vom Felsen 266
Steingeräte 10
Steinigung 267. 280
Steinregen 175
Stiftungsinschrift in Aricia 163
Synkopierung 44. 75

Tabu des Anfangs 269
Tarquinier 57 f.
Tempelherren (= *aediles*) 29
Tempelweihe, kapitolinische 233

tigillum sororium 192
tribus Crustumina 81
tribus Quirina 141
Trias, aventinische 227. 261f.
Trias, angebliche etruskische 234f.
Trias, kapitolinische 227. 234. 250ff. 261
Trias, umbrische 227
Trias, angebliche: *Iuppiter, Mars, Quirinus* 229ff.
Triumphaltracht 79

Val Camonica 69. 97. 107. 117
Veneter 137
vergleichende Sprachwissenschaft 2
Vermenschlichung der Götter 47
verwandtschaftliche Beziehungen 34f. 218
Viehseuchen 29

Vokalschwächung 6. 43. 75. 261
Vokalschwund 289
Vokativ und Nominativ 238
Völkerstraße 48
Volturnalia 81
Vorsichtsmaßnahmen im Kult XIII
Vortunalia 81

Wagen 10
Weihekasus 260
Weihinschrift 163
Winteraussaat 86
Wintersonnenwende 86f.
Wortbildung, altindische 12

zentrale Lage Roms 296
Zeugungssagen 283
Zuteilen des Ackerloses 4
Zwillinge 49. 218
Zwölfgötter 5. 36f.

3. Worte

acervus 106
Achivi 48
adolere 199
adoptio 275
adventicii 99
aedes Vestae 279. 283
aedes Castŏris 179
aedes optima maximaque 242
aediles 29f.
ali ... berber 5
amata 276
ancilia 53. 152. 175
antistes 160
apulu 32. 74f. 291
aquĭmĭnale 136. 190
ara 142
arator 206
arma Quirini 143
arx 253
asena 68. 131
atrium Vestae 279

augurium augustum 142
aurei 59
aurora 13
ausel 131f.
auster 131

barbatus 215

Caesaris ultor 207
capite aperto 30
carefo 97. 106
carnifex 274
caterva 106
Cati fons 83
celeres 47
cesna 69
cineres (Orestis) 166. 170
clavus 245
classis 9
Clausus 290
clivus 167. 196. 223

3. Worte

coemptio 53. 275
coinquere 200
comitia curiata 52
comitia centuriata 52
comitia tributa 52
comitiatus maximus 245
concilium 146
concubium 146
condere 146
conditor 208
confarreatio 53
confinium 146
confugium 146
coninquere 200
coniugium 146
collegium 146
colloquium 146
commercium 146
commolare 200
consevius 18
contubernium 146
convector 208
cosmittere 69
cratera 260
cupencus 122
curia 52. 139. 144 ff. 192. 194 f. 254. 284
curis 144. 148. 254
currus 144. 254
custos urbis 252

damium 179
decreta 63. 65
deferre 260
deiuos 17. 22. 118. 169
delubrum Feroniae 101
deminutio capitis 275
Dīāna 168
dicator 206
dinam 291
diū 168
dīum 121
Dīus 239
diūs 239
donom 18

ecastor 51
edepol 51
edi medi 121
emissio seminis 221
equirine 144
esed 105

fanum 142
fascinus 270. 275. 283
fata et remedia 65. 175
fata scribunda 202
fesias 105
feta 213
fides 127. 182
Fidius 182
foedesum 68
Floralia 127
florifertum 127
fluvius 182
fortis dea 126
fraterculare 193
flusaris 128 f.
frutinal 157. 159
fulvus 106
fundus optimus maximusque 242
funus 278
furvus 106
fuscus 106

gener 108
genialis 183
genitor 183
genius 182
Gnaivod 119. 169. 290

hastae 175
hirpi Sorani 100
homōnem 257

ianitos 68
imbricitor 208
immolator 205
imperator 247
imperium Romanum 240. 242. 246. 249

imporcitor 208
incestus, incesta 272f. 278
indigetes VII. 17
indigitamenta Pompiliana 33
insitor 208
investis 284
iouiois puclois 179
Iovius 240
Iunonius mensis 259
Iuppiter puer 219
iusta urbs 235
iuventus 27

lābi 185
lacuna 124
lacus 170
laena 133
larva 106. 135
lectisternium 27. 34f. 63. 66. 157
lectus 37. 183
legibus soluti 247
lens 133
leucesi 105
liberare 221
libri fatales 65
libri Sibyllini 57ff. 262
libum 133
lictor 206
lien 257
litigator 205
lūbricus 185
lucus 162f. 185. 240
lucus Capenatis 100
ludius 182
lupu, lupuce 185
luridus, luror 133
lūtum 133

maculatus 215
magister populi 245
manalis 136. 190
manare 136. 190
māne 186
māniae 186
manus 186

matronae 21
maturus 217
maximus 241. 244
mecastor 51
meliosem 68
memoria puerorum 26
meretrices 281
messor 208
mola salsa 276
mos maiorum 8. 17. 52. 297
multiplex religio 29
muluvanice 256

natalis dies urbis Romae 224
nemus 162ff. 167
niger lapis (Inschrift) 19
nomina terna 120
nonae 52
novensides VIII. 17. 99
numida 260f.
nundinum 76. 291

parentes 134. 206
parta 213
partus Iliae 24
partus perversus 211. 226
partus rectus 211. 226
pastor 206
pater patriae 247
patria potestas 247
patrimi et matrimi 53
paulo aliter 115
pax deum 175. 281
perendinum 291f.
pereunda (puppis) 199
persillum 143
petorritum 6
picus Feronius 101
pignora 166
piscator 206
plusima 68
placenta 260
pomerium 30. 158. 162. 178
pontifex maximus 1. 17. 140. 229. 234. 246. 273ff.

3. Worte

pontifices 62. 218. 237. 273
porro vorsus 214
postvertere 212
potes 22
praetor maximus 245
prata Flaminia 33
primigenius sulcus 9f. 88f. 149. 152f. 156
principes optimi maximique 247
prodigia 64f.
promenervat 105
promitor 208
prosa 213
prorsus 213
proserpere 72
protervus 106
provocatio ad populum 274

quaestor 206
quandoque 65
quiris 146
Quirinalis 139
quirites 141
quirquir 148

ravus 106. 133
regia 127. 286
regina 259
religio 30
reparator 208
res publica 242. 244
rex sacrorum 10. 53. 165. 229. 246
ritus Gabinus 153
ritus graecus 179
rudus 133
ruma, rumis 150. 181
rumpĭa 48
rupes Tarpeia 272f.

sacellum 142. 224. 239
sacrarium 175
sakros 18. 119
salutaris 140
sanguen 257
sankos 16

sanqualis 117. 122
Sanquinius 117
sarcitor 208
sartor 206
sătus 24. 85
sceleratus campus 273. 278. 286
sei deo sei deivae 12
senator 206
sententia 63
servitutes 243. 251
signa cupressea 225
simulacrum 159
socius 182
sororiare 193f.
sospitalis (deus) 36
spelunca 260
spolia prima, secunda, tertia 231
sponsa pontificis 275
sportula 260
statera 260
stator 208
stellatus 215
stipulator 205
strena 109. 126
strena kalendaria 125
subruncinator 208
superstitio 30
supplicationes 63
sus praegnans 95

taeda 260
tenebrae 108
tigillum sororium 191 ff.
tin, tina, tinia 291f.
tinas cliniiaras 179
toga virilis 27
tria virginis ora 164
triumphator 209. 247
triumpe 209
tunica 49
turben 257
Tuscanico more 234

ultor, ultus 205

uni 255f. 260f.
usil 132

velχans 93
veridicae sorores 225
ver sacrum 5
versus Minervii 105
vertere 99

vervactor 149
Vesta 284
vesticeps 284
vicus 168
vigila, Mars 176
victrix 259
volvendus (clamor) 199
votum 50